江苏联合职业技术学院院本教材

路基路面施工技术

王美宽 主 编
王荣庆 杨国峰 副主编
赵 毅 主 审

人民交通出版社股份有限公司
China Communications Press Co.,Ltd.

内 容 提 要

本书依据最新的技术标准和规范进行编写,由11个项目组成,每个项目又由若干个任务组成。每个任务均给出了学习目标和任务描述,且有任务练习,以利于教师教学和学生学习。

本书可作为交通土建类职业教育道路桥梁工程技术专业及其他相关专业的教材,也可供工程技术人员学习参考。

图书在版编目(CIP)数据

路基路面施工技术/王美宽主编. —北京:人民交通出版社股份有限公司,2019.8
ISBN 978-7-114-15476-8

Ⅰ.①路… Ⅱ.①王… Ⅲ.①路基工程—道路施工—高等职业教育—教材②路面施工—高等职业教育—教材
Ⅳ.①U416

中国版本图书馆 CIP 数据核字(2019)第 067813 号

江苏联合职业技术学院院本教材

书　　名:	路基路面施工技术
著 作 者:	王美宽
责任编辑:	刘　倩
责任校对:	赵媛媛
责任印制:	张　凯
出版发行:	人民交通出版社股份有限公司
地　　址:	(100011)北京市朝阳区安定门外外馆斜街3号
网　　址:	http://www.ccpress.com.cn
销售电话:	(010)59757973
总 经 销:	人民交通出版社股份有限公司发行部
经　　销:	各地新华书店
印　　刷:	北京市密东印刷有限公司
开　　本:	787×1092　1/16
印　　张:	18.75
字　　数:	435千
版　　次:	2019年8月　第1版
印　　次:	2019年8月　第1次印刷
书　　号:	ISBN 978-7-114-15476-8
定　　价:	52.00元

(有印刷、装订质量问题的图书由本公司负责调换)

江苏联合职业技术学院院本教材
出版说明

江苏联合职业技术学院成立以来,坚持以服务经济社会发展为宗旨、以促进就业为导向的职业教育办学方针,紧紧围绕江苏经济社会发展对高素质技术技能型人才的迫切需要,充分发挥"小学院、大学校"办学管理体制创新优势,依托学院教学指导委员会和专业协作委员会,积极推进校企合作、产教融合,积极探索五年制高职教育教学规律和高素质技术技能型人才成长规律,培养了一大批能够适应地方经济社会发展需要的高素质技术技能型人才,形成了颇具江苏特色的五年制高职教育人才培养模式,实现了五年制高职教育规模、结构、质量和效益的协调发展,为构建江苏现代职业教育体系、推进职业教育现代化做出了重要贡献。

面对新时代中国特色社会主义建设的宏伟蓝图,我国社会主要矛盾已经转化为人们日益增长的美好生活需要与发展不平衡不充分之间的矛盾,这就需要我们有更高水平、更高质量、更高效益的发展,实现更加平衡、更加充分的发展,才能全面建成社会主义现代化强国。五年制高职教育的发展必须服从和服务于国家发展战略,以不断满足人们对美好生活需要为追求目标,全面贯彻党的教育方针,全面深化教育改革,全面实施素质教育,全面落实立德树人根本任务,充分发挥五年制高职贯通培养的学制优势,建立和完善五年制高职教育课程体系,健全德能并修、工学结合的育人机制,着力培养学生的工匠精神、职业道德、职业技能和就业创业能力,创新教育教学方法和人才培养模式,完善人才培养质量监控评价制度,不断提升人才培养质量和水平,努力办好人民满意的五年制高职教育,为决胜全面建成小康社会,实现中华民族伟大复兴的中国梦贡献力量。

教材建设是人才培养工作的重要载体,也是深化教育教学改革,提高教学质量的重要基础。目前,五年制高职教育教材建设规划性不足、系统性不强、特色不明显等问题一直制约着其内涵发展、创新发展和特色发展的空间。为切实加强学院教材建设与规范管理,不断提高学院教材建设与使用的专业化、规范化和科学化水平,学院成立了教材建设与管理工作领导小组和教材审定委员会,统筹领导、科学规划学院教材建设与管理工作。制订了《江苏联合职业技术学院教材建设与使用管理办法》和《关于院本教材开发若干问题的意见》,完善了教材建设与管理的规章制度;每年滚动修订《五年制高等职业教育教材征订目录》,统一组织五年制高职教育教材的征订、采购和配送;编制了学院"十三五"院本教材建设规划,组织18个专业和公共基础课程协作委员会推进了院本教材开发,建立了一支院本教材开发、编写、审定队伍;创建了江苏五年制高职教育教材研发基地,与江苏凤凰职业教育图书有限公司、苏州大学出版社、北京理工大学出版社、南京大学出版社、上海交通大学出版社等签订了战略合作协议,协同开发独具五年制高职教育特色的院本教材。

今后一个时期,学院在推动教材建设和规范管理工作的基础上,紧密结合五年制高职教育发展新形势,主动适应江苏地方社会经济发展和五年制高职教育改革创新的需要,以学院18个专业协作委员会和公共基础课程协作委员会为开发团队,以江苏五年制高职教育教材研发基地为开发平台,组织具有先进教学思想和学术造诣较高的骨干教师,依照学院院本教材建设规划,重点编写出版约600本有特色、能体现五年制高职教育教学改革成果的院本教材,努力形成具有江苏五年制高职教育特色的院本教材体系。同时,加强教材建设质量管理,树立精品意识,制订五年制高职教育教材评价标准,建立教材质量评价指标体系,开展教材评价评估工作,设立教材质量档案,加强教材质量跟踪,确保院本教材的先进性、科学性、人文性、适用性和特色性。学院教材审定委员会组织各专业协作委员会做好各专业课程(含技能课程、实训课程、专业选修课程等)教材出版前的审定工作。

本套院本教材较好地吸收了江苏五年制高职教育最新理论和实践研究成果,符合五年制高职教育人才培养目标定位要求。教材内容深入浅出,难易适中,突出"五年贯通培养、系统设计"专业实践技能经验积累培养,重视启发学生思维和培养学生运用知识的能力。教材条理清楚,层次分明,结构严谨,图表美观,是一套专门针对五年制高职教育人才培养的教材。

学院教材建设与管理工作领导小组
学院教材审定委员会
2017 年 11 月

序　　言

根据《江苏联合职业技术学院教材建设与使用管理办法》(苏联院〔2015〕11号)、《关于院本教材开发若干问题的意见》(苏联院研〔2016〕12号)和《关于明确院本教材编审人员等有关内容的通知》(苏联院研〔2017〕22号)等文件精神，江苏联合职业技术学院路桥专业协作委员会组织了无锡交通分院、南京分院、苏州建设交通分院、扬州技师分院和江苏省交通技师学院五所学校的专业带头人、骨干教师开展了学院路桥专业"十三五"院本教材的编写工作，计划编写院本教材共19本，涵盖路桥及相关专业的专业基础课程及专业课程(含技能课程、实训课程、专业选修课程)。

本套院本教材开发以最新的五年制高职路桥专业人才培养方案和课程标准为依据，准确把握教学改革方向，在选择教材内容和确定编写体系时，注重体现素质教育、创新能力与实践能力的培养，促进学生知识、能力、素质的协调发展，充分体现了五年制高职教育人才培养特色。

本套教材的编写团队以各校骨干教师为主，并有部分企业工程技术人员参与审核，全体编审人员均具有较高的学术水平和教学水平，有丰富的教育教学经验和改革创新精神，充分体现了集思想性、科学性、先进性、系统性和适用性于一体的编写理念，积极对接产业发展和职业标准，遵循五年制高职学生成长规律和教育教学规律，并体现出最新课程改革成果，对于形成五年制高职教育人才培养特色，发挥五年制高职贯通培养具有一定的优势。

本套教材内容新、起点高、教学针对性和适应性强、重点突出，不仅适合五年一贯制高职路桥、市政工程、工程造价等专业学生使用，也适合作为土木类工程技术人员的学习参考用书。

本套教材的出版得到了江苏联合职业技术学院各级领导的大力支持，也得到了5所成员学校的通力合作，凝聚了全体编审人员、行业专家、教师群体的智慧和辛勤劳动，愿我们共同向精品教材的目标继续努力。

向所有关心、支持本套教材编写出版的各级领导、行业专家、老师、同学和朋友们致以敬意和谢意！

江苏联合职业技术学院
路桥专业协作委员会
2019年4月

前　言

路基路面施工技术是道路桥梁工程技术专业及其他交通土建类专业的重要必修课，是一门理论性、实践性和应用性都非常强的核心专业课。

本书根据高等职业教育人才培养目标和专业教学改革与课程改革的要求，以项目导向和任务驱动的模式进行编写。教材内容的选取充分考虑了企业的实际需求和毕业生的就业岗位需求，以国家职业标准为依据，坚持"实用、够用"的原则，以能力培养为目标合理组织教材内容，有效地解决了交通土建类教材存在的理论性过强的问题。在教材的表现形式上，尽量采用以图代文、以表代文的表达方式，增强教材的可读性和可视性，激发学生的学习兴趣，引导学生自主学习。

本书依据最新的技术标准和规范进行编写，共由11个项目组成，每个项目由若干个任务组成。主要内容包括路基概论、路基稳定性分析、路基加固与防护、路基排水设施、路基施工、路面工程概论、路面基层、沥青路面设计、沥青路面施工、水泥混凝土路面设计和水泥混凝土路面施工等。每个任务均给出了学习目标和任务描述，且有任务练习，以利于教师教学和方便学生对项目内容的巩固和学习。

本书具体编写分工如下：项目1、项目6由江苏省无锡交通高等职业技术学校邹江娜编写；项目2、项目8、项目10由江苏省扬州技师学院王荣庆编写；项目3、项目5由江苏省扬州技师学院杨国峰编写；项目4、项目11由江苏省交通技师学院李媛媛编写；项目7由江苏省扬州技师学院尤凤娟编写；项目9由江苏省扬州技师学院王美宽编写。全书由王美宽担任主编，王荣庆、杨国峰担任副主编，重庆交通大学赵毅主审。

本书在编写过程中，曾广泛征求有关院校及公路施工企业同行对编写大纲的意见，并得到了有关领导和部门的指导和帮助，同时附于书末的参考文献对本书的完成起了很重要的作用，在此一并表示诚挚谢意。

由于编写时间和编者水平有限，书中缺点及不当之处在所难免，敬请广大读者批评指正。同时，恳切希望广大读者对教材提出宝贵的意见和建议，以便修订时加以完善。

编　者
2019年4月

目 录

项目1 路基概论 ··· 1
    任务1-1 公路的组成及一般特点 ··· 1
    任务1-2 路基土的工程性质 ·· 4
    任务1-3 路基干湿类型 ·· 9
    任务1-4 路基的力学特性与强度指标 ··· 16

项目2 路基稳定性分析 ··· 22
    任务2-1 路基一般构造 ·· 22
    任务2-2 路基稳定性分析 ··· 28

项目3 路基加固与防护 ··· 36
    任务3-1 软土地基加固 ·· 36
    任务3-2 路基防护工程 ·· 42
    任务3-3 路基支挡工程 ·· 49

项目4 路基排水设施 ·· 56
    任务4-1 路基地表排水设施 ·· 56
    任务4-2 路基地下排水设施 ·· 60

项目5 路基施工 ·· 64
    任务5-1 路基施工准备工作 ·· 64
    任务5-2 填方路基施工 ·· 69
    任务5-3 挖方路基施工 ·· 80
    任务5-4 路基压实 ··· 88
    任务5-5 软土地基路基施工 ·· 94
    任务5-6 路基防护工程施工 ·· 100
    任务5-7 路基支挡工程施工 ·· 103
    任务5-8 路基排水工程施工 ·· 109
    任务5-9 路基整修与验收 ·· 113

项目6 路面工程概论 ·· 120
    任务6-1 路面基本构造与结构层次 ··· 120
    任务6-2 路面分类与等级 ·· 124

项目7 路面基层 ·· 127
    任务7-1 路面基层类型 ·· 127
    任务7-2 半刚性基层施工 ·· 132
    任务7-3 粒料类基层施工 ·· 154

项目 8　沥青路面设计 ··· 165
　任务 8-1　沥青路面基本特性与分类 ··· 165
　任务 8-2　沥青路面设计依据 ·· 171
　任务 8-3　沥青路面结构设计 ·· 178
　任务 8-4　沥青路面厚度设计 ·· 186

项目 9　沥青路面施工 ··· 190
　任务 9-1　沥青表面处治面层施工技术 ··· 190
　任务 9-2　沥青贯入式结构层施工 ·· 193
　任务 9-3　热拌沥青混凝土路面施工的准备工作 ····································· 197
　任务 9-4　热拌沥青混凝土路面铺筑 ·· 224
　任务 9-5　透层、黏层、封层施工技术 ··· 240

项目 10　水泥混凝土路面设计 ··· 257
　任务 10-1　水泥混凝土路面的分类与特点 ·· 257
　任务 10-2　水泥混凝土路面的结构与构造 ·· 259
　任务 10-3　水泥混凝土路面设计方法 ··· 266

项目 11　水泥混凝土路面施工 ··· 272
　任务 11-1　施工准备 ·· 272
　任务 11-2　水泥混凝土的拌和 ·· 275
　任务 11-3　水泥混凝土路面施工方法 ··· 280

参考文献 ·· 289

项目1 路基概论

任务1-1 公路的组成及一般特点

学习目标

1. 认识公路的基本组成。
2. 了解公路的一般特点。

任务描述

本任务要求学生认识公路的基本组成部分和了解公路的一般特点,并进一步理解公路不仅要有平顺的线形、合适的纵坡,而且还要有坚实稳定的路基,平整、防滑、耐磨的路面,牢固耐用的桥涵和其他人工构造物以及不可缺少的附属工程设施,以满足交通的要求。

相关知识

一、公路的基本组成

公路是伴随汽车的出现而产生的,是设置在大地上承受各种行车荷载的反复作用并经受各种自然因素的长期影响,具有一定宽度的线形带状结构物。它主要由路基、路面、桥涵、隧道、排水系统、防护工程和交通服务设施等部分组成。

1. 路基

路基是公路线形结构的主体,是由土、石等按一定尺寸、级配和结构要求建筑成的带状结构物。在天然地面上填筑成路堤(填方路段)或挖成路堑(挖方路段),如图1-1-1所示。路基主要承受路面传递的行车荷载,是支撑路面的基础。设计时必须保证路基具有足够的强度、稳定性和抗变形能力,同时也应防止水分及其他自然因素对路基造成侵蚀和损害。

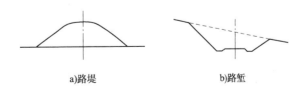

图1-1-1 路基示意图

a)路堤　　b)路堑

2. 路面

路面是用各种路面材料,按一定的比例混合拌制并分层铺筑在路基顶面供车辆行驶的层状结构物。设计时必须保证路面具有足够的强度、刚度等性能,以供车辆能安全、迅速、舒适地行驶。

3. 桥涵

桥涵指的是桥梁和涵洞,是为公路跨越河流、山谷或人工建筑物而修建的构造物。当结构物的单孔跨径小于5m或多孔跨径之和小于8m时,称为涵洞;当大于上述值时称为桥梁。

4. 隧道

如果公路需要穿越较高的山岭、较深的地下或水域,当选择绕行方案或桥梁方案均不适宜时,可以考虑隧道方案,如图1-1-2所示。

图1-1-2 公路隧道示意图

5. 排水系统

排水系统是为了排除地面水和地下水而设置的,由各种拦截、汇集、输送及排放等排水设施所组成的构造物。路基排水系统主要有边沟、截水沟、排水沟、渗沟、渗井、排水隔离层、暗管、跌水与急流槽、渡槽等。

6. 防护工程

防护工程按其作用不同,可分为坡面防护、冲刷防护和支挡构造物三大类。

坡面防护是指为防止边坡受到水及各种自然因素的破坏作用而在坡面上做的各种铺砌和栽植的总称,一般分为植物防护、工程防护两类。

冲刷防护是指针对水流对路基的冲刷和淘刷作用而做的防护设施,一般可分为直接防护和间接防护两类。直接防护多为植物防护、铺石、抛石、石笼等;间接防护多为调节水流流速及流向的导治构造物,如顺坝、丁坝、格坝等。

支挡构造物是指为防止路基变形或阻挡路基本体或山体的位移,以保证其稳定性而设置的构造物,常用的类型主要有填(砌)石边坡、挡土墙、护脚及护面墙等。

7. 交通服务设施

交通服务设施一般是指公路沿线为保证行车安全、迅速、舒适以及路容美观而设置的交通安全、养护管理、服务、环境保护等设施,一般有路面标线、交通标志、护栏、护柱、护墙、中央分隔带、声屏障、隔离栅、照明设备、停车场、加油站、汽车修理站、养护管理房屋和绿化美化设施等。

在公路的各组成部分中,起主要作用的是路基和路面。具有足够强度和稳定性的路基为公路长期承受汽车荷载提供了重要的保证,而路面结构层的存在又保护了路基,使之避免直接经受车辆和大气环境的破坏作用。路基和路面相辅相成,实际上是不可分离的整体,应综合考虑它们的工程特点,综合解决两者间的强度、稳定性等工程技术问题。

二、公路的一般特点

为了保证公路与城市道路最大限度地满足车辆运行的要求,提高车速,增强行车安全性和舒适性,降低运输成本和养护成本,延长公路使用年限,要求公路具有以下基本特点。

1. 承载能力

行驶中的车辆通过轮胎把荷载传递给路面,再由路面传递给路基,在路基路面的结构内部产生应力、应变及位移,若结构的强度或抗变形能力不足以抵抗这些应力、应变及位移,可能导致路面出现断裂、沉陷或是表面出现波浪或车辙等破坏,最终降低公路的服务水平。因此要求公路结构应具有与行车荷载相适应的承载能力。

公路结构承载能力包括强度与刚度两个方面。首先,路面结构应具有足够的强度以抵抗车轮荷载引起的各个部位的各种应力,如压应力、拉应力、剪应力等,保证不发生压碎、拉断、剪切等各种破坏。其次,公路整体结构或各个结构层应具有足够的刚度,使得在车轮荷载作用下不发生过量的变形,保证不发生断裂、沉陷或波浪等各种病害。

2. 稳定性

公路结构裸露在大气之中,受到降水与气温变化的长期作用,结构物的物理、力学性质将随之发生变化,处于一种不稳定状态。公路结构经受这种不稳定状态而保持工程设计所要求的几何形态及物理力学性质的能力,称为公路结构的稳定性。

在地表上开挖或填筑路基,必然会改变原地面地层结构的受力状态。例如,由于填挖筑路引起土体失衡而导致路基失稳破坏;在软土地层上修筑高路堤,因软土层承载能力不足而导致路堤沉陷或坡体坍塌破坏;在不稳定地层上填筑或开挖路基,导致滑坡或坍塌等病害的出现等。因此,在选线、勘测、设计、施工中应密切注意这些病害或破坏,并采取必要的工程措施,以确保路基有足够的稳定性。

大气降水会使得路基路面结构内部的湿度状态发生变化。如低洼地带的路基如果排水不良,会导致路堤软化,失去承载能力;山坡上的路基如果排水不良,会引发滑坡或边坡坍塌;沥青混凝土路面受水分的侵蚀,会导致沥青结构层剥落、结构松散等。因此,做好路基路面防水、排水是确保公路稳定的重要条件。

大气温度的周期性变化对路面结构的稳定性也有重要影响。如在高温季节沥青路面软化,在车轮荷载作用下将产生永久性变形,使路面表面出现波浪与车辙;水泥混凝土结构在高温季节会因结构变形产生过大内应力,导致路面压曲破坏;在季节性冰冻地区,低温会引起路基收缩裂缝;在地下水源丰富的地区,低温将引起路基冻胀,上面的路面结构也随之发生断裂,出现翻浆现象等。

3. 耐久性

公路在车辆荷载的反复作用下并受气候条件周期性变化的影响,路面强度与刚度将逐年衰减,公路使用性能将逐年下降。因此,路基路面应具有良好的耐久性能。为了提高路基路面的耐久性,使其强度、刚度、几何形态保持正常状态,除了精心设计与施工、保证材料质量外,还应把日常的养护、维修、恢复公路性能的工作放在十分重要的位置。

4. 路面平整度

路面平整度是影响公路行车安全、行车舒适性以及运输效益的重要使用性能。特别是高速公路,对路面平整度的要求更高。不平整的路面会增大行车阻力,并使车辆产生附加的振动作用。这种振动作用会造成行车颠簸,影响行车的速度和安全、驾驶的平稳和乘客的舒适。同时,振动作用还会对路面施加冲击力,从而加剧路面和汽车机件的损坏和轮胎的磨损,并增大油料的消耗。此外,不平整的路面还会积滞雨水,加速路面的破坏。因此,为了减小振动冲击力,提高行车速度和提升行车舒适性、安全性,路面应保持一定的平整度。

5. 路面抗滑性能

路面要求平整,但不宜光滑。汽车在光滑的路面上行驶时,车轮与路面之间缺乏足够的附着力或摩擦力,在雨天高速行车或在紧急制动或突然起动或爬坡、转弯时,车轮易出现空转或打滑情况,致使行车速度降低,油料消耗增多,甚至引起严重的交通事故。通常用摩擦系数表征抗滑性能,摩擦系数愈小,则抗滑能力愈低。对于高速公路应急行车道,要求具有较高的抗滑性能。

提高路面表面的抗滑能力可以通过采用坚硬、耐磨、表面粗糙的粒料作为路面表层材料来实现,也可以采用一些工艺措施来实现,如水泥混凝土路面的刷毛或刻槽等。

6. 环保性

汽车行驶在公路上将引起灰尘以及不可避免的噪声,对乘客、沿线居民、农作物等带来不利的影响。因此,要求公路具备尽量减少扬尘和降低噪声的性能。

任务练习

一、选择题

1. 公路结构的承载能力包括(　　)和(　　)两个方面。
　　A. 强度,抗滑性　　B. 刚度,抗滑性　　C. 刚度,耐久性　　D. 强度,刚度
2. 丁坝属于下列哪种防护类型?(　　)
　　A. 坡面防护　　B. 冲刷防护　　C. 支挡构造物　　D. 直接防护
3. 公路整体结构或各个结构层应具有足够的(　　),使得在车轮荷载作用下不发生过量的变形,保证不发生车辙、沉陷或波浪等各种病害。
　　A. 刚度　　B. 强度　　C. 稳定性　　D. 平整度
4. 通常用摩擦系数表征抗滑性能,摩擦系数(　　),则抗滑能力(　　),容易引起滑溜交通事故。
　　A. 越小,越强　　B. 越大,越强　　C. 越小,越弱　　D. 越大,越弱

二、简答题

1. 公路的基本组成部分有哪些?

2. 简述公路的一般特点。

3. 为什么要求路面平整但不宜光滑?

任务1-2　路基土的工程性质

学习目标

1. 了解路基土的分类。
2. 掌握不同类型路基土的工程性质。

任务描述

本任务要求学生能够正确进行路基土的分类,同时明确不同类型路基土的工程性质,在选择路基填筑材料及修筑稳定土路面结构层时,能根据土的不同类型合理采取不同的工程技术措施。

相关知识

土是修筑公路的基本材料,不同的土类具有不同的工程性质,这些工程性质将直接影响路基和路面的强度与稳定性。

一、路基土的分类

世界各国公路用土的分类方法虽然不尽相同,但分类依据大致相近,一般都是根据土颗粒的粒径组成、土颗粒的矿物成分或其他物质的含量及土的塑性指标进行分类。按照我国的《公路土工试验规程》(JTG E40—2007),公路用土依据土的颗粒组成特征、土的塑性指标和土中有机质存在的情况,分为巨粒土、粗粒土、细粒土和特殊土四大类,并将其进一步细分为 12 种土,如图 1-2-1 所示。表 1-2-1 所列为不同粒组的划分界限及范围。

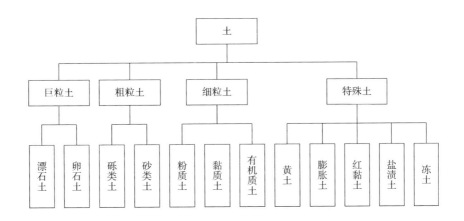

图 1-2-1　路基土分类

不同粒组划分　　　　　　　　　表 1-2-1

粒径(mm)								
200	60	20	5	2	0.5	0.25	0.075	0.002
巨粒组		粗粒组						细粒组
漂石 (块石)	卵石 (小块石)	砾(角砾)			砂			粉粒	黏粒
		粗	中	细	粗	中	细		

1. 巨粒土

巨粒组(粒径大于 60mm 的颗粒)质量大于总质量的 50% 的土称为巨粒土。巨粒土的分类如表 1-2-2 所示。

巨 粒 土 分 类　　　　　　　　　表 1-2-2

土 组		漂石粒(>200mm 的颗粒)含量(%)
大于 60mm 的颗粒>75%	漂石	>50
	卵石	≤50
大于 60mm 的颗粒占 50%~75%	漂石夹土	>50
	卵石夹土	≤50
大于 60mm 的颗粒占 15%~50%	漂石质土	> 卵石粒含量
	卵石质土	< 卵石粒含量

2. 粗粒土

试样中巨粒组土粒质量小于或等于总质量的 15%,且巨粒组土粒与粗粒组土粒质量之和大于总土质量的 50% 的土,称为粗粒土。

粗粒土分砾类土和砂类土两种,其中砾粒组(粒径 2~60mm 的颗粒)质量大于总质量的 50% 的土称为砾类土,砾类土的分类如表 1-2-3 所示。

砾 类 土 分 类　　　　　　　　　表 1-2-3

土 组		细粒组(<0.075mm 的颗粒)含量(%)
砾	级配良好砾	<5
	级配不良砾	
含细粒土砾		5~15
细粒土质砾	粉土质砾	15~50
	黏土质砾	

砾粒组质量小于或等于总质量的 50% 的土称为砂类土,砂类土的分类如表 1-2-4 所示。

砂 类 土 分 类　　　　　　　　　表 1-2-4

土 组		细粒组(<0.075mm 的颗粒)含量(%)
砾	级配良好砂	<5
	级配不良砂	
含细粒土砂		5~15
细粒土质砂	粉土质砂	15~50
	黏土质砂	

3. 细粒土

试样中细粒组(粒径小于 0.075 mm 的颗粒)质量大于或等于总质量的 50% 的土称为细粒土。细粒土按下列规定划分:

(1)细粒土中粗粒组(2~60mm 的颗粒)质量小于或等于总质量 25% 的土称为粉质土或黏质土。

(2)粗粒组质量为总质量的 25%~50%(含 50%)的土称为含粗粒的粉质土或含粗粒的黏质土。

(3)有机质含量大于或等于总质量的 5%,且小于总质量的 10% 的土称为有机质土。

(4)有机质含量大于或等于总质量的10%的土称为有机土。

分类如图1-2-2所示。

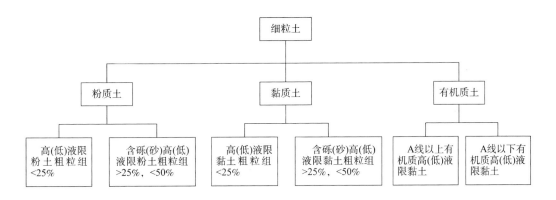

图1-2-2 细粒土的分类图

4. 特殊土

特殊土主要包括黄土、膨胀土、红黏土、盐渍土和冻土。黄土属低液限黏土,液限<40%;膨胀土属高液限黏土,液限>50%;红黏土属高液限粉土,液限>55%。

盐渍土按照土层中平均总盐量进行分类,如表1-2-5所示。

盐渍土工程分类   表1-2-5

名称 \ CL^-/SO_4^{-2} 土层中平均总盐量(%)	氯盐渍土 >2.0	亚氯盐渍土 1.0~2.0	亚硫酸盐渍土 0.3~1.0	硫酸盐渍土 <0.3
弱盐渍土	0.3~1.5	0.3~1.0	0.3~0.8	0.3~0.5
中盐渍土	1.5~5.0	1.0~4.0	0.8~2.0	0.5~1.5
强盐渍土	5.0~8.0	4.0~7.0	2.0~5.0	1.5~4.0
过盐渍土	>8.0	>7.0	>5.0	>4.0

我国冻土可分为多年冻土、隔年冻土和季节冻土三种类型。具体划分如表1-2-6所示。

冻土按冻结状态持续时间分类   表1-2-6

类型	持续时间t(年)	地面温度(℃)特征	冻融特征
多年冻土	$t \geq 2$	年平均地面温度≤0	季节融化
隔年冻土	$1 \leq t < 2$	最低月平均地面温度≤0	季节冻结
季节冻土	$t < 1$	最低月平均地面温度≤0	季节冻结

二、土的工程性质及对应的工程技术措施

不同的土具有不同的工程性质,在选择路基填筑材料以及修筑稳定土路面结构层时,应根据不同的土类分别采取不同的工程技术措施,如表1-2-7所示。

不同土类的工程性质与工程技术注意事项　　　　　表 1-2-7

名　　称		工程性质	注意事项
巨粒土	漂石	很高的强度及稳定性	大块填料摆放和压实较困难
	卵石		正确选用边坡值,以保证路基稳定
	漂石土		
	卵石土		填筑时应保证足够的密实度
粗粒土	砾类土	级配良好时,密实程度好,强度和稳定性较好	级配不良时,填筑时应保证密实程度,防止路基积水、不均匀沉陷或表面松散等病害
	砂类土 含细粒土砂	有较大的摩擦系数,强度和水稳定性较好	黏性小,易于松散,压实困难,需用振动法或灌水法
	砂类土 细粒土质砂（砂性土）	有足够的强度和稳定性,不黏着,不膨胀,易压实	修筑路基的良好材料
细粒土	粉质土	土的毛细作用强烈,易冻胀翻浆	水文条件不良时,应改良土质,并同时加强排水或采取隔离水等措施,是最差的筑路材料
	黏质土	干时硬,不易挖掘; 有很大的可塑性、黏结性和膨胀性; 浸水后承载能力小	在适当的含水率时应充分压实和备有良好的排水设施
特殊土	黄土	大孔和多孔结构,具有湿陷性	不宜作路基填料
	膨胀土	受水浸湿发生膨胀,失水则收缩	
	红黏土	失水后体积收缩量较大	
	盐渍土	潮湿时承载力很低	

总之,土作为路基建筑材料的主要组成部分,砂性土最优,黏质土次之,粉质土属不良材料,很容易引起路基病害,影响公路的使用寿命。此外,对于一些特殊土类,用以填筑路基时必须采取相应的技术措施。

 **任务练习**

一、选择题

1. 公路路基用土按粒径划分为(　　)、粗粒土、细粒土。
   A. 大粒土　　　B. 小粒土　　　C. 巨粒土　　　D. 砂土
2. (　　)是最理想的公路路基填筑材料?
   A. 砂土　　　B. 砂性土　　　C. 黏土　　　D. 膨胀土
3. 粉质土的毛细水上升速度(　　)而且高,水稳定性(　　)。
   A. 快,好　　　B. 慢,好　　　C. 慢,差　　　D. 快,差
4. 下列哪种特殊土具有湿陷性?(　　)
   A. 红黏土　　　B. 盐渍土　　　C. 黄土　　　D. 膨胀土
5. 我国某地区冻土持续时间为 9 个月,请问该地区属于哪种类型的冻土?(　　)
   A. 季节冻土　　　B. 多年冻土　　　C. 隔年冻土　　　D. 非冻土

二、简答题

1. 简述粗粒土的具体分类。

2. 简述巨粒土、砂类土、细粒土各有什么样的工程性质。

任务 1-3　路基干湿类型

学习目标

1. 了解路基的干湿类型。
2. 掌握路基干湿类型的划分方法。

任务描述

本任务要求学生能够了解不同的路基干湿类型对路基路面带来的影响及危害,让学生能够掌握路基干湿类型的划分方法,以及明确对不同类型(新建和改建)的公路,应采取怎样的措施防止路基潮湿。

相关知识

一、路基干湿类型及湿度来源

路基的干湿类型是影响其强度与稳定性的重要因素,正确区分路基的干湿类型,是做好路基路面设计的前提。

路基土所处的状态是由土体的含水率或稠度决定的,含水率大小取决于湿度的来源及作用的延续时间。路基在使用过程中,会受到来自外界各种因素的影响,最终改变了路基的湿度。导致路基湿度变化的水源如图 1-3-1 所示,可分为以下几种:

大气降水——通过路面、路肩、边坡、边沟渗入路基。
地面水——边沟及排水不良时的地表积水,以毛细水的形式渗入路基。
地下水——靠近地面的地下水,借助毛细作用或温差作用上升到路基内部。
凝结水——在土颗粒空隙中流动的水蒸气,遇冷凝结为水。
薄膜移动水——在土的结构中水以薄膜的形式从含水率较高处向较低处流动,或由温度较高处向冻结中心流动。

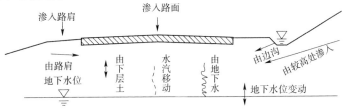

图 1-3-1　导致路基湿度变化的水源

二、大气温度对路基湿度的影响

大气温度是影响路基湿度的重要因素。一般将湿度与温度变化对路基产生的共同影响称为路基的水温状况。

季节性冰冻地区的路基在冬季冻结的过程中会出现湿度积聚现象,当气温下降到0℃以下时,路面和路基结构内的温度也会随之从上至下逐渐降到零下。由于正负温度区内,自由水、毛细水和弱结合水随温度变化而移动,进而造成了上层路基温度的大量积聚。积聚后的水冻结后体积增大,使路基隆起而造成面层开裂,即为冻胀现象,如图1-3-2所示。

春暖化冻时,路面和路基结构由上而下逐渐解冻,而积聚在路基上层的水分先融解,水分难以迅速排除,造成路基上层的湿度增加,若是在交通繁重的地区,经重车反复作用,路基路面结构会产生较大的变形,严重时路基土以泥浆的形式从胀裂的路面缝隙中冒出,即为翻浆现象,如图1-3-3所示。

图1-3-2 冻胀现象

图1-3-3 翻浆现象

冻胀和翻浆的出现,使路面遭受严重损坏。然而冻胀和翻浆现象并不是在季节性冰冻地区所有的道路都会发生。对于渗透性较高的砂性土以及渗透性很低的黏性土,水分都不容易积聚,因此不易发生冻胀与翻浆;而相反,对于粉性土和极细砂,由于毛细水活动力强,则极易发生此种现象。同时地面排水不良,地下水位高,路基湿度大且水源充足,冬季温和与寒冬反复交替,路基冻结缓慢等,这些都是产生冻胀与翻浆现象的重要自然条件。

三、路基干湿类型划分方法

《公路沥青路面设计规范》(JTG D50—2017)中将土质路基的干湿类型分为干燥、中湿、潮湿和过湿四种。为了保证路基路面结构的稳定性,一般要求路基处于干燥或中湿状态,过湿状态的路基必须经处理后方可铺筑路面。

1. 根据平均稠度划分(适用于改建公路)

以平均稠度作为划分路基干湿类型的指标,它较准确地表示了土的各种形态与湿度的关系,稠度指标综合了土的塑性特性,包含了液限与塑限,可以全面直观地反映土的硬软程度。即:

$$w_c = \frac{w_L - w}{w_L - w_P} \tag{1-3-1}$$

式中:w_c——土的平均稠度;

w_L——土的液限含水率;

w_P——土的塑限含水率;

w——最不利季节路槽底面以下0.8m深度内土的平均含水率。

注:当$w_c=1.0$,即$w=w_P$,为半固体与硬塑状的分界值;当$w_c=0$,即$w=w_L$,为流塑与流动状的分界值;当$0<w_c<1.0$,即$w_P<w<w_L$,土体处于可塑状态。

《公路沥青路面设计规范》(JTG D50—2017)和《公路水泥混凝土路面设计规范》(JTG D40—2011)中规定,对于改建公路,路面设计时路基的干湿类型以最不利季节时(指路基路面结构处于最不利工作状态的季节)路槽底面以下0.8m深度内土的平均含水率为实测值w,代入式(1-3-1)计算出土的平均稠度w_c,再按路基的分界稠度确定该路基的干湿类型。

其中,最不利季节路槽底面以下0.8m深度内土的平均含水率w的确定方法是:在路槽底面以下0.8m深度内,每0.1m取土样,测定其天然含水率,按式(1-3-2)计算。

$$w = \frac{\sum_{i=1}^{8} w_i}{8} \qquad (1\text{-}3\text{-}2)$$

式中:w——土的平均含水率;

w_i——路槽底面以下0.8m深度内,每0.1m为一层,第i层土的天然含水率。

路基干湿类型的分界稠度见表1-3-1。

路基干湿类型的分界稠度　　　　表1-3-1

土组	干燥状态	中湿状态	潮湿状态	过湿状态
	$w_c \geq w_{c1}$	$w_{c1} > w_c \geq w_{c2}$	$w_{c2} > w_c \geq w_{c3}$	$w_c < w_{c3}$
土质砂	$w_c \geq 1.2$	$1.2 > w_c \geq 1$	$1 > w_c \geq 0.85$	$w_c < 0.85$
黏质土	$w_c \geq 1.1$	$1.1 > w_c \geq 0.95$	$0.95 > w_c \geq 0.8$	$w_c < 0.85$
粉质土	$w_c \geq 1.05$	$1.05 > w_c \geq 0.9$	$0.9 > w_c \geq 0.75$	$w_c < 0.75$

注:w_{c1}、w_{c2}、w_{c3}分别为干燥和中湿、中湿和潮湿、潮湿和过湿状态路基土的分界稠度,w_c为路槽底面以下0.8m深度内土的平均稠度。

根据路基平均稠度确定路基的干湿类型时,主要步骤为:

(1)现场测定最不利季节路槽底面以下0.8m深度内,以每0.1m为一层,每层土的天然含水率为w_i,$i=1、2、3、\cdots、8$。

(2)根据式(1-3-2)计算出最不利季节路槽底面以下0.8m深度内的土的平均含水率w。

(3)根据式(1-3-1)计算出最不利季节路槽底面以下0.8m深度内的土的平均稠度w_c。

(4)将步骤(3)计算的土的平均稠度w_c与表1-3-1的分界稠度做比较,最终确定路基的干湿类型。

2.根据临界高度划分(适用于新建公路)

对于新建公路,由于路基尚未建成,无法按上述方法现场勘察路基的湿度状况,可根据当地稳定的平均天然含水率、液限、塑限计算平均稠度,并考虑路基高度,有无地下水、地表积水的影响,论证后确定路基的干湿类型。由路基高度来判别路基的干湿类型,一般以路基临界高度作为判别标准。

路基临界高度H_1、H_2、H_3是指在最不利季节,路基分别处于干燥、中湿或潮湿状态时,路槽底面距地表积水水位或地下水位的最小高度。即当路基位置的地表积水水位或地下水位一定的情况下,路基临界高度 H_1、H_2、H_3 的位置如图1-3-4所示。

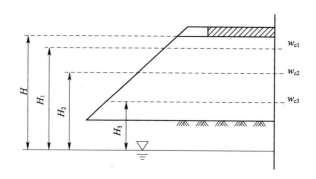

图1-3-4 路基临界高度与路基干湿类型

图中:H_1 对应于 w_{c1},为干燥和中湿状态的临界高度;H_2 对应于 w_{c2},为中湿和潮湿状态的临界高度;H_3 对应于 w_{c3},为潮湿和过湿状态的临界高度。

路基高度实测值 H 为路槽底部距地表积水水位或地下水位的高度。其中,地表积水水位或地下水位高程可通过公路勘测设计野外调查获得,或在路基纵断面图中查得。

具体判别标准见表1-3-2。

路基干湿类型判别表　　　　表1-3-2

路基干湿类型	平均稠度 w_c 与分界稠度的关系	一般特征
干燥	$w_{c1} < w_c$	土基干燥、稳定,路面强度和稳定性不受地下和地面积水的影响($H > H_1$)
中湿	$w_{c2} < w_c \leq w_{c1}$	土基上部土层处于地下水或地表积水影响的过渡带区内($H_2 < H \leq H_1$)
潮湿	$w_{c3} < w_c \leq w_{c2}$	土基上部土层处于地下水或地表积水的毛细影响区内($H_3 < H \leq H_2$)
过湿	$w_c \leq w_{c3}$	土基极不稳定,冰冻区春融翻浆,非冰冻区雨季软弹,土基经处理后方可铺筑路面($H \leq H_3$)

在根据路基临界高度确定路基的干湿类型时,主要步骤为:

(1)确定路基处于干燥、中湿、潮湿状态的临界高度 H_1、H_2、H_3。
(2)计算路槽底部距地表积水水位或地下水位的高度 H。
(3)将上述两者进行比较,确定路基的干湿类型。

为了保证路基的强度和稳定性不受地表积水或地下水的影响,在设计路基时,要求路基保持干燥或中湿状态,路槽底部距地下水位或地表积水水位的距离要大于或等于干燥、中湿状态所对应的临界高度。

路基临界高度可根据土质、气候条件按当地经验确定。当缺乏实际资料时,可参考表1-3-3(砂性土)、表1-3-4(黏性土)、表1-3-5(粉性土)选用。

砂性土路基临界高度参考值　　　　　　　　　　　　　　　　　　　　　　　　　　　表1-3-3

自然区划	地下水			地表长期积水			地表临时积水		
	H_1	H_2	H_3	H_1	H_2	H_3	H_1	H_2	H_3
II$_3$	1.9~2.2	1.3~1.6							
II$_5$	1.1~1.5	0.7~1.1							
III$_2$	1.3~1.6	1.1~1.3	0.9~1.1	1.1~1.3	0.9~1.1	0.6~0.9	0.9~1.1	0.6~0.9	0.4~0.6
III$_3$	1.3~1.6	1.1~1.3	0.9~1.1	1.1~1.3	0.9~1.1	0.6~0.9	0.9~1.1	0.6~0.9	0.4~0.6
IV$_4$	1.0~1.1	0.7~0.8							
IV$_6$	1.0~1.1	0.7~0.8							
IV$_7$				0.9~1.0	0.7~0.8	0.6~0.7			
V$_1$	1.3~1.6	1.1~1.3	0.9~1.1	1.1~1.3	0.9~1.1	0.6~0.9	0.9~1.1	0.6~0.9	0.4~0.6
VI$_1$	(2.1)	(1.7)	(1.3)	(1.8)	(1.4)	(1.0)	0.3		
VI$_2$	1.4~1.7	1.1~1.4	0.9~1.1	1.1~1.4	0.9~1.1	0.6~0.9	0.9~1.1	0.76~0.9	0.4~0.6
VI$_3$	(2.1)	(1.7)	(1.3)	(1.9)	(1.5)	(1.1)			
VI$_4$	(2.2)	(1.8)	(1.4)	(1.9)	(1.5)	(1.2)	0.8		
VII$_1$	(2.2)	(1.9)	(1.6)	(2.1)	(1.6)	(1.3)	(0.8)	(0.4)	
VII$_3$	1.5~1.8	1.2~1.5	0.9~1.2	1.2~1.5	0.9~1.2	0.6~0.9	0.9~1.2	0.7~0.9	0.4~0.6
VII$_4$	(2.1)	(1.6)	1.3	(1.8)	(1.4)	1.0	(0.9)		
VII$_5$	(3.0)	(2.4)	1.9	(2.4)	(2.0)	1.6	(1.5)	(1.1)	(0.5)

黏性土路基临界高度参考值　　　　　　　　　　　　　　　　　　　　　　　　　　　表1-3-4

自然区划	地下水			地表长期积水			地表临时积水		
	H_1	H_2	H_3	H_1	H_2	H_3	H_1	H_2	H_3
II$_1$	2.9	2.2							
II$_2$	2.7	2.0							
II$_3$	2.5	1.8							
II$_4$	2.4~2.6	1.9~2.1	1.2~1.4						
II$_5$	2.1~2.5	1.6~2.0							
III$_2$	2.2~2.75	1.7~2.2	1.3~1.7	1.75~2.2	1.3~1.7	0.9~1.3	1.3~1.7	0.9~1.3	0.45~0.9
III$_3$	2.1~2.5	1.6~2.1	1.2~1.6	1.6~2.1	1.2~1.6	0.9~1.2	1.2~1.6	0.9~1.2	0.55~0.9
IV$_1$	1.7~1.9	1.2~1.3	0.8 0.9						
IV$_2$	1.6~1.7	1.1~1.2	0.8~0.9						
IV$_3$	1.5~1.7	1.1~1.2	0.8~0.9	0.8~0.9	0.5~0.6	0.3~0.4			
IV$_4$	1.7~1.8	1.0~1.2	0.8~1.0						
IV$_5$	1.7~1.9	1.3~1.4	0.9~1.0	1.0~1.1	0.6~0.7	0.3~0.4			
IV$_6$	1.8~2.0	1.3~1.5	1.0~1.2	0.9~1.0	0.5~0.6	0.3~0.4			
IV$_7$	1.7~1.8	1.4~1.5	1.1~1.2	1.0~1.1	0.7~0.8	0.4~0.5			
V$_1$	2.0~2.4	1.6~2.0	1.2~1.6	1.6~2.0	1.2~1.6	0.8~1.2	1.2~1.6	0.8~1.2	0.45~0.8
V$_3$	1.7~19	0.8~1.0	0.4~0.6						
VI$_1$	(2.3)	(1.9)	(1.6)	(2.1)	(1.7)	(1.3)	0.9	0.5	

续上表

自然区划	地下水			地表长期积水			地表临时积水		
	H_1	H_2	H_3	H_1	H_2	H_3	H_1	H_2	H_3
VI_2	2.2~2.75	1.65~2.2	1.2~1.65	1.65~2.2	1.2~1.65	1.75~1.2	1.2~1.65	0.75~1.2	0.45~0.75
VI_3	(2.4)	(2.0)	(1.6)	(2.1)	(1.7)	(1.4)	(0.8)	(0.6)	
VI_4	2.4	2.0	1.6	2.2	1.7	1.3	1.0	0.6	
VII_1	2.2	(1.9)	(1.5)	(2.1)	(1.6)	(1.2)	(0.9)	(0.5)	
VII_2	(2.3)	(1.9)	(1.6)	1.8	1.4	1.1	0.8	0.4	
VII_3	2.3~2.85	1.75~2.3	1.3~1.75	1.75~2.3	1.3~1.75	0.75~1.3	1.3~1.75	0.75~1.3	0.45~0.75
VII_4	(2.1)	(1.6)	(1.3)	(1.8)	(1.4)	(1.1)	(0.7)		
VII_5	(3.3)	(2.6)	(2.1)	(2.4)	(2.0)	(1.6)	(1.5)	(1.1)	(0.5)

粉性土路基临界高度参考值　　　　　　　　　　　　表1-3-5

自然区划	地下水			地表长期积水			地表临时积水		
	H_1	H_2	H_3	H_1	H_2	H_3	H_1	H_2	H_3
II_1	3.8	3.0	2.2						
II_2	3.4	2.6	1.9						
II_3	3.0	2.2	1.6						
II_4	2.6~2.8	2.1~2.3	1.4~1.6						
II_5	2.4~2.9	1.8~2.3							
III_2	2.4~2.85	1.9~2.4	1.4~1.9	1.9~2.4	1.0~1.9	1.0~1.4	1.4~1.9	1.0~1.4	0.5~1.0
III_3	2.3~2.75	1.8~2.3	1.4~1.8	1.8~2.3	1.4~1.8	1.0~1.4	1.4~1.8	1.0~1.4	0.55~1.0
IV_1	1.9~2.1	1.3~1.4	0.9~1.0						
IV_2	1.7~1.9	1.2~1.3	0.8~0.9						
IV_3	1.7~1.9	1.2~1.3	0.8~0.9	0.9~1.0	0.6~0.7	0.3~0.4			
IV_5	1.79~2.1	1.3~1.5	0.9~1.1						
IV_6	2.0~2.2	1.5~1.6	1.0~1.1						
V_1	2.2~2.65	1.7~2.2	1.3~1.7	1.7~2.2	1.3~1.7	0.9~1.3	1.3~1.7	0.9~1.3	0.55~0.9
V_3	1.9~2.1	1.3~1.5	0.5~0.7						
VI_1	(2.5)	(2.0)	(1.6)	(2.3)	(1.8)	(1.3)	(1.2)	0.7	0.4
VI_2	2.3~2.75	1.85~2.3	1.4~1.85	1.85~2.3	1.4~1.85	0.9~1.4	1.4~1.85	0.9~1.4	0.5~0.9
VI_3	(2.6)	(2.1)	(1.6)	(2.4)	(1.8)	(1.4)	(1.3)	(0.7)	
VI_4	(2.6)	(2.2)	1.7	2.4	1.9	1.4	1.3	0.8	
VII_1	(2.5)	(2.0)	(1.5)	(2.4)	1.8	1.3	1.1	0.6	
VII_2	(2.5)	(2.1)	(1.6)	(2.2)	(1.6)	(1.1)	0.9	0.4	
VII_3	2.4~3.1	2.0~2.4	1.6~2.0	(2.0~2.4)	(1.6~2.0)	(1.0~1.6)	(1.6~2.0)	1.0~1.6	0.55~1.0
VII_4	(2.3)	(1.8)	(1.3)	(2.1)	(1.6)	(1.1)			
VII_5	(3.8)	(2.2)	(1.6)	(2.9)	(2.2)	(1.5)	(1.3)	(0.5)	

注：1. 表中数值摘录于《公路沥青路面设计规范》(JTG D50—2017)。

2. 表中 H_1、H_2、H_3 分别为路基干燥、中湿、潮湿状态的临界高度；路床面至地下水位高度小于 H_3 时为过湿路基，须经处治后才能铺筑路面。

3. 表格中有下划线者，表示实测资料较少；有括号者表示没有实测资料，根据规律推算得来。

4. 缺少资料的二级区可论证地参考相邻二级区数值。

根据相关规范规定,对于新建公路,以路槽底部距地表积水水位或地下水位为路基高度,与对应的路基临界高度数值,依据判别标准最终确定路基土的干湿类型。

具体判别标准如下:

(1) $H > H_1$ 时,路基处于干燥状态;

(2) $H_2 < H \leq H_1$ 时,路基处于中湿状态;

(3) $H_3 < H \leq H_2$ 时,路基处于潮湿状态;

(4) $H \leq H_3$ 时,路基处于过湿状态。

四、公路自然区划

我国各地气候、地形、地貌、水文地质等自然条件相差很大,为区分不同地理区域自然条件对公路工程影响的差异性,特制定公路自然区划。为使自然区划便于在实践中应用,将我国的公路自然区划划分为三个等级。

1. 一级区划

根据不同地理、气候、构造、地貌界线的交错和叠合,将我国划分为7个一级自然区,即 Ⅰ.北部多年冻土区、Ⅱ.东部温润季冻区、Ⅲ.黄土高原干湿过渡区、Ⅳ.东南湿热区、Ⅴ.西南潮暖区、Ⅵ.西北干旱区、Ⅶ.青藏高寒区。

2. 二级区划

二级区划仍以气候和地形为主导因素,但具体标志与一级区划有显著差别。一级自然区有其共同标志,即气候因素是潮湿系数 K 值,地形因素是独立的地形单元。二级区的划分则需因区而异,将上述标志具体化或加以补充,其标志是以潮湿系数 K 为主的一个标志体系。

根据二级区划的主导因素与标志,在全国7个一级自然区划内又分为33个二级区和19个副区(亚区),共有52个二级自然区。

3. 三级区划

三级区划是二级区划的进一步划分。三级区划的划分方法有两种:一是按照地貌、水文和土质类型将二级区进一步划分为若干类型单元的类型区划;二是以水热、地理和地貌等为标志将二级区进一步划分为若干更低级区域的区域划分。各地可根据当地的具体情况选用。

任务练习

一、选择题

1. 在路基设计中要求路基处于干燥和( )状态。
   A. 潮湿 B. 中湿 C. 过湿 D. A和B

2. 路基干湿类型的两种判断方法分别是平均稠度法和( )。
   A. 平均高度法 B. 平均厚度法 C. 临界高度法 D. 临界厚度法

3. 为使自然区划便于在实践中应用,我国的公路自然区划划分为( )个等级。
   A. 三 B. 四 C. 五 D. 六

4. 二级区的划分则需因区而异,其标志是以( )为主的一个标志体系。
   A. 干燥系数 B. 含水率 C. 临界高度 D. 潮湿系数 K

5. 公路在( )容易出现翻浆现象。
   A. 春季 B. 夏季 C. 秋季 D. 冬季

二、简答题

1. 简述路基的冻胀与翻浆作用原理。

2. 简述根据临界高度法确定路基干湿类型的主要步骤。

3. 路基干湿类型分为几种？如何判断？

三、计算题

某条新建公路，路面顶到地面高度为 2.5m，路面厚度为 0.9m，地下水深为 0.6m。已知当地路基土的临界高度为 $H_1=3\text{m}, H_2=2\text{m}, H_3=1\text{m}$，请判断此路基的干湿类型。

任务 1-4 路基的力学特性与强度指标

学习目标

1. 掌握路基土垂直应力的各组成部分与计算方法。
2. 了解路基工作区深度范围内的土基受力特点及施工要求。
3. 了解研究路基土应力-应变特性最常用的 4 种方法。

任务描述

本任务一是要求学生能够掌握路基土垂直应力的计算及力学特点，了解路基工作区深度的计算方法，并清楚路基土工作区的重要性及深度计算方法。二是同时拓展学生的知识面，让学生了解研究路基土的应力-应变特性常用的 4 种方法，即压入承载板试验法、三轴压缩试验法、回弹模量函数法和局部线性化法。三是路基作为路面结构的基础，需要足够的承载能力来抵抗车轮荷载，常用的表征土基承载力的参数指标有回弹模量、地基反应模量、加州承载比（CBR）和土基抗剪强度指标等，这些知识点要求学生能掌握。

相关知识

一、路基受力状况

路基承受着路基自重和汽车轮重这两种荷载。在这两种荷载的共同作用之下，在一定深度范围内，路基土处于受力状态。正确的设计应使得路基所受的力在路基弹性限度范围内，而当车辆驶过后，路基能恢复原状，以保证路基相对稳定，不致引起路面破坏。

路基内任一点的垂直应力包括由车轮荷载引起的 δ_Z 和由土基自重引起的 δ_B 两方面，即 $\delta=\delta_Z+\delta_B$，如图 1-4-1 所示。

其中由车轮荷载作用所引起的垂直应力 δ_Z,可以用近似公式(1-4-1)计算。计算时,假定车轮荷载为一圆形均布垂直荷载,路基为一弹性均质半空间体,则有:

$$\delta_Z = \frac{p}{1 + 2.5\left(\dfrac{Z}{D}\right)^2} \quad (1\text{-}4\text{-}1)$$

式中:p——车轮荷载换算的均布荷载,kN/m^2;
Z——圆形均布荷载中心下应力作用点的深度,m;
D——圆形均布荷载作用面积的直径,m。

而由路基土本身自重在路基内深度为 Z 处所引起的垂直压应力 δ_B 可按式(1-4-2)计算:

$$\delta_B = \gamma Z \quad (1\text{-}4\text{-}2)$$

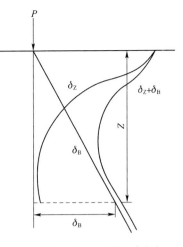

图1-4-1 路基中任一点处的垂直应力分布图

式中:γ——土的重度,kN/m^3;
Z——应力作用点深度,m。

虽然路面结构材料的重度比路基土的重度略大,但是结构层的厚度相对于路基某一深度而言,这个差别可以忽略,仍可视作均质土体。

二、路基工作区

在路基的某一深度 Z_a 处,当车轮荷载引起的垂直应力 δ_Z 与路基土自重引起的垂直应力 δ_B 相比很小,仅为 $1/10 \sim 1/5$ 时,该深度 Z_a 范围内的路基称为路基工作区。

在工作区范围内的路基,对于支承路面结构和车轮荷载影响较大,在工作区范围以外的路基,影响逐渐减小。

路基工作区深度 Z_a 可按式(1-4-3)计算:

$$Z_a = \sqrt[3]{\frac{KnP}{\gamma}} \quad (1\text{-}4\text{-}3)$$

式中:Z_a——路基工作区深度,m;
K——系数,取 $K=0.5$;
n——系数,$n=5\sim10$;
P——侧轮荷载,kN;
γ——土的重度,kN/m^3。

由式(1-4-3)可知,在相同的土质等情况下,路基工作区随车轮荷载的加大而加深。

在路基工作区内,路基的强度和稳定性对保证路面结构的强度和稳定性极为重要,因此对工作区深度范围内土质的选择以及路基的压实度应提出较高的要求。

当工作区深度大于路基填土高度时(图1-4-2),行车荷载的作用不仅施加于路堤,而且施加于天然地基的上部土层,因此,天然地基上部土层和路堤应同时满足工作区的要求,均应充分压实。

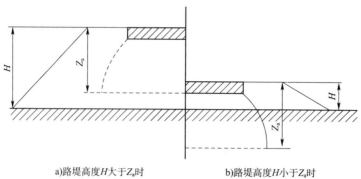

a) 路堤高度 H 大于 Z_a 时   b) 路堤高度 H 小于 Z_a 时

图 1-4-2　工作区深度和路基高度

三、路基土的应力-应变特性

路基是路面结构的支承体,车轮荷载通过路面结构传至路基,所以路基土的应力-应变特性对路基路面结构的整体强度和刚度有很大影响。

路面结构的损坏,除了它本身的原因之外,路基的变形过大也是重要原因之一。路基土的变形包括弹性变形和塑性变形两部分。过大的弹性变形将使得沥青面层和水泥混凝土面板产生疲劳开裂。过大的塑性变形将导致各种沥青路面产生车辙和纵向不平整;对于水泥混凝土路面,路基土的塑性变形将引起板块断裂。在路面结构总变形中,路基土的变形占很大部分,占70%~95%,所以提高路基土的抗变形能力是提高路基路面结构整体强度和刚度的重要方面。

理想的线性弹性体在一定的应力范围内,应力与应变的关系呈线性特性,而当应力消失时,应变随之消失,恢复到初始状态。但路基土的内部结构十分复杂,包括固相、液相和气相三部分,而固相部分又由不同成分、不同粒径的颗粒所组成,所以路基土在应力作用下呈现的变形特性同理想的线性弹性体有很大区别。

目前,研究路基土应力-应变特性最常用的方法主要有4种,分别是压入承载板试验法、三轴压缩试验法、回弹模量函数法和局部线性化法。本书只详细介绍压入承载板试验法。

1. 压入承载板试验法

压入承载板试验法是以一定尺寸的刚性承载板置于土基顶面,通过逐级加荷与卸荷,记录施加于承载板上的荷载及由该荷载所引起的沉降变形,根据试验结果,即可绘出土基顶面压应力与回弹变形的关系曲线,如图1-4-3所示。

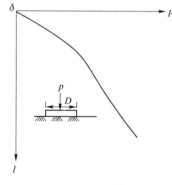

图 1-4-3　压入承载板试验法下土的应力-应变关系曲线

根据弹性力学理论,通过由试验测得的回弹变形,用式(1-4-4)计算土基的回弹模量:

$$E = \frac{pD(1-\mu^2)}{l} \quad (1\text{-}4\text{-}4)$$

式中:E——土体的回弹模量,kPa;
p——承载板压强,kPa;
D——承载板的直径,m;
μ——土体的泊松比;
l——承载板的回弹变形,m。

假如土体为理想的线性弹性体,则 E 应为一常量,施加的

荷载 P 与回弹变形 l 之间应呈直线关系,而根据试验结果显示,大多数情况下为图 1-4-3 中所示的曲线关系,因此,土基的回弹模量 E 并不是常数。

2. 三轴压缩试验法

三轴压缩试验是指将土切成圆柱体试件套在橡胶膜内,放在密封的压力室中,然后向压力室内压入水,使试件在各个方向受到周围压力,并使液压在整个试验过程中保持不变,这时试件内各向的三个主应力都相等,因此不发生剪应力。然后再通过传力杆对试件施加竖向压力,直至试件受剪而破坏。

根据上述试验结果得出土的应力-应变曲线。

3. 回弹模量函数法

回弹模量函数法是将回弹模量值以应力或应变的函数形式来表示。

4. 局部线性化法

局部线性化法,即在曲线的某一微小线段内,近似地将它视为直线,以它的斜率作为模量值。按照应力-应变曲线上应力取值方法的不同,模量种类如图 1-4-4 所示。

初始切线模量:应力值为零时的应力-应变曲线的斜率,如图中①所示。

切线模量:某一应力级位于应力-应变曲线的斜率,如图中②所示,反映该级应力处应力-应变变化的精确关系。

割线模量:某一应力值对应的曲线上的点同起始点相连的割线的斜率,如图中③所示,反映土基在工作应力范围内应力-应变的平均状态。

回弹模量:应力卸除阶段,应力-应变曲线的割线模量,如图中④所示。

前三种模量中的应变值包含残余应变和回弹应变,而回弹模量仅包含回弹应变,因此它仅部分地反映了土的弹性性质。

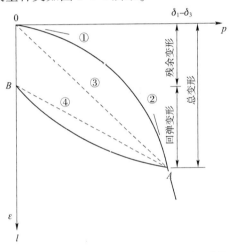

图 1-4-4 局部线性化法下土的应力-应变关系曲线

四、土基的承载能力

路基作为路面结构的基础,它抵抗车轮荷载的能力主要决定于路基顶面在一定应力级位下抵抗变形的能力,因此用其来表征路基的承载能力。

尽管刚性路面和柔性路面设计时以不同的理论体系为基础,且不同的设计方法有不同的假定前提,但用于表征路基承载力的各指标基本上是相似的,因此可以通用。常用的用于表征土基承载力的参数指标有土基回弹模量、地基反应模量、加州承载比(CBR)和土基抗剪强度等。

1. 土基回弹模量

回弹模量是路基土在弹性变形阶段内,在垂直荷载作用下,抵抗竖向变形的能力。

为了模拟车轮印迹的作用,通常都以圆形承载板压入土基的方法来测定回弹模量。该方法的操作原理是在现场土基表面采用承载板对土基逐级加载、卸载,通过测出每级荷载下相应的土基回弹变形值,经过计算求得土基回弹模量,作为路面设计参数使用。

测定土基的压力-变形曲线时,用千斤顶加载,采用逐级加载卸载法,当荷载小于 0.1MPa

时,每级增加 0.2MPa,以后每级增加 0.4MPa 左右。

根据试验结果,按线性回归方法,可用公式(1-4-5)计算土基回弹模量 E_0 值:

$$E_0 = \frac{\pi D}{4} \cdot \frac{\sum P_i}{\sum L_i}(1 - \mu_0^2) \quad (1\text{-}4\text{-}5)$$

式中:E_0——土基回弹模量,MPa;
D——承载板的直径(30cm);
L_i——计算回弹变形值,cm,$L_i = L_i' + \alpha_i$;
L_i'——各级荷载下的实测弯沉值,cm;
α_i——各级荷载下的影响量,0.01mm;
P_i——对应 L_i 的各级压力值;
μ_0——土的泊松比,根据设计规范规定取用。

2. 地基反应模量

当采用温克勒地基模型描述土基工作状态时,根据假定,土基顶面任一点的弯沉 l,仅同作用于该点的垂直压力 P 成正比,而同相邻点的压力无关,故可用地基反应模量 K 表征土基的承载力,即压力 P 与弯沉 l 的比值。

地基反应模量 K 值用承载板试验可以确定。承载板直径规定采用 76cm,测定方法同回弹模量测定方法相似,只是采用的是一次加载到位的方法,且施工荷载的量值依不同的地基而选用。当地基较为软弱时,用 0.127cm 的弯沉量来控制承载板的荷载;而当地基较为坚实时,弯沉值难以达到 0.127cm 时,可用单位压力 $p = 70$kPa 来控制承载板的荷载。

同时考虑到承载板的直径大小对 K 值有一定影响,应当予以修正。

3. 加州承载比(CBR)

加州承载比是早年由美国加利福尼亚州提出的一种评定土基及路面材料承载能力的指标。

CBR 是标准试件在贯入量为 0.254cm 时所施加的试验荷载与标准碎石材料在相同贯入量时所施加的荷载之比,以百分率来表示,即:

$$\text{CBR} = \frac{p}{p_s} \times 100 \quad (1\text{-}4\text{-}6)$$

式中:p——对应于某一贯入度的土基单位压力,kPa;
p_s——相应贯入度的标准压力,kPa。

试验时,用一个端部面积为 19.35cm² 的标准压头,以 0.127cm/min 的速度压入土中,记录每贯入 0.254cm 时的单位压力,直到压入深度达到 1.27cm 时为止。标准压力是由高质量的标准碎石试验求得,其值见表 1-4-1。

标准压力值 p_s 表1-4-1

贯入度(cm)	0.254	0.508	0.762	1.016	1.270
标准压力(kPa)	7030	10550	13360	16170	18230

计算 CBR 值时,取贯入度为 0.254cm;但是当贯入度为 0.254cm 时的 CBR 值小于贯入度为 0.508cm 时的 CBR 值时,应采用后者为准。

4. 抗剪强度强度

土的抗剪强度指土体抵抗剪切破坏的能力。通常用库仑公式来表示:

$$\tau = c + \sigma\tan\varphi \quad (1\text{-}4\text{-}7)$$

式中：τ——土的抗剪强度，kPa；

σ——剪切破坏面上的法向总应力，kPa；

c——土的单位黏聚力，kPa；

φ——土体的内摩擦角，°；

 任务练习

一、选择题

1. 路基土自重引起的垂直应力的大小随应力作用点深度的增加（　　）。
   A. 呈线性增加　　　　　　　　　　B. 呈线性减小
   C. 先增大后减小　　　　　　　　　D. 先减小后增大

2. 在工作区范围内的路基，对于支承路面结构和车轮荷载影响（　　）；在工作区范围以外的路基，影响逐渐（　　）。
   A. 较大　　　　B. 较小　　　　C. 增加　　　　D. 减小

3. 在相同的土质等情况下，路基工作区随车轮荷载的（　　）。
   A. 加大而减小　　B. 加大而加大　　C. 减小而加大　　D. 加大而不变

4. CBR 是标准试件在贯入量为（　　）cm 时所施加的试验荷载与标准碎石材料在相同贯入量时所施加的荷载之比，以百分率来表示。
   A. 0.177　　　　B. 0.254　　　　C. 0.508　　　　D. 0.762

二、简答题

1. 简述研究路基土应力-应变特性最常用的4种方法。

2. 什么是路基工作区？

3. 什么是加州承载比？如何进行计算？

项目2　路基稳定性分析

任务2-1　路基一般构造

学习目标

1. 明确路基的一般类型与基本构造。
2. 掌握路基宽度、路基高度及路基边坡坡度等组成要素的确定方法。
3. 了解路基附属设施的设计原则与方法。

任务描述

在正常的工程地质和水文条件下,填土高度或挖方深度不超过规范所规定值的路基,称为一般路基。其设计可直接参照现行规范规定或标准横断面图,根据路线的几何设计要求,结合路基所处地段的地形地貌、地质土质和水文状况等自然条件,选择合理的路基断面形式,确定路基的宽度、高度和边坡坡度。

相关知识

一、路基类型

由于路线情况和自然条件的不同,路基横断面形式多种多样。按照路基填挖的情况,路基横断面的典型形式可分为路堤(图2-1-1)、路堑(图2-1-2)、半填半挖路基和零填零挖路基4种类型。

图2-1-1　路堤

图2-1-2　路堑

1. 路堤

高于原地面的填方路基称为路堤,全部用岩土填筑而成。图2-1-3为路堤的几种常见横断面形式。按其填土高度不同划分为:填土高度小于1.5m的矮路堤;填土高度在1.5~18m范围内的一般路堤;填土高度大于18m(土质)或20m(石质)的高路堤。按其所处的条件和加固类型的不同,可划分为浸水路堤、护脚路堤及挖渠填筑路堤等。

矮路堤常在平坦地区取土困难时选用。平坦地区地势低,水文条件较差,易受地表水和地下水的影响,设计时应注意满足最小填土高度的要求,力求不低于规定的临界高度,使路基处于干燥或中湿状态。矮路堤两侧均应设边沟,如图2-1-3a)所示。

地面横坡较陡时,为防止路堤沿山坡向下滑动,应将天然地面挖成台阶,或设置石砌护脚,如图2-1-3d)所示。路堤填方不大($h = 2 \sim 3m$)时,填方数量较少,全部或部分填方可以在路基两侧设置取土坑,使之与排水沟渠结合。为保护路堤坡脚不受流水侵害,保证边坡稳定,可在坡脚与沟渠之间预留1~2m甚至大于4m的护坡道,如图2-1-3e)所示。

高路堤的填方数量大,占地多,为使路基稳定和横断面经济合理,需进行特殊设计。高路堤边坡可采用上陡下缓的折线形式或台阶形式,也可在边坡中部设置护坡道。

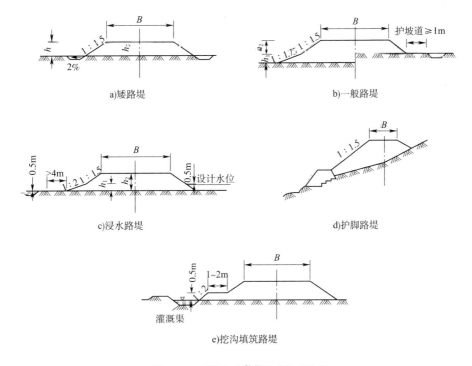

图2-1-3 路堤的几种常用横断面形式

2. 路堑

路堑是指低于原地面的挖方路基。路堑横断面常见的基本形式有全挖路基、台口式路基和半山洞路基,如图2-1-4所示。全挖路基为典型路堑,路基两侧均需设置边沟,以汇集和排除路基范围内的地表径流,路堑的上方应设置截水沟,以拦截和排除路堑坡顶上方山坡流向路基的地表径流,如图2-1-4a)所示。

陡峻山坡上的半路堑,路中线应向内侧移动,尽量采用台口式路基,避免路基外侧的少量填方,如图2-1-4b)所示。遇有整体性的坚硬岩层,为节省石方工程,可以采用半山洞路基,如图2-1-4c)所示,但要确保安全可靠,不得滥用。

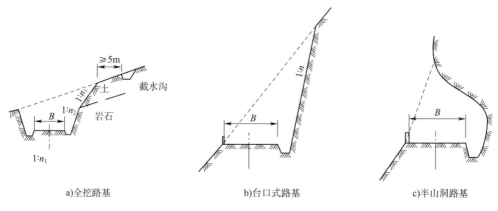

a) 全挖路基　　　　　　b) 台口式路基　　　　　　c) 半山洞路基

图 2-1-4　路堑的几种常用横断面形式

3. 半填半挖路基

半填半挖路基是指在一个横断面内，部分为路堤、部分为路堑的路基。半填半挖路基是丘陵或山区公路上的主要横断面形式，如图 2-1-5 所示。半填半挖路基移挖作填，给施工带来方便，若处理得当，路基稳定可靠，是比较经济的断面形式。半填半挖路基兼有路堤和路堑的特点，对路堤和路堑的要求均应满足。

4. 零填零挖路基

如图 2-1-6 所示是零填零挖路基的基本横断面形式。这种路基虽然节省土石方，但排水非常不利，且原状土的密实程度往往不能满足要求，容易发生水淹、雪埋、沉陷等病害。为保证路基的稳定性，需要检查路槽底面以下 30cm 范围内的密实程度，必要时翻松原状土重新分层碾压或采用换填土层。同时，路基两侧应设置边沟，以利排水。

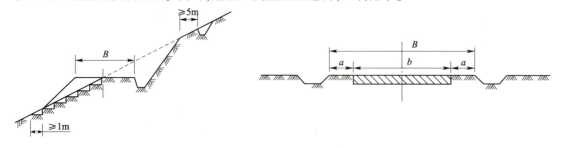

图 2-1-5　半填半挖路基横断面形式　　　　图 2-1-6　零填零挖路基横断面形式

二、路基基本组成要素

1. 路基宽度

路基宽度是指行车道路面及其两侧路肩宽度之和。当设有中间带、路缘带、变速车道、爬坡车道、紧急停车带、错车道、慢行道或路上设施时，均应包括在路基宽度范围内。

路面是指道路上供各种车辆行驶的车行道部分，路面宽度根据设计通行能力及交通量大小而定，一般每个车道宽度为 3.5~3.75m。

路肩是指行车道外缘到路基边缘具有一定宽度的带状部分。路肩通常包括硬路肩和土路肩，其作用主要是增加路幅的宽度，保护和支撑路面结构，供错车、临时停车及行人和非机动车使用等。

各级公路路基宽度按《公路工程技术标准》(JTG B01—2014) 规定进行设计。图 2-1-7

为公路路基宽度图,表2-1-1列出了各级公路的路基宽度。

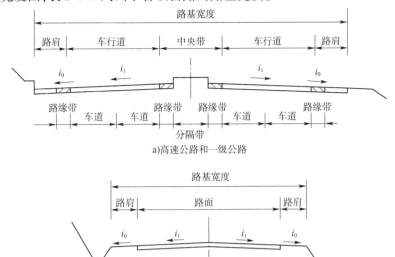

图 2-1-7　公路路基宽度

公 路 路 基 宽 度　　　　　　　　　　　　　　　　表 2-1-1

公路等级		高速公路、一级公路							
设计速度(km/h)		120		100			80		60
车道数		8	6	4	8	6	4	6	4	4
路基宽度(m)	一般值	45.0	34.5	28.0	44.0	33.5	25.0	32.0	24.5	23.0
	最小值	42.0	—	26.0	41.0	—	24.0	—	21.5	20.0

公路等级		二级、三级、四级公路					
设计速度(km/h)		80	60	40	30	20	
车道数		2	2	2	2	2	1
路基宽度(m)	一般值	12.0	10.0	8.5	7.5	6.5	4.5
	最小值	10.0	8.5	—	—	—	

注:1."一般值"为正常情况下的采用值;"最小值"为条件受限制时可采用值。
   2. 八车道高速公路路基宽度"一般值"为设置左侧硬路肩、内侧车道采用3.50m时的宽度;"最小值"为不设置左侧硬路肩、内侧车道采用3.75m时的宽度。

2. 路基高度

路基高度是指路堤的填筑高度和路堑的开挖深度,是路基设计高程和中桩地面高程的差值。由于原地面往往存在一定横坡,所以路基高度有中心高度和边坡高度之分,路基两侧边坡高度是指填方坡脚或挖方坡顶与路基边缘的相对高差。当地面横坡较大时,边坡高度将严重影响路基的稳定,所以在路基设计时应引起重视。

路基高度是在路线纵断面设计时,综合考虑路线纵坡要求、路基稳定性和工程等因素而确定的。从路基的强度和稳定性要求出发,路基上部土层应处于干燥或中湿状态,并满足最小填土高度的要求。在满足上述条件的情况下,尽量满足"浅挖、低填、缓边坡"的要求。高路堤和深路堑,由于土石方数量大,占地多,施工困难,边坡稳定性差,行车不利,应尽量避免使用。矮路堤和浸水路堤,采用时还要考虑排水和设计洪水频率要求。

3.路基边坡坡度

路基边坡坡度对路基稳定非常重要。公路路基边坡坡度可用边坡高度 H(填方坡脚或挖方坡顶与路基边缘的相对高差)与边坡宽度 b 的比值表示。通常用 $1:m$(路堤)或 $1:n$(路堑)的形式表示。

路基边坡坡度的大小取决于边坡的土质、岩石的性质及水文地质条件等自然因素和边坡的高度。在陡坡或填挖较大的路段,边坡稳定不仅影响到土石方工程量和施工的难易程度,而且还是路基整体稳定性的关键。一般路基的边坡坡度可根据多年工程实践经验和设计规范推荐的数值采用。

三、路基附属设施

1.取土坑与弃土堆

在进行路基土石方调配时,不可避免地会出现填缺或挖余的问题,填缺需借土,挖余又需弃土,为了路基的稳定和保护自然环境,应对此进行专门设计。路基土石方的借弃,首先要合理选择地点,即确定取土坑或弃土堆的位置。选点时要兼顾土质、数量、用地及运输条件等因素,还必须结合沿线区域规划,因地制宜,综合考虑,维护自然平衡,防止水土流失,做到借之有利、弃之无害。借弃所形成的坑或堆,要求尽量结合当地地形,充分加以利用,并注意外形规整,弃堆稳固。对高等级公路或位于城郊附近的干线公路,尤应注意。

平坦地区,如果用土量较少,可以沿路两侧设置取土坑,与路基排水和农田灌溉相结合。路旁取土坑如图 2-1-8 所示,深度约 1.0m 或稍深一些,宽度依用土数量和用地范围而定。为防止坑内积水危害路基,当堤顶与坑底高差不足 2.0m 时,在路基坡脚与坑之间需设宽度 $\geqslant 1.0\ m$ 的护坡平台,坑底设纵横排水坡及相应设施。

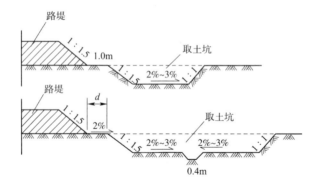

图 2-1-8 路旁取土坑示意图

路基开挖的废方应尽量加以利用,如用以加宽路基或加固路堤、填补坑洞或路旁洼地,亦可兼顾农田水利或基建等所需,做到变废为用、弃而不乱。

废方一般选择在路旁低洼地就近弃堆。原地面倾斜坡度小于 1:5 时,路旁两侧均可设弃土堆,地面较陡时,宜设在路基下方。沿河路基爆破后的废石方往往难以远运,条件许可时可以部分占用河道,但要注意河道被压缩后,不致壅水危及上游路基及附近农田等。

图 2-1-9 所示为一路旁弃土堆,要求堆弃整平,顶面具有适当横坡,并设平台、三角土块及排水沟,宽度 d 与地面土质有关,最少 3.0m,最大可按路堑深度加 5.0m。积砂或积雪地段的弃土堆,应利于防砂防雪,可设在迎面一侧,并具有足够距离。

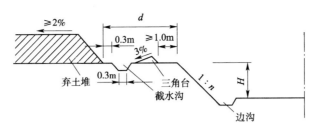

图 2-1-9 弃土堆示意图

2. 护坡道与碎落台

护坡道是保护路基边坡稳定性的措施之一,设置的目的是通过加宽边坡横向距离,以减小边坡平均坡度。护坡越宽,越有利于边坡稳定,但工程量也随之增加。设计时,应兼顾边坡稳定性与经济合理性。通常护坡道宽度 d 视边坡高度 H 而定:$H \leq 3.0$ m 时,$d = 1.0$ m;$H = 3.0 \sim 6.0$ m 时,$d = 2.0$ m;$H = 6.0 \sim 12.0$ m 时,$d = 2.0 \sim 4.0$ m。

护坡道一般设在路基坡脚处,边坡较高时亦可设在边坡上方及路堑边坡的变坡处。浸水路基的护坡道可设在浸水线以上的边坡上。

碎落台设于土质或石质土的路堑边坡坡脚处,主要供零星土石碎块下落时临时堆积,以保护边沟不致阻塞,同时起到护坡道的作用。碎落台宽度一般为 1.0~1.5m,如兼有护坡作用,可适当放宽。碎落台上的堆积物应定期清理。

3. 堆料坪与错车道

路面养护用矿质材料,可就近选择路旁合适地点堆置备用,亦可在路肩外缘设堆料坪,其面积可结合地形与材料数量而定。例如,每隔 100~200m 设一个堆料坪,长 3~8m,宽 2m。高级路面或采用机械化养路的路段,可以不设堆料坪,或另设集中备用料场,以维护公路外形的视觉平顺和景观优美。

错车道是单车道公路路基的一个组成部分,应与路基同时设计与施工。单车道公路,由于双向行车会车和相互避让的需要,通常应每隔 200~500m 设置错车道一处。按规定错车道长度不得短于 30m,两端各有长度为 10m 的出入过渡段,中间 10m 供停车用。单车道公路的路基宽度为 4.5m,而错车道路段的路基宽度为 6.5m。

 任务练习

一、填空题

1. 一般路基是指在正常的_____和_____下,_____或_____不超过规范所规定值的路基。

2. 一般路基设计主要内容是选择合理的路基_____,确定路基的_____、_____和_____。

3. 按照路基填挖的情况,路基横断面的典型形式可分为_____、_____、_____和零填零挖路基 4 种类型。

4. 高路堤边坡可采用上陡下缓的_____形式或_____形式,也可在边坡中部设置_____。

5. 路基宽度是指_____路面及其两侧_____宽度之和。当设有_____、_____、_____、爬坡车道、紧急停车带、错车道、慢行道或路上设施时,均应包括在路基宽度范围内。

6. 路基高度是指路堤的_____和路堑的_____,是路基_____和_____的差值。

7. 路基边坡坡度的大小取决于边坡的_____、_____及_____等自然因素和边坡的高度。

8. 护坡道宽度 d 视边坡高度 H 而定: $H \leqslant 3.0$ m 时, $d =$ _____; $H = 3.0 \sim 6.0$ m 时, $d =$ _____; $H = 6.0 \sim 12.0$ m 时, $d =$ _____。

二、简答题

1. 路基横断面有哪些典型类型? 从结构上看各种类型又可分为哪些形式?

2. 一般路基设计包括哪些内容? 路基宽度、高度和边坡坡度的定义是什么?

3. 路堤设计和路堑设计考虑的问题有什么不同? 路堑边坡设计应考虑哪些因素?

4. 路基附属设施主要包括哪些?

任务 2-2　路基稳定性分析

学习目标

1. 了解路基边坡稳定性分析的目的与要求。
2. 理解并掌握直线滑动面法、圆弧滑动面法的原理及验算方法。
3. 能够合理选择边坡稳定性分析计算参数。

任务描述

一般路基设计可套用典型横断面图,不必进行边坡论证和验算,然而对于高路堤、深路堑、陡坡路堤、浸水路堤以及不良地质地段的路基,应进行边坡稳定性分析计算,以确定安全可靠、经济合理的路基断面形式及边坡坡度,或据以寻求相应的防护与加固措施。

路基的稳定性,除受施工质量等因素影响外,一般取决于边坡和地基的稳定性。填筑在陡坡上的路堤,还取决于路堤在陡坡上的滑动稳定性。地基的稳定,涉及水文地质、地带类型、填土高度与经济因素。本任务主要对土质路基边坡的稳定性、陡坡路堤的整体稳定性等进行简要介绍。

相关知识

一、概述

1. 边坡滑动面形状

边坡破坏形态是选取边坡稳定性定量计算方法首先考虑的一个重要因素。对路基边坡滑塌的实际调查表明,边坡滑塌破坏时会形成一滑动面,滑动面的形状与土质有关,有的近似于直线平面,有的呈曲面,有的则可能是不规则的折线平面。为简化计算,边坡滑动面在路基横断面上的形状选用直线、圆曲线或折线。对于黏性土,因其黏结力较大,摩擦角较小,滑动面类似于圆曲面。对于松散的砂土及砂性土,因其内摩擦角较大,黏结力较小,滑动面类似于直线平面,如图 2-2-1 所示。

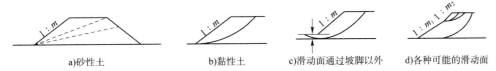

图 2-2-1 边坡滑动面形状

2. 边坡稳定性分析的计算参数

1) 土的计算参数

边坡稳定分析所需土的计算参数包括土的重度 γ（kN/m³）、内摩阻角（°）、黏聚力 c（kPa）。

对于均匀土层,稳定性验算参数通过对土(路堑或天然边坡取原状土,路堤边坡取与现场压实度一致的压实土)进行试验测定。

对于多层土体,稳定性验算参数可采用以层厚为权重的加权平均值,按式(2-2-1)进行计算：

$$\gamma = \frac{\sum \gamma_i h_i}{\sum h_i} \qquad \tan\varphi = \frac{\tan\varphi_i h_i}{\sum h_i} \qquad c = \frac{\sum c_i h_i}{\sum h_i} \qquad (2\text{-}2\text{-}1)$$

式中：γ_i, φ_i, c_i——第 i 土层的重度、内摩擦角、黏聚力;

h_i——第 i 土层的厚度。

边坡稳定性验算的精度,取决于试验资料的可靠度。因此,试验资料应根据当地气候条件、季节因素,以最不利季节状况下土的物理力学性质进行调整,以确保采取与将来路基实际使用情况相符的数据。

2) 边坡稳定分析的边坡取值

边坡稳定分析时,对于折线形边坡或阶梯形边坡,在验算通过坡脚破裂面的稳定性时,一般可取坡度平均值或坡脚点与坡顶点的连线坡度。

3) 汽车荷载当量换算

路堤除承受重力作用外,同时还承受行车荷载的作用。在进行边坡稳定性分析时,需要将车辆按最不利情况排列,并将车辆的设计荷载换算成当量土柱高(即相等压力的土层厚度来代替荷载),以 h_0 表示。

当量土柱高度 h_0 的计算式为：

$$h_0 = \frac{NQ}{\gamma BL} \qquad (2\text{-}2\text{-}2)$$

式中：N——横向分布的车辆数,单车道 $N=1$,双车道 $N=2$;

Q——每一辆车的重力,kN;

γ——路基填料的重度,kN/m³;

L——汽车前后轴(或履带)的总距,$L = 12.8\text{m} + 0.1\text{m} + 0.1\text{m}$;

B——横向分布车辆轮胎最外缘之间总距;$B = Nb + (N-1)d + \Delta$,其中 b 为每辆车轮胎中心之间的距离,取 1.8m;d 为相邻两辆车轮胎之间的净距,取 1.3m;Δ 为轮胎着地宽度,取 0.6m。

横向荷载可以分布在行车道宽度范围内,考虑到实际行车有可能横向偏移或车辆停放在路肩上,也可将 h_0 厚的当量土层分布在整个路基宽度上。这两种情况的计算结果相近。

二、边坡稳定性分析方法

1. 直线滑动面法

由松散的砂土或砂性土填筑的路堤,边坡坍塌时破裂面近似为平面,可按直线滑动面法验算边坡的稳定性。如图 2-2-2 所示,稳定性分析时,先假设一个通过坡脚或变坡点的直线滑动面,将路堤斜上方分割出的下滑土楔体 ABCD,沿假设的滑动面 AD 滑动,其稳定系数 K。按式(2-2-3)计算(按边坡纵向单位长度计):

$$K = \frac{R}{T} = \frac{Q \cdot \cos\omega \cdot \tan\varphi + cL}{Q \cdot \sin\omega} \qquad (2\text{-}2\text{-}3)$$

式中:R——沿破裂面的抗滑力,kN;

T——沿破裂面的下滑力,kN;

Q——土楔重力及路基顶面换算土柱的荷载之和,kN;

ω——破裂面对于水平面的倾斜角,°;

φ——路堤土体的内摩擦角,°;

c——路堤土体的单位黏聚力,kPa;

L——破裂面 AD 的长度,m。

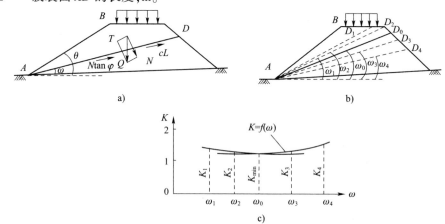

图 2-2-2 直线滑动面法计算图示

进行边坡稳定性分析时,先假定路堤边坡值,然后通过坡脚 A 点,假定 3~4 个可能的破裂面 ω_i,如图 2-2-2b)所示,按式(2-2-3)求出相应的稳定系数 K_i 值,得出 K_i 与 ω_i 的关系曲线,如图 2-2-2c)所示。在 $K=f(\omega)$ 关系曲线上找到最小稳定系数值 K_{min} 及对应的极限破裂面倾斜角 ω 值。

由于土工试验所得的 c、φ 值有一定的局限性,为了保证边坡有足够的安全储备量,稳定系数 $K_{min} \geq 1.25$,但 K 值亦不宜过大,以免工程不经济,所以 K 一般取 1.25~1.5。

2. 圆弧滑动面法

圆弧滑动面法适用于边坡有不同土层、均质土边坡、部分被淹没、均质土坝、局部发生渗漏、边坡为折线或台阶形的黏性土的路堤和路堑。

圆弧滑动面法是将圆弧滑动面上的土体划分为若干竖向土条,依次计算每一土条沿滑动面的下滑力矩和抗滑力矩,然后叠加计算出整个滑动土体的稳定性。

圆弧滑动面法的计算精度主要与分段数量有关,分段越多则计算结果越精确。分段还可以结合横断面特性,如划分在边坡或地面坡度变化之处,以便简化计算。

1)圆弧滑动面法的验算方法

(1)通过坡脚任意选定一个可能的圆弧滑动面,其半径为 R,取路线的纵向长度 $1m$。将滑动土体分成若干个大致相等宽度的垂直土条,其宽度一般为 $2 \sim 4m$,并建立如图 2-2-3 所示的坐标系。

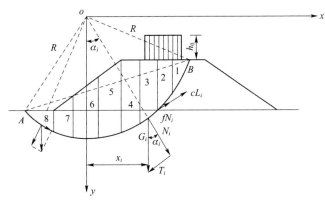

图 2-2-3 圆弧滑动面条分法稳定性验算

(2)计算出每个土条土体重力 Q,并引至圆弧线上,分解为:

切向分力:
$$T_i = Q_i \sin\alpha_i \tag{2-2-4}$$

法向分力:
$$N_i = Q_i \cos\alpha_i \tag{2-2-5}$$

式中:α_i——通过第 i 条土体重心引垂线与圆弧相交,即交点法线与铅垂线的夹角;

其余符号意义同上。

为简化计算,可取第 i 条圆弧的中点法线与铅垂线的夹角。由 $\sin\alpha_i = x_i/R$ 得:
$$\alpha_i = \arcsin x_i/R$$

(3)以圆心 O 点为转动圆心,半径 R 为力臂,计算滑动面上各力对 O 点的滑动力矩和抗滑力矩:
$$M_s = R\sum T_i \tag{2-2-6}$$
$$M_r = R(\sum N_i f + \sum cL_i) \tag{2-2-7}$$

(4)求稳定系数 K:
$$K = \frac{\sum M_r}{\sum M_s} = \frac{R(\sum N_i f + \sum cL_i)}{R\sum T_i} = \frac{f\sum Q_i\cos\alpha_i + cL}{\sum Q_i\sin\alpha_i} \tag{2-2-8}$$

式中:L——滑动圆弧的总长度,m;

f——内摩阻系数,$f = \tan\varphi$;

c——黏聚力,kPa。

(5)依上述方法,绘若干个可能的滑动圆弧,分别求各个滑动面的稳定系数,从中得出 K_{min} 值。K_{min} 值所对应的滑动面就是最危险滑动面。

最危险滑动面的求法是在圆心辅助线 MI 上,选定 O_1、O_2、$\cdots$、O_n 为圆心,通过坡脚作对应的圆弧,计算各滑动面的稳定系数 K_1、K_2、$\cdots$、K_n,通过 O_1、O_2、$\cdots$、O_n 分别作 MI 的垂线,并按一定比例表示各点 K_i 的数值,绘出 $K = f(O)$ 的关系曲线,找到 K_{min},对应的就是最危险滑动圆心及最危险滑动面,如图 2-2-4 所示。

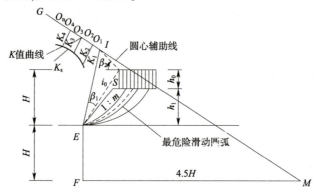

图 2-2-4 最危险滑动面圆心的确定

一般情况下,容许稳定系数 $[K] = 1.25 \sim 1.50$。取值时,可根据土的特性、抗剪强度指标的可靠程度、公路等级和地区气候特点及经验综合考虑。当计算 $K_{min} < [K]$ 时,可采取相应的措施如放缓边坡、更换填料等,重新按上述方法进行稳定性验算。

2)危险圆心辅助线的确定

为迅速地找到最危险滑动圆心,减少试算工作量,根据经验,最危险滑动圆心在一条辅助线上。确定圆心辅助线方法有 4.5H 法和 36°法。

(1) 4.5H 法

如图 2-2-4 所示,具体步骤如下:

①自坡脚 E 点向下做垂直线,垂直线长度 $H = h_1 + h_0$,(若不考虑荷载则 $H = h_1$)得 F 点。

②自 F 点向右作水平线,在水平线上量取 4.5H 得 M 点,M 点为圆心辅助线上一点。

③计算平均边坡 i_0,并连接 ES 虚线(不考虑荷载时,S 点为路肩外边缘点,$H = h_1$)。根据 i_0 值,查表 2-2-1 得 β_1 和 β_2。

辅助线作图角值表　　　　表 2-2-1

边坡坡度	1:0.5	1:1	1:1.5	1:2	1:3	1:4	1:5
β_1	29°	28°	26°	25°	25°	25°	25°
β_2	40°	37°	35°	35°	35°	36°	37°

④过 ES 和坡顶水平线分别做角 β_1 和 β_2,两角线交于点 I,连接 MI 并延长至 G,则 MG 即为圆心辅助线。

(2) 36°法

为简化计算,圆心辅助线可通过路基边缘 E 点或荷载当量高度边缘 E 点作一水平线,顺时针转动 36°得一射线,该射线即为圆心辅助线,如图 2-2-5 所示。

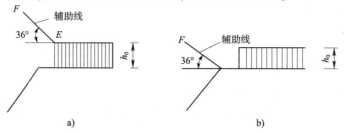

图 2-2-5　36°法绘制辅助线

在上述两种方法中,36°法较简便,但精度比4.5H法低,不过对于1:1~1:1.75的边坡及滑动面通过坡脚的情况,两种方法均可使用。以上两种方法可不计车辆荷载换算的土层厚度,所得结果出入不大,从而使计算简化。

三、陡坡路堤稳定性分析

填筑在原地面横坡陡于1:2.5或不稳固山坡上的路堤称为陡坡路堤。陡坡路堤除保证边坡稳定外,还要分析路堤沿地面陡坡下滑的整体稳定性。

陡坡路堤产生下滑的原因是地面横坡较陡、基底土层软弱、强度不均匀,以及地面水或地下水的共同作用,导致路堤下滑力增大,接触面或软弱面土体抗剪强度显著降低。

陡坡路堤滑动破裂面一般按直线或折线滑动破裂面来考虑。陡坡路堤整体稳定性分析一般采用剩余下滑力法进行验算。当剩余下滑力$E \leq 0$时,表示陡坡路堤处于稳定状态;当$E > 0$时,表示陡坡路堤处于不稳定状态。剩余下滑力E的作用方向与滑动破裂面平行。

1. 滑动破裂面为直线

如图2-2-6所示,当滑动破裂面为单一坡度的倾斜面时,滑动破裂面以上土体的下滑力按下式计算:

$$E = T - \frac{R}{K} = T - \frac{N+cL}{K} = Q\sin\alpha - \frac{1}{K}(Q\cos\alpha\tan\varphi + cL)$$
(2-2-9)

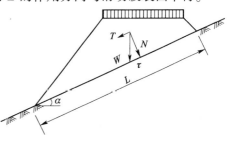

图2-2-6 陡坡路堤单坡直线滑动面

式中:T——切向力,$T = Q\sin\alpha$,kN;

R——沿破裂面的抗滑力,kN;

N——法向力,$N = Q\cos\alpha$,kN;

Q——滑动面上部土体重力加换算土层重力,kN;

c——滑动面上软弱土体的黏聚力,kPa;

φ——滑动面上软弱土体的内摩阻角,°;

L——滑动面长度,m;

α——滑动面相对水平面倾斜角,°。

2. 滑动面为折线

当滑动面为多个坡度的折线倾斜面时,如图2-2-7所示,可将滑动破裂面以上土体按折线垂直划分为若干土块,自上而下依次计算各块的剩余下滑力,根据最后一个土块的剩余下滑力的正负值判断路基的整体稳定性。各土块的剩余下滑力按下式计算:

$$E_i = T_i + E_{i-1}\cos(\alpha_{i-1} - \alpha_i) - \frac{1}{K}\left\{[N_i + E_{i-1}\sin(\alpha_{i-1} - \alpha_i)]\tan\varphi_i + c_iL_i\right\}$$ (2-2-10)

式中:E_i、E_{i-1}——第i、$i-1$土块的剩余下滑力,kN;

T_i——第i个土块重力在滑动破裂面上的切向分力,kN;

N_i——第i个土条重力在滑动破裂面上的法向分力,kN;

α_i、α_{i-1}——第i、$i-1$土块的滑动破裂面的水平倾斜角,°;

L_i——第i土块的滑动破裂面长度,m;

c_i——第i土块的滑动破裂面上土体的单位内聚力,kPa;

φ_i——第i土块的滑动破裂面上土体的内摩阻角,°。

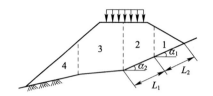
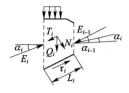

图 2-2-7　陡坡路堤折线滑动面分析示意图

计算时,若第 i 块的 $E_i \leq 0$,说明无剩余下滑力向下一块传递,不计入下一块土体。当最后一块的剩余下滑力 $E_n \leq 0$,说明路堤稳定;反之,则应采取稳定或加固措施。

任务练习

一、填空题

1. 对于_____、深路堑、_____、浸水路堤以及不良地质地段的路基,应进行边坡稳定性的分析计算,以确定安全可靠、经济合理的路基_____及_____,或据以寻求相应的_____措施。

2. 边坡稳定性分析方法分为_____法和_____法。由松散的砂土或砂性土的路堤,按_____法验算边坡的稳定性,边坡为折线或台阶形的黏性土填筑的路堤,则按_____法验算边坡的稳定性。

3. 边坡稳定分析所需土的计算参数包括土的_____、_____和_____。

4. 对于均匀土层,试验测定稳定性验算参数时,路堑或天然边坡应取_____,路堤边坡应取与现场_____一致的_____进行。对于多层土体,稳定性验算参数可采用以_____为权重的加权平均值。

5. 边坡稳定分析时,对于折线形边坡或阶梯形边坡,在验算通过坡脚破裂面的稳定性时,一般可取_____或_____。

6. 在进行边坡稳定性分析时,行车荷载的作用是将车辆按_____排列,并将车辆的设计荷载换算成_____的土层厚度来代替。

7. 为了保证边坡有足够的安全储备量,稳定系数 $K_{min} \geq$ _____,但 K 值亦不宜过大,以免工程不经济,所以 K 一般取_____。

8. 圆弧滑动面法首先将滑动土体分成若干个大致相等宽度的垂直土条,分段越多,则计算结果越_____,其宽度一般为_____。分段还可以结合横断面特性,划分在_____或_____变化处,以便简化计算。

9. 一般情况下,容许稳定系数 $[K] =$ _____。取值时,可根据土的特性、抗剪强度指标的_____、_____和地区_____及经验综合考虑。

10. 确定圆心辅助线方法有_____法和_____法,精度较高的是_____法。不过对于坡度为_____的边坡及滑动面通过_____的情况,两种方法均可使用。

11. 填筑在原地面横坡陡于_____或不稳固山坡上的路堤称为陡坡路堤。陡坡路堤除保证边坡稳定外,还要分析路堤沿地面陡坡下滑的_____稳定性。

12. 陡坡路堤滑动破裂面一般按_____或_____滑动破裂面来考虑。其整体稳定性分析一般采用_____法进行验算。计算时,若第 i 块的 $E_i \leq 0$,_____计入下一块土体,当最后一块的剩余下滑力_____,说明陡坡路堤稳定。

· 34 ·

二、计算题

1. 某路堤横断面如图 2-2-8 所示,已知填料为砂性土,重度 $\gamma = 18.74 \text{kN/m}^3$,内摩阻角 $\varphi = 35°$,黏聚力 $c = 0.98\text{kPa}$,试通过计算分析,判断该路堤边坡会不会沿滑动面 AB 产生滑动?

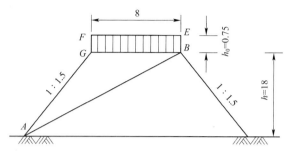

图 2-2-8　路堤横断面(尺寸单位:m)

2. 某高路堤横断面,如图 2-2-9 所示,若填土重度 $\gamma = 18.43\text{kN/m}^3$,黏结力 $c = 1.47\text{kPa}$,内摩阻角 $\varphi = 20°30'$,$R = 40\text{m}$,$\theta = 85°$,其余条件如图所示。试计算该滑动面稳定系数 K。(已知滑动土体各分条的面积分别为:$A_1 = 17.5\text{m}^2$,$A_2 = 24.5\text{m}^2$,$A_3 = 42.5\text{m}^2$,$A_4 = 16.5\text{m}^2$。)

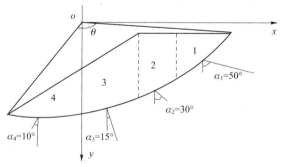

图 2-2-9　路堤横断面(尺寸单位:m)

项目 3　路基加固与防护

任务 3-1　软土地基加固

学习目标

1. 熟悉软土及软土地基的含义。
2. 掌握软土地基不同加固方法的机理和适用场合。

任务描述

软土地基是指主要由淤泥及淤泥质土、吹填土、杂填土或其他高压缩性土层组成的地基。路基修筑在软土地基上,会导致地基产生较大沉降,从而引起路基失稳及下沉,甚至开裂、破坏,因此,路基施工前必须对软土地基进行加固处理。本任务主要目的是通过各种加固措施对软土地基进行有效处理,确保路基的稳定性。

相关知识

目前对软土一词解释不一。从广义上来说,软土包括松砂、淤泥、淤泥质土、软弱吹填土和杂填土等。有人把淤泥、淤泥质土以及天然强度低、压缩性高、透水性小的黏质土总称为软土。

一般认为,软土是指滨海、湖沼、谷地、河滩沉积的天然含水率高、孔隙比大、压缩性高、抗剪强度低的细粒土。软土的特征指标见表 3-1-1。

软土的特征指标　　　　表 3-1-1

特征指标名称	天然含水率(%)	天然空隙比	十字板剪切强度(kPa)
指标值	≥35(或液限)	≥1.0	<35

软土地基是指主要由淤泥及淤泥质土、吹填土、杂填土或其他高压缩性土层组成的地基。从广义上来说,只要外荷载加在土基上,有可能出现有害的过大变形和强度不够等问题,使路基、桥涵等构造物出现下沉、裂缝甚至破坏,这种地基都应该视为软土地基。当前道路建设迅速发展,由于软土地基引起的问题主要有:

(1)由于道路等级高,路堤填土高,引起路基沉降大、路堤失稳。
(2)由于桥头路堤与桥台的沉降差过大,在高速行驶的情况下,引起跳车。
(3)软基沉降量超出工后允许范围。
(4)软基上结构物的沉降过大、涵管弯曲。

软土地基加固的方法很多,各种方法都有它的适用范围。施工过程中,应根据地基条件、处理要求、处理范围、工程进度、材料机具等方面综合考虑,以确定合适的处治方法。

一、浅层处治

1. 换填土法

换填一般是将道路地基上的软弱土,采用人工或机械将其全部或部分清除,回填优质土,并按工程的要求进行修筑,如图 3-1-1 所示。

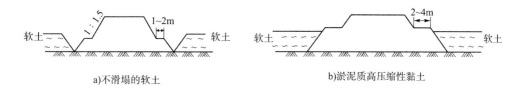

a) 不滑塌的软土

b) 淤泥质高压缩性黏土

图 3-1-1 换填土法

如果软土层不太深(一般在 2m 左右)时,宜将软弱土全部清除。清除的断面宽度,需考虑因路堤加高边坡顺延所增加的宽度以及软土外边坡能短期稳定而不妨碍回填施工所需的宽度。如采用机械清除淤泥,需辅以人工,使软弱土得以清除干净。

层厚较大的软土层,若采用全部清除,这在技术、经济上都是不恰当的,这时可参照所建道路标准路堤填筑的高度及所在地的地质条件,采用局部换填方式。换填深度应考虑道路设计车型的车轮应力对土基附加应力影响甚微的原则加以确定。

2. 抛石挤淤法

修建道路处若是常年积水的洼地,排水困难,地基为软弱土,承载力极小,而且近于流塑状态,附近又有石料可资利用,经济上适宜时,可考虑采用抛石挤淤方法处理地基,如图 3-1-2 所示。

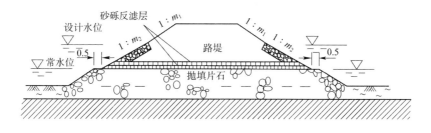

图 3-1-2 抛石挤淤(尺寸单位:m)

二、排水加固

1. 砂井排水加固法

在软弱的地基中,设置砂井作为竖向排水体,在堆土加载的情况下,使土体中的水沿竖向排水体排出,从而加速土壤的固结和地基的沉降,从而使地基强度增加。

作为排水固结的砂井,由排水系统和加载系统两部分构成,如图 3-1-3 所示。因此,在实施中保持砂井的排水通道、加载大小和预压时间是极其重要的。根据固结理论,黏质土固结所需时间和排水距离的平方

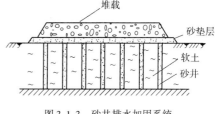

图 3-1-3 砂井排水加固系统

成正比。

2. 袋装砂井排水加固法

袋装砂井是普通砂井的发展和提高。它避免了一般砂井在施工中存在的下述问题：

(1) 完全克服了断桩和缩颈现象。这是由于砂装于事先做好的袋中，只要编织的袋子质量良好，就可避免断桩、缩颈等妨碍砂井排水作用的现象产生。

(2) 在造孔中可采用较轻的设备，改善较软地基的施工条件。

(3) 在满足相同排水要求的条件下，可以大幅度减小井的直径，节省砂井的用砂量。

袋装砂井直径是根据所承担的排水量和施工工艺要求决定的，一般采用 7~12cm。

3. 塑料排水板排水加固法

塑料排水板代替砂井起排水作用，因此要求其渗透系数不低于 10^{-3}cm/s，而且要求排水畅通。此外，塑料排水板要通过机械的作用嵌在软土层中，故对其抗拉、抗折强度有一定的要求。而且，塑料排水板在使用中不能对环境造成污染，因此对其有较高的抗酸、抗碱以及抗老化的性能要求。在水湿的情况下，塑料排水板应具有不变形、强度不降低等能力，所以在使用前应对其物理、力学及化学性能进行检验。

目前国内外生产塑料排水板的材料主要为聚乙烯和聚丙烯，但也有用其他材料的。常见用于工程的塑料排水板形式，如图 3-1-4 所示。

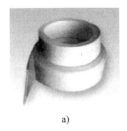   

a)   b)   c)   d)

图 3-1-4 常见用于工程的塑料排水板

4. 堆载预压法

预压是砂井排水固结的最后一道工序，也是很重要的一道工序，能否达到预期的固结效果，有赖于正确的预压措施。预压方法一般有以下两类：

(1) 利用建筑物自身重力，对软土地基进行压缩。

此法是在道路的软土地基上填筑不超过软土极限填土高程的填土，待其沉降稳定之后，再行填筑，如此反复进行。此法的缺点是建筑工期长，很难满足结构的紧迫工期。

(2) 利用填料堆载，对软土地基进行预压。

采用堆载预压，堆载的面积要足够，其底面积也应适当扩大，以保证施工范围内的地基得到均匀的加固，如图 3-1-5 所示。另外，要严格控制加载质量及速率，以保证在各级荷载下，地基不产生滑动的剪切变形。

5. 真空预压法

真空预压法是堆载预压法的改进。这种方法取消了堆土及固结完成之后的弃土，而代之以真空预压，如图 3-1-6 所示。该法是在软土层上，先用不透气的薄膜严格覆盖，确保不漏气。然后在薄膜之下的砂垫层中，安设过滤的排水管道，用真空泵将空气抽出，形成压差，使软土中的水分沿所打设的砂井或塑料排水板的水源通道排出软土地基之外，从而使软土地基均匀受压，在不产生剪切变形的情况下得到固结。

图 3-1-5 堆载预压　　　　　　　　　图 3-1-6 真空预压

三、压实加固

1. 爆破排淤法

爆破排淤是软土换填方法之一,它是加速换填的一种施工方法。其基本原理是利用炸药的瞬间爆破力,将软土、泥沼、泥炭等扬弃于路基范围之外,然后回填强度较高的渗水性土壤。这种施工方法较一般方法换填深度大、工效高、工程进度快,适用于软土层较厚,路堤较高,且施工紧迫、工期短的情况。其作用是使路堤在施工中基本完成沉降量,使所筑的路堤处于稳定状态。

2. 强夯法

强夯法,即"强力夯实法",或称"动力固结法",如图 3-1-7 所示。它是将很重的夯锤从高处自由落下,给土体以冲击和振动,从而提高地基的强度,降低土体的压缩性。它是在重锤表层夯实法的基础上发展起来而又与重锤表层夯实法不同的一项加固技术。

关于强夯法加固地基的机理,国内外的看法还很不一致。现在一般的看法是,地基经强夯后,其强度提高过程可分为:夯击能量转化,同时伴随强制压缩或振密(包括气体的排出,孔隙水压力上升);土体液化或土体结构破坏(表现为土体强度降低或抗剪强度丧失);排水固结压密(表现为渗透性能改变,土体裂隙发展,土体强度提高);触变恢复并伴随固结压密(包括自由水变成薄膜水,土的强度继续提高)。

图 3-1-7 强夯法

这种方法应用于湿陷性黄土、松散砂土、废弃的垃圾土等加固工程中效果良好,已为实践所证明,但应用于饱和的软弱黏质土,效果是不稳定的。因此当软土地基使用该方法处理时,应对土壤的性质、水文地质情况进行分析研究,掌握充足的材料,以避免导致不良后果。

四、挤密加固

1. 挤密砂桩法

在高含水率的软弱黏性土中,用挤密砂桩法形成大直径的密实砂桩,除仍起排水固结作用之外,还起到桩的作用,造成复合地基,从而增加软土地基的强度,提高其承载力,防止地基滑动。其原理是荷载应力产生向桩集中现象,挤实土壤中的挤密砂桩和加速排水。它可以提前完成剩余沉降,减小差异沉降。挤密砂桩是在砂井的实践中发展起来的,一般比砂井的直径大,而且需要有足够的换填砂桩的面积。

2. 石灰桩法

采用生石灰桩加固软土道路地基,可以减少填土的沉降,增加道路的稳定性,对于构造物则可增加其背后填土的被动土压力,防止隆起。因石灰桩发生消化吸水反应,从而降低土壤的含水率,在消解进程中,体积膨胀,对桩周边产生侧压力,挤压软土,形成复合地基,使得地基承载力提高。与此同时,避免了砂井排水法的预压工序,加快了工期。

3. 深层搅拌法

近年来随着高等级公路的不断修建,对地基强度、施工期限等要求越来越高。而我国地域广大,软土层分布范围广,以往通常采取挖除、置换方法来处理,需要挖除深厚的软土层,有一定的施工难度,而打设塑料排水板、砂井等措施,土壤固结时间长,满足不了使用要求。在软土地基中掺加各类固化剂使软土固化是一种通用的地基加固方法。深层搅拌法是利用水泥、石灰等材料作为主要固化剂,通过深层搅拌机械,在地基深处就地将软土和固化剂(浆液或粉体)强制搅拌,利用固化剂和软土之间产生的一系列物理-化学反应,使软土硬结成具有整体性、水稳定性和一定强度的符合使用要求的地基,如图3-1-8所示。

所谓深层是相对于浅层而言的,加固深度通常超过5m。据目前有关资料,最大加固深度已达60m。

深度搅拌法分为湿喷及干喷两大类,干喷效果优于湿喷,目前已得到广泛使用。

图3-1-8 深层搅拌法

五、改善地基受力加固

1. 石灰土加固处理

我国南方稻田水网地区,存在着过湿土。所谓过湿土,是指在地表下一段范围内的沉积层土壤,主要由饱和黏质土或砂类土组成,压缩性高。在这些地区,表层土壤一般为稻田、鱼塘或沼泽。

对于这种过湿土,在填筑高等级道路路基时,应进行基层处理,否则很难达到压实度要求。过湿土的路基基层处理,一般可采用石灰土改善加固处理。即采取备土的方法,在土场完成挖土掺灰、闷土、拌和等工作,备好的土上路以后稍做翻晒,即可碾压成形。

2. 土工织物加固处理

土工织物大多以丙纶(聚丙烯)、涤纶(聚酯)、玻纤为主要材料加工而成,如图3-1-9、图3-1-10所示。其具有质地轻、强度高、弹性好、耐磨、耐酸碱、不易腐烂或虫蛀、吸湿性小等优点,但在日光照射之下易老化。如果埋在地下不与阳光接触,合成纤维的寿命在30年以上。由于这类材料有此特点,国际上已大量使用。我国在这方面起步较晚,但目前已生产并开始在道路上采用。

图 3-1-9 土工布

图 3-1-10 土工格栅

土工织物应用在土中,主要有反滤、排水、隔离以及加固补强等功能。具有与砂相同孔隙的土工纤维,其渗透性与砂的渗透性大致相同,利用一定厚度的土工织物铺设在软土上,可起到与一般砂砾反滤层同样的效果。它容许水流通过而阻止细颗粒土壤流动,从而防止发生土壤流失,避免变形增大。土工织物和与其接触部分的土壤共同形成一个完整的反滤、排水、隔离体系,使软土在外荷的条件下,强度逐渐得到增强。但当土壤有正逆双向渗流和紊流时,则将丧失其反滤的功能。

作为处治软土道路地基的土工织物,铺于软土顶面上,其所起的作用更大于砂砾垫层,这主要是充分利用了土工织物的高强度韧性等力学性能,分散荷载,改善土体,起到复合土基的作用。土工织物在软土面层上,承受拉力和土的摩擦作用,阻止土壤侧向挤出,从而减小了变形,增强了地基的稳定性。在选择土工织物品种时,必须按照工程的要求并结合地质条件、气候状况等来确定。

3. 反压护道

在软土路堤的两侧,填筑一定宽度和厚度的护道,使路堤下软土层地基所承载的压力,由于反压压力而得到减小,因而确保路堤的稳固,如图 3-1-11 所示。

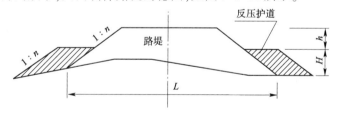
图 3-1-11 反压护道

反压护道可与路堤同时施工,亦可于路堤完成并经一定预压之后再施工,两者的作用是一样的,但要求是不相同的。采用后者,路堤在施工中,沉降大体已基本完成,当其去掉预加其上的填土作为护道之后,一方面由于本身荷载减轻,另一方面由于反压力量的增加,软土地基所承受的应力较之未做护道前有所减小,因而建成之后,剩余沉降很小。如采用前者,随着时间的推移,将要出现的下沉量比采用后者大。

采用反压护道法,施工简便,可按软土硬壳层施工方法进行路堤填筑。当填至反压护道高程之后,留出护道的宽度,按路堤断面填筑至设计高程,并根据压实机械的性能分层填筑压实。亦可先填筑路堤,并增加一定的填土高程,待路堤稳定之后,切除超填部分,用其作为护道。

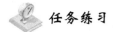任务练习

一、填空题

1. 软土是指滨海、湖沼、谷地、河滩沉积的天然含水率＿＿＿＿、孔隙比＿＿＿＿、压缩性＿＿＿＿、抗剪强度＿＿＿＿的细粒土。

2. 排水固结法加固软基,由＿＿＿＿和＿＿＿＿两部分构成。

3. 爆破排淤法加固软土地基,可分为＿＿＿＿和＿＿＿＿两种方法。

4. 砂井排水固结法的横向排水通道是＿＿＿＿,竖向排水通道是＿＿＿＿。常见的砂井施工方法有＿＿＿＿、＿＿＿＿、＿＿＿＿、爆破成孔法。

5. 挤密砂桩施工可采用振动成桩法及冲击成桩法。其中振动成桩法按成桩工艺可分为＿＿＿＿、＿＿＿＿和＿＿＿＿;冲击成桩法按施工方式分为＿＿＿＿和＿＿＿＿。

二、判断题

1. 换填土法一般是将道路地基上的软弱土壤,采用人工或机械全部清除,回填优质土壤,并按工程的要求进行修筑。（　　）

2. 一般可采用湿地推土机清除软土,当不宜采用推土机时,则选择反铲式挖掘机进行挖除。（　　）

3. 土工织物施工中当其宽度和长度不足时,可采用搭接、缝接、焊接等方式和另一土工织物连接。（　　）

4. 反压护道应避免一次性高堆填,应分层填筑、分层碾压,并且反压护道的填筑速度宜慢于主路堤。（　　）

三、简答题

1. 袋装砂井与普通砂井相比,克服了哪些问题？施工中有哪些不同处？

2. 真空预压法包括哪些施工工艺？与传统堆载预压法相比,有哪些改进？

3. 简述强夯法的加固机理。

4. 简述深层搅拌法的加固机理。

任务 3-2　路基防护工程

学习目标

1. 掌握路基防护工程的类型。
2. 掌握不同类型防护工程的适用场合。

任务描述

路基防护工程是指防止路基风化和冲刷,主要起隔离、封闭作用的防护措施。它既能保证路基稳定,防止路基病害,又能改善环境景观。路基防护按作用分为坡面防护和沿河路基防护两种。坡面防护常用的类型有植物防护和圬工防护;沿河路基防护包括直接防护和间接防护。

路基防护工程类型很多,在选择时应满足以下基本要求:

(1)防护前路基边坡必须是稳定的。
(2)防护工程的选择必须考虑区域性。
(3)技术可行、经济合理。
(4)既要实用,又要与周围自然景观和谐统一。

防护工程与支挡工程的区别:防护工程不承受背后坡体的土压力,对路基边坡主要起到封闭、隔离的保护作用,防护前路基边坡必须是稳定的;支挡工程对背后坡体进行支撑加固,承受背后的土压力,加固前路基边坡是不稳定的。

相关知识

一、路基坡面防护

1.植物防护

常用的植物防护有种草防护、铺草皮防护、三维植被网边坡防护和植树防护等。

1)种草防护

种草防护是一种施工简单、造价经济且有效的坡面防护。草能覆盖表土,防止雨水冲刷,调节土的湿度,防止裂缝产生及坡面风化剥落,有利于路基的稳定,如图3-2-1所示。

种草防护常用于适宜草类生长的土质路堑和路堤边坡,且边坡坡度较缓、边坡不高。

对边坡不宜种草者,可先铺一层有利于草生长的种植土,铺土厚度为10~15cm。为使种植土与边坡结合牢固,可在边坡上间隔100cm的距离挖20cm宽的台阶。

2)铺草皮防护

铺草皮对坡面的防护作用与种草防护相比,效果更好(图3-2-2),并可用在较高较陡的边坡上。

图3-2-1 种草防护

图3-2-2 铺草皮防护

铺草皮适用于各种土质边坡及严重风化的岩层和成岩作用差的软岩层边坡。为防止地表水冲刷产生冲沟、流泥等病害,在种草成活率低,且附近草皮来源较广的情况下,可用铺草皮防护。

3)三维植被网边坡防护

三维植被网是由多层塑料凸凹网和高强度平网复合而成的立体网结构,如图3-2-3所示。面层外观凸凹不平,材质疏松柔韧,留有90%以上的空间可填充土壤及草籽,将草籽及表层土壤牢牢固定在立体网中间。同时,由于网垫表面凸凹不平,可使风及水流在网垫表层产生无数小涡流,起到缓冲消能作用,并促使其携带物沉积在网垫中,这样就有效地避免了草籽及幼苗被雨水冲走,大大提高了植草覆盖率。当草生长茂盛后,植物根系可从网垫中穿过,深入地下达0.5m以上,与网垫、泥土共同形成一个牢固的复合整体,如图3-2-4所示。植被根系可增加土壤的透水性能,一旦遇有雨水可迅速渗透;植被的覆盖可使地表土壤免受雨水的直接冲击,并减缓雨水流速,阻止水流的形成,即使形成水流也几乎是清澈而不含任何泥土的。同时,三维网垫及植物根系还可起到浅层加筋的作用。因此,这种复合体系具有极强的抗冲刷能力,能够达到有效防护边坡的目的。

图3-2-3 三维植被网　　　　图3-2-4 三维植被网边坡防护体系

三维植被网护坡技术综合了土工网和植被护坡的优点,可适用于岩质边坡、高陡边坡以及雨水丰沛地区的边坡防护。

4)植树防护

植树防护适宜于各种土质边坡和严重风化的岩石边坡,但在经常浸水、盐渍土和经常干涸的边坡上及粉质土边坡上不宜采用。植树防护最好用在1∶1.5或更缓的边坡上,如图3-2-5所示。

采取植树防护时,树种应选择根系发达、枝叶茂盛、能迅速生长分蘖的低矮灌木,如紫穗槐、夹竹桃等。

边坡如含有不利于灌木生长的砂石类土,则栽种的坑内应换填适宜灌木生长的黏质土。

2. 圬工防护

圬工防护适用于不适宜草木生长的陡坡面,一般采用灌浆与勾缝、抹面、捶面、单层干砌片石护坡、浆砌片石护坡、混凝土预制块护坡、浆砌片石骨架护坡、浆砌片石护面墙、喷浆及喷射混凝土、锚杆铁丝网喷浆及锚杆铁丝网喷射混凝土等形成。

图3-2-5 植树防护

1)灌浆及勾缝

灌浆适用于较坚硬的、裂缝较大较深的岩石路堑边坡;勾缝适用于较硬、不易风化、节理裂缝多而细的岩石路堑边坡。

灌浆和勾缝的作用是借灰浆的黏结力把裂开的岩石黏结为一整体,以免其坠落或坍塌。同时,防止雨水及有害杂质侵入裂缝而促使岩石的风化和裂缝扩大,进而破坏边坡的稳定。

2) 抹面

抹面防护适用于尚未严重风化的各种易风化的岩石边坡,但对煤系岩层及成岩作用很差的红色黏土岩组成的边坡不适用,如图 3-2-6 所示。

抹面防护边坡的坡度不受限制,但坡面应较干燥。抹面厚度为 3~7cm,分为 2~3 层,使用年限 8~10 年。

3) 捶面

捶面防护适用于易受冲刷的土质边坡或易受风化剥落的岩石边坡,边坡坡度不大于 1:0.5,使用年限为 10~15 年。

捶面厚度为 10~15cm,一般采用等厚截面。当边坡较高时,采用上薄下厚截面。

图 3-2-6 抹面防护

4) 干砌片石护坡

干砌片石护坡适用于土质路堤及土夹石边坡,边坡坡度不宜陡于 1:1.25,如图 3-2-7 所示。根据护坡的厚度常分为单层和双层干砌片石两种,坡面易受地表水冲刷或边坡经常有少量地下水渗出,而产生小型溜坍等病害的地段,宜采用单层干砌片石护坡。

干砌片石厚度一般为 0.3m,当边坡为粉质土、松散的砂类土等易被冲刷的土时,在干砌片石的下面应设厚度不小于 10cm 的碎石或砂砾垫层。干砌片石护坡基础应选用较大石块砌筑,基础埋深至侧沟底。当基础与侧沟相连时,采用 M5 水泥砂浆砌筑。

干砌片石与浆砌片石区别:干砌片石就是干码石,没有砂浆,主要靠石块与石块之间的嵌挤力起作用,要求石块应错缝嵌挤紧密,不松动;浆砌片石就是用砂浆砌筑的片石砌体,要求砂浆饱满。

5) 浆砌片石护坡

浆砌片石护坡适用于易风化的岩石边坡和土质边坡,常用于路堤边坡,应待路堤完成沉降后再施工,边坡坡度不宜陡于 1:1,如图 3-2-8 所示。

图 3-2-7 干砌片石护坡

图 3-2-8 浆砌片石护坡

浆砌片石护坡一般采用等截面,其厚度视边坡高度及坡度而定,一般为 0.3~0.4m。边坡过高时应分级设平台,每级高度不宜超过 20m,平台宽度视上级护坡基础的稳固要求而定,一般不超过 1m。

护坡沿线路方向每隔 10~20m 应设伸缩缝,在护坡的下部应留泄水孔。为便于养护维修检查,应在坡面适当位置设置 0.6m 宽的台阶形踏步。

6) 混凝土预制块护坡

在缺乏片石、块石材料的地区,对边坡坡度缓于 1∶1 的边坡常采用混凝土预制块防护路基边坡。这种护坡可同时起到美化路容的效果,但必须设置砂砾或碎石垫层,如图 3-2-9 所示。混凝土预制块一般采用 C15 混凝土,预制块常用边长不大于 1m、厚度不小于 6cm 的方块或六角块。预制块尺寸以搬运方便并适合施工为准,厚度以满足构造要求、不易破碎、产生裂缝为准。

7) 浆砌片石骨架护坡

浆砌片石骨架护坡适用于易受冲刷的土质边坡和风化极严重的岩石边坡。当边坡潮湿、发生溜坍及坡面受冲刷严重时,若采用草皮护坡或捶面护坡易被冲毁脱落,则可采用浆砌片石骨架的加强措施,在骨架内铺草皮、捶面或栽砌卵石,具体可根据当地材料来源确定。

浆砌片石骨架一般采用方格形,间距 3~5m,与边坡水平线呈 45°角,如图 3-2-10 所示。护坡的顶部 0.5m 及坡角 1m 范围内,用 M5 水泥砂浆砌片石镶边。骨架应嵌入坡面一定深度,其表面与草皮或捶面齐平。

图 3-2-9 混凝土预制块护坡

图 3-2-10 浆砌片石骨架护坡

8) 喷浆及喷射混凝土

喷浆及喷射混凝土适用于易风化但尚未严重风化的岩石边坡,坡面应较干燥,以防止进一步风化、剥落及零星掉块。对高而陡的边坡,上部岩层较破碎而下部岩层完整时,以及需要大面积防护的边坡,采用喷浆或喷射混凝土较为经济。对成岩作用差的黏土边坡不宜采用。

为了增加喷浆与坡面的黏结,防止脱落或剥落,施工时可采用挂网锚喷混凝土防护。在挖出并清理的密实、稳定的新鲜坡面上,先钻孔、安装锚杆、灌浆,然后挂上钢丝网或纤维网,最后用高压泵喷射混凝土。

二、沿河路基防护

公路沿河或傍水库修建,因河流的天然演变,河岸和河床都经常地或周期性地受到水流的冲刷作用。为了保证公路的正常使用,必须对路基进行防护,使路基有足够的坚固性和稳定性。

沿河路基防护常用的方法有直接防护和间接防护两种。常用的直接防护有抛石(或堆石)防护、干砌片石护坡、浆砌片石护坡、石笼防护及挡土墙;常用的间接防护有导流构造物、防护林带及改河道等。

1. 直接防护

所谓直接防护就是对边坡直接加固,以抵抗水流的冲刷及淘刷作用。直接防护适用条件为水流流速不太大、流向与河岸路基接近平行的地段,或者路基位于宽阔的河滩、凸岸及台地边缘等,水流破坏作用较弱的地段。若在山区河流狭窄的地段,虽然纵坡陡、流速大、破坏作用较强烈,但因受地形条件的限制,很难改变水流的性质,不得不采取直接加固的办法。

1) 抛石防护

抛石防护主要用于水下边坡,抛石可以防止水下边坡遭受水流冲刷和波浪对路基边坡的破坏,以及防止淘空坡脚,如图3-2-11所示。抛石防护类似在坡脚处设置护脚,所抛石料应选用坚硬不易风化的石块。为了使抛石有一定的密实度,宜用最小不小于按流速大小确定的最小尺寸的石块与较大石块掺杂抛投。

抛石的粒径大小与水流速度、水深、浪高及边坡坡度有关,抛石的粒径及质量以不被水冲走及淘刷为宜。

2) 石笼防护

石笼防护的优点是具有较好的强度和柔性,而且可利用较小的石料。当水流中含有大量泥砂时,石笼中的空隙能很快淤满,而形成一个整体的防护层。其缺点是铁丝网易锈蚀,使用年限一般只有8~12年。当水流中带有较多的滚石时,容易将铁丝网冲破,此时一般不宜采用。

石笼防护用于防护岸时,一般采用垒砌形式(图3-3-12),只有当边坡坡度等于或缓于1:2时才采用平铺形式。

图3-2-11 抛石防护

图3-2-12 石笼防护

石笼的外形一般为箱形和圆柱形。石笼网可用镀锌铁丝和普通铁丝编织,有规则形状的石笼应用 $\phi 6mm \sim \phi 8mm$ 的钢筋组成框架,然后编织网格。网孔形状以六角形为好,常用的网孔尺寸有 $6cm \times 8cm$、$8cm \times 10cm$、$10cm \times 12cm$、$12cm \times 15cm$ 等。具体采用何种规格应根据填充石料的最大粒径确定,网孔宜略小于最大粒径。编网时宜用双结,以防网孔变形。

铺设石笼的基底应以卵砾石或碎石垫层整平,填充石料宜用未风化的石块,贴近网孔的外层应用较大的石块仔细码砌,并使石块的棱角突出网孔以外,以保护铁丝网;内层可用较小的石块填充。

为了施工方便,石笼防护应在枯水季节施工。

2. 间接防护

间接防护是用导流或阻流的方法来改变水流的性质,或者迫使主流流向偏离被防护的地段,或者改变河槽中冲刷和淤积的部位,以间接地防护河岸路基。

间接防护的适用条件为河床较宽,冲刷和淤积大致平衡,水流性质较易改变的河段;有些地方可以顺河势布置横向导流建筑物时,可采用丁坝;当防护地段较长时,则更适宜。其优点是防护效果好,而且工程费用也比直接防护少。对于不宜过多地侵占河槽的情况,则宜采用顺坝使水流偏转,以达到防护的目的。

采用间接防护时,或多或少地侵占了一部分河床断面,因而不同程度地压缩和紊乱了原来的水流,加重了其他地方的冲刷和淘刷作用。所以应特别注意修建这类防护建筑物后对被防护地段上下游及对岸的影响,应防止对农田水利、居民点及重要建筑物造成损害。

1)导流构造物

常用的导流构造物有丁坝和顺坝。

(1)丁坝。丁坝的作用是迫使水流改变方向而离开被防护的河岸。丁坝压缩水流断面较多,能强烈地扰乱原来的水流。单个丁坝起不到防护作用,所以丁坝必须是成群布置,如图3-2-13所示。

丁坝可由柴排或乱石堆砌而成,或砌片石。其断面一般采用梯形,坝身的顶宽一般为2~3m,坝头顶宽3~4m。下游边坡较缓,边坡坡度一般为1:1.5~1:2,上游边坡坡度为1:1~1:1.5。坝的长度不宜太长,一般不超过稳定河宽的1/4。丁坝的布置间距,山区弯曲河段可考虑为坝长的1~2.5倍;顺直河段则为坝长的3~4倍。

由于丁坝坝根与河岸相接,容易被冲开而使丁坝失去作用,所以应结合地质及水流特点将坝根嵌入岸边3~5m,并在上下游加设防冲刷措施。

(2)顺坝。顺坝常与水流平行,导流建筑物的轴线大体沿导治线的边缘线布置。顺坝的作用是使水流较匀顺和缓地改变方向,偏离被防护的河岸,如图3-2-14所示。

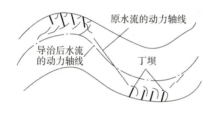

图3-2-13 丁坝防护

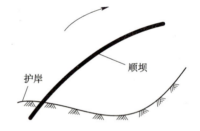

图3-2-14 顺坝防护

顺坝压缩水流断面较少,并不扰乱或很少扰乱原来的水流,不致引起过大的冲刷,坝体和基础的防护均可较弱。但坝的全长与被防护地段的长度相等,故造价较高。

顺坝的结构,大体与丁坝相同。坝头受力比丁坝小,一般无须加宽,顶宽1~2m,迎水面边坡坡度为1:1.5~1:2.5,背水边坡坡度为1:1~1:1.5。坝的长度为防止被冲刷河岸长的2/3。

顺坝的起点应选择在水流匀顺的过渡地段,坝根应牢固嵌入河岸3~5m,终点可与河岸连在一起,下游端与河岸留有缺口,以宣泄坝后水流。顺坝一般以漫水式居多,坝顶与中水位齐平。

2)防护林带

植林需有适宜的条件,应有利于林带的成活和快速生长。防护林带适宜建于被防护的路基外侧有宽阔的河滩或仅在发生洪水时才被淹没的台地,河滩及台地的土质要适宜树木生成,有洪水时流速不大于3.0m/s,如图3-2-15所示。

防护林带的作用是洪水期使水流流速降低,减缓冲刷,使泥砂沉积,从而起到防护的效果。

图3-2-15 防护林带

防护林带最适宜栽植杨柳类的乔木和灌木,其特点是生长快,对土的要求低,根系发达,枝梢茂密,较长期经受水淹仍能成活。栽培时宜成行,行列可与水流方向成正交或逆水方向斜交约45°。当水流流速小于1.0m/s时,可用单棵插枝法;当流速大于1.0m/s时,宜用成束插枝法,每束5~6棵。插枝时应插在预先挖好的小圆穴内并注意培土。林带的边缘部分易受水流冲击,应采用编包插枝法。在预先挖好的引水沟内成束插枝并按棵距钉入木桩,用长1.5~2.0m的柳条组成编笆。林带的行距可用0.8~1.5m,棵距为0.4~0.8m。

3)改河道

改河道防护适用于山区及半山区河道弯曲不规则的河段,通过改弯取直或将急转弯改圆顺,以达到路基防护的目的。

改河道时,挖河道的工程量较大,施工时应组织机械设备赶在洪水期之前完成,以保证已施工路基的安全。

改河道施工时,应按设计要求开挖河道及处理弃方。

任务练习

一、填空题

1. 路基防护按作用分有坡面防护和沿河路基防护。坡面防护常用的类型有_____和_____;沿河路基防护包括_____和_____。
2. 三维植被网是由多层塑料_____和高强度_____复合而成的立体网结构。
3. 为了调节水流方向,降低流速,以防护路基,可采用调治构造物、_____和_____。

二、选择题

1. 路基防护与加固的重点是( )。
   A. 边沟　　　　B. 路肩　　　　C. 路基边坡　　　　D. 路基本体
2. 某路堑边坡属于风化的岩石,且坡面不平整,应采用的防护措施是( )。
   A. 勾缝　　　　B. 抹面　　　　C. 植被防护　　　　D. 灌浆
3. 防护水下部分路基边坡时,不宜采用( )防护。
   A. 铺草皮　　　B. 抛石　　　　C. 浆砌片石　　　　D. 石笼

三、判断题

1. 路基中把防止冲刷和风化,主要起隔离保护作用的措施称为防护工程。( )
2. 对路基进行坡面防护时,路基本身应是稳定的。( )
3. 植物防护可以减缓地面水流速度,根系起固结作用,所以它可用于防护流速大的浸水路堤边坡。( )
4. 抛石的粒径大小与水流速度、水深、浪高及边坡坡度有关,抛石的粒径及质量以不被水冲走及淘刷为宜。( )

任务3-3　路基支挡工程

学习目标

1. 熟悉土钉支护的加固原理。

2.掌握挡土墙的类型及适用场合。
3.熟悉加筋土挡土墙的结构、加固原理。
4.熟悉抗滑桩的加固原理、适用场合。

 相关知识

目前,公路路基边坡的支挡防护结构形式较多,常用的有土钉支护、挡土墙、抗滑桩等。不同形式的支挡工程,结构和组成都有所区别,适用于不同的工程场合。

一、土钉支护

土钉支护是在原位土体中布设密集的钢杆或其他高强度材料杆体(称为土钉),并在岩土体表面构筑面层结构。通过土钉、面层和原位土体三者共同作用,提高原位岩土体的"视凝聚力"及其强度,使被加固土体形成地层岩性与原来大为不同的复合材料"视重力式挡土墙"的支护体系。

二、挡土墙

1.概述

用于支撑路基填土或者山坡土体侧压力、防止边坡或山坡变形失稳的墙式构造物,称为挡土墙。在公路工程中,它广泛地用于支撑路堤填土或路堑边坡,以及桥台、隧道洞口和河流堤岸等处。路基工程中,挡土墙的工程费用较高,故路基设计时,应与其他可能的工程方案进行技术经济比较,择优选定。

公路工程中的挡土墙主要按下述几种方法进行分类。

(1)按照挡土墙设置的位置不同,挡土墙可分为路堑墙、路堤墙、路肩墙和山坡墙等类型,如图3-3-1所示。

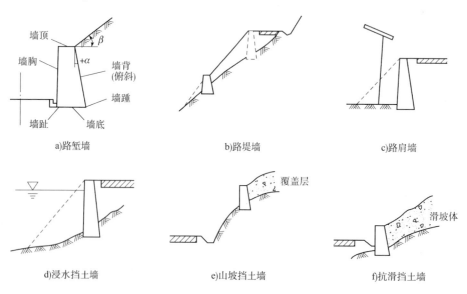

图3-3-1 设置挡土墙的位置

挡土墙各部分名称如图3-3-1a)所示。靠回填土或山体的一侧面称为墙背;外露的一侧面称为墙面,也称墙胸;墙的顶面部分称为墙顶;墙的底面部分称为基底或墙底;墙面与墙底的交线称为墙趾;墙背与墙底的变线称为墙踵;墙背与铅垂线的夹角称为墙背倾角α;边坡坡面与水平线的夹角称为填土倾角β。

(2)按照墙体材料不同,挡土墙可分为石砌挡土墙、混凝土挡土墙、钢筋混凝土挡土墙、钢板挡土墙等。

(3)按照结构形式不同,挡土墙可分为重力式挡土墙、锚定式挡土墙、薄壁式挡土墙、加筋土挡土墙等。

2.重力式挡土墙

重力式挡土墙依靠墙身自重支撑土压力来维持其稳定,一般多用片(块)石砌筑,在缺乏石料的地区有时也用混凝土修建。重力式挡土墙形式简单、施工方便,可就地取材,适应性较强,故被广泛用于陡坡地段或岩石风化路段。同时,重力式挡土墙圬工数量较大,对地基要求较高,随着施工工艺的发展,逐渐会被结构更为合理的轻质挡土墙取代。

常用的重力式挡土墙一般由墙身、基础、排水设施、沉降缝和伸缩缝等部分组成。

1)墙身

根据墙背倾斜方向的不同,墙身断面形式可分为仰斜、垂直、俯斜、凸形折线式和衡重式等几种,如图3-3-2所示。

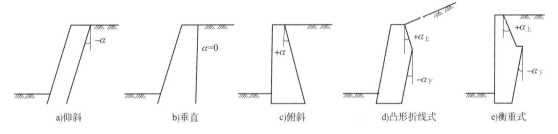

图3-3-2 重力式挡土墙的断面形式

以仰斜、垂直和俯斜式三种不同的墙背所受的土压力分析,在墙高和墙后填料等条件相同时,仰斜墙背所受的土压力最小,垂直墙背次之,俯斜墙背较大。

凸形折线墙背将仰斜式挡土墙的上部墙背改为俯斜,以减小上部断面尺寸,故其断面较为经济,多用于路堑墙,也可用于路肩墙。

衡重式墙背可视为在凸形折线式的上下墙之间设一衡重台,衡重台上填土的质量使全墙重心后移,增加了墙身的稳定。

2)基础

地基不良和基础处理不当,往往引起挡土墙的破坏,因此应重视挡土墙的基础设计。基础设计的程序是:首先应对地基的地质条件做详细调查,必要时做挖探或钻探,然后再来确定基础类型与埋置深度。

(1)基础类型。当地基承载力不足且墙趾处地形平坦时,挡土墙大多数都是直接砌筑在天然地基上的浅基础。为减少基底应力和增加抗倾覆稳定性,常常采用扩大基础,将墙趾部分加宽成台阶,或墙趾墙踵同时加宽,以加大承压面积。

(2)基础埋置深度。挡土墙基础,应视地形、地质条件埋置足够的深度,以保证挡土墙的稳定性。设置在土质地基上的挡土墙,基底埋置深度应符合下列要求:

①无冲刷时,一般应在天然地面下不小于1.0m。

②有冲刷时,应在冲刷线下不小于1.0m。

③受冻胀影响时,应在冰冻线以下不小于0.25m。非冰胀土层中的基础,例如岩石、卵

石、砾石、中砂或粗砂等,埋置深度可不受冻深的限制。

3) 排水设施

挡土墙的排水设施通常由地面排水和墙身排水两部分组成。

地面排水可设置地面排水沟,引排地面水。为夯实回填土顶面和地面松土,防止雨水和地面水下渗,必要时可加设铺砌。对路堑挡土墙墙趾前的边沟,应予以铺砌加固,以防止边沟水渗入基础。

墙身排水主要是为了迅速排除墙后积水。浆砌挡土墙应根据渗水量在墙身的适当高度处布置泄水孔,如图 3-3-3 所示。泄水孔尺寸可视泄水量大小来定,可采用 5cm×10cm、10cm×10cm、15cm×20cm 的方孔或直径 5~10cm 的圆孔。泄水孔间距一般为 2~3m,上下交错设置,最下一排泄水孔的底部应高出墙趾前地面 0.3m。为防止水分渗入地基,在最下一排泄水孔的底部应设置 30cm 厚的黏土隔水层。在泄水孔进口处应设置粗粒料反滤层,以避免堵塞孔道。

a) 方形泄水孔

b) 圆形泄水孔

图 3-3-3　挡土墙泄水孔

4) 沉降缝和伸缩缝

为了防止因地基不均匀沉陷而引起的墙身开裂,应根据地基的地质条件及墙高、墙身断面的变化情况设置沉降缝;为了防止圬工砌体因砂浆硬化收缩和温度变化而产生裂缝,须设置伸缩缝。通常把沉降缝与伸缩缝合并在一起,统称为沉降伸缩缝或变形缝,如图 3-3-4 所示。沉降伸缩缝的间距依实际情况而定,对于非岩石地基,宜每隔 10~15m 设置一道沉降伸缩缝;对于岩石地基,其沉降伸缩缝间距可适当增大。沉降伸缩缝的缝宽一般为 2~3cm,可用胶泥填塞;在渗水量大、冻害严重的地区,宜用沥青麻筋或沥青木板等材料,沿墙内、外顶三边填塞;当墙背为填石且冻害不严重时,可仅留空隙,不嵌填料。

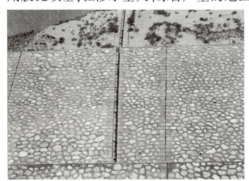

图 3-3-4　沉降伸缩缝

对于干砌挡土墙,沉降伸缩缝两侧应选平整石料砌筑,使其形成垂直通缝。

3. 薄壁式挡土墙

薄壁式挡土墙属于钢筋混凝土结构,可分为悬臂式和扶壁式两种。悬臂式挡土墙由立壁(墙面板)和底板(包括趾板和踵板)组成,具有三个悬臂,即立壁、趾板和踵板,如图 3-3-5a) 所示。

当墙身较高时,沿墙长每隔一定距离设置一道扶壁连接墙面板及踵板,称为扶壁式挡土墙,如图3-3-5b)所示。

它们的共同特点是墙身断面较小,结构的稳定性不是依靠本身的重量,而主要依靠踵板上的填土重量来保证,具有自重轻、圬工省,能修建在较软的地基上等优点,适用于城市、缺乏石料的地区和挡土墙高度不超过7m的情况;缺点是需耗用一定数量的水泥和钢材,施工工艺较为复杂。

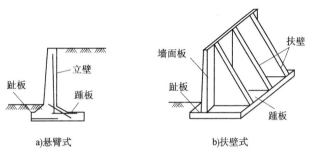

图3-3-5 薄壁式挡土墙

4. 锚定式挡土墙

锚定式挡土墙可分为锚杆式和锚定板式两种。

锚杆式挡土墙是由预制的钢筋混凝土立柱、挡土板构成墙面,与水平或倾斜的钢锚杆联合组成,如图3-3-6a)所示。锚杆的一端与立柱连接,另一端被锚固在山坡深处的稳定岩层或土层中。墙后侧向土压力由挡土板传给立柱,由锚杆与稳定岩层或上层之间的锚固力使墙获得稳定。它适用于墙高较大、缺乏石料或挖基困难地区具有锚固条件的路堑挡土墙。

锚定板式挡土墙是由钢筋混凝土墙面、钢拉杆、锚定板以及其间的填土共同形成的一种组合挡土结构,如图3-3-6b)所示。锚定板挡土墙的结构形式和受力状态与锚杆挡土墙基本相同,主要区别是:锚杆挡土墙的锚杆是插入稳定地层的钻孔中,抗拔力来源于灌浆锚杆与孔壁地层之间的黏结强度,而锚定板挡土墙的钢拉杆及其端部的锚定板都埋设在人工填土当中,抗拔力来源于锚定板前填土的被动抗力。锚定式挡土墙的特点在于构件断面小、工程量省,不受地基承载力的限制,构件可预制,有利于实现结构轻型化和施工机械化。它适用于缺乏石料地区的路肩墙或路堤墙。

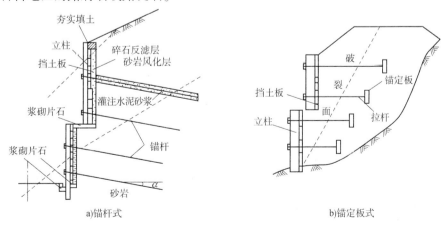

图3-3-6 锚定式挡土墙

5.加筋土挡土墙

加筋土挡土墙是由面板系、拉筋和填料组成的复合挡土结构,通过填料与筋体间相互结合产生的摩擦力来抵抗土压力,从整体上形成一个类似于重力式挡土结构的结构物(图 3-3-7),支撑其后部土体传来的土压力和荷重。加筋土挡土墙作用原理与土钉支护相似,都是通过土体与筋体或钉体的黏结面使土与筋相互结合,形成支挡结构,拉筋或钉体均不施加预应力,其工作状态皆是被动的,其面板结构受力较小。不同之处主要有:土钉墙常用于挖方边坡,自上而下施工,土钉倾斜一定角度;加筋土挡土墙主要用于填方边坡,加筋条一般水平放置。

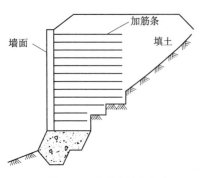

图 3-3-7　加筋土挡土墙

加筋土挡土墙适用于一般地区的路肩、桥台、匝道以及地形较为平坦的填方边坡挡土墙,不宜用于滑坡或坍塌变形较大的路段。

对于加筋土挡土墙的材料及要求如下:

(1)加筋土填料

填料是加筋土工程的主体材料,对填料的一般要求:易压实、能与拉筋产生足够的摩擦力、满足化学和电化学标准、水稳定性好(浸水工程)。

具有一定级配的砾类土、砂类土,与拉筋之间的摩擦力大,透水性能好,应优先选用;碎石土、结土、中低液限黏质土和稳定土也可采用;腐殖土、冻结土等影响拉筋和面板使用寿命的应禁止采用。

(2)筋带

拉筋的主要作用是与填料产生摩擦力,并承受结构内部的拉力。因此,拉筋必须具有以下特性:具有较高的强度,受力后变形小;较好的柔性与韧性;表面粗糙,能与填料产生足够的摩擦力;抗腐蚀性和耐久性好;能加工、接长,与面板的连接简单。

常用的筋带分为钢带、钢筋混凝土带和聚丙烯土工带三种。高速公路和一级公路上的加筋土工程应采用钢带或钢筋混凝土带。

(3)墙面板

墙面板的主要作用是防止端部土体从拉筋间挤出,常用的形状有矩形、十字形、六角形等,如图 3-3-8 所示。墙顶和角隅处可采用异形面板和角隅面板。

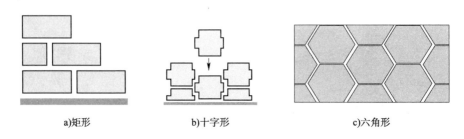

a)矩形　　　　　　b)十字形　　　　　　c)六角形

图 3-3-8　不同形状的墙面板

三、抗滑桩

抗滑桩是将一定规格的桩体埋于稳定地层中,依靠桩和桩周岩土体的相互嵌制作用来承受土体的下滑力,使得变形体得以稳定,属于一种被动受力型支挡结构,如图 3-3-9 所示。它是防治滑坡的一种有效工程构筑物,主要适用于具有明显滑动面,滑床以下为稳定岩土层,对变形要求不高的滑坡治理工程。设置抗滑桩,必须满足滑坡体达到规定的安全值,保证滑坡体不越过桩顶或从桩间滑走,不产生新的深层滑动。

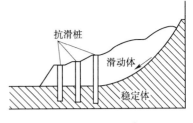

图 3-3-9　抗滑桩示意图

任务练习

一、填空题

1. 路基边坡的支挡防护结构形式较多,常用的有_____、_____和_____等。

2. 土钉支护通过_____、_____和_____三者共同作用,使被加固土体形成地层岩性与原来大为不同的复合材料"视重力式挡土墙"的支护体系。

3. 挡土墙按照结构形式不同,可分为_____、_____、_____和加筋土挡土墙等。

4. 抗滑桩是将一定规格的_____埋于_____地层中,依靠桩和_____岩土体的相互嵌制作用来承受土体下滑力的被动受力型支挡结构。

二、选择题

1. (　　)形式简单、施工方便,可就地取材,适应性较强,故被广泛用于陡坡地段或岩石风化路段。

　　A. 重力式挡土墙　　　　　　　B. 锚定式挡土墙
　　C. 薄壁式挡土墙　　　　　　　D. 加筋土挡土墙

2. (　　)适用于一般地区的路肩、桥台、匝道,地形较为平坦的填方边坡挡土墙,不宜用于滑坡或坍塌变形较大的路段。

　　A. 重力式挡土墙　　　　　　　B. 锚定式挡土墙
　　C. 薄壁式挡土墙　　　　　　　D. 加筋土挡土墙

3. (　　)适用于具有明显滑动面,滑床以下为稳定岩土层,对变形要求不高的滑坡治理工程。

　　A. 重力式挡土墙　　　　　　　B. 土钉支护
　　C. 薄壁式挡土墙　　　　　　　D. 抗滑桩

三、简答题

1. 锚定式挡土墙分为哪两种形式？有哪些区别？

2. 简述加筋土挡土墙的加固原理。

项目4 路基排水设施

任务4-1 路基地表排水设施

 **学习目标**

1. 掌握地上排水设施的构造、布置以及作用。
2. 具有进行地面排水设施施工的能力。

 任务描述

路基的强度与稳定性同水的关系十分密切。路基及沿线设施经常受到水的侵袭,不仅严重危害路基,严重时还可能将路基彻底冲毁,因此,对路基的排水应予以充分重视。根据水源的不同,影响路基的水可归纳为地面水和地下水两大类,故路基排水设施也可分为地表排水设施和地下排水设施两种。

路基在设计、施工时,必须考虑将影响路基稳定性的地表水排除和拦截于路基用地范围以外,并防止地面水漫流、滞积或下渗。

本任务要求学生掌握不同的地表排水设施,并具有地表排水设施的施工能力。

相关知识

一、地面排水设施的设置

地面排水设施主要有边沟、截水沟、排水沟、跌水和急流槽等,必要时还可设置倒虹吸、渡水槽和蒸发池。

1. 边沟

设置在挖方路基的路肩外侧或低路堤的坡脚外侧,多与路中线平行,用以汇集和排除路基范围内和流向路基的少量地面水的沟槽称为边沟,见表4-1-1。

边　沟   表4-1-1

作用	汇集和排除路基范围内和流向路基的少量地表水
构造	边沟的横断面形式有梯形、矩形、三角形和流线型等(图4-1-1),一般采用梯形; 底宽、深度要求:高速公路、一级公路不小于0.6m;其他各级公路不小于0.4m,沟底纵坡与路线纵坡要一致,纵坡宜不小于0.3%。梯形内侧边坡坡度为1∶1～1∶1.5,外侧边坡与挖方边坡一致;单向排水长度不宜超过300～500m
布置要求	边沟设置在挖方路基的路肩外侧、矮路堤、零填零挖路基及陡坡路堤的坡脚外侧,多与路中线平行

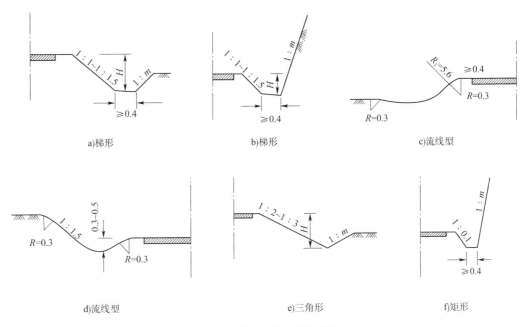

图 4-1-1 边沟的断面形式(尺寸单位:m)

2. 截水沟

截水沟为设置在挖方路基边坡坡顶以外或山坡路堤的上方,垂直于水流方向,用以拦截路基上方流向路基的地面径流的排水设施。截水沟可以防止地表径流冲刷或侵蚀挖方边坡和路堤坡脚,并减轻边沟的流水负担。截水沟必须迅速排水,不得在沟内积水或沿沟壁土层渗水,否则,会加剧路基病害的形成,而有可能成为边坡滑坡的顶边线。截水沟构造及要求见表 4-1-2。

截 水 沟　　　　　表 4-1-2

作用	拦截并排除路基上方流向路基的地表水,保护挖方边坡和填方坡脚不受流水冲刷。降水量少的可不设截水沟,降水量大的可设多道截水沟
构造	截水沟的横断面形式一般采用梯形,断面形式如图 4-1-2 所示; 底宽、沟深均不小于 0.5m;边坡坡度视土质而定,常采用 1:1~1:1.5;沟底纵坡不应小于 0.3%
布置要求	截水沟尽量与绝大多数地表水流方向垂直,离路堑坡顶的距离视土质而定:一般土质 $d \geqslant 5\mathrm{m}$;软弱层地段 $d \geqslant H + 5\mathrm{m}$,但不小于 10m

注:对于路堑边坡顶至分水岭的距离不长、土质好、坡度缓、植被较好的地段,可不设截水沟,反之,根据具体情况可设一道或多道平行的截水沟,分段拦截地面径流。

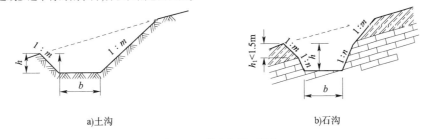

图 4-1-2 截水沟断面形式

3. 排水沟

与其他汇水设施相连,将水流引离路基或引向桥涵的人工沟渠。在平丘区,当原有地面沟渠蜿蜒曲折,并且影响路基稳定时,可用排水沟来改善沟渠线路。有时为了减少涵洞数量,也可使用排水沟来合并沟渠。排水沟构造与要求见表4-1-3。

排 水 沟　　　　　　　　　　表4-1-3

作用	排水沟的主要作用是引水,负责将路基范围内各种水源的水流(如边沟、截水沟及取土坑和路基附近积水),引至桥涵或路基范围以外的指定地点
构造	排水沟的横断面形式一般采用梯形,排水沟的底宽、沟深≥0.5m,边坡坡度1:1~1:1.5,纵坡≥0.5%
布置要求	排水沟的位置灵活性很大,离路基尽可能远一些,距路基坡脚不宜小于3~4m,平面上应力求简洁,需要转弯时应尽量圆顺,做成弧形,其半径不宜小于10~20m,连续长度不宜大于500m

4.跌水和急流槽

设置于需要排水的高差较大而距离较短或坡度陡峻的地段的阶梯形构筑物,称为跌水,其作用主要是降低流速和消减水的能量。急流槽是具有很大坡度的水槽,但水流不离开槽底,其作用是在很短的距离内、水面落差很大的情况下进行排水。一般在重丘、山岭等地形险峻地区,排水沟渠纵坡较陡,水流湍急,冲刷力强,为减少其流速,降低其能量,防止对路基造成危害,多采用跌水(图4-1-3、图4-1-4)和急流槽(图4-1-5)。

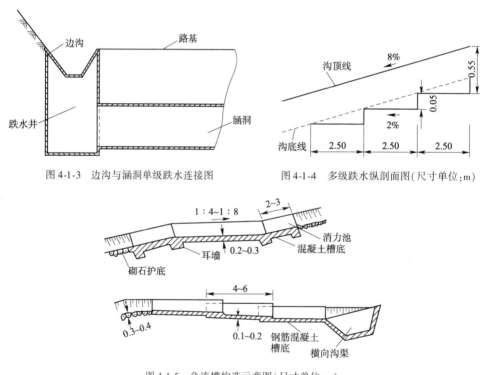

图4-1-3　边沟与涵洞单级跌水连接图　　　图4-1-4　多级跌水纵剖面图(尺寸单位:m)

图4-1-5　急流槽构造示意图(尺寸单位:m)

二、地面排水沟渠的加固与施工

排水沟渠的加固措施应结合当地地形、地质、纵坡和流速等条件,因地制宜,就地取材,简便易行,经济适用。目前常用的有以下几种类型。

1.土沟表面夯实

适用范围:一般适用于土质边沟和排水沟(不适用于堑顶截水沟或堑顶排水沟),沟内平均流速不大于0.8m/s。沟底纵坡不大于表4-1-1中数值。

施工方法:施工时,其水沟沟底及沟壁部分应少挖5cm,并随挖随夯,将沟底沟壁夯拍坚实,使土的干密度不小于$1.66×10^3 kg/m^3$,以免土中水分消失,不易夯拍坚实。

2. 三合土或四合土加固层

三合土指水泥、砂及炉渣组成的混合料,其配比一般可采用水泥:砂:炉渣=1:5:1.5(质量比)。四合土指水泥、石灰、砂、炉渣组成的混合料,配合比一般采用1:3:6:24(质量比)。

适用范围:三合土或四合土一般用于加固无冻害、无地下水、水流平均速度在1.0~2.5m/s地段的水沟。混合土厚度视沟内流速或沟底纵坡而定,一般取0.1~0.25m;加固层流水的水沟表面时,如采用厚1cm的M7.5水泥砂浆,效果更佳,如图4-1-6所示。

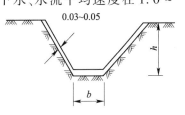

图4-1-6 三合土或四合土加固层（尺寸单位:m）

施工方法:

(1)施工前两周,将石灰水化;使用前1~3d,将黄土和炉渣掺入拌匀;使用时将碎砾石或水泥及砂掺入,反复拌和均匀。

(2)沟渠开挖后趁土质潮湿时立即加固。如土质干燥,则宜洒水湿润后再进行加固。

(3)沟渠铺混合土前,应将沟底的沟壁表面夯实拍平,然后每隔2m左右安设模板,保证加固厚度一致。

(4)沟渠铺混合土后,应拍打均匀,然后再抹平水泥砂浆护层,待稍干后,用大卵石将表面压紧磨光,最后用麻袋或草垫覆盖,洒水养护3~5d。养护时如发现裂缝或表面剥落,应予以修补。

3. 单层干砌石加固

适用范围:一般用于无防渗要求,土质沟渠沟底纵坡在5‰以上,流速大于2m/s,或砂土质沟渠沟底纵坡在3‰~4‰以上的沟渠加固,如图4-1-7所示。

图4-1-7 单层干砌片石加固(尺寸单位:m)

施工要求:当沟内平均流速为2.0~3.5m/s时,干砌片石尺寸可采用0.15~0.25m;当流速大于4.0m/s时,应采用急流槽式跌水。当沟壁沟底为细颗粒土时,应加设碎砾石垫层,其厚度在0.10~0.15m范围内选用,5~50mm粒径的石料应占总质量的90%以上。片石间隙应用碎石填塞紧密,片石大面应砌向表面。

4. 单层栽砌卵石加固

适用范围:用于无严格防渗要求,且容许流速在2.0~2.5m/s以内的防冲刷沟渠加固地段。

施工方法:施工时,一般先砌沟底,后砌沟壁。砌底选用较好的大卵石,坡脚两行应注意选料并砌筑牢固。砌筑可自下而上逐步选用较小的卵石,最上一层则用较长卵石平放并封顶压牢。所有卵石均应栽砌,大头朝下,相互靠紧,每行卵石需大小均匀,两排之间保持错缝。卵石下部及卵石之间的孔隙,均应用小石填塞紧密。

5. 浆砌片石加固

适用范围:浆砌片石边沟断面形式有梯形和矩形两种,一般用于沟内水流速度较大及防渗要求较高的地段。沟底纵坡一般不受限制,但在有地下水及冻害地段,沟壁沟底外侧需要加设反滤层或垫层,并在沟壁上预留泄水孔。

施工方法:施工时应注意沟渠开挖后要平整夯实,如土质干燥应洒水润湿,遇有陷穴应堵塞夯实。水泥砂浆强度等级一般采用 M5,随拌随用,砌筑完后注意养护。

任务练习

一、选择题

1. 以下属于路基地面排水设施的有(　　)。
   A. 排水沟　　　　B. 渗沟　　　　C. 盲沟　　　　D. 渗井
2. 截水沟在平面上布置的特点是(　　)。
   A. 与水流方向平行　　　　　　B. 与水流方向相反
   C. 与水流方向垂直　　　　　　D. 因地形而异
3. 路基边沟、截水沟、取土坑等附近的积水主要通过(　　)排除到路基以外的天然河沟。
   A. 排水沟　　　　B. 盲沟　　　　C. 跌水　　　　D. 涵洞
4. 为了排除路基范围内及流向路基的少量地表水,可设置(　　)。
   A. 排水沟　　　　B. 急流槽　　　　C. 边沟　　　　D. 天沟

二、简答题

路基地面排水设施主要有哪些?

任务 4-2　路基地下排水设施

1. 掌握地下排水设施的构造、布置及作用。
2. 具有进行地下排水设施施工的能力。

用于拦截、汇集和排除地下水,以使路基免遭破坏的结构物,称为地下排水结构物。其构造一般比地面排水结构物复杂,且维修改建困难,投资也较大,故在施工中应予以高度重视,以免建成后因结构物失效而酿成后患。

公路上常用的地下排水结构物主要有明沟与排水槽、暗沟、渗井和渗沟等。

本任务要求学生掌握不同的地下排水设施,并具有地下排水设施施工的能力。

相关知识

一、明沟与排水槽

当地下水位高、潜水层埋藏不深时,可采用明沟或排水槽截流排除浅层地下水及降低地下水位,也可兼排地面水。明沟或排水槽必须深入到潜水层,但不宜在寒冷地区采用。

1.明沟构造

明沟断面一般采用梯形,边沟采用1:1.0~1:1.5。明沟边坡一般应以干砌片石加固,并设反滤层以使水流渗入明沟,明沟纵坡宜适当加大,保证水流及时排除。

2.排水槽构造

排水槽断面一般为矩形,可用混凝土、干砌或浆砌片石筑成,槽底纵坡应不小于3%。当用混凝土或浆砌片石时,应视槽深设置一排或多排渗水孔,外侧填可透水材料。沿沟槽每隔10~15m,或当沟槽通过软硬岩石层分界处时,应留伸缩缝和沉降缝。

二、暗沟

暗沟是引导地下水流的沟渠。其本身不起渗水、汇水作用,而是把路基范围内的水或渗沟汇积的水流排到路基的范围以外,使水不在土基中扩散,危害路基,如图4-2-1、表4-2-1所示。

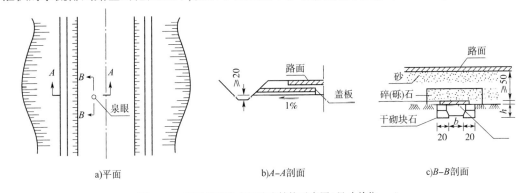

图4-2-1 疏导路基泉水的暗沟结构示意图(尺寸单位:cm)

暗 沟　　　　　　　　表4-2-1

作用	将路基范围内的水或渗沟所拦截的水流排出路基范围以外
构造	暗沟内分层填以大小不同的颗粒材料,利用渗水材料透水性将地下水汇集于沟内,并沿沟排泄至指定地点; 暗沟可分为洞式和管式两大类
布置要求	暗沟设置在公路地段的泉眼处、高速公路和一级公路中央分隔带雨水口的下面; 暗沟的排水能力较小,不宜过长;寒冷地区的暗沟应做防冻保温处理或将暗沟设在冻深以下

三、渗井

在平坦地区如路基附近无河流、沟渠或洼地,地面水或浅层地下水无法排除,影响路基稳定,而在地面下较浅处又有透水层,地下水背离路基,同时地面水流量不大时,可设置渗井,将上层水流通过渗井汇积渗入地面以下1.5m,并从透水层中排除,疏干路基土,如图4-2-2所示。

渗井构造:渗井由上部集水构造和下部排水构造两部分组成。

1.上部构造

渗井面积的大小,取决于路基表面的流量,一般可采用直径为0.7~1.0m的圆井,也可采用0.6m×0.6m~1.0m×1.0m的方井。渗井内部的填充材料必须冲洗干净。在填筑材料前,需

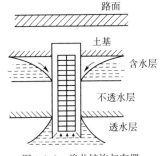

图4-2-2 渗井结构与布置

预先在井位上安置内外两套铁皮套筒。填筑过程中,随着填料的填入,逐渐撤出套筒。渗井的顶部四周用黏土筑堤围护,顶上可加筑混凝土盖板,严防水井淤塞。

2. 下部构造

渗井的下部,必须穿过透水层而达到渗透层。渗井内填充材料用碎石或卵石,上部不透水土层内填充砂或砾石。透水层离地面较深时,可用钻井机钻孔,但钻井的直径应不小于15cm,有时可达50~60cm。

渗井容易淤塞,从单位面积上来说,造价也较高,所以一般不轻易采用。当土基含水率过大,路面翻浆,彻底解决地下排水系统又不可能时,可采用渗井群来疏干路基。

四、渗沟

渗沟是一种常见的地下排水沟渠。其作用是为了切断、拦截有害的含水层和降低地下水位,保证路基经常处于干燥状态。如图4-2-3、图4-2-4所示。

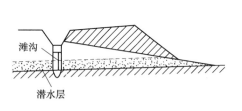

图4-2-3 拦截流向路基潜水的渗沟

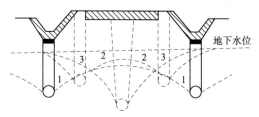

图4-2-4 降低地下水位的渗沟
注:图中数字为降低后的地下水位。

斜坡上的路堤,半填半挖路基及路堑,当基底或边坡上有含水层时,为防止路堤滑移,或路堑边坡滑塌,可设纵向渗沟,如图4-2-5所示,将地下水引至路基范围外的洼地或河沟。为汇积与排除挖方边坡的泉水渗出水,可设边坡渗沟将水排入边沟中。边坡渗沟深度,应比湿润土层深,深入到滑动面或冻结线以下。

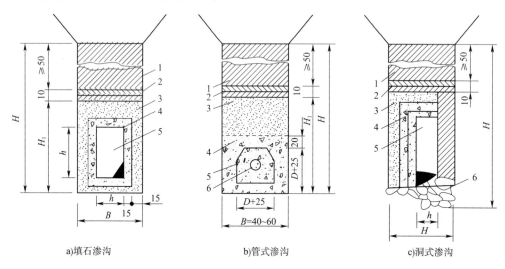

图4-2-5 渗沟构造图(尺寸单位:cm)
1-夯实黏土;2-双层反铺草皮;3-粗砂;4-石屑;5-碎石;6-浆砌片石沟洞

渗沟按构造分为三种形式,分别为填石渗沟(也称盲沟)、管式渗沟、洞式渗沟,具体要求见表4-2-2。

渗 沟   表4-2-2

构造形式	构造及布置要求
填石渗沟	又称盲沟,一般用于流量不大、渗沟不长的路段,是公路上常用的一种渗沟形式。施工时应注意避免淤塞失效。由于排水层阻力较大,纵坡不应小于1%,一般可采用5%,盲沟深度不超过3m,宽度一般为0.7~1.0m
管式渗沟	设于地下引水较长的地段,但渗沟过长时,应加设横向泄水管,将纵向渗沟内的水流分段迅速排除。沟底纵坡取决于流速,最大流速应考虑到水管的构造及其寿命,且不致冲毁管下垫枕材料,一般以不大于1.0m/s为宜;最小纵坡为0.5%,以免淤塞
洞式渗沟	当地下水流量较大,或缺乏水管时,可采用石砌沟洞,洞孔大小依设计流量而定。沟底纵坡最小为0.5%,有条件时可采用较大纵坡,以利于排水

 任务练习

一、选择题

1. 路基地下排水设施有( )。
   A. 截水沟　　　B. 渗井　　　C. 边沟　　　D. 渗沟

2. ( )具有吸收、降低、汇集、排除地下水的功能。
   A. 暗沟　　　B. 渗沟　　　C. 截水沟　　　D. 渗水井

3. 路基下有泉水时,可采用( )引导水流到路基之外。
   A. 渗沟　　　B. 排水沟　　　C. 渗水井　　　D. 暗沟

4. 路基排水的目的是保证路基的( )。
   A. 强度　　　B. 稳定性　　　C. 强度和稳定性　　　D. 干燥

二、简答题

路基地下排水设施有哪些?请简述其作用及分类。

项目 5　路 基 施 工

任务 5-1　路基施工准备工作

学习目标

1. 熟悉路基施工准备工作的意义。
2. 掌握路基施工准备工作的主要内容。
3. 熟悉路基试验段的选择和实施、开工报告的编制内容。

任务描述

公路路基工程具有土石方数量大、施工干扰因素多、项目交叉制约大等特点,施工准备工作千头万绪、涉及面广。施工单位接到工程中标通知书后,就必须有计划、有步骤地进行施工准备工作,才能在较短的时间内为工程开工创造有利条件。施工准备阶段的基本任务是了解施工的客观条件,根据实施工程的特点、进度要求,合理安排施工力量,从人力、物资、技术和施工组织等方面为工程实施创造有利局面。

相关知识

路基施工准备工作的好坏,直接影响到整个工程进度、质量和施工方的经济效益,因此必须高度重视,切实做好施工准备工作。路基施工准备的主要内容包括组织准备、物质准备、技术准备和现场准备4个方面,此外还包括试验段的选择与实施、开工报告的编制。

一、组织准备

1. 建立施工组织机构

我国施工组织已与国际施工惯例接轨,工程建设已全部按照 FIDIC 合同条件进行施工与监理。对一个施工单位来讲,主要是实行项目经理负责制,即项目经理全面负责的目标责任制,组织机构为项目经理部,如图 5-1-1 所示。

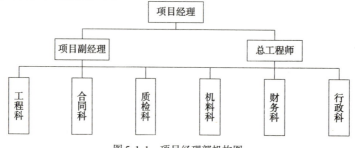

图 5-1-1　项目经理部机构图

2.组建施工队伍

根据所承担的工程量大小和工期要求,安排出总进度计划网络图,并进一步估算出全部工程用工工日数、平均日出工人数、施工高峰期日出工人数,以及技术工种、机械操作工种、普通工种等用工比例,组建能够满足工程进度和工程要求的施工队伍。

二、物质准备

1.驻地建设

工程开工前,施工单位应根据路基工程的施工任务进行驻地建设,通常包括以下主要内容:

(1)驻地应设有项目经理部各机构办公室、会议室、测量及试验室、职工宿舍、食堂、卫生设施等。

(2)根据工程规模设置一个或多个预制场、搅拌站、材料库房等。

(3)驻地建设应满足消防安全的要求,并做好消防培训工作。

2.路基施工机械设备的准备

根据工程需要、工程量大小及施工进度,配备足够数量且有效的施工机械设备。机械设备要配套选择,充分发挥机械设备的性能,要保证机械设备的正常使用。

路基施工机械可分为土石方机械和压实机械两大类。土石方机械主要包括推土机(图5-1-2)、挖掘机(图5-1-3)、装载机(图5-1-4)、平地机(图5-1-5)、自卸车、松土器、凿岩机和风动工具等;压实机械主要包括静力碾压式、振动式及夯击式三类压实机具。

图5-1-2 推土机

图5-1-3 挖掘机

图5-1-4 装载机

图5-1-5 平地机

3. 材料准备

工程开工前,施工单位应按以下要求进行材料准备:

(1)编好材料预算,提出材料的需用量及加工计划。

(2)选择合适的路基填料,做好运输情况的调查。

(3)根据施工平面图安排,落实材料的堆放和临时仓库设施。

(4)组织材料分批进场。

(5)组织材料加工准备,尽可能集中加工,如水泥混凝土的集中配料拌和等。

4. 测量试验设备的准备

工程开工前,应根据工程性质及工程量大小,配备相应的测量、试验检测设备,满足工程测量、试验检测的需要。图 5-1-6 为路基现场检测图。

图 5-1-6 路基现场检测

工程中使用的测量、试验检测设备,应通过计量部门标定,交通质量监督部门认证合格后才能投入使用。工地试验室认证工作应在接到中标通知书后立即开始申办,在工程开工前办理完毕各种证件。

三、技术准备

1. 熟悉设计文件

设计文件是组织工程施工的主要依据,是施工单位进行施工的基本标准。熟悉和审核施工图纸是领会设计意图,明确工程内容,掌握工程特点,了解工程特点的重要环节,一般应注意以下方面:

(1)进行施工前的现场调查,核对设计计算的假定和采用的处理方法是否符合实际情况,工程质量能否保证,施工是否有足够的可靠性,对保证安全施工有无影响。

(2)核对设计是否符合施工条件,如需采用特殊施工方法和特定技术措施时,技术上和设备条件上有无困难。

(3)结合生产工艺和使用上的特点核对有哪些技术要求,施工能否满足设计规定的标准。

(4)核对有无特殊的材料要求,这些材料的品种、规格、数量能否解决。

(5)核对图纸说明有无矛盾,规定是否明确、齐全。

(6)核对图纸各构造物的主要尺寸、位置、高程有无错误。

(7)核对土建工程与设备安装有无矛盾,施工中如何交叉衔接。

(8)通过熟悉图纸,明确场外在施工中所需材料和构件等制备工程项目的安排。

(9)通过熟悉设计文件,确定与施工有关的组织、物质、技术等各方面的准备工作是否就绪。

在有关施工人员熟悉设计文件、充分准备的基础上,由建设单位负责人召集设计、施工、监理、科研人员参加图纸会审会议。设计人员向施工方做图纸交底,讲清设计意图和对施工的主要要求,施工人员应对图纸和有关问题提出质询,最终由设计单位对图纸会审中提出的合理化建议,按程序进行变更设计或做补充设计。

2. 编制施工组织设计

应根据核实的工程量、工地条件、工期要求及本单位的施工设备情况,制订实施性施工组织设计(包括选择施工方案、确定施工方法、布置施工场地、编制施工进度计划、拟定关键工程的技术措施等),报监理工程师审批。

3. 试验准备工作

工地试验室建立后,应马上开展试验工作,如原材料的质量检验,混凝土配合比试验,土的颗粒分析以及密度、塑液限、塑性指数测定,击实试验,CBR 试验,合同路段内地下水位和长期地表积水位测定,不同层位的土的含水率试验;高等级公路还应做土的有机质含量及易溶盐含量试验等,并将试验结果报监理工程师审批后待用。

四、现场准备

路基施工前,现场的准备工作有:恢复路线和复查水准点,划定路界,路基放样,清理场地,修建临时工程等。

1. 恢复路线

从路线勘测到施工进场一般要经过一段时间,在这段时间内原钉的桩志可能有部分丢失或发生移动,因此,监理工程师向施工单位交桩后,施工方必须按设计图表对路线进行复测,把决定路线位置的各测点加以恢复。其内容有:导线、中线的复测和固定,水准点的复测和增设,横断面的检查与补测。

2. 划定路界

此项工作一般由建设单位完成。个别地段尚未划定的,应立即报告监理工程师,并会同建设单位尽快解决。

3. 路基工程放样

路基工程放样是一项非常重要的施工准备工作,是施工的标准和依据,也是确保路基工程质量的重要措施。路基施工前,应根据中线桩和设计图表实地定出路基的几何轮廓形状。

4. 清理场地

施工前应清除施工现场内所有阻碍施工或影响工程质量的障碍物。其工作内容如下:

(1)房屋及其他构造物的拆除。此项工作一般由建设单位在施工单位进驻工地前完成。

(2)清除树木和灌木丛。公路工程占地范围内的树木、灌木丛、孤石等必须清除或移植清理,砍伐的树木应移至路基用地以外,进行妥善处理。高等级公路和路基填土高度小于 1m 的其他公路,应将路基范围内的树根全部挖除,并将坑穴填平夯实;填土高度大于 1m 的其他公路,允许保留树根;采用机械化施工的路堑及取土坑,均应将树根全部挖除。

(3)施工场地排水。场地排水是指疏干、排除场地上所积地面水,保持场地干燥,为施工提供正常条件。通常是根据现场情况,设置纵横排水沟,形成排水系统,或者用抽水机强制排水,将水引入附近河渠、低洼处予以排除。

5. 修建临时工程

临时工程包括临时供电设施、临时供水设施、临时交通道路、临时通信线路和施工用房等。临时工程的建设对于保证正常施工以及确保施工质量和安全,起着非常重要的作用,因此临时工程的施工与正式工程一样要进行周密的考虑。但由于它只要求在施工期内达到预期的目的,所以在确保安全、满足使用要求的前提下,应力求简化。

五、试验路段

1. 进行试验路段施工的几种情况

(1)二级及二级以上公路路堤。

(2)填石路堤、土石路堤。

(3)特殊地段路堤。

(4)特殊填料路堤。

(5)拟采用新技术、新工艺、新材料的路基。

2. 试验路段选择

试验路段应选择在地质条件、断面形式等工程特点具有代表性的地段,路段长度不宜小于100m。

3. 试验路段总结报告

在整个试验路段施工时,应加强对有关指标的检测,完工后及时写出试验段总结报告,上报监理工程师审批。路堤试验路段总结报告应包括以下内容:

(1)填料试验、检测报告等。

(2)压实工艺主要参数:机械组合;压实机械规格、松铺厚度、碾压遍数、碾压速度;最佳含水率及碾压时含水率允许偏差等。

(3)过程质量控制方法、指标。

(4)质量评价指标、标准。

(5)优化后的施工组织方案及工艺。

(6)原始记录、过程记录。

(7)对施工设计图的修改建议等。

六、开工报告

以上各项工作准备就绪后,就可向监理工程师提出工程的开工报告。开工报告的内容主要有:

(1)施工组织设计(监理审批)。

(2)施工放样合格(监理审批)。

(3)材料报验合格(监理审批)。

(4)机械设备报验合格。

(5)已落实必需的流动资金。

(6)已建立自检质量保证体系。

当监理工程师同意并签发开工令后,施工单位即可正式开工。

 任务练习

一、填空题

1. 路基工程施工准备的主要内容包括_____、_____、_____和现场准备4个方面,此外还包括_____,开工报告的编制。

2. 路基施工机械可分为_____和_____两大类。

3. 技术交底应由_____负责人召集_____、_____、_____、科研人员参加图纸会审会议。_____向施工方做图纸交底,讲清设计意图和对施工的主要要求。

二、选择题

1. 高等级公路的中桩测量应采用( )。
   A. 坐标法   B. 链距法   C. 支距法   D. 偏角法
2. 高等级公路和填方高度小于( )的其他等级公路,应将路基范围内的树根全部挖除并将坑穴填平夯实。
   A. 1.0m   B. 1.8m   C. 2.5m   D. 3.0m
3. 路基开工前,一般路基土的检测项目包括:含水率、液塑限测定、标准击实试验及( )。
   A. 有机质含量测定   B. 易溶盐含量检测
   C. CBR 试验   D. 冻胀和膨胀量试验

三、简答题

1. 施工准备工作包括哪些方面?哪些主要内容?

2. 施工前熟悉设计文件有什么作用?

3. 哪些路段的路基应做试验段?

4. 开工报告主要包括哪些内容?

任务 5-2　填方路基施工

 学习目标

1. 掌握路基填料的选择和原地面处理方法。
2. 掌握填土路基的填筑方式、施工工艺。
3. 掌握填石路基、土石路基的施工方法及工艺流程。
4. 熟悉高填方路堤的施工特点及注意事项。
5. 熟悉桥涵及结构物回填的施工工艺。

任务描述

填方路基是在天然地基上人为构筑的土体,一般是利用当地的土、石作为填料,按一定施工方法在原地面上填筑起来的。填方路基施工时主要任务包括路基填料的选择、原地面基底的处理、路基的填筑和压实等。路基填料的土石成分不同,施工方法以及质量控制都有所区别,因此需要区别对待。

相关知识

一、路基填料的选择

1. 路基填料的来源

填料来源具有多样性,例如,直接利用挖方、挖方土质改良、就近借土、工业废渣等。路基工程量巨大,为节省工程量,应尽量利用路基挖方,如果可利用挖方数量少,应对照设计图纸,现场调查当地填料的类型、可供开采的数量,设置合适的取土坑。

2. 规范中对路基填料的规定

《公路路基施工技术规范》(JTG F10—2006)对于路基填料要求符合下列规定:

(1)含草皮、生活垃圾、树根、腐殖质的土严禁作为填料。

(2)泥炭、淤泥、冻土、强膨胀土、有机质土及易溶盐超过允许含量的土,不得直接用于填筑路基;确需使用时,必须采取技术措施进行处理,经检验满足设计要求后方可使用。

(3)液限大于50%、塑性指数大于26、含水率不适宜直接压实的细粒土,不得直接作为路堤填料;需要使用时,必须采取技术措施进行处理,经检验满足设计要求后方可使用。

(4)粉质土不宜直接填筑于路床,不得直接填筑于冰冻地区的路床及浸水部分的路堤。

(5)填料强度和粒径,应符合表5-2-1的规定。

路基填料最小强度和最大粒径要求　　表5-2-1

填料应用部位 (路床顶面以下深度)(cm)		填料最小强度 CBR(%)			填料最大粒径 (mm)
		高速公路、一级公路	二级公路	三级公路	
填方路基	上路床(0~30)	8	6	5	100
	下路床(30~80)	5	4	3	100
	上路堤(80~150)	4	3	3	150
	下路堤(150以下)	3	2	2	150
零填及挖方路基	0~30	8	6	5	100
	30~80	5	4	3	100

注:1. 表中所列强度按《公路土工试验规程》规定的浸水96h的CBR试验方法测定。

2. 三、四级公路铺筑沥青混凝土和水泥混凝土路面时,应采用二级公路的规定。

3. 表中上、下路堤填料最大粒径150mm的规定不适用于填石路堤和土石路堤。

二、原地面基底处理

基底是指路基填料与原地面接触的部分。为使两者结合紧密,避免路堤沿基底发生滑动,防止因草皮、树根腐烂而引起路堤沉陷,保证路堤具有足够的强度和稳定性,必须视基底及填筑高度等情况,清除原地表的杂物、植被、淤泥,处理坑塘,并对基底进行认真处理和压实,达到设计要求的压实度。

三、填土路基施工

填土路基施工时必须考虑不同的土质,从原地面逐层填起,并分层压实,每层厚度随压实方法而定。

1. 填筑方式

（1）水平分层填筑。填筑时按照横断面全宽分成水平层次，逐层向上填筑。如原地面不平，应由最低处分层填起，每填一层，经压实符合规定要求后，再填上一层，依次循环进行直至达到设计高程。此法施工操作方便、安全、压实质量容易保证，是最常见的填筑方法，如图 5-2-1 所示。

（2）纵向分层填筑。适用于推土机或铲运机从路堑取土填筑运距较短的路堤，依纵坡方向分层、逐层推土填筑，如图 5-2-2 所示。原地面纵坡大于 12% 的地段常采用此法施工。

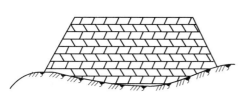

图 5-2-1　水平分层填筑

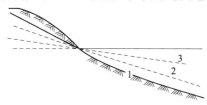

图 5-2-2　纵向分层填筑

注：1～3 为填土的顺序。

（3）竖向填筑。从路基一端或两端同时按各横断面的全部高度，逐步推进填筑，仅适用于无法自下而上分层填土的陡坡、断岩、泥沼地区和施工机械无法进场的路堤，如图 5-2-3 所示。此法不易压实，且还有沉陷不均匀的缺点，因此，应采用必要的技术措施，如选用高效能的压实机械（振动压路机）碾压，采用沉陷量较小的砂性土或废石方作填料等。

（4）混合填筑。当高等级公路路线穿过深谷陡坡，尤其是要求上部的压实度标准较高时，施工时下层采用竖向填筑，上层采用水平分层填筑，此种方法称为混合填筑法，如图 5-2-4 所示。此法多在地势平坦或两侧有可利用的山地土场的场合使用。

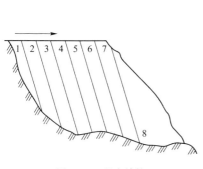

图 5-2-3　竖向填筑

注：1～8 为填土的顺序。

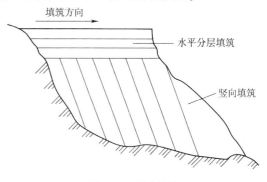

图 5-2-4　混合填筑

2. 不同土质混填时的方法

不同性质的土混合填筑时，应视土的透水能力的大小，进行分层填筑压实，并采取有利于排水和路基稳定的方式。一般应遵循以下原则：

（1）性质不同的填料，应水平分层、分段填筑，分层压实。同一水平层路基的全宽应采用同一种填料，不得混合填筑。每种填料的填筑层压实后的连续厚度不宜小于 500mm，填筑路床顶最后一层时，压实后的厚度应不小于 100mm。

（2）对潮湿或冻融敏感性小的填料应填筑在路基上层，强度较小的填料应填筑在下层。在有地下水的路段或临水路基范围内，宜填筑透水性好的填料。

（3）在透水性不好的压实层上填筑透水性较好的填料前，应在其表面设 2%～4% 的双向横坡,并采取相应的防水措施。不得在透水性较好的填料所填筑的路堤边坡上覆盖透水性不好的填料,如图5-2-5所示。

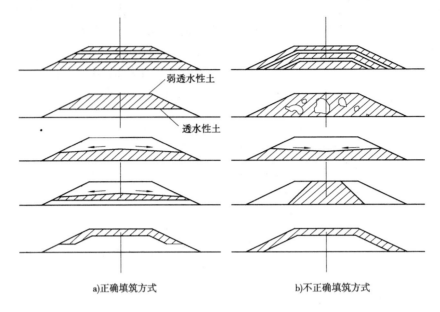

图5-2-5 不同土质填筑方式

(4)每种填料的松铺厚度应通过试验确定。

(5)每一填筑层压实后的宽度不得小于设计宽度。

四、填石路基施工

填石路基作为一种特殊结构形式的路基,由于其填料的粒径较大,且具有抗剪强度高、透水性强、孔隙率大、存在破碎性等工程特性,在施工工艺方面与常规的填土路基有较大区别。

1. 填料要求

(1)膨胀岩石、易溶性岩石不宜直接用于路堤填筑,强风化石料、崩解性岩石和盐化岩石不得直接用于路堤填筑。

(2)路堤填料粒径应不大于500mm,并不宜超过层厚的2/3,不均匀系数宜为15～20。路床底面以下400mm范围内,填料粒径应小于150mm。

(3)路床填料粒径应小于100mm。

2. 基底处理

(1)除满足本任务前述规定外,承载力应满足设计要求。

(2)在非岩石地基上,填筑填石路堤前,应按设计要求设过渡层。

3. 填筑方法

填石路堤的填筑方式有倾填(含抛填)和分层填筑、分层压实两种。路堤倾填时,石料是从高处自然落下,石料间难免犬牙交错,空隙较大,故倾填路堤的压实、稳定问题较多。因此,高等级公路和铺设高级路面的其他等级公路的填石路堤不宜采用倾填式施工,均应采用分层填筑、分层压实的方法。铺设低等级路面的一般公路,在陡峻山坡段施工特别困难或大量爆破以挖作填时,可采用倾填方式将石料填筑于路堤下部,而在路床底面下不小于1.0m的范围内仍应分层填筑、分层压实。高等级公路填石路堤路床顶面以下50cm范围内应填筑符合路床要求的土并分层压实,填料最大粒径不得大于10cm。其他公路填石路堤路床顶面以下30cm范围内应填筑符合路床要求的土并压实,填料最大粒径不应大于15cm。

五、土石路堤施工

土石混填材料主要指巨粒土与粗粒土混填、粗粒土与细粒土混填。巨粒土与细粒土由于粒径相差过大,缝隙中的细粒土无法压实,不适用于混合填筑路基。

1. 填料要求

一般情况下,石料强度大于20MPa时,就不易被压路机压碎,所以,当土石混合料石料强度大于20MPa时,石块最大尺寸不得超过压实层厚的2/3,否则应予以剔除。当石料强度小于15MPa时,易被压路机压碎,不存在强度较大石块产生的问题,故其粒径可与压实层厚度相同,但不得超过压实层厚,超过的应打碎。

2. 填筑方法

土石路堤不得采用倾填方法,只能采用分层填筑、分层压实。每层铺填厚度应根据压实机械类型和规格确定,但不宜超过40cm。

混合料中石料的含量多少将影响压实效果。因此,当石料含量大于70%时,应先铺大块石料,且大面向下放平稳,然后铺小块石料、石屑等嵌缝找平,再碾压密实。当石料含量小于70%时,土石可混合铺填,但应消除硬质石块集中的现象。

土石混合料填筑高等级公路时,其路床顶面以下30~50cm范围内仍应填筑符合路床要求的土并分层压实,填料最大粒径不大于10cm。其他公路在路床顶面以下填筑30cm的砂类土,最大粒径不大于15cm。

六、高填方路堤施工

高填方路基是指在水稻田或长年积水地带,用细粒土填筑路堤高度在6m以上,其他地带填土或填石路堤高度在20m以上的路基,如图5-2-6所示。高填路堤填土高度大、土方数量大、地基承载力要求高,而填土的密实与自然的固结都需要时间,且常年受车辆荷载重复作用,因此在施工过程和工程完工后的车辆营运阶段容易产生较大的沉降,而且较难处治。

高填方路堤施工时应着重注意两个问题。一是施工进度问题。因为填筑时一层一层地上料、摊铺、碾压、检验签认,工期是随着填筑高度的增加而增加的。二是后期路堤沉降问题。原因是填筑时密实度虽达到了规范的规定值,但随着填筑层的增加,土体的压缩变形还是有的,变形多少取决于填土的类别及压实度的高低;路堤沉降的另一个原因也是造成沉降量大的原因是路堤的地基强度问题,所以高填方路堤施工时要注意地基强度的检测,当发现与设计值不符时,应及时提出,采取地基加固措施。

图5-2-6 高填方路基

处理高填方路堤下沉所采取的措施一般是预压,而预压所需的时间又较长,这与高填方施工所需的时间长是相矛盾的。所以在高填筑路堤施工中要早安排、多投入、快完成,留出足够的预压时间。

七、桥、涵及结构物的回填

桥涵等构造物的回填处,是柔性路堤和刚性桥台的结合部位,由于材料差异,其沉降量就会有所不同,容易产生错台现象,为实现其平稳过渡,应设置台背回填过渡段(图5-2-7),此过渡段的施工也是路堤填筑的关键之一。台背回填质量的好坏,直接关系到行车的舒适性和安全性,影响公路的使用寿命。为预防、减小台背回填引起的质量病害,保证回填质量,施工中应制订桥涵构造物台背回填专项施工方案。

图5-2-7 台背回填过渡段

工作任务一:为路基选择合适的填料

路基填料的选择的流程为:料源确定→填料取样试验→填料改良。

1. 料源确定

路基不同的压实分区、填料来源的不同,导致同一填方断面或同一填方段路堤可能采用一种或几种填料。路堤填筑前应对照设计文件,现场调查填料,初拟路堤填料的类型、来源地点、可供开采的数量、运输距离与条件、上路桩号。

2. 填料取样试验

选定了料源后,应及时取样进行土工试验,检测天然含水率、液限、塑限、标准击实试验、CBR 试验等,必要时应做颗粒分析、比重、有机质含量、易溶盐含量、冻胀和膨胀量等试验,以判断填料的可用性。

3. 填料改良

对于含水率不符合要求及土性较差的土,按以下办法进行改良。

1)含水率的调节

(1)含水率过高时,应予以翻晒,最好利用松土机或圆盘耙耧翻,增大暴露面,加快水分蒸发。另外,也可在取土场工作面下面挖沟,视地下水位挖沟,使地下水位降低,改变土料含水率。

(2)含水率过低时,应经常洒水,并对土料进行翻拌,使其湿润均匀。

2)土性改良

土性较差的土可利用石灰、水泥、工业废料或其他材料作稳定剂对土的性质进行改良,达到填土要求。这种方法对含水率大、塑性高的土或强度不足的其他材料都有较好的效果。采用掺加料改良土的施工方法为:将土和掺加料按一定比例混合,拌匀后整平、压实。

工作任务二:基底处理

在路基填筑前,对原地面进行正确的基底处理。

原地面基底处理的施工环节主要包括伐树、挖根及表土处理、坡面基底的处理、有地下水影响的基底处理、填前压实。

1. 伐树、挖根及表土处理

路基用地范围内的树木、草丛等施工前应进行砍伐或移植清理,并进行妥善处理,详见本项目任务5-1。

路堤基底为耕地土或松土时,应先清除种植有机土(图5-2-8),平整后按规定要求压实。在深耕地段,必要时应将松土翻挖,土块打碎,然后回填、整平、压实。经过水田、池塘或洼地时,应根据具体情况采取排水疏干、挖除淤泥、打砂桩、抛填片石、砂砾石或石灰(水泥)处理土等措施,以保持基底的稳固。

路堤修筑范围内,原地面的坑、洞、墓穴等,应在清除沉积物后,用原地的土或砂性土回填,并按规定进行压实。

图5-2-8 清除表土

2. 坡面基底的处理

基底土密实,且地面横坡不陡于1:10时,经碾压符合要求后,可直接在地面上修筑路堤(但在不填不挖或路堤高度小于1m的地段,应清除草皮等杂物)。在稳定的斜坡上,横坡为1:10~1:5时,基底应清除草皮。横坡陡于1:5时,原地面应挖成台阶,台阶宽度不小于2m,台阶顶面应设置2%~4%的向内倾斜横坡(图5-2-9)。若地面横坡超过1:2.5时,外坡脚应进行特殊处理,如修护墙和护脚(图5-2-10)。

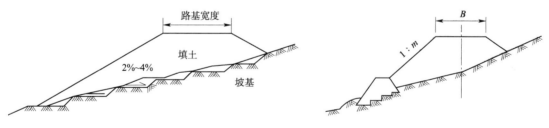

图5-2-9 坡面基底处理　　　　图5-2-10 护脚路基

3. 有地下水影响的基底处理

当路基受到地下水影响时,应予以拦截或排除,引地下水至路堤基底范围之外,再进行填方压实。

4. 填前压实

路堤填筑前,应将基底表层碾压密实,压实度应达到以下要求:

(1)二级及以上等级公路路堤基底的压实度应不小于90%,三、四级公路应不小于85%。

(2)路基填土高度小于路面和路床总厚度时,应根据地质情况,按设计要求处理。

工作任务三:填土路基施工

××平原地区高速公路,路基平均高度3m,填方量大,沿线设置取土坑,采用普通土填筑。

填土路基施工根据试验段确定的不同压实机具、不同填料的最佳含水率、适宜的松铺厚度和相应的碾压遍数、最佳的机械配套组合,按"三阶段、四区段、八流程"施工程序组织施工。

"三阶段"为:准备阶段→施工阶段→竣工阶段。

"四区段"为:填筑区→平整区→碾压区→检测区。

每个区段的长度按机械施工的最佳距离确定,但最短不得少于40m。

"八流程"为:施工准备→基底处理→分层填筑→摊铺平整→洒水晾晒→碾压夯实→检测签证→路基整修。

1. 施工准备

按照本项目任务5-1进行施工准备,重点进行水准点、导线点的复测与增设、中桩恢复、边桩位置确定。

2. 基底处理

按前述内容进行原地面基底处理。

3. 分层填筑

按照试验段确定的松铺厚度进行分层填筑,每层检测压实度,从原地面最底层开始,逐层将凹陷处填平后采用按横断面全宽纵向水平分层填筑。在填土前根据运土车装载量、土的松铺厚度及密度测算出每辆车的卸土面积,用石灰线画出方格网(图5-2-11),并在路基两侧插杆挂线,挂线高度同每层土的松铺厚度,插杆采用小竹杆,宜每10m插一根杆;自卸车卸土时,按每个石灰线网格内卸土一车进行填土方量控制。为保证全断面的压实度一致,每层填筑时边坡两侧应超宽填筑0.3~0.5m,交工时刷坡整平。

图5-2-11 画方格网

4. 摊铺平整

填筑区段完成一层卸土后,先用推土机进行摊铺并初平(图5-2-12),初平高度为挂线高度。初平后用人工配合平地机精确找平(图5-2-13),做到摊铺面纵横向平顺、均衡,控制层面无显著凹凸,并按设计要求做成中间高两边低的双向横坡。

图5-2-12 推土机摊铺填料

图5-2-13 平地机平整填料

5. 洒水晾晒

填料碾压前要控制其含水率在最佳含水率±2%范围内。当填料含水率较低时,及时采用洒水措施,跟踪检测含水率,直至现场填料含水率调整到最佳含水率±2%范围内,洒水方法采用路堤内洒水后再用挖掘机配合推土机拌和;当填料含水率过大,采用松土机或圆盘耙耧翻摊晾晒的方法降低含水率,达到最佳压实含水率±2%范围内。

6. 碾压夯实

平整区填料含水率控制在最佳压实含水率±2%范围内后进行碾压夯实,如图5-2-14所示。碾压前,技术人员应按照试验段确定的碾压工艺向机械操作人员进行技术交底,其内容包括碾压范围、碾压遍数、碾压速度等。

具体碾压方法详见本项目任务5-4。

7. 检测签证

碾压区压实到位后进行路基现场质量检测,路基填土的质量检测应遵循分层填筑、分层碾压、分层检测的原则。在压实度、填筑厚度、平整度、宽度、横坡等达到设计及规范要求时,经监理工程师检验签证后,方可进行下一层填筑施工。

8. 路基整修

(1)路基按设计高程完成填筑后,应进行测量和整平,恢复中线(图5-2-15)和边桩,进行纵断高程测量,修筑路拱。

图5-2-14 路基碾压   图5-2-15 恢复中线

(2)根据路基设计宽度及边坡设计坡度刷去超填部分边坡,进行边坡整修拍实,使整修后的边坡顺适、牢固。

工作任务四:填石路基施工

××山岭区高速公路,工程施工范围比较集中,共有挖方135万 m^3。其中90%为石方,填方110万 m^3,使用就近挖方,填石路堤占大多数。

1. 施工工艺流程

施工准备 → 运料 → 摊铺 → 大粒径料破碎 → 补充细料人工局部找平 → 碾压 →
          → 边坡码砌 ↗

质量检测 → 对不合格路段进行返工处理 → 下一层施工。

2. 操作要点

1)施工准备

首先进行施工放样,然后清除表土。在水稻田地区,施工前沿公路用地筑埂,在埂内开挖纵横排水沟,沟底设0.5%的坡度,并接通出水口以疏干表土。路基填前应进行压实,路基基底的压实度不小于设计要求。填土高度小于路床厚度时,基底的压实度不小于路床的压实标准。基底松散层厚度大于30cm时,要翻挖再回填分层压实。

2)边坡码砌

在填石路堤填筑前,填石路堤要进行边坡码砌。码砌的石块应大于300mm,石块尽量规则,码砌石块尽量紧贴、密实,无明显空洞、松动现象,砌块间承力接触面应微向内倾斜。填高小于4m时,码砌厚度为2m。边坡坡面采用大于250mm的石块进行台阶式码砌。

3)运料与摊铺

石料采用石质均匀、不易风化,且未风化、无裂纹的硬质材料。运料采用挖掘机配合自卸汽车进行。在石质填料装运时,尽量使填料混合均匀,避免大粒径填料的过分集中。同时安排好石料运输路线,按水平分层,先低后高,先两侧后中间卸料。填石路堤的堆料和摊铺同时进行,填石料直接堆放在摊铺初平的表面上,由大功率的推土机向前摊铺。松铺厚度控制在600mm以内。

4)大粒径料破碎、补充细料人工局部找平

填石料在推土机摊铺初步完成后,对超粒径的石块要进行人工破碎,使之能够满足规范要求。对于大粒径的石块,要进行人工摆平。在摆放过程中,块石贴近底面,且大面朝下。在同一位置,大粒径的石块不能重叠堆放。对细料明显偏少的段落,在摊铺初平的填石料表面,铺撒一层碎石或石屑料。碎石或石屑料用量占粗粒料的15%~20%,要保证碎石或石屑料填满粗粒料间的缝隙。铺撒细料后,摊铺表面保持相对平顺,这样有利于压路机进行碾压施工。

5)碾压

对于填石路堤,由于粒料之间没有黏聚力,主要是靠填料之间相互镶嵌、紧密咬合,达到足够大的摩阻力和抵抗路基变形的刚度。所以,填石路基碾压需要用大吨位的振动压路机。在施工中,采用15t振动压路机。在碾压时,压路机碾压速度为2~4km/h,频率30Hz左右。先用压路机静压一遍,然后振压6~8遍,最后再静压一遍。碾压的顺序由两侧开始向中间碾压,然后再由中间向两侧碾压,且每次要求错轮1/3轮宽。对于有明显空洞、孔隙的地方,应补充细料后,再进行碾压;对于碾压后仍有松动的石块,用合适粒径的小石块嵌实,并用手捶敲紧。

6)质量检测

每一层都要进行检测。在自检中,一般进行下列项目的检测。

(1)压实厚度和最大粒径

可按表5-2-2规定中的要求进行控制。

填石路基最大压实层厚、最大粒径要求 表5-2-2

路面底面以下深度 (cm)	路堤分区	最大压实层厚 (cm)	最大粒径 (cm)
0~30	上路床	30	10
30~80	下路床	40	15
80~150	上路堤	50	25
>150	下路堤	60	40

填石路堤每层填筑完工后都要测量该层顶面的高程(可以结合压实沉降差进行检测),相邻层位的高程差就是压实层厚。压实层厚应小于相应分区路堤填筑厚度的规定。在路堤施工中,采用松铺600mm,压实层厚小于规定最大压实厚度600mm。

(2)压实遍数

按试验段的试验结果,采用15t振动压路机静压2遍,振压不少于6遍。

(3)压实质量检测

填石路堤的压实质量检测可用压实沉降差或压实干密度进行。在实际施工中采用压实沉降差来进行检测。控制标准为平均沉降差小于5mm,标准差小于3mm。

(4)表面质量检测

碾压后的填石路堤表面无明显的孔隙、空洞,大粒径填石无松动现象,应达到以铁锹挖动困难、用撬棍方能使之松动的状态。

7)路床填筑

在路堤完成后,在填石料表面先填筑一层300mm厚的碎石、石屑过渡层。过渡层碎石粒料应小于100mm,其中小于5mm的细料含量应大于30%。然后,用土来填筑路床。路床用平地机摊铺整平,压路机碾压,压实度不小于96%。在路基基本完工后,检查测量路基顶面的中心线的高程,以及路基宽度和边坡坡度。检查合格后,即可进行路基整修的工作。

3. 质量控制

填石路堤的施工质量主要由施工工序配合质量检测进行控制。在各个施工工序中,特别是对填料的最大粒径、压实层厚、碾压遍数、压实沉降差等,必须严格按规定要求进行控制。在施工中,技术员要详细记录每层填石料的压实层厚、压实遍数、粒径,供监理工程师随时查验。每一层完成后,一定要进行中间检查,对不合格段,要坚决进行返工。确保质量检查合格后再进行下一层的施工。

 任务练习

一、填空题

1. 路基填筑用土中_____最优,_____次之,_____属不良用土。
2. 填土路基施工根据试验段确定的不同机具压实不同填料的_____、适宜的松铺厚度和相应的碾压遍数、最佳的_____,按"_____"施工程序组织施工。
3. 高填方路基是指水稻田或长年积水地带,用细粒土填筑路堤高度在_____以上,其他地带填土或填石路堤高度在_____以上的路基。

二、选择题

1. ( )严禁用于填筑路基。
   A. 生活垃圾   B. 淤泥   C. 粉性土   D. 膨胀性重黏土
2. ( )不得直接用于填筑路基;确需使用时,必须采取技术措施进行处理,经检验满足设计要求后方可使用。
   A. 垃圾土   B. 泥炭   C. 草皮   D. 重黏土
3. 路基填筑在地面横坡( )时需做挖台阶处理。
   A. 小于1:10   B. 介于1:10和1:5之间
   C. 大于1:5   D. 大于1:2.5

三、判断题

1. 性质不同的填料,应水平分层、分段填筑,分层压实。同一水平层路基的全宽可采用不同填料。( )
2. 填石路基的施工,除应考虑石料性质、石块大小、填筑高度和边坡坡度等因素外,还应

注意选择正确的填筑方法。　　　　　　　　　　　　　　　　　　　　　　　　（　　）

3. 土石混填路基与填石路基主要区别在于含石量小于70%，因此也可以采用倾填方式填筑路基。　　　　　　　　　　　　　　　　　　　　　　　　　　　　　　　　（　　）

四、简答题

1. 路基工程施工中，原地面如何处理？

2.《公路路基施工技术规范》(JTG F10—2006)对于路基填料有哪些规定？

3. 填土路基有哪些填筑方式？各自适合什么样的场合？

4. 简要叙述填石路基的施工工艺。

5. 高填方路基施工应着重解决哪两个问题？如何解决？

任务 5-3　挖方路基施工

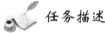学习目标

1. 掌握土方路堑的开挖方式、施工注意事项。
2. 熟悉土方路堑的机械化施工要点。
3. 掌握石方路堑的施工方法及适用场合。
4. 熟悉石方路堑的爆破方法。
5. 熟悉石方路堑的爆破工艺流程。

任务描述

挖方路基由天然地层开挖而成，主要任务就是按设计要求进行挖掘，并将挖掘的土石方运到路堤地段作为填料，或者运往弃土堆处，有时也可经加工作为自采材料，用于结构物或其他工程部位。

应当注意，挖方路基开挖过程中及开挖后边坡易发生变形和破坏，路基的病害常发生在路堑挖方地段，如滑坡、崩塌、落石、路基翻浆等。因此，施工方法与路堑边坡的稳定有密切关系，开挖方式应根据路堑的深度、纵向长度，以及地形、地质、土石方调配情况和机械设备条件等因素确定，以加快施工进度，提高工作效率。请为下列两种路基情况选择适当的施工方法，并进行正确施工：

1. ××平原地区公路挖方段路基施工。

2. ××山岭地区公路挖方段路基施工。

相关知识

一、土方路堑施工

由于路堑容易发生路基病害,为保证路堑边坡的稳定,在施工中应注意:

1. 路堑排水

路堑区域施工时,应保证在施工过程中和竣工后能顺利排水,因此,应先在适当的位置开挖截水沟,并设置排水沟,以排除地面水和地下水。路堑设有纵坡时,下坡的坡段可以直接挖到底,而上坡的坡段必须先挖成向外的斜坡,最后再挖去剩下土方。路堑为平坡时,两端都要先挖成向外的斜坡,最后挖去余下的土方。

2. 废方处理

路堑开挖的土方除直接利用、暂存、远调外,往往有大量废方。废弃的土方不能直接置于附近的河沟、农田、旱地,应规划弃土位置,并尽可能将弃土用于改造农田水利建设、平整土地开发。为减少施工中与当地老百姓发生争端,有权属争议的荒地不宜作弃土场。弃土堆应按设计要求,寻找合理的地方,修筑成规则形状的稳定的土堆。弃土结束后应及时对边坡拍打密实,植草绿化,使之与周围环境相协调。

3. 宽度保证

路基开挖边界桩应采用渐近法放样。边桩桩距一般挖方段为20m,深挖、陡壁、弯道等困难段可相隔10m。每开挖2~5m深(人工或简易机械取低值,机械化取高值)应恢复中桩,检测开挖位置断面的左、中、右三点高程及宽度。根据设计资料计算该断面挖掘到的位置应有的宽度,与实测宽度做比较。超宽或不足时及时调整。为增加保证边坡宽度的可靠度,路基两侧开挖边桩通常比理论计算值多留出0.3~0.5m。

4. 设置支挡工程

为了保证土方路堑边坡的稳定,应及时设置必要的支挡工程。开挖时,应自上而下,逐层进行,以防边坡塌方,尤其在地质不良地段,应分段开挖,分段支护。

二、石方路堑施工

在路基工程中,当线路通过山区、丘陵及傍山沿溪地段时,往往会遇到集中或分散的岩石区域,这就必须进行石方的破碎、爆破作业。石质路堑施工方法主要有松土法、爆破法两种。公路路基穿越石方地带时通常应根据石质类型、风化、节理发育程度、施工条件及工程量大小等选择施工方法。

1. 松土法

松土法开挖是充分利用岩体的各种裂缝和结构面,选用推土机作为牵引动力,牵引松土器将岩体翻松,再用推土机或装载机与自卸汽车配合将翻松的岩体搬运到指定地点。松土器装在推土机的后端,根据推土机不同,有单齿、三齿、五齿不等,如图5-3-1所示。

松土法开挖避免了爆破作业的危险性,且有利于挖方边坡的稳定和附近建筑物的安全。故凡能用松土法开挖的石质路堑应尽量不采用爆破法施工,而且随着大功率施工机械的使用,松土法越来越多地应用于石质路堑的开挖,其开挖的效率也越来越高,能够用松土法施工的范围也不断扩大。

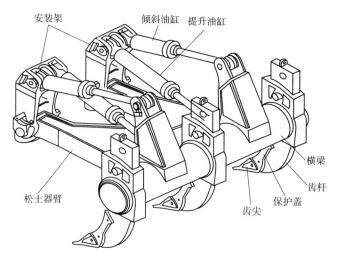

图 5-3-1 松土器示意图

2. 爆破法

1) 光面爆破

光面爆破是指在开挖界面的周边,适当排列一定间隔的炮孔,在有侧向临空面的情况下,用控制抵抗线和落量的方法使爆破后的坡面保持光滑、顺直、平整,而不受明显破坏的爆破方法。光面爆破具有以下特点:

(1) 爆破后成型规整,路基断面符合设计轮廓,特别在松软岩层中更能显示出光面爆破的优势。

(2) 爆破后不产生或很少产生爆振裂隙,新岩面保持原有稳定性,岩体承载能力不致下降,因此可有效地保证施工安全,为快速施工创造有利条件。

(3) 新岩壁平整,通风阻力小,岩面上应力集中现象减少,在深部岩壁表面可以减少岩爆危害。

2) 预裂爆破

预裂爆破是沿岩体设计开挖面与主孔之间布置一排预裂主炮孔,并使预裂炮孔超前主炮孔起爆,从而沿设计开挖面将岩石拉断,形成贯通预裂,使爆破主体与山体分离形成隔振减振带,以便全部爆波完成后岩石开挖面形成符合要求的轮廓的一种爆破方法。

预裂爆破是在没有侧向空面和最小抵抗线的情况下,按一定间距钻一排小孔距平行炮孔,孔内装入少量炸药,在开挖区主爆起爆之前,这些炮孔首先爆破,预裂出一条裂缝,预裂缝在一定范围减小主炮炮孔的爆破振动效应,使开挖界限以外的山体或建筑物免遭爆破振动的破坏,并且防止额外超爆,有效保护开挖边坡、减少破坏。预裂爆破是在光面爆破基础上发展起来的一项特殊爆破技术。

3) 定向爆破

定向爆破就是利用爆破的作用,将大量的岩石和土按照指定的方向,搬移到一定的地点,并堆积成一定形状的填方。

定向爆破的基本原理,就是炸药在岩石或土内部爆炸时,岩石和土是沿着最小抵抗线,即沿着从药包到临空面最短距离的方向抛出去,因此,合理选择临空面布置炮孔是定向爆破的一个重要问题。可以利用自然的地形选择临空面,也可以在爆破地点用人工方法造成需要的孔穴或定向槽作为临空面,以便形成最小抵抗线的方向能够指向工程需要的方向,将爆破的岩土抛向指定的位置。

4）微差爆破

微差爆破又称毫秒爆破,是指前后或相邻炮孔内的药包以毫秒的时间间隔(一般为15~75ms)依次起爆。微差爆破的特点是在装药量相等的条件下,可减振1/3~2/3;前发药包为后发药包开创了临空面,从而可以扩大自由面,有利于应力的增加,增加岩块间的碰撞挤压作用,加强岩石的破碎效果;降低多排孔一次爆破的堆积高度,有利于挖掘机作业;由于逐发或逐排依次爆破,减少了岩石夹制力,可节省近20%的炸药量,并可增大孔距,提高每米钻孔炸落方量。

任务实施

工作任务一:××平原地区公路挖方段路基施工

平原地区具有一定厚度的土壤覆盖层,因此平原地区挖方段路基属于土质路堑的施工。

1. 土质路堑开挖方式

土方路堑开挖根据路堑深度和纵向长度,开挖方式可分为横向挖掘法、纵向挖掘法及混合式挖掘法三种。

1）横向挖掘法

对路堑整个横断面的宽度和深度从一端或两端逐渐向前开挖的方式称为全断面横挖法。图5-3-2a)所示的为单层横向全宽挖掘法,其适用于开挖浅且较短的路堑。图5-3-2b)所示的多层横向全宽挖掘法,其适用于开挖深而短的路堑,土方工程数量较大时,各层应纵向拉开,做到多层多方向出土,可安排较多的劳动力和施工机械,以加快施工进度。人力施工时,每层挖掘台阶深度,一般1.5~2m;机械施工时,可达到3~4m。同时,各层要有独立的临时排水设施。

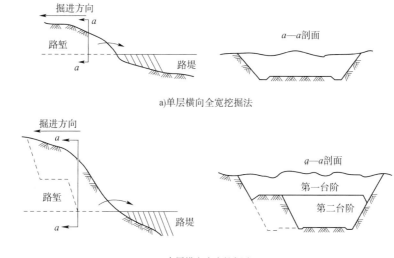

图5-3-2 横向全宽挖掘法

2）纵向挖掘法

(1)分层纵挖法:沿路堑全宽以深度不大的纵向分层挖掘前进的作业方式称为分层纵挖法,适用于较长的路堑开挖,如图5-3-3a)所示。当路堑长度不超过100m,开挖深度不大于

3m,地面较陡时,宜采用推土机作业,当地面横坡较缓时,表面宜横向铲土,下层的土宜纵向推运;当路堑横向宽度较大时,宜采用两台或多台推土机横向联合作业;当路堑前傍陡峻山坡时,宜采用斜铲推土。

(2)通道纵挖法:先沿路堑纵向挖掘一通道,然后将通道向两侧拓宽以扩大工作面,并利用该通道作为运土路线及场内排水的出路,该层通道拓宽至路堑边坡后,再开挖下层通道,如此向纵深开挖至路基高程,如图5-3-3b)所示。该法适用于路堑较长、较深,两端地面纵坡较小的路堑开挖。

(3)分段纵挖法:沿路堑纵向选择一个或几个适宜处,将较薄一侧堑壁横向挖穿,使路堑分为两段或数段,各路堑再纵向开挖,如图5-3-3c)所示。该法适用于路堑过长,弃土运距过远的傍山路堑,其一侧堑壁不厚的路堑开挖。

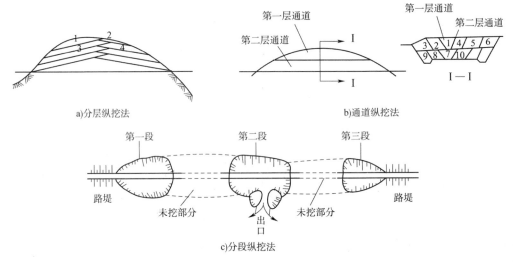

图 5-3-3 纵向开挖法
注:图中数字表示开挖顺序。

3)混合式挖掘法

将横挖法与通道纵挖法混合使用,即称为混合式开挖法,如图5-3-4所示。其适用于路堑纵向长度和挖深都很大时,先将路堑纵向挖通,然后沿横向坡面挖掘,以增加开挖坡面。每个坡面的大小,应能容纳一个施工小组或一台机械作业。

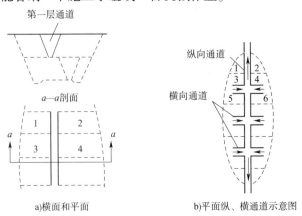

图 5-3-4 混合式挖掘法
注:图中数字表示开挖顺序。箭头表示运土方向。

2.机械化施工

土方路堑开挖可根据地质、地形、开挖深度及现场条件,采用推土机、铲运机、挖掘机施工。

1)推土机开挖路堑施工(图5-3-5)

用推土机开挖路堑时,有两种施工情况:一是在平地上开挖浅路堑;二是在山坡上开挖路堑或移挖作填开挖路堑。

用推土机将路中挖出的土送至两侧弃土,若一侧弃土则从路的一侧横向推到另一侧,最后再进行路容的清理平整。如果开挖深度超过2m,则需与其他机械配合施工。整个路堑开挖,应沿排水方向做出坡度以利泄水。在挖至接近规定断面时,应随时复核路基的高程和宽度,避免超挖和欠挖。通常在挖出路堑粗略外形后,多采用平地机来整修边坡和边沟。

图5-3-5 推土机开挖路堑

2)铲运机开挖路堑施工(图5-3-6)

铲运机开挖路堑有两种作业方式:一是横向弃土开挖;二是纵向移挖作填。

铲运机开挖路堑时,应先从两边开始,这样不致造成超挖或欠挖,否则将大大增加边坡修整的工作量。特别是在坡度大于1:3,而又不能用其他机械修整时尤应注意。另外,应先挖两边,这样更有利于雨后排水。

3)挖掘机开挖路堑施工(图5-3-7)

挖掘机开挖路堑的方式有全面开挖和分层开挖两种。路堑深度在5m之内,可采用全断面正向开挖,挖掘机一次向前开挖全路堑至设计高程;路堑深度超5m,应分层开挖,即挖掘机在纵向行程中先把路堑开通一部分,运输汽车布置在一侧与挖掘机开挖路线平行,这样往返开挖几个行程,直至将全路堑开通。

图5-3-6 铲运机开挖路堑

图5-3-7 推土机开挖路堑

工作任务二:××山岭地区公路挖方段路基施工

山岭地区一般土壤覆盖层较薄,因此,山岭地区挖方段路基施工属于石质路堑的施工,可以采用松土法和爆破法两种施工方法。

1. 松土法

松土作业一般施工程序是推土机将场地大致整平后,即开始松土作业。进行岩石的破碎应选用单齿式松土器,作业时一般应低速行驶。开始时松土器钩子不宜入土过深,入土深度控制在50cm左右,应随着作业情况逐渐加深,每次的松土间隔视碎石的用途而定,一般取1.0~1.5m。松土作业是分层进行的,表层翻松后,用推土机进行推运集堆,然后装载机配合自卸翻斗车外运,形成松土—集堆—外运的机械循环作业。松土作业方向应尽可能顺着岩层的下坡方向,尽量与岩纹垂直,这样破碎效果好。若顺着岩纹作业,会因松土器过厚将岩石劈成沟状。对于比较坚硬的岩石,宜先进行一些小爆破,再用松土器作业。

松土法主要适用于砂岩、节理发育的石灰岩、页岩、泥岩及砾岩等沉积岩,风化严重、节理发育的其他软质、脆质岩石。

松土过程中如遇到局部坚硬的岩石,可配合小型爆破,不要强行使用松土器,以免造成松土器折断。

2. 爆破法

1) 工艺流程

(1) 爆破设计阶段。地形地质及现场环境勘测→设计、施工、建设单位审定爆破方案→送当地公安机关审批→梯段高度的确定→炮孔布置→药量计算→起爆网络设计及计算→爆破振动速度检算→施工组织设计。

(2) 爆破施工阶段。平整工作面→孔位放线→钻孔→孔位检查→装药→填塞→布线连接→安全警戒→发令起爆→爆破后检查→解除警戒。

2) 操作要点

(1) 平整工作面。平整工作面采用风钻打眼,浅孔爆破推土机整平,台阶宽度以满足钻机安全作业为宜,移动自如,并能按设计方向钻凿炮孔。深孔爆破分层时,上层和地形变化较大地区可以使用轻便式三角潜孔钻。

(2) 孔位放线。根据设计图测量放出孔位,从台阶边缘开始布孔,为确保钻机作业安全,边孔与台阶边缘要保留一定距离。炮孔要避免布置在被凿松、节理发育或岩性变化大的岩石上。如遇到这些情况,可以调整孔位。调整孔位时,要注意抵抗线、排距和孔距之间的相互关系。

(3) 钻孔。钻孔要严格掌握"孔深、方向和倾斜角度"三大要素,根据"先难后易,先边后中,先前后后"的原则。钻机移位时,要保护好成孔和孔位标记,钻孔结束后应及时将岩粉吹除干净,保证炮孔设计深度,上层有裂隙或松散岩层时应采用泥浆护壁钻孔如图5-3-8所示。

(4) 孔位检查。装药之前,要对各个孔的深度和孔壁进行检查。孔深用测绳系上重锤测量,孔壁用长炮棍插入孔内检查堵塞与否,检查测量时一定要做好记录。

(5) 装药。装药为手工操作(图5-3-9),可采用连续柱状装药、间隔装药和空气间隔装药结构,其装药量、药包位置按设计要求。炸药可采用大直径包装硝铵类炸药。当炮孔中有水时,应将水排除干净,否则应改用防水炸药。孔中装的药要定量定位,防止卡孔。

图 5-3-8 钻孔

图 5-3-9 装药

(6)堵塞。必须保证堵塞密度和堵塞质量,以免造成爆炸气体往上逸出而影响爆破效果并产生飞石。良好的堵塞既可提高爆破效果又可减少有害气体的产生。堵塞材料选用石屑粉末、细砂土或黏质土,在堵塞过程中一定要注意保护孔内的塑料导爆管。

(7)布线连接。当使用导爆管非电起爆系统进行孔内外控制微差起爆时,连线时要注意孔外串联雷管(图5-3-10),切忌脚踩磕碰。为保障网络准确爆破,拟采取两个雷管、两根导爆管。

选择起爆网络应根据断面形状和岩性、现场实地情况而定。

(8)安全警戒。放炮之前,人员及机械应撤离到安全区,要设置安全警戒哨,使周边所有道路处于监视之下。如在爆破区周边有建筑物、铁道,还需准备必要的抢修设备与人员。

(9)爆破后安全检查。爆破之后,暂不要立即解除警戒,应首先进行现场检查。当发现危石、瞎炮现象时,要及时处理。经安全员检查同意后,方准放行。

图 5-3-10 布线连接

任务练习

一、填空题

1. 土方路堑开挖根据路堑深度和纵向长度,开挖方式可分为_____、纵向挖掘法和_____几种。

2. 公路工程施工中比较常用的有_____、_____、_____、微差爆破等。

二、选择题

1. 路堑开挖时所采用的单层横向全宽挖掘法,适用于开挖(　　)的路堑。
   A. 浅且较短　　　　　B. 浅且较长　　　　　C. 深且较短　　　　　D. 深且较长

2. 土方开挖量很大的路堑施工宜采用(　　)和自卸汽车配合进行土方挖运。
   A. 铲运机　　　　　　B. 推土机　　　　　　C. 挖掘机　　　　　　D. 平地机

三、判断题

1. 松土法开挖避免了爆破作业的危险性,且有利于挖方边坡的稳定和附近建筑物的安全,故凡能用松土法开挖的石质路堑应尽量不采用爆破法施工。　　　　　　　　(　　)

2. 分层纵挖法适用于路堑过长,弃土运距过远的傍山路堑,其一侧堑壁不厚的路堑开挖。　　　　　　　　　　　　　　　　　　　　　　　　　　　　　　　(　　)

四、简答题

1. 土质路堑可采取哪些开挖方式？各自适用于哪些场合？

2. 简述土质路堑的机械作业方式。

3. 石质路堑爆破法主要包括哪些施工流程？

任务5-4 路基压实

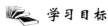 学习目标

1. 熟悉不同路基填料的压实机理。
2. 掌握影响填土路基压实效果的因素。
3. 掌握路基压实质量的控制要点。
4. 掌握填土及填石路基的压实评定标准、检测方法。

 任务描述

路基施工破坏了土体的天然状态，使得土体结构松散，颗粒重新组合。为使路基具有足够的强度与稳定性，必须将土体予以压实，以提高其密实程度。路基压实工作就是采用合适的压实方案对路基进行有效压实，是路基施工过程中一个重要工序，也是提高路基强度与稳定性的根本技术措施。影响路基压实效果的因素有很多，而填土路基和填石路基填料性质相差很大，因此两者的压实方法和压实质量控制有很大区别，请为下面两种情况确定合适的压实方法和质量控制措施。

1. 填土路基压实。
2. 填石路基压实。

 相关知识

路基压实是路基质量控制的关键，路基压实的目的就是提高路基的强度和稳定性。路基填料分填土、填石、土石混填三大类，这些填料性质不同，压实机理也有差别，压实机械、组织方式、质量控制也各有特点。

一、填土路基

1. 压实机理

土的压实是指通过重力碾压、冲击等外力手段，克服土颗粒间的凝聚力和摩擦力，将土体中的空气和水分挤出，使土颗粒相互靠紧挤密，从而提高土的密度，以增强土体抵抗外部压力的能力和稳定性。土体是由土粒固体、水分和空气组成的三相体。土体的压缩变形包括土粒固体部分的靠紧挤密，土内自由水、弱结合水和气体的挤出，从而减少土体内的空隙，

也就是说,土体压缩变形主要是由于土体内孔隙的减少而引起的。

2. 影响压实效果的因素

对于细粒土的路基,影响压实效果的因素有内因和外因两方面。内因指土质和湿度,外因指压实功能(如机械性能、压实时间与速度、土层厚度)及压实时外界自然和人为的其他因素等。下面就影响压实效果的主要因素进行讨论。

1)含水率对压实的影响

在压实过程中,土的含水率对所能达到的密实度起着非常重大的作用。细颗粒土以及天然砂砾土、红土砂砾、级配碎石、级配砾石、石灰稳定土和水泥稳定土等多种材料,都只有在一定的含水率下才能压实到最大干密度 ρ_{dmax}。这个与最大干密度相适应的含水率,通常称作最佳含水率 w_0,最佳含水率是通过击实试验求得的。应当注意,某一种土的最佳含水率和最大干密度不是固定不变的,它随压实功能而变,如图 5-4-1 所示。在室内进行击实试验时,它随所做的击实功而变;在工地碾压时,它随所用压路机的质量或功能而变。

2)土质对压实效果的影响

土质对压实效果的影响很大,例如,普通钢轮压路机碾压砂性土容易达到较高的压实度,即使用 8t 光面压路机也能达到 95% 的压实度(以重型击实试验法的最大干密度为标准);而用这种压路机碾压黏性土,较难达到较高的压实度,只能达到 92% 左右的压实度。通过对比可见,砂性土的压实效果优于黏性土。其原因在于土粒越细,比表面积越大,土粒表面水膜所需的含水率就越多,加之黏性土中含有亲水性较高的胶体物质。

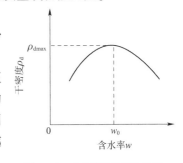

图 5-4-1 含水率对压实的影响

3)压实功能对压实的影响

压实功能(指压实工具的质量、碾压次数或锤落高度、作用时间等)对压实效果的影响,是除含水率之外的另一个重要因素。据此规律,工程实践中可以增加压实功能(选用重碾,增加次数或延长作用时间等),以提高路基强度或降低最佳含水率,如图 5-4-2 所示。但必须指出,用增加压实功能的办法来提高土基强度的效果有一定限度。压实功能增加到一定程度以上,对土基强度的提高效果越为缓慢,在经济效益和施工组织上不尽合理。甚至压实功能过大,一是会破坏土基结构,二是相对应含水率减少会带来水稳定性差,其压实效果适得其反。

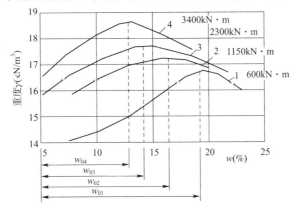

图 5-4-2 压实功能对最佳含水率、重度的影响

4)压实厚度对压实效果的影响

相同压实条件下(土质、含水率与压实功能不变)实测土层不同深度的密实度(γ 或压实

度)可得知,密实度随深度递减,表层5cm最高。不同压实工具的有效压实深度有所差异,根据压实工具类型、土质及土基压实的基本要求,路基分层压实的厚度有具体的规定数值。

二、填石路基压实机理

当采用石料含量≥70%的填料时,路堤填筑、压实控制则应按填石工艺施工。石质压实机理不完全等同于土质压实机理,石质压实表现为外力作用使石与石之间镶紧,包括排列过程、填装过程、分离过程和夯实过程。这4种过程虽然是同时发生,但填装过程和夯实过程明显,分离过程、排列过程不明显。水仅对混合料中的细料起作用,外力作用功不能使某个石块内部组成改变,只能使石块之间及填隙料嵌挤、锁结,减小填石的空隙率。

因此,填石路基压实应重点考虑颗粒级配、外力作用功,保证石块之间能充分靠近,填隙料能充分填满石块之间空隙,同时填隙料能充分受到挤压密实。

三、土石混填压实机理

当采用石料含量在30%~70%之间的填料时,路堤填筑、压实控制则应按土石混填工艺施工,排列过程、填装过程、分离过程和夯实过程这4种过程同时发生。石料含量≤30%时,以排列过程、分离过程较显著,这时一般按填土控制;石料含量≥70%时,以填装过程和夯实过程较显著,这时一般按填石控制。

任务实施

工作任务一:填土路基压实

1. 压路机的选择与操作

压实机具的选择以及合理的操作,是影响土基压实效果的另一综合因素。土基压实机具的类型较多,大致分为碾压式、夯击式和振动式三大类型。碾压式(又称静力碾压式),包括光面碾(普通的两轮和三轮钢轮压路机,见图5-4-3)、羊足碾(图5-4-4)和气胎碾(图5-4-5)等。夯击式中除人工使用的石硪、大夯外,机动设备中有夯锤、夯板、风动夯及蛙式夯机等。振动式中有振动器、振动压路机(图5-4-6)等。此外,运土工具中的汽车、拖拉机以及土方机械等,也可用于路基压实。不同压实机具,适用于不同土质及不同土层厚度等条件,这些都是选择压实机具的主要依据。正常条件下,对于砂性土的压实效果,振动式较好,夯击式次之,碾压式较差。对于黏性土,则宜选用碾压式或夯击式,振动式较差甚至无效。不同压实机具,在最佳含水率条件下,适应于一定的最佳压实厚度以及通常的压实遍数。表5-4-1是各种土质适宜的碾压机械的建议。

图5-4-3 钢轮压路机

图5-4-4 羊足碾

图 5-4-5 轮胎压路机

图 5-4-6 振动压路机

各种土质适宜的压实厚度　　　　表 5-4-1

土的分类 机械名称	细粒土	砂类土	砾石土	巨粒土	备　注
6~8t 两轮光轮压路机	A	A	A	A	用于预压整平
12~18t 两轮光轮压路机	A	A	A	B	最常使用
25~50t 轮胎压路机	A	A	A	A	最常使用
羊足碾	A	C/B	C	C	粉黏土质砂可用
振动压路机	B	A	A	A	最常使用
凸块式振动压路机	A	A	A	A	适宜用于含水率较高的细粒土
手扶式振动压路机	B	A	A	C	用于狭窄地点
振动平板夯	B	A	A	B/C	用于狭窄地点,机械质量 8kN 的可用于巨粒土
手扶式振动夯	A	A	A	B	用于狭窄地点
夯锤(板)	A	A	A	A	夯击影响深度最大
推土机,铲运机	A	A	A	A	仅用于摊平土层和预压

注:1. A 代表适用,B 代表无适当的机械时可用,C 代表不适用。
　　2. 土的类别按《公路土工试验规程》的规定划分。
　　3. 对黄土(CLY)、膨胀土(CHE)、盐渍土等的压实机械选择可按细粒土考虑。
　　4. 自行式压路机宜用于一般路堤、路堑基底的换填等的压实,宜采用直线式进退运行。
　　5. 羊足碾(包括凸块式碾、条式碾)应与光轮压路机配合使用。

压实机具对土施加的外力,应有所控制,以防压实功能太大,压实过度,并防失效、浪费或有害。一般认为,压实时的单位压力,不应超过土的强度极限。不同土的强度极限,与压实机具的质量、相互接触的面积、施荷速度及作用时间(遍数)等因素有关。实践经验证明:土基压实时,在机具类型、土层厚度及行程遍数已经选定的条件下,压实操作时宜先轻后重、先慢后快,先边缘后中间(超高路段等需要时,则从内侧至外侧宜先低后高)。

2. 路堤填筑时含水率的控制

路堤填筑施工时含水率对压实度的影响前面已叙述,在施工中如何控制好填土的含水率以达到要求的压实度非常重要。

填土含水率过大时,要摊开晾晒,在晾晒时应不间断地翻拌,以缩短晾晒时间。当测定的含水率接近能压实的含水率时,抓紧进行平整碾压。若工期紧迫,在条件许可时可以掺干石灰粉改善含水率,石灰粉掺加量要按土的含水率经试拌确定。

填土含水率过小时,在取土场加水翻拌,闷 24h 后运至路堤摊铺、碾压。加水标准应控制在高于最佳含水率 2 个百分点左右,具体加水量应通过试验确定。或者不在取土场加水,土运到路堤后再加水,此时加水要经过翻拌和闷土,加水的标准数量与取土场相同。

3. 压实层厚的控制

填土压实层厚过大,其深部不能获得要求的压实度;填土压实层厚过小,会影响工作效率。一般认为,对于细粒土,用12t光轮压路机时,压实厚度不得超过25cm,用15t振动压路机时(包括液压振动),压实厚度不超过40cm,详见表5-4-2。

路基土方压实层厚与碾压遍数参考值 表5-4-2

机具名称	最大有效压实厚度(m)	碾压行程次数				适宜的土类
		黏性土	亚黏土	粉砂土	砂黏土	
人工夯实	0.1	3~4	3~4	2~3	2~3	黏性土与砂性土
牵引式光面碾	0.15	—	—	7	5	黏性土与砂性土
羊足碾(2个)	0.2	10	8	6	—	黏性土
自动式光面碾 5t	0.15	12	10	7	—	黏性土与砂性土
自动式光面碾 10t	0.25	10	8	6	—	黏性土与砂性土
气胎路碾 25t	0.45	5~6	4~5	3~4	2~3	黏性土与砂性土
气胎路碾 50t	0.7	5~6	4~5	3~4	2~3	黏性土与砂性土
夯击机 0.5t	0.4	4	3	2	1	砂性土
夯击机 1.0t	0.6	5	4	3	2	砂性土
夯板 1.5t 落高 2m	0.65	6	5	2	1	砂性土
履带式	0.25	6~8		6~8		黏性土与砂性土
振动式	0.4	—		2~3		砂性土

4. 压路机作业注意事项

(1)压路机的碾压方向、顺序及所需碾压遍数,应由施工人员按作业方法和要求指定进行。

(2)碾压时,横向接头的轮迹应有一部分重叠。对振动压路机一般重叠40~50cm,对三轮压路机一般重叠1/2后轮宽;前后相邻两区段亦纵向重叠1~1.5m。对边角处等压路机无法压实的地方,应采用小型夯实机具夯实,做到无漏压、无死角和确保碾压均匀。

(3)压路机行驶的速度过慢影响生产效率,行驶过快则对土的接触时间过短,压实效果较差。一般光轮静碾压路机的最佳速度为2~5km/h,振动压路机为3~6 km/h。压实度要求高时,行驶速度应更慢些。碾压开始宜用慢速,随着土层的逐步密实,速度逐步提高。

(4)碾压时,在直线路段和大半径曲线路段,应先压边缘,后压中间;小半径曲线地段因有较大的超高,碾压顺序宜先低(内侧)后高(外侧)。

(5)路堤边缘往往压实不到位,仍处于松散状态,雨后容易滑坍,故两侧可多填宽30~50cm。

工作任务二:填石路基压实

1. 压实机具的选择

填石路基应采用重型振动碾进行压实。振动碾可以是牵引式或自行式,碾压轮可为平碾或凸块碾,应优先选择大吨位牵引式凸块碾,碾轮轴重不小于100kN,激振力不小于250kN,振动频率为18.3~35Hz,振幅为1.54~1.66mm。

国内多条高速公路填石路基实践表明,采用冲击压实机械补充压实,无论对填土、填石、土石混填均有很明显的减少工后沉降效果。冲击压实主要利用三边或五边形的轮子(图5-4-7)产生的集中冲击能量达到压实的目的,其最佳压实层厚可达30~50cm。

2.压实质量控制

(1)层厚

填石路堤压实层厚主要取决于压实机械,如冲击式压实层厚可达60cm。土石混填与土石含量比例有关。因此,施工前必须铺筑该工程所用填料的试验路段,通过压实工艺给出合适的松铺厚度、压实层厚。

(2)含水率

填石路基在施工碾压时含水率可以放宽,以

图 5-4-7 冲击压实机械

填料在碾压过程中不产生翻浆、弹簧现象,不致影响机械化施工为上限;以由于含水率的减少不致使干密度显著下降、上下层结合不好、不利于压实相应的含水率为下限。

(3)压实工艺

整平后的填筑层宜先采用凸块碾静压2遍,碾压速度为 4~6km/h,然后采用振动碾进行振动压实,碾压速度不大于5km/h,宜优先采用凸块式振动碾振动压实。采用凸块振动碾压实后的路基层面可用光轮振动碾压2遍进行平整,以便于高程检测。

(4)压实度检测

填石路堤压实质量检测采用压实度或孔隙率标准检测时,就必须挖大坑用水袋法进行,施工过程中控制难度较大。而据福建省、广东省相关试验工程统计,压实沉降差与碾压遍数、填石料的干密度有很好的相关关系,相关系数在95%,在压实机具不变的情况下,可以较好地控制实际的压实遍数。《公路路基施工技术规范》(JTG F10—2006)条文规定了填石路堤的压实质量检测标准,在试验路修筑时采用孔隙率指标进行检验,确定相应的施工工艺参数与压实沉降差作为路堤施工时的压实质量检测控制指标。正常施工过程中每一压实层的施工质量检测要求应以快速、方便为主,而沉降差与工艺参数相结合的双控检测方法,是合理、准确的施工质量检测方法。同时配合外观检查,对填石路堤的压实质量控制就能达到预定的效果。

任务练习

一、填空题

1.路基压实的目的就是提高路基_____和_____。

2.影响土质路基压实的因素有_____、_____、_____及压实层厚等。

3.碾压时,横向接头的轮迹应有一部分重叠。对振动压路机一般重叠_____,对三轮压路机一般重叠_____。

二、选择题

1.用砂性土填筑的路基宜采用( )进行压实。

   A.振动式压路机   B.碾压式压路机

   C.夯锤   D.夯板

2.压实路基填土时的操作不正确的是( )。

   A.先轻型压路机再重型压路机   B.先慢速碾压后快速碾压

   C.直线段从路肩向路中心碾压   D.超高段从超高外侧向内侧碾压

三、判断题

1.增加压实功能可以提高路基强度或降低最佳含水率,如果土的含水率过大,可以通过

增大压实功能提高压实效果。 （ ）

2. 国内多条高速公路填石路基实践表明,采用冲击压实机械补充压实,无论对填土、填石、土石混填均有很明显的减少工后沉降效果。 （ ）

3. 填石路基正常施工过程中每一压实层的质量检测采取沉降差与工艺参数相结合的双控检测方法。 （ ）

四、简答题

1. 简述土的含水率对压实效果的影响。

2. 简述土质路堑的机械作业方式。

3. 土质路基压实时应注意哪些事项？

4. 如何提高填石路基压实质量？

任务 5-5　软土地基路基施工

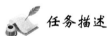

1. 了解软土及软土地基的含义。
2. 熟悉软土地基不同加固方法的机理和适用场合。
3. 掌握软土地基加固常见的施工方法和工艺流程。

软土地基是主要由淤泥及淤泥质土、吹填土、杂填土或其他高压缩性土层组成的地基。路基作用在软土地基上,会导致地基产生较大沉降,从而引起路基失稳及下沉,甚至开裂、破坏。

软土地基的路基施工前必须进行加固处理,软土地基加固的方法很多,各种方法都有它的适用范围。施工过程中,应根据地基条件、处理要求、处理范围、工程进度、材料机具等方面综合考虑,以确定合适的处治方法。

本任务相关知识在项目 3 中已介绍,这里不再赘述。

任务实施

工作任务一:浅层处治

××软土层厚小于 3m,而且接近流塑状态,承载力小,在技术、经济适宜的情况下,采取全部换填软土的方法。由于这类软土的承载力小,通常是先开挖排水沟,排除表层滞水及降低地下水位,以提高软土的承载能力,以创造条件的方式,采用机械进行软土的清除工作。

采用机械清除软土一般可采用接地压力不大于 0.0294MPa 的湿地推土机,将所控制的断面内的软土推到应做路堤界线之外而不妨碍排水之处(图5-5-1)。当不宜采用推土机时,则宜选择反铲式挖掘机进行挖除(图5-5-2),并配以自卸汽车运输,卸至合适的地点。但所选择的反铲式挖掘机的挖掘能力,应与所挑选的自卸汽车能力相匹配。

图 5-5-1　推土机推除淤泥　　　　　　　图 5-5-2　挖掘机挖除淤泥

待软土清除工作完成之后,进行回填。回填的材料应使用水稳性绝对良好的材料,如砂、砂砾、碎砾石等或类似这类的混合集料,回填超出积水水面之后,应进行充分碾压。

工作任务二:排水加固

修建××一级公路,路线穿越一段长1240m的软土区,路堤填土高7m,软土采用袋装砂井进行处治,袋为聚丙烯编织材料。

1.施工方法

袋装砂井在施工时,一种方法是将装有空袋(底部装有 20～30cm 的砂)的导管,按设计的井位就位,整理桩尖使之与导管紧密结合。之后,将导管沉到设计高程处(一般比设计高程深10～20cm)。通过振动,将干砂装入袋中,待砂袋装满之后,卸下砂袋,拧紧套管上盖,然后把压缩空气送进套管并提升导管。此时管底受到压力,活门打开,砂袋则留到孔中。如砂袋是按要求长度露出地面(图5-5-3),一个袋装砂井就完成了,移至下一个砂井位置,继续施工,否则应进行补做。

另一方法是,将装好干砂的砂袋,在沉管前　　　图 5-5-3　袋装砂井
全部装入管中。为避免破坏砂袋,在管口安有导轮,将砂袋导入管中。如采用脱离式桩靴,则砂袋与桩靴相连,并使之与导管密合。待导管沉到深于要求深度 10～20cm 之后,缓慢提起导管,并加以振动。此时底盖张开,或者是桩靴与管离开,砂袋落于井中。如果砂袋露出过多或砂袋随导管升起,则应重新施工。

2.注意事项

袋装砂井的施工,除砂袋的制作、装砂、砂袋进入砂井各工序外,其他与一般砂井施工基

本相同,如图 5-5-4 所示。现将袋装砂井施工的不同之处分述于下:

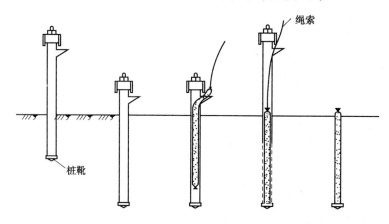

图 5-5-4 袋装砂井施工流程图

(1)袋子的制作和加工。为防止砂袋卡管和袋子漏砂,应对袋子的直径及缝口严格控制,确保装砂后不鼓包、不漏砂。

(2)为防止砂袋在进入砂井中产生缩颈现象,要求在袋中装有干砂。砂袋要粗细均匀,松紧适宜,连续不断。

(3)严格控制砂袋的直径。在砂袋制作中,砂桩的周长要按设计的直径进行裁剪制作,同时选用导管的内径要稍大于设计的桩径,以保证砂袋在施工中能顺利进入管中。

(4)为防止导管管口刮破袋子,宜在管口设置导向轮,避免管口直接与砂袋接触。

工作任务三:压实加固

××长50m、宽20m 的公路路基,共布置夯点 $7 \times 16 = 112$ 个,计划分4遍进行夯击,每一夯点夯 $3 \sim 5$ 锤,锤印交错重叠并采用低落距。

1. 施工方法

事先对要进行强夯的软土地基进行平整之后,根据所选用的起吊设备铺垫层,其厚度以能承受起吊设备的接地压力为宜。垫层平整初步压实之后,用石灰或明显的标志,将夯坑位置及先后次序标出。

上述工作经检查复核之后,将起吊设备及夯锤运入现场,按先后次序及一定的落高和夯击次数进行夯击,直到夯点全部夯完,如图5-5-5所示。

在这样的基础上,对夯锤锤印进行"搭夯"。搭夯落距一般为 $3 \sim 5$ m,在原夯坑与夯坑之间进行。这种夯击主要是补夯空白,使浅层得到夯实。

图 5-5-5 夯击地基

在夯击过程中,须详细记载每一夯点的夯击功能、夯击次数和夯沉量,并做好安全工作,严防飞石伤人。为此,进行强夯作业时,宜规定施工安全线。非操作人员应在安全线之外,而且操作人员应着防护装备。此外,对建筑物的安全距离亦应严加控制,一般要求夯坑与建筑物的安全距离为 $15 \sim 20$ m。

2. 注意事项

(1) 夯击遍数的确定是极为重要的,对于渗透性优良的砂类土,可一次完成夯击能;对于黏质土,则要求总和达到规定的夯击能,同一地点夯击次数可以增加。根据国内外文献资料记载,一般为 1~8 遍,对于粗粒土,遍数可少一些,细颗粒土要求多一些。我国要求一般夯 2~3 遍,最后进行低夯能的"搭夯",彼此搭接。

(2) 对于含水率大的细粒土,相邻两夯的间歇时间,由于土壤的渗透能力不同而有所不同。砂土的间歇时间极短,可以连续作业;但软黏土,因孔隙水压力消散的时间长,其间歇时间一般在 3~4 周(具体时间宜通过试验确定)。

(3) 有的文献记述,加固影响范围要比加固地基长度 L 和宽度 W 各多出加固厚度 H,即实际影响面积为 $(L+H) \times (W+L)$。因此,应根据建筑物可能影响的范围进行确定,如软土路堤则应加固到滑弧处的范围。

(4) 夯点的间距与夯锤冲击时的应力扩散角有关,且与夯击能的深度有关。如某船坞改造回填土深度达 11m,用 150kN 的夯锤,夯的底面积为 $2.4m \times 2.4m$,间距为 10m,在布置时要考虑机械操纵的通道。

工作任务四:挤密加固

××高速公路桥头路基要求采用深层搅拌桩处理软土地基。

1. 施工机械

1) 钻机

钻机是粉体喷射搅拌法施工的主要成桩机械。为便于运输,钻机及桅杆架可安装在载体(如汽车)上,也可用汽车单独运至工地后,移置于地面上进行操作。它必须满足:

(1) 动力大,扭矩大,适合大直径钻头成桩,钻头直径一般为 500mm。

(2) 具有正向钻进、反转提升的功能。

(3) 提升力大,并能实现均匀提升。

2) 粉体发送器

粉体发送器是定时定量发送粉体材料的设备,其工作原理如图 5-5-6 所示,由空压机输送来的压缩空气,通过节流阀调节风量的大小,进入"气水分离器",使压缩空气中的气水分离,然后"干粉风"到达发送器喉管,与"转鼓"定量输出的粉体材料混合,成为气粉混合体,进入钻机的"旋转龙头",通过定心钻机,喷入地下。

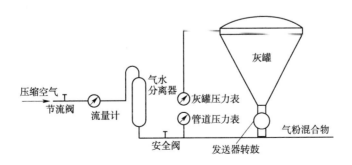

图 5-5-6　粉体发送器的工作原理

3) 空气压缩机

粉体喷射法的粉体喷出,是以空气压缩机(简称空压机)为风源。空压机的选型,主要受加固工程的地质条件和加固深度所控制。

4）搅拌钻头

粉体喷射搅拌法凭借搅拌钻头叶片的搅拌作用,使灰粉与软土混合。钻头的形状应保证在反向旋转提升时,对桩中土体有压实作用,而不是使灰、土向地面翻升而降低桩体质量。

2. 施工流程

粉体喷射搅拌法施工流程如图 5-5-7 所示。

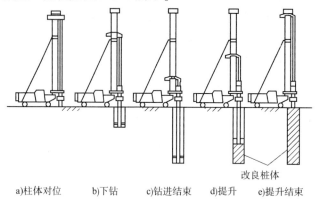

a）柱体对位　　b）下钻　　c）钻进结束　　d）提升　　e）提升结束

图 5-5-7　粉体喷射搅拌法施工流程

3. 施工方法

1）场地清理

工作场地表层硬壳很薄时,需先铺砾石、干燥土垫层,厚 50cm 左右,以便机械在场区内顺利移动和施钻。

2）测量放样

根据确定的加固桩体的位置,使钻头准确落到桩位上,一般水平偏差不能超过 5cm,并使搅拌轴保持垂直。

3）钻孔

启动搅拌钻机,钻头边旋转边钻进。为了不致堵塞喷射口,不喷射加固材料而是喷射压缩空气,钻进一定深度起动一次,将泥砂从喷射口吹出。钻进时喷射压缩空气,可使钻进顺利,负载扭矩小。

4）喷水泥

当钻机达到设计高程后,即开启空压机连接水泥罐的阀门,边提升钻杆边喷水泥（水泥是通过空压机与钻杆顶部用橡皮胶管连接,靠空气压力,使水泥从钻杆内孔穿过,由麻花钻头中部小孔喷射）,直至孔口。为使水泥搅拌均匀,对其复钻是必要的,一般复钻深度为设计桩长的 2/3。

4. 施工注意事项

1）水泥用量的控制

水泥用量的多少、喷射的均匀性,是粉喷桩质量好坏的关键,应注意水泥单位时间的喷射量与水泥喷射的时间同步。

2）防止管道堵塞

管道堵塞一般有两种情况:一是钻机钻孔时,泥砂进入钻头中部小孔将钻头内空心部分堵死,对于这种情况,钻机开钻后,不能长时间关闭空压机,应等钻进一定深度后起动一次,将泥砂吹出;第二种情况是突然停电,地下水进入小孔,水泥与水起反应将钻头堵住,使水泥无法喷射,这时可分两步处理,如果时间在 1~2h 内,可以不拔钻杆,来电后再吹出水泥混合物,如果估计时间更长,应起动备用电机。

3)桩头的养护

如软基铺筑有 50cm 左右干状土,由于这部分土含水率低,水泥桩顶部强度上来慢,不易成型。

4)质量检验

打设一定工程范围内的粉体搅拌桩后,应进行质量检验。检验项目包括:固化材料用量、粉体桩垂直度、桩位偏差、桩长、桩直径,其检验容许偏差及频率等参见设计图及有关施工技术规范。

工作任务五:改善地基受力加固

南方××省高速公路路基填筑用土 $w_0 = 32\%$,天然干密度 $\rho_{dmax} = 1.72 \text{g/cm}^3$,拟采用石灰土改善加固处理。

1. 施工工艺流程

清理现场→选择土场→挖土、掺灰、闷土、拌和→摊铺、碾压。

2. 施工方法

(1)路基填土以前,先清除地表树根、淤泥,不少于 10cm,然后用轻型压路机碾压1~2遍。

(2)合理选择安排土场。根据挖土的先后顺序、土的堆放位置及高度、机械活动范围、便道等,安排好土场大小、位置。

(3)石灰料选择。对于Ⅲ级以上钙质石灰,有效钙加氧化镁含量不少于70%;而使用镁质生石灰时,Ⅲ级以上有效钙加氧化镁含量不少于65%。生石灰使用前不必消解。

(4)挖土、掺灰、闷土、拌和。在土场备土时,可用挖掘机挖几斗土,然后挖一斗灰撒在土上,或者专门用一台装载机撒灰,上面再盖土,这样一层土、一层灰,直到堆到一定高度后,挖掘机移动到下一个位置。土堆放几个小时后,可将土堆彻底翻拌一次,最好用推土机将土推拌一下,放到相距不远的空地上,使石灰充分消解,灰量均匀。

(5)摊铺、碾压。同正常路基施工。

 任务练习

简答题

1. 简述袋装砂井的施工方法。

2. 袋装砂井相比于砂井,施工时有哪些不同之处?

3. 简述强夯法的加固机理。强夯法施工时应注意哪些事项?

4. 简述深层搅拌法的加固机理及施工工艺流程。

任务 5-6　路基防护工程施工

1. 掌握植物防护的施工流程及注意事项。
2. 掌握圬工防护的施工流程及注意事项。
　　路基防护工程的类型很多，应根据路基填料性质、边坡高度和坡度，选择合理的防护方式。

　　路基暴露在自然界中，会受到各种因素的侵蚀和破坏。路基防护工程是通过预先采取一定的技术措施，对可能出现病害的路基边坡进行必要的处理，消除可能导致边坡病害的一些自然的或人为的因素(如引排路基内部水、封堵外界因素对路基的侵蚀、增加路基边坡的稳定性等)，使得路基边坡不产生滑塌或其他病害，确保公路安全畅通，确保路容、路貌的美观。请为下列两种路基情况选择适当的防护方法，并进行正确施工。
　　1. ××公路路基平均高度2m，边坡率1∶1.75。
　　2. ××公路边坡岩石弱风化。

　　本任务相关知识在项目3中已介绍，这里不再赘述。

　　下面针对工作任务中提出的两种情况进行分析，选择适当的防护方法，并进行正确施工。

工作任务一：公路路基平均高度2m，边坡率1∶1.75，选用坡面防护方法

　　通过前面相关知识的学习可以知道，边坡率为1∶1.75，边坡坡度较缓；路基平均高度为2m，边坡不高。从有效和经济学角度来看，适合选用坡面防护—植物防护—种草防护方法。
　　1. 草种的选择
　　应选择适合当地土质和气候条件，根系发达、茎干低矮、枝叶茂盛、生长能力强的多年生草种，如白茅草、毛鸭咀、鱼肩草及两耳草等。
　　2. 施工注意事项
　　(1)草籽应均匀撒播在已清理好的坡面上。为使草籽撒播均匀，可先将草籽与砂、干土或锯末混合播种，草籽埋入深度应不小于5cm，种完后用土耙均匀拍实。
　　(2)路堤的路肩和路堑顶边缘应埋入与表层齐平的带状草皮，草皮厚度不小于5cm，宽

度不小于20cm。

（3）播种时间一般应在春季、秋季，不能在干燥的风季和暴雨时播种。路堑边坡或路堤较高时，可通过试验采用草籽与含肥料的有机质泥浆的混合物，喷射于坡面上。

（4）草籽播种后，应适时进行洒水施肥、清除杂草等养护管理，直到草覆盖坡面。

工程应用

××高速公路采用三维植被网防护的工艺流程和施工技术方案如下：

1）工艺流程

边坡整理成型→平整→挂网→固定→覆土→播种→再覆土→覆盖纤维布或稻草、秸秆→浇水养护→后期管理。

2）施工技术方案

（1）坡整理成型，仔细平整。刷坡时可以用人工配合挖掘机按1:1.5的坡度进行。用挖掘机刷坡时要预留约20cm宽由人工清除，以保证路基边坡的密实度，人工刷坡时要挂线，并用坡度尺检验路基边坡坡度，以确保路基边坡的外观线形，刷坡后将边坡上的土块粉碎、平整，并施入底肥。经监理工程师检查验收。

（2）开挖沟槽。在坡顶及坡脚处，按照施工图纸设计尺寸，人工开挖预埋植被网的沟槽，并平整。注意开挖沟槽和刷坡一次不要过长，防止雨水、风沙等作用破坏路基边坡坡面。

（3）覆网，如图5-6-1所示。边坡整理完工并经监理工程师验收后，按照设计图纸和施工规范要求或工程师的指示，及时进行人工铺设三维植被网。覆网时，先将网置于坡顶沟槽内，然后从坡顶到坡脚依次进行。

（4）固定三维植被网。覆网后按照一定的密度和方式，采用竹钉（长25cm）或Ⅱ型钢筋（长25cm）打入边坡进行固定。然后将植被网预埋在沟槽中，再回填土夯实。

（5）覆土，如图5-6-2所示。三维植被网固定好以后，在网上覆一薄层土进入网包（可以用木条刮入），而土壤要求细碎、肥沃、pH值适中。

图5-6-1 覆网

图5-6-2 覆土

（6）播撒草籽。撒播草籽应在无风，气温在15℃以上的天气进行，避免在干燥的风季和暴雨季节播种。为使草籽均匀分布，草籽应掺加细砂或细土搅拌均匀后播撒。

（7）再覆土。撒播草籽后，网上面再均匀覆盖一薄层土，并适当拍实，使边坡表面平整，并保证使土盖住草籽。网上覆上总厚度约为2cm左右。

（8）覆盖纤维布或稻草、秸秆。为了让草籽尽快发芽，边坡上面应考虑采用纤维布或稻草、秸秆等进行覆盖,使土壤保持湿润和适宜草籽生长的温度。

(9)浇水养护。浇水时最好采用雾状喷施,防止形成径流,以免造成草籽分布不均匀而影响覆盖率和美观。

工作任务二:××公路边坡岩石弱风化,选用坡面防护方法

由上述相关知识的学习可以知道,公路边坡岩石弱风化,可不采用浆砌或干砌片石,为节省工程费用,宜采用圬工防护中的抹面防护进行表面处治。

1. 抹面要求及材料配合比

(1)抹面工程的周边与未防护的坡面衔接处应严格封闭。为此可在边坡顶部做断面为 20cm×20cm 的小型截水沟,沟底及沟帮可用砂浆抹面,厚度为 10cm;亦可在坡顶凿槽,槽深不小于 10cm,并和边面平顺衔接;坡脚宜设 1~2m 高的浆砌片石护坡。

(2)在软硬岩层相间的边坡上,仅对软岩层抹面时,在软硬分界处,抹面应嵌入硬岩层至少 10cm。

(3)大面积抹面时,每隔 5~10cm 应设伸缩缝一道,缝宽 1~2cm,缝内用沥青麻筋或油填充。

(4)根据当地的气候条件,若需增强抹面的抗冲蚀能力和防止表面开裂,对外观要求不高时,可在表面涂沥青保护层。

(5)抹面材料的配合比,可根据当地的材料情况选择。水泥与砂浆比为 1:3~1:4。

2. 抹面施工注意事项

(1)抹面前边坡上大的凹陷应用浆砌片石嵌补,宽的裂缝应灌浆。

(2)抹面作业前,须将边坡表面的风化岩石清刷干净,并用清水将边坡浮土冲洗干净,使边坡湿润后再开始抹面。采用石灰炉渣浆抹面时,在灰浆抹上后,稍干即进行夯拍,直至表面出浆为止,然后磨平并涂上速凝剂,盖草洒水养护。

(3)抹面不宜在严寒季节、雨天及日照强烈时施工,其适宜的气温为 4~30℃。

(4)抹面工程应经常检查维修,如发现裂纹或脱落,要及时灌浆修补。

工程应用

××高速公路岩石边坡易风化,风化程度中等,采用挂网锚喷混凝土防护。

该公路岩石边坡容易风化并已达到中等风化,而且是高速公路,质量要求非常高,采用普通的圬工防护、喷射混凝土防护都难以满足高速公路的质量要求,因此必须采用挂网锚喷混凝土综合防护。

1)施工工艺流程

清理坡面→搭架→锚杆孔及排水孔成孔→下锚杆→绑扎钢筋网→喷射混凝土→养护→拆排架。

(1)清理坡面。将坡面上的危石、杂草、树木、松土、浮渣清理,并用高压水冲洗坡面,并使岩面保持一定湿度。

(2)搭架。喷射混凝土是高空作业,所以要求排架必须牢固稳定,必须备有安全绳及安全防护网,如图 5-6-3 所示。

(3)锚杆孔及排水孔成孔。除满足设计要求外,还要注意成孔角度,锚杆孔尽量垂直于自然坡面,利于挂网,排水孔要比水平位置上仰 10°,以保证排水通畅。

(4)下锚杆。成孔后先进行注浆,注浆时若孔上无砂浆溢出应及时补浆,之后插入锚杆,注意锚杆稳定后,不要随意敲击,3天内不准悬挂重物。

(5)铺设钢筋网。铁丝网采用φ4~10cm的圆钢筋编制而成,孔径视边坡岩石情况而定,一般为10cm。

(6)喷射混凝土。喷前受喷面要设立控制喷射厚度的标志,喷射时应分段、分片由下而上进行,先凹后凸进行作业,并不得漏喷,如图5-6-4所示。

(7)养护。喷射终凝后2h即开始养护,养护期不得少于14d。

2)注意事项

(1)喷射混凝土厚度不得小于设计厚度。

(2)气温低于5℃或大风妨碍喷枪手进行工作时应停止喷射。

(3)喷射时应按图纸要求设置伸缩缝。

(4)每段工程应对锚杆进行抗拔试验。

图5-6-3 搭架

图5-6-4 喷射混凝土

任务练习

简答题

1. 简述三维植被网边坡防护的施工工艺。

2. 草籽播种时应注意哪些事项?

3. 简述浆砌片石边坡的施工方法。

任务5-7 路基支挡工程施工

学习目标

1. 掌握重力式挡土墙的类型及使用场合。
2. 熟悉加筋土挡土墙的工艺流程、操作要点。

公路路基边坡的支挡防护结构形式较多,常用的有挡土墙、土钉支护、抗滑桩等。不同形式的支挡工程,结构和组成都有所区别,适用于不同的工程场合。

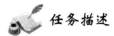 **任务描述**

山区公路路基边坡暴露在自然界中,容易发生边坡地质灾害,如落石、崩塌、滑坡等,影响公路安全营运。在20世纪90年代中期前,由于公路等级低,边坡稳定问题不突出,随着高等级公路逐步向山区延伸,遇到大量高填深挖工程,边坡稳定问题日渐突出。边坡的支挡防护已成为山区高等级公路建设的主体工程之一,请为下列两种路基选择合适的支挡方法,并进行正确施工。

1. ××山区公路陡坡路基,地质条件较好。
2. ××平原地区公路有一桥头段,填土路基平均高8m。

 相关知识

本任务相关知识在项目3中已介绍,这里不再赘述。

 任务实施

下面针对工作任务中提出的两种情况进行分析,选择适当的防护方法,并进行正确施工。

工作任务一:××山区公路陡坡路基,地质条件较好,选择适当的防护方法

由上述相关知识的学习可以知道,山区公路陡坡路基,为保证路基坡脚的稳定性,节约工程数量,应采取支挡防护。由于地质条件较好,采取传统重力式挡土墙支护,形式简单,施工容易,便于就地取材。

1. 施工前的准备工作

当确定施工任务后,仔细审阅熟悉设计方案或施工图,并与现场校核,检查设计图与实际是否相符,主要核对设计坐标、布置形式、地形、地质情况、工程量等,并与设计、监理等有关人员进行图纸会审。施工前,由分项工程专业工程师召集相关作业人员进行详细的施工关键技术、操作规程、质量要求与控制、安全管理等交底,填写交底报告,熟悉施工图、工序、配合比等,做好施工过程中记录和控制。

2. 挡土墙基础

基坑开挖经检验其承载力、高程、平面尺寸等指标符合设计要求后,挡土墙基础应根据地形和地质条件按设计要求及时砌筑。施工前,应做好场地临时排水,除一般随开挖、随下基、随砌筑,及时分层回填夯实(或压实)并做好墙后排水设施外,还应注意:

(1)保持土质基坑处于干燥状态。雨天施工坑内积水应随时排除,对受水浸泡的基底土(特别是松软淤泥)应全部予以清除,并换填碎(砾)石土加以夯实至设计高程。

(2)挖基时如发现与设计不符的软弱地基,承载力不足时应通过设计变更程序,采取措施后方可施工。

(3)对山坡挡土墙,墙趾埋入深度和襟边距离应同时符合设计要求,如墙趾高程不能满足设计要求时,亦应通过设计变更经批准后方可施工。

(4)采用倾斜地基时,应按设计倾斜挖凿,不得用填补法筑成斜面。

(5)在岩体破碎或设计倾斜挖凿时,不得用填补法筑成斜面。

（6）砌筑基础前，应将基底松软、风化表面清除干净，然后铺满砂浆；石质基坑内，基础紧靠坑壁砌筑，并用灌浆塞满间隙，使之凝结成整体；对于土质基坑或风化软石基坑，应于基坑挖至设计高程后，立即满堂铺砌一层，尤其是在雨季施工的时候。

3. 墙体砌筑

重力式挡土墙一般采用当地石料砌筑，墙体砌筑时一般可设立临时标准样架做准绳，使墙面坡度符合设计要求，棱角分明，线形平顺。

（1）分段砌筑时，分段位置应设在基础变形缝或伸缩缝处，各段水平砌缝应一致。相邻砌筑高差不宜超过 1.2m。缝板安装应位置准确、牢固，缝板材料应符合设计规定。

（2）相邻挡土墙体设计高差较大时应先砌筑高墙段。挡土墙每天连续砌筑高度不宜超过 1.2m。砌筑中墙体不得移位变形。

（3）预埋管、预埋件及砌筑预留口应位置准确。

（4）挡土墙外露面应留深 10～20mm 的勾缝槽，按设计要求勾缝。

（5）砌筑挡墙应保证砌体宽（厚）度符合设计要求，砌筑中应经常校正挂线位置。

（6）砌石底面应卧浆铺砌，立缝填浆捣实，不得有空缝和贯通立缝。砌筑中断时，应将砌好的石层空隙用砂浆填满。再砌筑时石层表面应清扫干净，洒水湿润。工作缝应留斜茬。

（7）浆砌片石砌筑：

①宜以 2～3 层石块组成一工作层，每工作层的水平缝应大致找平。立缝应相互错开，不得贯通；应选择大尺寸的片石砌筑砌体下部；转角外边缘处应用较大及较方正的片石长短交替与内层砌块咬砌。

②砌筑外露面应选择有平面的石块，使砌体表面整齐，不得使用小石块镶垫。

③砌体中的石块应大小搭配、相互错叠、咬接牢固，较大石块应宽面朝下，石块之间应用砂浆填灌密实，不得干砌。

④较大空隙灌缝后，应用挤浆法填缝，挤浆时，可用小锤将小石块轻轻敲入较大空隙中。

（8）墙体块石砌筑：

①每层块石应高度一致，每砌高 0.7～1.2m 找平一次。

②砌筑块石，错缝应按规定排列，同一层中用一丁一顺或用一层丁石一层顺石。灰缝宽度宜为 20～30mm。

③砌筑填腹石，灰缝应彼此错开，水平缝不得大于 30mm，垂直灰缝不得大于 40mm，个别空隙较大的，应在砂浆中用挤浆填塞小石块。

（9）墙体砌筑镶面石：

①镶面块石表面四周应加以修整，其修整进深不应小于 70mm，尾部应较修整部分略缩小，镶面丁石的长度不应短于顺石宽度的 1.5 倍，每层镶面石均应事先按规定灰缝宽及错缝要求配好石料，再用铺浆法按顺序砌筑，并应随砌随填立缝。

②砌筑前应先计算层数，选好料。砌筑曲线段镶面石应从曲线部分开始，并应先安角石。

③一层镶面石砌筑完毕，方可砌填腹石，其高度应与镶面石平。

④每层镶面石均应采用一丁一顺砌法，砌缝宽度应均匀，不应大于 20mm。相邻两层的立缝应错开不小于 100mm，在丁石的上层和下层不得有立缝。所有立缝均应垂直。

⑤砌筑应随时用水平尺及垂线校核。

⑥在同一部位上使用同类石料。

4. 沉降缝、泄水孔设置

挡土墙在砌筑过程中,必须按设计要求尺寸位置设泄水孔,并在进水孔墙背做好反滤防渗隔水设施。

路堑挡土墙第一排泄水孔应设置在高于边沟底0.3m处;路肩或路堤挡土墙第一排泄水孔应在离地面高0.3m处。浸水挡土墙墙背应采用反挖法施工,整个墙背面用砂、砾回填15~30cm作为反滤层,其最低的排泄水孔应高出常水位0.3m。

5. 勾缝

(1)砌体勾缝除设计有规定外,一般可采用平缝或凸缝,浆砌较规则的块材可采用凹缝。

(2)勾缝前应将石面清理干净,勾缝宽度应均匀美观,深(厚)度为10~20mm,勾缝完成后注意浇水养护。

(3)勾缝砂浆宜用过筛砂,勾缝砂浆强度不应低于砌体砂浆强度,勾缝应嵌入砌缝内20mm,缝槽深度不足时,应凿够深度后再勾缝。除料石砌体勾凹缝外,其他砌体勾缝一般勾平缝。片石、块石、粗料石缝宽不宜大于20mm,细料石缝宽不宜大于5mm。

(4)勾缝前须对墙面进行修整,再将墙面洒水湿润,勾缝的顺序是从上到下,先勾水平缝后勾竖直缝。

(5)灰缝水平缝与竖直缝应深浅一致、交圈对口、密实光滑,搭接处平整,阳角方正,阴角处不能上下直通,不能有丢缝、瞎缝现象。灰缝应整齐、拐弯圆滑、宽度一致,不出毛刺,不得空鼓、脱落。

6. 墙体养护

墙体养护应在砂浆初凝后,洒水或覆盖养护7~14d,养护期间应避免碰撞、振动或承重。

7. 墙背回填

砌体出地面后,砂浆胶结强度达到设计值的70%后即可及时回填。有条件时尽量采用粗粒料,如砾石、碎石或矿渣,不用或少用细砂、粉土或软塑型黏土等,不应采用腐殖土、膨胀性土、黏土作为回填料,亦不允许夹有冻土块、木屑、树根、杂草等。

回填土的含水率按路基填土要求控制在最佳含水率左右,分层压实,并符合路基同层位的压实度要求。压路机碾压时难以碾压墙背边部。为保证墙背回填压实,可以采用反挖法施工。具体做法是墙背破裂面范围按路基填筑方法填高50cm左右后,人工在墙背开挖宽度30~50cm,回填碎石、砂砾,并人工夯实,或采用多孔隙混凝土回填,如此填筑反复至墙顶。

8. 安全设施

路肩挡土墙在下列情况下,应按设计要求设置护柱、护栏或护墙,以保证交通安全:

(1)墙顶高出地面6m以上,且长度大于20m。

(2)墙顶高出地面4m,且靠近居民集中点。

(3)处于悬岩、陡坎或横坡度陡于1:0.75,连续长度大于20m。

(4)弯道处的路肩式挡土墙。

9. 应注意的质量问题

(1)为避免出现整体性差的情况,按设计和规范的规定,设置拉结带、拉结筋及压砌钢筋网片。

(2)严格按皮数杆控制分层高度,掌握铺灰厚度。基底不平处事先用细石混凝土找平,确保墙面垂直度、平整度。

(3)浆砌石应卧浆铺砌,立缝填浆捣实,防止有空缝和贯通立缝。

(4)为防止泄水孔堵塞,在墙背后填筑反滤材料,反滤材料的级配要按设计要求,外包滤布,防止泥土流入。

(5)为防止勾缝砂浆脱落,勾缝前先将石块之间的间隙用砂浆填满捣实,并用刮刀刮出深于砌体20mm的凹槽,然后洒水湿润,再进行勾缝;加强洒水养护,气温较高时应覆盖草袋或塑料薄膜养护。

工作任务二:××平原地区公路有一桥头段,填土路基平均高8m,选择适当的防护方法

填土路基平均高8m,为保证路基边坡的稳定性,应采取支挡防护。由于地处平原地区,地质条件一般,又缺乏石料,不易采取重力式挡土墙支护。由上述相关知识的学习可以知道,加筋土挡土墙属于轻质柔性结构,对地基要求不高,而且适合于填土路基。

加筋土挡土墙主要施工工作包括施工准备、基础工程施工、面板制作与安装、加筋材料铺设、填土及压实、辅助设施等。

1. 施工准备

(1)施工场地考察,熟悉施工环境,如交通、通信、水、电供应条件,临时设施设置等。

(2)熟悉施工图设计文件,并与现场条件进行核实,了解设计意图和关键技术要求。研究合同文件或有关工作指令,了解工程量和进度要求。

(3)做好原材料试验和有关配合比试验,落实材料供应方式。

(4)编制施工组织,办理开工报告,施工记录表格准备。

(5)施工测量,包括中桩和横断面复测。

(6)施工机具准备。除按路基施工配备压实机械外,还应选备平板夯、轻型压路机、夯板等。其他施工机械有混凝土搅拌机、挖掘机、铲运机、钢筋加工机械等。

(7)检验仪器设备准备。主要有水准仪、全站仪、填料压实度检测设备和仪器,以及混凝土性能检测设备。

(8)人员组织。包括工地现场管理人员、专业技术人员、一线工人等。

2. 基础工程施工

(1)基槽开挖。基槽开挖前应进行详细测量定位并标出开挖线,基槽底应按设计图纸开挖至设计高程;槽底平面尺寸一般大于基础外缘300mm;当纵向高度变化较大时,基槽底沿纵向可呈阶梯状开挖,但每一台阶长度不宜小于3.0m,且应与面板的长度相一致;基槽底和加筋体下的基础在横向倒坡为3%~5%。

(2)地基处理。基槽底为一般土,且满足承载力和稳定时,仅地面整平夯实。基槽底和筋体下基础为软弱地基时,则应根据稳定和承载要求、地基土质情况进行处理。

(3)基槽检查。水上水下基槽的浇筑或砌筑安装基础前,基底土质及地层情况、水下基槽的开挖及填筑夯实情况都必须经过检查验收,确认符合设计要求后方可进行下道工序。

3. 变形缝和沉降缝

加筋土挡土墙必须沿长度方向设置变形缝和沉降缝,两缝合一,统称变形缝。缝宽为20~30mm,做成垂直通缝,基础及胸墙变形缝用弹性材料填充。变形缝间距根据气温、地基条件、结构使用情况、基桩厚度情况和面板长度模数确定,一般为15~30m。在地基高程、土质差别较大处及基床厚度突变处必须设置变形缝。

4. 现浇混凝土基础

基础一般为现浇混凝土,强度等级一般为C15。施工时一般是分段开挖,分段处理,分

段验收,分段浇筑。遇地下水时应做好排水。

5. 墙面板预制和安砌

面板应坚固美观、运输方便、易于安装。面板可根据需要采用钢筋混凝土或混凝土预制面板,其强度不低于 C20。面板外形可选用十字形、双十字形、矩形、六角形、槽形或其他形式。其一般尺寸为长 800~2000mm,宽 500~600mm,厚 80~200m;长度根据施工情况确定,宽度应与加筋材料的分层间距协调,厚度根据结构受力情况计算确定。

墙面板的安砌,一般按下述步骤和要求进行:

(1) 在条形基础上准确画出面板外缘线,画线时应用经纬仪操作,在曲线部分应加密画线点。

(2) 在确定的外缘线上定点,进行水平测量,并按板长画线分割,整平板基座。

(3) 面板安砌一般从变形缝处开始,依次向两边安砌延伸。

(4) 安砌时用 M5 或 M7.5 水泥砂浆砌筑调平。水平缝及竖缝内侧均全部填塞;板外侧应简单勾缝,保持整洁。

(5) 面板安砌可用人工或机械吊装就位,按设计要求的垂度、坡度挂线安砌;单块面板的倾斜度可控制在内倾 1% 左右,严禁面板外倾,如图 5-7-1 所示。

(6) 面板安砌时只能用砂浆调整水平误差,不得用石子或铁片支垫。

(7) 在面板后不小于 0.3m 范围内宜回填砂砾或碎石,并建议采用反挖法施工。

6. 加筋材料铺设

加筋材料铺设时底面应平整、密实,一般应平铺、拉直,不得卷曲、扭结。土工格栅的纵向肋、土工织物的纵向纤维应与墙面垂直,土工带可呈扇形辐射状铺设,如图 5-7-2 所示。加筋材料不得与硬质尖锐棱角的填料直接接触。加筋材料与面板的连接应牢固、可靠,并且易于拉紧、拉直。

图 5-7-1 面板安砌

图 5-7-2 加筋材料铺设

7. 填料采集、摊铺与压实

应按设计要求确定填料采集场,对填料的粒径要求主要是级配均匀,对填料的性质要求是易压实、水稳定性好。根据工程经验,填料中的块体的最大粒径不得大于 15cm,且不超过分层厚度的 2/3 为宜,且相应粒径的块体的总含量不大于 15%。对最大粒径和最大粒径块体总含量的限制规定,目的在于控制填料级配,使加筋体的压实质量有保证。

填料应分层回填并分层碾压。填料可人工摊铺,也可机械摊铺,填料摊铺平整后,用压路机进行碾压,压路机运行方向应平行于墙面板,下一次碾压的轮迹应与上一次碾压轮迹重叠轮迹宽度的 1/3。第一遍先轻压,使加筋材料的位置在填料中能完全固定,然后再重压。

碾压时从筋带中部逐步向尾部,再碾压靠面板部位,轻压后再全面碾压。碾压的遍数以填料碾压后达到规定的压实度为准。

8. 施工质量检测项目

(1)加筋材料质量及铺设。检查加筋材料质量是否达到设计要求和有关国家或行业标准,检查加筋材料的铺设是否均匀平展、拉直拉紧,这些是检测的关键。应对每个节点进行自检。

(2)回填及压实。检查填土的物理力学指标,压实时的含水率,回填分层厚度;压实施工机械,压实度。

(3)其他。检查排水、防水措施是否齐全,沟底平整、线条顺直,不渗漏、不淤堵、排水畅通。检查帽石的砌筑或浇筑质量、外观尺寸和线形。

(4)长期变形观测。对于重要工程或重大工程,应设结构沉降和变形观测点,一般是以每60~100m长设一观测点或观测断面,特殊地段处可适当加密观测点,且一个工程不应小于3个观测点或观测断面。

 任务练习

简答题

1.重力式挡土墙施工中包括哪些工作内容?

2.简述加筋土挡土墙的施工工作内容和操作要点。

任务5-8 路基排水工程施工

 学习目标

1.掌握常见路基地面排水设施的施工工艺和操作要点。
2.掌握常见路基地下排水设施的施工工艺和操作要点。

 **相关知识**

本任务相关知识在项目3中已介绍,这里不再赘述。

任务实施

工作任务一:地面排水设施施工

××山区公路挖方路基,排水平面布置如图5-8-1所示。本任务要求学生首先能够读懂路基排水工程布置图,认清排水方向,以便施工现场核查;然后编制施工方案,明确施工工艺流程及操作要点。

由图5-8-1分析可知,该挖方路基排水设施包括边沟、排水沟、急流槽及涵洞等排水设施,具体的施工包括沟槽开挖、沟壁加固及进出水口衔接处理等内容。下面按照施工工艺流程对排水沟施工要点及注意事项进行描述。

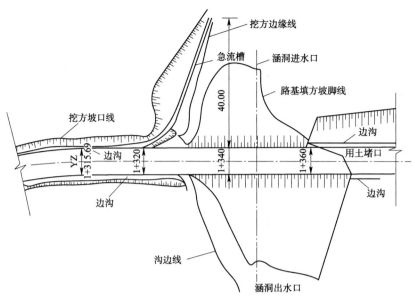

图 5-8-1　路基排水工程平面布置图(单位:m)

1. 排水沟渠施工工艺流程

施工前准备工作→施工放样→挂线或撒石灰线→沟槽开挖→人工休整→验槽→沟槽加固→进出口衔接处理。

2. 排水沟渠操作要点

1)施工前准备工作

路基排水工程施工前要认真对设计文件中排水沟渠位置、断面尺寸、结构类型、工程数量、出水口的衔接等做全面的现场调查核对。不合理的设计应及时向监理或业主提出变更申请。

2)施工放样

排水沟的平面布置,受当地地形、水系影响,灵活性很大。高速公路、一级公路通常要求进行专项设计,一般公路就地布线。排水沟的布置,距离坡脚宜在4~5m之间。平面线性上力求短捷平顺,以直线为宜,必须转向时,尽量采用较大半径(10~20m以上),徐缓改变方向,保证水流顺畅。

3)挂线或撒石灰线

为保证沟槽开挖的平面线形,在施工放样后,一般要求根据排水沟渠的断面尺寸,采用挂线或撒石灰线的方式,将沟渠中心线及两侧开挖边界线标志出来。

4)沟槽开挖

对于高等级公路,为了保证施工质量和工程进度,一般要求采用挖掘机开挖沟槽,如图 5-8-2 所示。低等级公路或施工机械不易进入的场合下,可以采用人工开挖沟槽。

5)人工修整

开挖沟槽时,应严格控制沟身断面尺寸和沟底高程。为保证控制精度,一般挖掘机开挖时适当欠挖,人工修整到设计断面成型。

6)验槽

沟槽成型后,应严格检验排水沟槽的土质、平面位置、断面尺寸和沟底高程(图 5-8-3),如有不符处应修整到位。

图 5-8-2 沟槽开挖　　　　　　　　　图 5-8-3 验槽

7）沟槽加固

排水沟渠的加固应结合当地地形、地质、纵坡和流速等条件,因地制宜,就地取材,简便易行,经济适用,目前常采用以下几种方式:

(1)土沟表面夯实。一般适用于土质边沟和排水沟(不适用于路堑顶部截水沟、排水沟),沟内平均流速不大于0.8m/s。沟底纵坡不大于1.5%。

在施工时,其水沟沟底及沟壁部分应少挖0.05m,并随挖随夯,将沟底沟壁夯拍坚实,使土的干密度不小于$1.66×10^3 kg/m^3$,以免土中水分消失,不易夯拍坚实。

(2)三合土或四合土抹面。当沟底纵坡不大于3%,水流平均速度在1.5~2.5m/s时,可采用三合土或四合土抹面。

(3)单层干砌片石加固。一般用于无防渗要求,土质沟渠沟底纵坡在5%以上,流速大于2.0m/s,或砂土质沟渠沟底纵坡在3%~4%的沟渠加固。当沟内平均流速在2.0~3.5m/s时,干砌片石尺寸可采用0.15~0.25m;当流速大于4.0m/s时,应采用急流槽或跌水。

(4)浆砌片石加固。浆砌片石边沟有梯形与矩形两种,厚度为0.25~0.30m,一般用于沟内水流速度较大(平均流速大于4m/s)且防渗要求较高的地段。沟底纵坡一般不受限制(可考虑用急流槽形式),但在有地下水(或常年流水)及冻害地段,沟壁沟底外侧需加设反滤层或垫层,并在沟壁上预留泄水孔。

8）进出口衔接处理

排水沟进口直接与各种沟渠的终端连接,出口直接与天然河流、沟渠相连接,力求水流顺畅。进、出水口高程必须现场实测,调查常年水位,并注意与桥涵的连接高程(涵洞出水口高程往往不合理而造成积水或冲刷)相配套。

工作任务二:地下排水设施施工

××山区公路山脚下设计为半填半挖路基,为排除路基挖方一侧的边沟积水,在路基下设计采用管式渗沟。设计要求如下:

(1)渗沟底纵坡设计要求。沟底纵坡不宜小于1%,条件困难时亦不得小于0.5%,出水口应加大纵坡,并应低于地表排水沟常水位0.2m以上。

(2)渗沟采用材料。底部可采用细石混凝土铺底,然后沿沟壁四周铺一层渗水土工布,在土工布上沟中间放一根φ10cm左右的PVC渗管,管壁预留渗水孔。管周填以碎石或卵石(3~5cm),在其上部按一定比例分层(层厚约15cm)回填细颗粒粒料(粗砂、粗细碎石)作为反滤层。

1.施工工艺流程

施工前准备工作→施工放样→沟槽开挖→沟底混凝土施工→铺设土工布→埋管→回填

反滤层→封顶。

2.操作要点

1)施工前准备工作

(1)对排水系统位置进行地质调查,与两侧边沟排水相协调。

(2)原材料的试验检验,确定细石混凝土配合比。

(3)编制排水系统施工方案,人员、机械设备进场,对相关人员进行技术交底。

(4)必须切断原有的沟管时,应做好临时排水沟,保证排水。

(5)应有可靠的防护措施,确保施工期间地表水、地下水不侵入路基而造成路基松软及坡面坍塌。

2)施工放样

路基地下排水系统测量放线应定出中心桩和边桩,一般每隔3~5m设一个中心控制桩,计算确定边桩位置,确保圆顺连接。

3)沟槽开挖

(1)沟槽开挖应安排在适宜时间施工,以保护路基和防止水土流失。

(2)开挖前做好地面排水,防止在施工期间造成基坑边坡失稳或坍塌。

(3)应挂线放坡开挖,防止超挖,机械开挖时可适当欠挖,人工进行精整。施工过程中应随时修整边坡,保持边坡的稳定性和平整性。

(4)基坑检底时,按照坑底高程拉线清底找平,不得破坏沟底原状土,检底时应满足坑底尺寸、高程、坡率符合施工图要求。

4)沟底混凝土施工

(1)混凝土应采用机械拌制,其配合比应通过试验确定。

(2)混凝土运输时间不应超过混凝土的初凝时间。

(3)混凝土灌筑前,沟槽应清理干净,不得有浮土、垃圾等杂物。

(4)沟底混凝土灌筑应按伸缩缝分段连续进行,各分段内混凝土应一次灌完,若因故中断,应按规范要求留施工缝。

(5)应在混凝土灌筑地点随机抽样制作混凝土抗压强度试件,每工作班拌制的同一配合比的混凝土,取样不得少于3组,每组3块。

5)铺设土工布

沿沟壁四周铺一层渗水土工布,铺设时注意使土工布紧贴沟壁并采取固定措施。土工布接头处采用搭接,搭接宽度应满足规范要求。

6)埋管

(1)埋管前,应精确计算好管节接头位置,在接口处挖设工作坑,深度不低于20cm,以便于操作接口。

(2)接口安装时应使管节承口迎向流水方向,PVC管就位后,应将管节中心、高程逐渐调整到设计位置,并在管节两侧适当加土石垫块或砂石固定。

7)回填反滤层

(1)渗水PVC管安装就位后,立即对管身两侧做对称回填反滤层以稳定管身,并分层夯实。反滤层由内向外粒径逐渐由粗至细且各层粒径是均匀的(不要求大小搭配)。用不同粒径的小碎石从粗到细逐层往外填2~3层,每层厚15cm。最外一层为粗砂,起到反滤层作用。

(2)为防止材料含泥量过大而堵塞泄水孔道,要求填充的粗细碎石、粗砂均经过筛分、清洗,含泥量不得大于2%。

8)封顶

反滤层顶部做封闭层,用土工膜防渗材料铺面或干(浆)砌片石封顶,并在其上夯填厚度约0.5m的黏土防水层。

3.质量控制要点

(1)工程所用的砂、石、水泥等的品种规格、质量应符合设计要求,进场时进行验收。

(2)排水设施、垫层、滤层的结构形式应符合设计要求,并保证排水通畅。

(3)地下排水设施应与地表排水系统相配套,保证水路畅通无隐患。

(4)渗沟的出水口应设置端墙,端墙下部留出与渗沟排水通道大小一致的排水沟,端墙排水孔底面距排水沟沟底的高度不宜小于20cm;端墙出口的排水沟应进行加固,防止冲刷。

(5)雨天不宜进行接口施工。

任务练习

简答题

1.简述排水沟的施工工艺流程。

2.排水沟沟槽加固有哪些方式?

3.简述管式渗沟的施工过程。

4.管式渗沟施工中有哪些质量控制要点?

任务5-9 路基整修与验收

学习目标

1.掌握路基工程整修的目的。
2.掌握路基工程整修的主要内容和整修方法。
3.掌握路基检查验收的目的、一般规定。
4.熟悉常见路基分项工程的检查验收内容。

任务描述

路基整修是在路基施工基本结束后,对外观缺陷、局部质量缺陷进行修理,保证路基工程顺利通过最终的检查验收。在路基工程进行移交前,必须严格按照规范要求对路基工程进行全面的质量检查验收,作为路基工程质量评定的依据。

按照《公路工程质量检验评定标准》(JTG F80/1—2017)的要求,路基作为一个具有独立施工的单位工程,可分为若干个分部工程;每个分部工程又可分为若干个分项工程。分项工程是工程检验、评定的基本单元。每个分项工程施工完成后,都必须从基本要求、实测项目、外观鉴定和质量保证资料四个方面进行工程质量检验,作为分项工程评分、评级的依据。请对下列四种路基分项工程进行工程质量验收。

1. 土方路基分项工程。
2. 浆砌排水沟分项工程。
3. 砌体挡土墙分项工程。

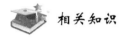 相关知识

一、路基整修

路基工程基本完成后,在交工验收前,应对外观质量和局部缺陷进行整修或处理。路基整修应由施工单位会同监理单位按设计文件和施工规范要求,对线中线、高程、宽度、边坡、防护与支挡、排水系统和临时工程等进行检查,根据检查结果制订整修计划并进行整修。整修工作应在检查结果及整修计划经监理工程师核查并批准后方能动工。

1. 路基顶面表层整修

一般情况下,由于路面与路基施工的不连续性,路基顶面表层在多种因素下会产生不同类型的局部质量缺陷。为保证路床与路面的整体性,防止出现"夹层",应采取针对性的处理措施。表层的整修,应根据质量缺陷的具体情况采用合理的方案、工艺进行。

(1)土质路基表面应用人工或机械刮土或补土的方法整修,并配合压路机械碾压,补填的土层压实厚度应不小于100mm,压实后表面应平整,不得有松散、起皮现象。石质路基表面应用石屑嵌缝紧密、平整,不得有坑槽和松石。

(2)土质路基表面达到设计高程后应采用平地机或推土机刮平,铲下的土不足以填补凹陷时,应采用与路基表面相同的土填平夯实。

(3)修整的路基表层厚150mm范围内,松散的或半埋的尺寸大于100mm的石块,应从路基表面层移走,并按规定填平压实。

2. 路基边坡整修

(1)深路堑土质边坡整修应按设计要求的坡度,自上而下进行边坡整修,不得在边坡上以土贴补。

(2)边坡需要加固地段,应预留加固位置和厚度,使完工后的坡面与设计边坡一致。当填土不足或路堑边坡受雨水冲刷形成小冲沟时,应将原边坡挖成台阶,分层填补,仔细夯实。如填补的厚度很小(10～20cm),而又是非边坡加固地段时,可用种草整修的方法,以种植土来填补,但应顺适、美观、牢靠。石质路基边坡,应达到设计要求的边坡比,坡面的松石、危石应及时清除。

(3)填方路基边坡受雨水冲刷形成冲沟或坍塌缺口时,应自下而上,分层挖台阶加宽填补夯实,再按设计坡面削坡,弯道内侧路肩边缘应修建路肩拦水带。

(4)填土路基两侧超填的宽度应予切除,如遇边坡缺土,必须挖成台阶,分层填补夯实。

3. 排水系统及其他整修

(1)边沟的整修应挂线进行。对各种水沟的纵坡(包括取土坑纵坡)应用仪器检测,修整

到符合图纸及规范要求。各种水沟的纵坡,应按图纸及规范要求处理,不得随意用土填补。

(2)截水沟、排水沟及边沟的断面、边坡坡度,应按设计要求处理。沟的表面应整齐、光滑。填补的凹坑应拍搗密实。

(3)在路面铺筑完成后或铺筑时,应及时填筑土路肩,同时按设计要求进行加固。

(4)路基整修完毕后,堆于路基范围内的废弃土料应予清除。

(5)修整过的路基,应继续维修养护,直到缺陷责任期满为止。

二、路基的检查与验收

(1)当每一分项工程、分部工程、单位工程完成时,应按批准的设计图纸、设计文件、技术规范的要求,对施工质量进行中间检查。中间检查是保证工程质量的重要环节。出现的质量事故、质量问题要按规定程序进行处理,发现的质量缺陷要根据规范要求或设计要求进行返工或者处理。

(2)路基施工过程中如有下列情况时,应进行中间检查:

①地基准备工作完成后及在斜坡上完成台阶后,清除地面杂草、淤泥等。

②边坡加固前,应对其加固方法、形式、填挖方边坡加固的适用性,以及边坡坡度是否适当进行检查。

③发现已完工的土方工程及竣工后的路基被地面水浸淹损坏时。

④取土坑及弃土堆超过原设计的数量时。

⑤遇意外的填土下陷及填挖方的边坡坍塌,需增加土方及边坡加固工程数量时。

⑥在进行计划以外的附加土方工程(如排水沟、截水沟、疏导工程等)时。

⑦遇隐蔽工程时,必须按照设计要求和规范的有关规定进行中间检查验收,凡不符合有关规定的项目不得进行下一工序。

(3)各类防护加固工程基础开挖后,应检查基底地质、高程、地下水情况。

(4)交工验收前应恢复施工段内的导线点、水准点,以及验收中要求和可能需要的其他标志桩。

(5)交工验收前应按《公路路基施工技术规范》(JTG F10—2006)和《公路工程质量检验评定标准》(JTG F80/1—2017)的要求进行自检。自检合格后,编制符合要求的交工资料,申请进行交工验收。

(6)对路基进行竣(交)工验收时,应对以下项目进行检查验收:

①路基的平面位置,路基的宽度、高程、横坡和平整度。

②边坡坡度及加固设施,边沟等排水设施的尺寸及沟底纵坡。

③防护工程的修建位置和各部尺寸。

④填土压实度及表面弯沉。

⑤取土坑、弃土堆、护坡道、截水沟、渗水井等的位置和形式。

⑥隐蔽工程施工记录等。

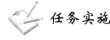 **任务实施**

工作任务一:土方路基分项工程检查验收

按照《公路工程质量检验评定标准》(JTG F80/1—2017),土方路基分项工程检查验收包括基本要求、实测项目、外观鉴定和质量保证资料四个方面。

1. 土方路基的基本要求

(1)在路基用地和取土坑范围内,应清除地表植被、杂物、积水、淤泥和表土,处理坑塘,并按规范和设计要求对基底进行压实。

(2)填方路基应分层填筑压实,每层表面平整,路拱合适,排水良好,不得有明显碾压轮迹,不得亏坡。

(3)应设置施工临时排水系统,避免冲刷边坡,路床顶面不得积水。

(4)在设定取土区内合理取土,不得滥开滥挖。完工后应按要求对取土坑和弃土场进行修整。

2. 土方路基的实测项目

土方路基的实测项目见表5-9-1。

土方路基实测项目　　　　　　　　　表5-9-1

项次	检查项目			规定值或允许偏差			检查方法和频率
				高速公路、一级公路	其他公路		
					二级公路	三级、四级公路	
1	压实度(%)	上路床		0~0.3m	≥96	≥95	≥94	按规定方法检查; 密度法:每200m每压实层测2处
		下路床	轻、中及重交通荷载等级	0.3~0.8m	≥96	≥95	≥94	
			特重、极重交通荷载等级	0.3~1.2m	≥96	≥95	—	
		上路堤	轻、中及重交通荷载等级	0.8~1.5m	≥94	≥94	≥93	
			特重、极重交通荷载等级	1.2~1.9m	≥94	≥94	—	
		下路堤	轻、中及重交通荷载等级	>1.5m	≥93	≥92	≥90	
			特重、极重交通荷载等级	>1.9m				
2	弯沉(0.01mm)			不大于设计验收弯沉值			按规定方法检查
3	纵断高程(mm)			+10, -15	+10, -20		水准仪:中线位置每200m测2点
4	中线偏位(mm)			50	100		经纬仪:每200m测2点,弯道加HY、YH两点
5	宽度(mm)			满足设计要求			尺量:每200m测4点
6	平整度(mm)			≤15	≤20		3m直尺:每200m测2处×5尺
7	横坡(%)			±0.3	±0.5		水准仪:每200m测2个断面
8	边坡			满足设计要求			尺量:每200m测4点

注:1. 表列压实度系按现行《公路土工试验规程》(JTG E40—2007)重型击实试验法所得最大干密度求得的压实度。评定路段内的压实度平均值下置信界限不得小于规定标准,单个测定值不得小于极值(表列规定值减5个百分点)。按测定值不小于表列规定值减2个百分点的测点占总检查点数的百分率计算合格率。

2. 特殊干旱、特殊潮湿地区或过湿土路基,可按路基设计、施工规范所规定的压实度标准进行评定。

3. 三、四级公路修筑沥青混凝土或水泥混凝土路面时路基压实度应采用二级公路标准。

3.土方路基的外观鉴定

(1)路基边线与边坡不应出现单向累计长度超过50m的弯折。

(2)路基边坡、护坡道、碎落台不得有滑坡、塌方或深度超过100m的冲沟。

4.土方路基的质量保证资料

工程应有真实、准确、齐全、完整的施工原始记录、试验检测数据、质量检验结果等质量保证资料。质量保证资料应包括以下六个方面:

(1)所用原材料、半成品和成品质量检验结果;

(2)材料配合比、拌和加工控制检验和试验数据;

(3)地基处理、隐蔽工程施工记录和大桥、隧道施工监控资料;

(4)质量控制指标的试验记录和质量检验汇总图表;

(5)施工过程中遇到的非正常情况记录及其对工程质量影响分析评价资料;

(6)施工过程中如发生质量事故,经处理补救后达到设计要求的认可证明文件等。

工作任务二:浆砌水沟分项工程检查验收

按照《公路工程质量检验评定标准》(JTG F80/1—2017),浆砌水沟分项工程检查验收包括基本要求、实测项目、外观鉴定和质量保证资料四个方面。

1.浆砌水沟的基本要求

(1)浆砌片(块)石、混凝土预制块的质量和规格,应符合国家和行业强制性标准以及合同约定的其他标准的规定,并满足设计要求。

(2)砌体砂浆配合比准确,砌缝内砂浆均匀饱满,勾缝密实。

(3)基础中缩缝应与墙身缩缝对齐。

2.浆砌水沟的实测项目

浆砌排水沟的实测项目见表5-9-2。

浆砌水沟实测项目 表5-9-2

项　次	检 查 项 目	规定值或允许偏差	检查方法和频率
1	砂浆强度(MPa)	在合格标准内	按规定方法检查
2	轴线偏位(mm)	50	全站仪或尺量:每200m测5点
3	沟底高程(mm)	±15	水准仪:每200m测5点
4	墙面直顺度(mm)	30	20m拉线:每200m测2点
5	坡度	满足设计要求	坡度尺:每200m测2点
6	断面尺寸(mm)	±30	尺量:每200m测2个断面,且少于5个断面
7	铺砌厚度(mm)	不小于设计值	尺量:每200m测2点
8	基础垫层宽、厚度(mm)	不小于设计值	尺量:每200m测2点

3.浆砌水沟的外观鉴定

(1)砌体抹面不得有空鼓。

(2)沟内不应有杂物,无排水不畅。

4.浆砌水沟的质量保证资料

浆砌水沟的质量保证资料检查内容同工作任务一。

工作任务三:浆砌挡土墙分项工程检查验收

按照《公路工程质量检验评定标准》(JTG F80/1—2017),浆砌挡土墙分项工程检查验收包括基本要求、实测项目、外观鉴定和质量保证资料4个方面。

1. 砌体挡土墙的基本要求

(1)勾缝砂浆强度不得小于砌筑砂浆强度。

(2)地基承载力、基础埋置深度应满足设计要求。砂浆所用的水泥、砂、水的质量应符合有关规范的要求,按规定的配合比施工。

(3)砌筑应分层错缝,浆砌时坐浆挤紧,嵌填饱满密实,不得出现空洞;干砌时不得出现松动、叠砌和浮塞。

(4)混凝土应分层浇筑,施工缝及片石埋放应符合施工技术规范的规定。

(5)沉降缝、伸缩缝、泄水孔的位置、尺寸和数量应满足设计要求;沉降缝及伸缩缝应竖直、贯通,采用弹性材料填充密实,填充深度应满足设计要求。

2. 浆砌挡土墙的实测项目

浆砌挡土墙的实测项目见表5-9-3。

浆砌挡土墙实测项目 表5-9-3

项次	检查项目	规定值或允许偏差		检查方法和频率
1	砂浆强度(MPa)	在合格标准内		按规定方法检查
2	平面位置(mm)	≤50		全站仪:测墙顶外边线,长度不大于30m时测5点,每增加10m增加1点
3	墙面坡度(%)	≤0.5		铅锤法:长度不大于30m时测5点,每增加10m增加1点
4	断面尺寸(mm)	≥设计值		尺量:长度不大于50m时测10个断面,每增加10m增加1个断面
5	顶面高程(mm)	±20		水准仪:长度不大于30m时测5点,每增加10m增加1点
6	表面平整度(mm)	块石	≤20	2m直尺:每20m检查3处,每处检查竖直、墙长两个方向
		片石	≤30	
		混凝土块、料石	≤10	

3. 浆砌挡土墙的外观鉴定

(1)浆砌缝开裂、勾缝不密实和脱落的累计换算面积不得超过该面面积的1.5%,且单个最大换算面积不应大于0.08m²。换算面积应按缺陷缝长度乘以0.1m计算。

(2)混凝土表面不应存在《公路工程质量检验评定标准》(JTG F80/1—2017)附录P所列限制缺陷。

(3)墙体不得出现外鼓变形。

(4)泄水孔应无反坡、堵塞。

4. 砌体挡土墙的质量保证资料

砌体挡土墙的质量保证资料检查内容同工作任务一。

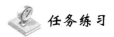 **任务练习**

简答题

1. 为什么要进行路基整修和验收?

2. 如何对路基顶层表面进行整修?

3. 如何对路基边坡进行整修?

4. 土方路基检查验收有哪些实测项目?如何检测?

5. 浆砌排水沟如何进行外观鉴定?

项目6　路面工程概论

任务6-1　路面基本构造与结构层次

 学习目标

1. 正确认识路面的功能。
2. 掌握公路路面的基本构造及横截面形式。
3. 正确认识路面各结构层次，识读结构图纸。

 任务描述

本任务要求学生掌握公路路面的识图，清楚公路路面的基本构造及不同横截面形式；同时也要求学生能够识读结构图纸，掌握路面结构层次的划分，并根据不同的实际情况选用相应的材料进行施工。

相关知识

一、路面的功能

路面是在路基顶面用各种混合料铺筑而成的层状结构物。路面的功能在于一方面隔离了路基，使其避免了直接承受车辆和环境因素的破坏作用，确保了路基长期处于稳定状态；另一方面铺筑路面后，提高了平整度，改善了公路条件，提高了公路的服务水平，从而保证车辆能以设计速度安全、舒适、经济地行驶在公路上。

正因为路面是直接供车辆行驶的部分，因此它的好坏直接影响行车速度、安全和运输成本。高等级公路铺筑良好的路面，才能保证车辆高速、安全、舒适地行驶，而且可以节约运输成本，充分发挥公路的功能，但同时造价成本也较高，因此应根据公路的等级和任务，合理地选择路面的结构，精心设计、施工，使路面在设计使用年限内具备良好的使用性能，这具有十分重要的意义。

二、路面的基本构造及横截面形式

路面是铺筑在路床顶面的不同层次的组合结构，从横断面方向上看，公路的表面一般是由行车道、中央分隔带、路缘带、硬路肩和土路肩等组成。路面的横断面形式通常分为槽式横断面和全铺式横断面，如图6-1-1所示。

1. 槽式横断面

路基填挖到设计高程位置后,在路基上按路面设计宽度范围将路基挖成与路面厚度相同的浅槽;或路基填筑到路床顶面位置后,按路面设计宽度范围在两侧的路肩部位培土(压实)形成与路面厚度相同的浅槽;也可采用半挖半培的方法形成浅槽,然后在浅槽内铺筑路面,一般公路路面都采用槽式横断面,如图6-1-1a)所示。

图 6-1-1 路面横截面形式

2. 全铺式横断面

全铺式横断面是在路基全部宽度内都铺筑路面。在高等级公路建设中,有时为了将路面结构内部的水分迅速排出,在全宽范围内铺筑基层材料,保证水分由横向排入边沟。有时考虑到道路交通的迅速增长,为适应扩建的需要,将硬路肩及土路肩的位置全部按行车道标准铺筑面层。在盛产石料的山区或较窄的路基上,全宽铺筑中、低级路面。全铺式路面横断面形式如图6-1-1b)所示。

三、路面的结构层次划分

行车荷载和自然因素对路面的影响和作用,随深度的增加而逐渐减少。因此,对路面材料的强度、抗变形能力和稳定性的要求也随深度的增加而逐渐降低。为了适应这一特点,路面结构通常是分层铺筑的,按照使用要求、受力状况、土基支承条件和自然因素影响程度的不同,分成若干层次。按照各个层位功能的不同,路面结构可由面层、基层、底基层和必要的功能层组合而成,如图6-1-2所示。

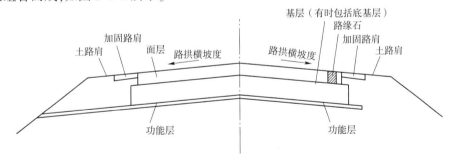

图 6-1-2 路面的组成和结构层次示意图

1. 面层

面层是直接与行车和大气接触的表面层次,它承受了较大的行车荷载的垂直力、水平力和冲击力的作用,同时还受到降水的浸蚀和气温、湿度变化的直接影响。因此,同其他层次相比,面层应具备较高的结构强度,较好的抗疲劳开裂、抗低温开裂能力,较好的水稳定性和温度稳定性,而且应当耐磨、不透水;其表面还应有良好的抗滑性和平整度。

修筑面层所用的材料主要有:水泥混凝土、沥青混凝土、沥青碎(砾)石混合料、砂砾或碎石掺土或不掺土的混合料以及块料等。常见的材料类型和适用的交通荷载及层位见表6-1-1。

面层材料类型和适用交通荷载及层位　　　　　表 6-1-1

材 料 类 型	适用交通荷载和层位
连续级配沥青混合料	各交通荷载等级的表面层、中面层和下面层
沥青玛蹄脂碎石混合料	极重、特重和重交通荷载等级的表面层,对抗滑有特殊要求的表面层
厂拌热再生沥青混合料	各交通荷载等级的表面层、中面层和下面层
上拌下贯沥青碎石	中等、轻交通荷载等级的面层
沥青表面处治	中等、轻交通荷载等级的表面层

沥青类路面的面层施工有时分两层或三层铺筑,如高速公路沥青面层总厚度为18~20cm时,可分为上、中、下三层铺筑,并根据各分层的要求采用不同的级配等级。水泥混凝土路面的面层施工分上、下两层铺筑,分别采用不同标号的水泥混凝土材料。水泥混凝土路面加铺5cm沥青混凝土,这样的复合式结构也是常见的。但是砂石路面上所铺的2~3cm厚的磨耗层或1cm厚的保护层,以及厚度不超过1cm的简易沥青表面处治,不能作为一个独立的层次,应看作是面层的一部分。

2. 基层(底基层)

基层主要承受了由面层传来的车轮荷载的垂直力,并扩散到下面的垫层和土基中去。

在沥青路面结构中,基层是路面结构中的承重层,它应具有良好的稳定性、抗疲劳开裂性能、耐久性和较高的承载能力(表现为足够的强度和刚度),并具有良好的扩散应力的能力。基层遭受大气因素的影响虽然比面层小,但是仍然有可能经受地下水和通过面层渗入雨水的浸湿,所以基层结构应具有足够的水稳定性。基层表面虽不直接供车辆行驶,但仍然要有较好的平整度,这是保证面层平整性的基本条件。

底基层是设置在基层之下,并与面层、基层一起承受车轮荷载反复作用的次承重层,对底基层材料的质量要求较低,可使用当地材料来修筑。

修筑基层、底基层的材料主要有各种结合料(如石灰、水泥或沥青等)、稳定土或稳定碎(砾)石、贫水泥混凝土、天然砂砾、各种碎石或砾石、片石、块石或圆石,各种工业废渣(如煤渣、粉煤灰、矿渣、石灰渣等)和土、砂、石所组成的混合料等,常见的材料类型和适用的交通荷载及层位见表6-1-2。

常见的基层、底基层材料类型和适用交通荷载及层位　　　　　表 6-1-2

类 型	材 料 类 型	适用交通荷载和层位
无机结合料稳定类	水泥稳定级配碎石或砾石、水泥粉煤灰稳定级配碎石或砾石、石灰粉煤灰稳定级配碎石或砾石	各交通荷载等级的基层和底基层
	水泥稳定未筛分碎石或砾石、石灰粉煤灰未筛分碎石或砾石、石灰稳定未筛分碎石或砾石	轻交通荷载等级的基层、各交通荷载等级的底基层
	水泥稳定土、石灰稳定土、石灰粉煤灰稳定土	轻交通荷载等级的基层、各交通荷载等级的底基层

续上表

类 型	材 料 类 型	适用交通荷载和层位
粒料类	级配碎石	重及重以下交通荷载等级的基层、各交通荷载等级的底基层
	级配砾石、未筛分碎石、天然砂砾、填隙碎石	中等和轻交通荷载等级的基层、各交通荷载等级的底基层
沥青结合料类	密级配沥青碎石、半开级配沥青碎石、开级配沥青碎石	极重、特重和重交通荷载等级的基层
	沥青贯入碎石	重及重以下交通荷载等级的基层
水泥混凝土	水泥混凝土或贫混凝土	极重和特重交通荷载等级的基层

基层厚度太厚时,为保证工程质量可分为两层或三层铺筑,基层为双层时,可称为上基层、下基层;底基层为双层时,可称为上底基层、下底基层。

3.功能层

《公路沥青路面设计规范》(JTG D50—2017)规定,功能层包括防冻层、排水层、封层、黏层和透层。

在季节性冻土地区当路面厚度不满足防冻要求时,应增设防冻层,宜采用粗砂、砂砾和碎石等粒料类材料。

在无机结合料稳定类或冷再生类材料结构层与沥青结合料类结构层之间宜设置封层,宜采用单层沥青表面处治或稀浆封层等。

粒料类基层和无机结合料稳定类基层顶面宜设置透层,透层沥青应具有良好的渗透性,宜采用稀释沥青和乳化沥青等。

需要注意的是,不是任何路面结构都需要上述几个层次,各级公路应根据具体情况设置必要的功能层。

 任务练习

一、选择题

1.以下属于高级路面的有( )。
　A.沥青混凝土　　　　　　　　　　B.级配碎石
　C.热拌沥青碎石　　　　　　　　　D.水泥稳定碎石

2.下列哪一项不属于路面的功能层( )。
　A.路基层　　　　B.防冻层　　　　C.黏层　　　　D.封层

3.二灰是指以下哪两种材料( )。
　A.水泥和石灰　　B.水泥和粉煤灰　C.石灰与煤渣　D.石灰与粉煤灰

4.下列哪些是粒料类材料( )。
　A.水泥土　　　　B.二灰碎石　　　C.级配碎石　　D.石灰土碎石

二、简答题

1.简述公路路面的功能。

2. 试绘出一个完整详细的路面结构层次划分示意图,并标注各部分名称。

3. 简述基层的作用及基本要求。

4. 简述路面结构各功能层的种类及作用。

任务6-2 路面分类与等级

1. 掌握公路路面的分类,清楚不同类别路面的受力特点。
2. 了解公路路面的等级及相应的特点。

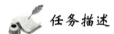

本任务要求学生能够掌握公路路面的分类,尤其是根据力学特性的分类,掌握不同路面的受力特点及面层材料的选择。同时要求学生了解公路路面的不同等级及相应的特点,并根据实际现场情况选择面层类型。

一、路面分类

路面类型可以从不同的角度来划分,但在路面设计中,主要从路面结构的力学特性出发,将路面划分为柔性路面、刚性路面和半刚性路面。

1. 柔性路面

柔性路面是指总体结构刚度较小,在车辆荷载作用下会产生较大的弯沉变形,路面结构的抗弯拉强度较低,主要依靠抗压、抗剪强度来承受车辆荷载作用的路面。该类路面主要包括由各种粒料、级配型基层及沥青稳定类基层和各类沥青面层、碎(砾)石面层或块石面层所组成的路面结构。它主要通过各结构层将车辆荷载传递给土基,使土基承受较大的单位压应力,因此该路面对土基的强度和稳定性要求较高。

2. 刚性路面

刚性路面是指用水泥混凝土做面层或基层的路面结构。水泥混凝土的强度及抗弯拉强度均很高,且有较高的弹性模量,呈现出较大的刚性。在车辆荷载作用下,水泥混凝土结构层呈板体工作状态,竖向弯沉较小,路面结构主要靠水泥混凝土地板的抗弯拉强度承受车轮荷载,再通过板体的扩散分布作用,传递到土基的单位压应力较柔性路面小得多。

3. 半刚性路面

半刚性路面是指用水泥、石灰等无机结合料、稳定集料或土类材料铺筑的基层和各类沥青面层所组成的路面结构。该路面在前期具有柔性路面的力学性质,而后期的强度和刚度有较大幅度的增长,但最终的强度和刚度仍远小于刚性路面。由于这种材料铺筑的路面的刚性处于柔性路面和刚性路面之间,因此将这种铺筑在半刚性基层上的沥青面层路面结构称为半刚性路面,这种基层称为半刚性基层。

柔性路面、刚性路面和半刚性路面,这种以力学特性为标准的分类方法主要是为了便于从功能原理和设计方法出发进行区分,并没有绝对的定量分界界限,近年来材料科学的发展正在逐步改变这种属性。例如,水泥混凝土的增塑研究正使它的刚性降低而保留高强性质;沥青的改性研究正使沥青混凝土随气候而变化的力学性质趋向稳定,大幅度提高了其刚度等。

二、路面的等级划分

通常按路面面层的使用品质、材料的组成类型以及结构强度和稳定性,将路面分为四个等级,如表6-2-1所示。

各等级路面所具有的面层类型及其所适用的公路等级　　　　　表6-2-1

路面等级	面 层 类 型	所适用的公路等级
高级	水泥混凝土、沥青混凝土、厂拌沥青碎石、整齐石块或条石	高速、一级、二级
次高级	沥青贯入碎(砾)石、路拌沥青碎(砾)石、沥青表面处治、半整齐石块	二级、三级
中级	泥结或级配碎(砾)石、水结碎石、不整齐石块、其他粒料	三级、四级
低级	各种粒料或当地材料改善土,如炉渣土、砾石土和砂砾土等	四级

注:表中所列的路面类型适用情况只是相应公路等级下的面层类型的最低要求,三、四级公路如果经过技术经济论证也可以采用高级路面。

1. 高级路面

高级路面的特点是强度高,刚度大,稳定性好,使用寿命长,能适应较繁重的交通量,路面平整、无尘埃,能保证高速行车。高级路面养护费用少,运输成本低,但初期建设投资高,需要用质量高的材料来修筑。

2. 次高级路面

次高级路面与高级路面相比,强度和刚度较差,使用寿命较短,所适应的交通量较小,行车速度也较低,次高级路面的初期建设投资虽较高级路面低些,但要求定期修理,养护费用和运输成本也较高。

3. 中级路面

中级路面的强度和刚度低、稳定性差,使用期限短,平整度差,易扬尘,仅能适应较小的交通量,行车速度低。中级路面的初期建设投资虽然很低,但是养护工作量大,需要经常维修和补充材料才能延长使用年限,运输成本也高。

4. 低级路面

低级路面的强度和刚度最低、稳定性差,路面平整性差,易扬尘,故只能保证低速行车,所适应的交通量最小,在雨季有时不能通车。低级路面的初期建设投资最低,但要求经常养护修理,养护工程量大,而且运输成本也最高。

 任务练习

一、选择题

1. 柔性路面是指总体结构刚度(　　　),在车辆荷载作用下会产生较大的弯沉变形,路面结构的抗弯拉强度(　　　),主要依靠抗压、抗剪强度来承受车辆荷载作用的路面。

  A. 较小   B. 较大   C. 较高   D. 较低

2. 下列哪种材料是半刚性材料(　　　)。

  A. 级配碎石   B. 级配砾石   C. 二灰土   D. 泥结碎石

3. 半刚性路面在前期具有(　　)的力学性质,而后期的强度和刚度有较大幅度的(　　),但最终的强度和刚度仍远小于(　　)。

  A. 刚性路面   B. 柔性路面   C. 增长   D. 降低

4. 路面类型可以从不同的角度来划分,但在路面设计中,主要从路面结构的(　　　)出发,将路面划分为柔性路面、刚性路面和半刚性路面。

  A. 形状   B. 力学特性   C. 材料类型   D. 施工方法

二、简答题

1. 简述从路面结构的力学特性划分的三种路面类型及对应的受力特点。

2. 公路路面按路面面层的使用品质、材料的组成类型以及结构强度和稳定性,可将路面分为四个等级,简述这四个等级及相应特点。

项目 7 路面基层

任务 7-1 路面基层类型

学习目标

1. 了解常用路面基层的类型、特点及适用范围。
2. 熟悉路面基层施工前的准备工作。

任务描述

基层是路面的重要组成部分,其材料、类型对路面质量影响重大。基层是直接位于沥青面层下、用高质量材料铺筑的主要承重层或直接位于水泥混凝土面板下、用高质量材料铺筑的结构层。基层可以是一层或两层,可以是一种或两种材料。基层的主要作用是承受由面层传递的车辆荷载,并将其分布到下面的垫层或土基上。

在沥青路面基层下用质量较次材料铺筑的次要承重层,或在水泥混凝土路面基层下用质量较次材料铺筑的辅助层称作底基层。底基层可以是一层或两层以上,可以是一种或两种材料。

本任务要求学生通过相关知识的学习,能够认知常用路面基层的类型、特点、适用范围及施工前的准备工作内容。

相关知识

一、路面基层的类型

基层(底基层)可以按力学性能、材料组成、强度形成机理等不同的方法进行分类,结合我国常用的类型,一般分类如图 7-1-1 所示。

目前,高等级公路路面基层、底基层采用较为广泛的是无机结合料稳定类半刚性基层和粒料类柔性基层。因此,本项目重点讲述半刚性类基层和无结合料粒料类基层。

1. 水泥稳定土

水泥稳定土是用水泥做结合料所得混合料的一个广义的名称,它既包括用水泥稳定各种细粒土,也包括用水泥稳定各种中粒土和粗粒土。在经过粉碎的或原来松散的土中掺入足量的水泥和水,经拌和得到的混合料在压实和养护后,当其抗压强度符合规定的要求时,称为水泥稳定土。

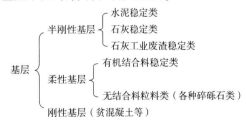

图 7-1-1 路面基层分类图

用水泥稳定细粒土得到的强度符合要求的混合料,视所用的土类而定,可简称为水泥土、水泥砂或水泥石屑等。

用水泥稳定中粒土和粗粒土得到的强度符合要求的混合料,视所用原材料而定,可简称为水泥碎石、水泥砂砾等。

2. 石灰稳定土

在粉碎的或原来松散的土(包括各种粗、中、细粒土)中,掺入足量的石灰和水,经拌和、压实及养护后得到的混合料,当其抗压强度符合规定的要求时,称为石灰稳定土。

用石灰稳定细粒土得到的强度符合要求的混合料,称为石灰土。

用石灰稳定中料土和粗粒土得到的强度符合要求的混合料,视所用原材料而定,原材料为天然砂砾土或级配砂砾时,称为石灰砂砾土;原材料为碎石土或级配碎石时,称为石灰碎石土。

用石灰稳定原中级路面,使其适应作沥青路面和水泥混凝土路面的基层时,属于石灰砂砾土或石灰碎石土。

3. 石灰工业废渣稳定土

一定数量的石灰和粉煤灰或石灰和煤渣与其他集料相配合,加入适量的水(通常为最佳含水率),经拌和、压实及养护后得到的混合料,当其抗压强度符合规定的要求时,称为石灰工业废渣稳定土(简称为石灰工业废渣)。

一定数量的石灰和粉煤灰,一定数量的石灰、粉煤灰和土以及一定数量的石灰、粉煤灰和砂相配合,加入适量的水(通常为最佳含水率),经拌和、压实及养护后得到的混合料,当其抗压强度符合规定的要求时,分别简称为二灰、二灰土、二灰砂。

用石灰和粉煤灰稳定级配碎石或级配砾石得到的混合料,当其强度符合要求时,分别称为石灰、粉煤灰级配碎石和石灰、粉煤灰级配砾石。这两种混合料又统称为石灰、粉煤灰级配集料,或分别简称为二灰级配碎石、二灰级配砾石、二灰级配集料。

用石灰、煤渣和土以及石灰、煤渣和集料得到的强度符合要求的混合料,分别称为石灰煤渣土和石灰煤渣集料。

4. 无结合料粒料类

无结合料粒料类基层材料包括级配碎石、级配砾石、填隙碎石等。

粗、中、小碎石集料和石屑各占一定比例的混合料,当其颗粒组成符合规定的密实级配要求时,称作级配碎石。

粗、中、小砾石和砂各占一定比例的混合料,当其颗粒组成符合规定的密实级配要求且塑性指数和承载比均符合规定要求时,称为级配砾石。

用单一尺寸的粗碎石做主骨料,形成嵌锁结构,起承受和传递车轮荷载的作用,用石屑作填隙料,填满碎石间的孔隙,增加密实度和稳定性,这种材料称作填隙碎石。

二、路面基层的特点

半刚性基层的特点是整体性好、承载力高、刚度大、稳性好,且是一种因地制宜较为经济的结构。其缺点是易产生干缩裂缝、不耐磨。

粒料类基层的结构强度,主要靠集料颗粒间的嵌锁和摩擦阻力作用形成。这类结构的强度主要取决于集料的强度、形状、尺寸的均匀性、表面粗糙度和施工压实度等。

三、路面基层的适用范围

1. 石灰稳定类基层

石灰稳定类土适用于各级公路的底基层,以及二级和二级以下公路的基层,但石灰稳定细粒土(砂性土、粉性土或黏性土)不得用作二级公路的基层和二级以下公路高级路面的基层。

在冰冻地区的潮湿路段落及其他地区的过分潮湿路段,不宜采用石灰土做基层。当只能采用石灰土时,应采取措施防止水分侵入石灰土层。

2.水泥稳定类基层

水泥稳定类土较石灰稳定类土有更好的力学性能、整体性、水稳性和抗冻性。水泥稳定类土可用于各级公路的基层和底基层。但水泥稳定细粒土(砂性土、粉性土或黏性土)不得用作二级和二级以上公路高级路面的基层。水泥稳定粗粒土(碎、砾石)用于高等级公路基层,尤适于寒冷潮湿的非黏性土。

3.石灰工业废渣稳定类基层

石灰工业废渣稳定土可适用于各级公路的基层和底基层,但二灰、二灰土和二灰砂不应用作二级和二级以上公路高级路面的基层。

4.粒料类基层

级配碎石可用作各级公路的基层、底基层,也可用作较薄沥青层与半刚性基层之间的中间层。级配砾石可适用于轻交通的二级和二级以下公路的基层以及各级公路的底基层。填隙碎石可用于各等级公路的底基层和二级以下公路的基层。

 **任务实施**

基层施工前,除做好组织准备、物质准备、现场准备及熟悉设计图纸、编制施工组织设计、技术交底等技术准备工作外,还应做好开工前的试验工作及铺筑试验路段。

一、基层材料的标准试验

在组织现场施工以前必须建立健全工地试验制度,工地试验室应能进行所用基层材料的各项试验,还应具备进行现场压实度和平整度检查的能力,应配备弯沉测量的仪具和路面钻机。试验、检验应做到原始记录齐全,数据真实可靠。

在组织现场施工以前以及在施工过程中,原材料(包括土)或混合料发生变化时,必须对拟采用的材料进行规定的基本性质试验,评定材料质量和性能是否符合要求。

1.原材料试验

对用作底基层和基层的原材料,应进行表7-1-1所列的试验。

底基层和基层原材料的试验项目　　　　表7-1-1

试验项目	材料名称	目的	频度	仪器和试验方法
含水率	土、砂砾、碎石等集料	确定原始含水率	每天使用前测2个样品	烘干法、酒精燃烧法、含水率快速测定仪
颗粒分析	砂砾、碎石等集料	确定级配是否符合要求,确定材料配合比	每种土使用前测2个样品,使用过程中每2000m³测2个样品	筛分法
液限、塑限	土、级配砾石或级配碎石中粒径0.5mm以下的细土	求塑性指数,审定是否符合规定	每种土使用前测2个样品,使用过程中每2000m³测2个样品	液限塑限联合测定法测液限;滚搓法塑限试验测塑限

续上表

试验项目	材料名称	目的	频度	仪器和试验方法
相对毛体积密度、吸水率	砂砾、碎石等	评定粒料质量，计算固体体积率	使用前测2个样品，砂砾使用过程中每2000m³测2个样品，碎石种类变化重做2个样品	网篮法或容积1000mL以上的比重瓶法
压碎值	砂砾、碎石等	评定石料的抗压碎能力是否符合要求	同上	集料压碎值试验
有机质和硫酸盐含量	土	确定土是否适宜于用石灰或水泥稳定	对土有怀疑时做此试验	有机质含量试验，易溶盐试验
有效钙、氧化镁	石灰	确定石灰质量	做材料组成设计和生产使用时分别测2个样品，以后每月测2个样品	石灰的化学分析
水泥标号和终凝时间	水泥	确定水泥的质量是否适宜应用	做材料组成设计时测1个样品，料源或标号变化时重测	水泥胶砂强度检验方法，水泥凝结时间检验方法
烧失量	粉煤灰	确定粉煤灰是否适用	做材料组成设计前测2个样品	烧失量试验

2. 混合料试验

对初步确定使用的底基层和基层混合料，包括掺配后不用结合料稳定的材料，应进行表7-1-2所列的试验。

底基层和基层混合料的试验项目　　　　　表7-1-2

试验项目	试验目的
重型击实试验	求最佳含水率和最大干密度，以规定工地碾压时的合适含水率和应该达到的最小干密度，确定制备强度试验和耐久性试验的试件所应采用的含水率和干密度；确定制备承载比试件的材料含水率
承载比	求工地预期干密度下的承载比，确定材料是否适宜做基层或底基层
抗压强度	进行材料组成设计，选定最适宜于用水泥或石灰稳定的土（包括粒料）；规定施工中所用的结合料剂量；为工地提供评定质量的标准
延迟时间	对已定水泥剂量的混合料，确定延迟时间对混合料密度和抗压强度的影响，并据此确定施工允许的延迟时间

二、铺筑试验段

在底基层和基层正式开工之前，应铺筑试验段，长度宜为100～200m。

1. 无结合料的粒料基层

应通过铺筑无结合料的集料基层试验段，确定以下主要项目：

（1）用于施工的集料配合比例。

（2）材料的松铺系数。

（3）确定标准施工方法，包括：

①集料数量的控制。

②集料摊铺方法和适用机具。
③合适的拌和机械、拌和方法、拌和深度和拌和遍数。
④集料含水率的增加和控制方法。
⑤整平和整形的合适机具和方法。
⑥压实机械的选择和组合,压实的顺序、速度和遍数。
⑦拌和、运输、摊铺和碾压机械的协调和配合。
⑧密实度的检查方法,初定每一作业段的最小检查数量。
(4)确定每一作业段的合适长度。
(5)确定一次铺筑的合适厚度。
2.半刚性基层

通过铺筑水泥稳定土、石灰稳定土和石灰工业废渣稳定土基层试验段,除检验上述施工环节外,还应确定控制结合料数量和拌和均匀性的方法。

对于水泥稳定土基层,还包括通过严密组织拌和、洒水、整形、碾压等工序,缩短延迟时间,规定允许的拌和时间。

 任务练习

一、填空题

1.路面基层一般分为刚性基层、_____基层和_____基层三类,使用较为广泛的是_____基层和_____基层。

2.无机结合料稳定类基层一般包括_____、_____、_____和综合稳定类,通常情况下,细粒土常用_____稳定,而粗粒土常用_____来稳定。粒料类基层主要包括_____和_____等结构层。

二、选择题

1.适用于各级公路的底基层,以及二级和二级以下公路的基层的是(　　)。
　A.石灰稳定土　　　　　B.水泥稳定土
　C.石灰工业废渣稳定土　D.综合稳定土

2.用于高等级公路基层,尤其适于寒冷潮湿的非黏性土的是(　　)稳定粗粒土。
　A.石灰　　　B.水泥　　　C.石灰工业废渣　　　D.综合

3.可用作各级公路基层、底基层的材料是(　　)。
　A.水结碎石　B.泥结碎石　C.级配碎石　　　　　D.填隙碎石

三、简答题

1.半刚性基层和粒料类基层各有何特点?

2.基层施工前,应对原材料和混合料分别进行哪些试验?

3.基层试验段铺筑的目的主要是检验哪些施工工艺环节?

任务 7-2　半刚性基层施工

学习目标

1. 了解水泥稳定土、石灰稳定土、工业废渣稳定土等半刚性基层对材料的要求。
2. 掌握半刚性基层的施工工艺流程及施工要点。
3. 熟悉半刚性基层施工过程中的质量管理与检查验收的内容和要求。

任务描述

半刚性基层是指采用一定的技术措施,在土中掺入适量的水泥、石灰或工业废渣等无机结合料,经拌和、碾压、养护成型的路面基层。常用的半刚性基层材料包括石灰土、水泥稳定碎石、二灰土、二灰砂砾等。

本任务将逐一讲述各类半刚性基层的材料要求及施工技术。

相关知识

一、水泥稳定土

1. 一般规定

(1)水泥稳定集料可适用于各级公路的基层和底基层,但水泥稳定细粒土不得用作二级和二级以上公路高级路面的基层。

(2)水泥稳定中粒土和粗粒土用作基层时,水泥剂量一般为3%~5.5%,不宜超过6%。必要时,应首先改善集料的级配,然后用水泥稳定。

在只能使用水泥稳定细粒土做基层时或水泥稳定集料的强度要求明显大于规定时,水泥剂量不受此限制。

(3)水泥稳定土结构层宜在春末和气温较高的季节组织施工。施工期的日最低气温应在5℃以上,在有冰冻的地区,应在第1次重冰冻(-3~-5℃)到来之前半个月到一个月完成。

(4)水泥稳定土在雨季施工,特别是水泥土结构层时,应特别注意气候变化,勿使水泥和混合料遭雨淋。降雨应时应停止施工,但已经摊铺的水泥混合料应尽快碾压密实。路拌法施工时,应采取措施排除下承层表面的水,勿使运到路上的集料过分潮湿。

(5)水泥稳定土的压实度、7d 无侧限抗压强度的代表值应符合表 7-2-1 的规定。

水泥稳定土压实度及 7d 无侧限抗压强度标准　　　　表 7-2-1

项　　目		高速公路、一级公路		二级及以下公路	
		基层	底基层	基层	底基层
压实度(%)	中、粗粒土	≥98	≥97	≥97	≥95
	细粒土	—	≥95	≥93	≥93
抗压强度(MPa)		3.0~5.0	1.5~2.5	2.5~3.0	1.5~2.0

2.材料要求

1)土

水泥稳定土所用的粗粒土、中粒土、细粒土应满足如下要求：

(1)技术要求

土的质量应符合表7-2-2的要求。水泥稳定土用作各级公路底基层时，对于中粒土和粗料土，如土中粒径小于0.6mm的颗粒含量在30%以下，塑性指数可稍大。实际工作中，宜选用均匀系数大于10、塑性指数小于12的土。塑性指数大于17的土，宜采用石灰稳定，或用水泥和石灰综合稳定。

水泥稳定土用土的质量指标 表7-2-2

项 目	高速公路、一级公路		二级及以下公路	
	基层	底基层	基层	底基层
最大粒径(mm)	≤31.5	≤37.5	≤37.5	≤53
液限(%)	<28	≤40	—	≤40
塑性指数	<9	≤17	—	≤17
均匀系数	—	>5	>10	>5
碎石、砾石的压碎值(%)	≤30		≤35	≤40
有机质含量(%)	≤2			
硫酸盐含量(%)	≤0.25			

注：最大粒径指方孔筛，若为圆孔筛，则最大粒径可为所列数值的1.2～1.25倍。

有机质含量超过2%的土，必须先用石灰进行处理，闷料一夜后再用水泥稳定。硫酸盐含量超过0.25%的土，不应用水泥稳定。

(2)级配要求

①用作高速公路和一级公路的基层时，水泥稳定土的颗粒组成应在表7-2-3所列3号级配范围内。对所用的碎石或砾石，应预先筛分成3～4个不同粒级，然后通过颗粒级配，使颗粒组成符合表7-2-3所列级配范围。

水泥稳定土的颗粒组成范围 表7-2-3

编 号	通过下列方孔筛(mm)质量百分率(%)								
	37.5	31.5	26.5	19	9.5	4.75	2.36	0.6	0.075
1	100					50～100		17～100	0～30
2	100	90～100		67～90	45～68	29～50	18～38	8～22	0～7
3		100	90～100	72～89	47～67	29～49	17～35	8～22	0～7

②用作高速公路和一级公路的底基层时，水泥稳定土的颗粒组成应在表7-2-3所列1号级配范围内。

③用作二级和二级以下公路的基层时，水泥稳定土的颗粒组成应在表7-2-4所列级配范围内。集料中不宜含有塑性指数的土(为减轻基层裂缝)。对于二级公路宜按接近级配范围的下限组配混合料或采用表7-2-3中的2号级配。

用作二级和二级以下公路基层时水泥稳定土的颗粒组成范围 表7-2-4

方孔筛尺寸(mm)	37.5	26.5	19	9.5	4.75	2.36	1.18	0.6	0.075
通过下列质量百分率(%)	90～100	66～100	54～100	39～100	28～24	20～70	14～57	8～47	0～30

④用作二级和二级以下公路的底基层时,水泥稳定土的颗粒组成应在表7-2-5所列级配范围内。

用作二级和二级以下公路底基层时水泥稳定土的颗粒组成范围　　　表7-2-5

方筛孔尺寸(mm)	53	4.75	0.6	0.075	0.002
通过质量百分率(%)	100	50~100	17~100	0~50	0~30

2)水泥

普通硅酸盐水泥、矿渣硅酸盐水泥和火山灰质硅酸盐水泥都可用于稳定土,但应选用初凝时间3h以上和终凝时间较长(宜在6h以上)的水泥。不应使用快硬水泥、早强水泥以及已受潮变质的水泥。宜采用标号32.5或42.5的水泥。

3)石灰

综合稳定土中用的石灰应是消石灰粉或生石灰粉。

4)水

凡是饮用水(含牲畜饮用水)均可用于水泥稳定土施工。

二、石灰稳定土

1.一般规定

(1)石灰稳定土适用于各级公路的底基层,以及二级和二级以下公路的基层,但石灰土不得用作二级公路的基层和二级以下公路高级路面的基层。

(2)作为沥青路面的基层时,还应采取措施加强基层与面层的联结。

(3)在冰冻地区的潮湿路段及其他地区的过分潮湿路段,不宜采用石灰土做基层。当只能采用石灰土时,应采取措施防止水分浸入石灰土层。

(4)石灰稳定土层应在春末和夏季组织施工。施工期的日最低气温应在5℃以上,并应在第一次重冰冻(-3~-5℃)到来之前一个月到一个半月完成。稳定土层宜经历半月以上温暖或热的温度的养护。多雨地区,应避免在雨季进行石灰土结构层的施工。

(5)在雨季施工石灰稳定中粒土和粗粒土时,应采用排除表面水的措施,防止运到路上的集料过分潮湿,并应采取措施保护石灰免遭雨淋。

(6)石灰稳定土的压实度、7d无侧限抗压强度度的代表值应符合表7-2-6的规定。

石灰稳定土压实度及7d无侧限抗压强度标准　　　表7-2-6

项　目		高速公路、一级公路		二级及以下公路	
		基层	底基层	基层	底基层
压实度(%)	中、粗粒土	—	≥97	≥97	≥95
	细粒土	—	≥95	≥93	≥93
抗压强度(MPa)		—	≥0.8	≥0.8	0.5~0.7

2.材料要求

1)土

(1)塑性指数要求

塑性指数为15~20的黏性土以及含有一定数量黏性土的中粒土和粗粒土均适宜于用石灰稳定。

塑性指数在10以下的亚砂土和砂土用石灰稳定时,应采取适当的措施或采用水泥稳定。用石灰稳定无塑性指数的级配砂砾、级配碎石和未筛分碎石时,应添加15%左右的黏性土。

塑性指数偏大的黏性土,应加强粉碎,粉碎后土块的最大尺寸不应大于15mm。可以采用两次拌和法,第一次加部分石灰拌和后,闷放1~2d,再加入其余石灰,进行第二次拌和。

(2)其他技术指标

石灰土用土的其他技术指标应符合表7-2-7的规定,硫酸盐和有机质含量超限的土不宜用石灰稳定。

石灰稳定土用土的质量指标 表7-2-7

项　目	高速公路、一级公路底基层	其 他 公 路		
		二级公路基层	二级以下公路基层	底基层
最大粒径(mm)	≤37.5	≤37.5	≤37.5	≤53
碎石、砾石的压碎值(%)	≤35	≤30	≤35	≤40
有机质含量(%)	≤10			
硫酸盐含量(%)	≤0.8			

2)石灰

石灰的质量应符合合格级以上的技术指标,有效钙、镁含量≥80%。施工中应尽量缩短石灰的存放时间。石灰在野外堆放的时间较长时,应覆盖防潮。

对于高速公路和一级公路,宜采用磨细生石灰粉。

使用等外石灰、贝壳石灰、珊瑚石灰等,应进行试验,如混合料的强度符合相应标准,也可使用。

3)水

石灰土施工对水的要求同水泥稳定土施工,即饮用水(含牲畜饮用水)均可。

三、石灰工业废渣稳定土

1.一般规定

(1)可利用的工业废渣包括:粉煤灰、煤渣、高炉矿渣、钢渣(已经过崩解达到稳定),及其他冶金矿渣、煤矸石等。

(2)石灰工业废渣稳定土可分为下列两大类:石灰粉煤灰类、石灰其他废渣类。

(3)石灰工业废渣稳定土可适用于各级公路的基层和底基层,但二灰、二灰土和二灰砂不应用作二级和二级以上公路高级路面的基层。

(4)石灰工业废渣混合料采用质量配合比计算,以石灰:粉煤灰:集料(或土)的质量比表示。

(5)石灰工业废渣稳定土宜在春末和夏季组织施工。施工期的日最低气温应在5℃以上,并应在第一次重冰冻(-3~-5℃)到来之前一个月到一个半月完成。

(6)石灰工业废渣稳定土的压实度、7d无侧限抗压强度的代表值应符合表7-2-8的规定。

石灰工业废渣稳定土压实度及 7d 无侧限抗压强度标准 表 7-2-8

项　目		高速公路、一级公路		二级及以下公路	
		基层	底基层	基层	底基层
压实度(%)	中、粗粒土	≥98	≥97	≥97	≥95
	细粒土	—	≥95	≥93	≥93
抗压强度(MPa)		0.8~1.1	≥0.6	0.6~0.8	≥0.5

2. 材料要求

(1) 石灰

石灰工业废渣稳定土所用石灰质量应符合合格级及以上的技术指标,应尽量缩短石灰的存放时间,如存放时间较长,应采取覆盖封存措施,妥善保管。

有效钙含量在20%以上的等外石灰、贝壳石灰、珊瑚石灰、电石渣等,当其混合料的强度通过试验符合标准时,可以应用。

(2) 粉煤灰

粉煤灰中 SiO_2、Al_2O_3 和 Fe_2O_3 的总含量应大于70%,粉煤灰的烧失量不应超过20%;粉煤灰的比表面积宜大于 $2500cm^2/g$(或90%通过0.3mm筛孔,70%通过0.075mm筛孔)。

干粉煤灰和湿粉煤灰都可以使用。湿粉煤灰的含水率不宜超过35%。

(3) 煤渣

煤渣的最大粒径不应大于30mm,颗粒组成宜有一定级配,且不宜含杂质。

(4) 土

宜采用塑性指数12~20的黏性土(亚黏土)。土块的最大粒径不应大于15mm。有机质含量超过10%的土不宜选用。二灰稳定的中粒土和粗粒土不宜含有塑性指数的土。最大粒径和碎石、砾石的压碎值应符合表7-2-9的规定。

二灰稳定土用土的质量指标 表 7-2-9

项　目	高速公路、一级公路		二级及以下公路	
	基层	底基层	基层	底基层
最大粒径(mm)	≤31.5	≤37.5	≤37.5	≤53
碎石、砾石的压碎值(%)	≤30	≤35	≤35	≤40
塑性指数	12~20			

另外,用于二级及二级以下公路的基层时,碎石、砾石或其他粒状材料的质量宜占80%以上,并符合表7-2-10或表7-2-11的级配范围。用于高速公路和一级公路的基层时,二灰的质量应占15%,最多不超过20%。其颗粒组成宜符合表7-2-10或表7-2-11中2号级配的范围,粒径小于0.075mm的颗粒含量宜接近0。对所用的砾石或碎石,应预先筛分成3~4个不同粒级,然后再配合成颗粒组成符合表7-2-10或表7-2-11所列级配范围的混合料。

二灰级配砂砾中集料的颗粒组成范围 表 7-2-10

编　号	通过下列方孔筛(mm)质量百分率(%)								
	37.5	31.5	19	9.5	4.75	2.36	1.18	0.60	0.075
1	100	85~100	65~85	50~70	35~55	25~45	17~35	10~27	0~15
2		100	85~100	55~75	39~59	27~47	17~35	10~25	0~10

二灰级配碎石中集料的颗粒组成范围　　　　　　　　　　　　表7-2-11

编号	通过下列方孔筛(mm)质量百分率(%)								
	37.5	31.5	19	9.5	4.75	2.36	1.18	0.60	0.075
1	100	90~100	72~90	48~68	30~50	18~38	10~27	6~20	0~7
2		100	81~98	52~70	30~50	18~38	10~27	6~20	0~7

(5)水

石灰工业废渣稳定土施工对水的要求同水泥稳定土施工,即饮用水(含牲畜饮用水)均可。

四、质量管理与检查验收

质量管理包括所用材料的标准试验、铺筑试验段、施工过程中的质量管理和检查验收(工序间)。必须建立、健全工地试验,质量检查及工序间的交接验收等制度。试验、检验应做到原始记录齐全,数据真实可靠。标准试验与铺筑试验段详见任务1中的基层施工前准备工作。

1. 施工过程中的质量管理

施工过程中的质量管理包括外形尺寸的控制和检查以及质量控制和检查。

(1)外形尺寸检查项目、频度和质量标准应符合表7-2-12的要求。

(2)质量控制的项目、频度和质量标准应符合表7-2-13的要求。

外形尺寸检查项目、频度和质量标准　　　　　　　　　　　　表7-2-12

工程类别	项目		频度	质量标准	
				高速公路和一级公路	一般公路
底基层	纵断高程(m)		二级及二级以下公路每20延米测1个点;高速公路和一级公路每20延米测1个断面,每个断面测3~5个点	+5,-15	+5,-20
	厚度(mm)	均值	每1500~2000m²测6个点	-10	-12
		单个值		-25	-30
	宽度(mm)		每40延米测1处	+0以上	+0以上
	横坡度(%)		每100延米测3处	±0.3	±0.5
	平整度(mm)		每200延米测2处,每处连续10尺(3m直尺)	12	15
基层	纵断高程(m)		二级及二级以下公路每20延米测1个点;高速公路和一级公路每20延米测1个断面,每个断面测3~5个点	+5,-10	+5,-15
	厚度(mm)	均值	每1500~2000m²测6个点	-8	-15
		单个值		-10	-20
	宽度(mm)		每40延米测1处	+0以上	+0以上
	横坡度(%)		每100延米测3处	±0.3	±0.5
	平整度(mm)		每200延米测2处,每处连续10尺(3m直尺)	8	12
			连续式平整度仪的标准差(mm)	3.0	

质量控制的项目、频度和质量标准   表7-2-13

工程类别	项目		频度	质量标准
水泥或石灰稳定土及综合稳定土	级配		每2000m²测1次	在《公路工程质量检验评定标准》(JTG F80/1—2017)(下同)规定范围内
	集料压碎值		据观察,异常时随时试验	不超过本规范规定值
	水泥或石灰剂量		每2000m²测1次,至少6个样品,用滴定法或用直读式测钙仪试验,并与实际水泥或石灰用量校核	不小于设计值-1.0%
	含水率	水泥稳定土	据观察,异常时随时试验	在规范规定范围内
		石灰稳定土		
	拌和均匀性		随时观察	无灰条、灰团,色泽均匀,无离析现象
	压实度	稳定细粒土	每一作业段或不大于2000m²检查6次以上	二级及二级以下公路93%以上,高速公路和一级公路95%以上
		稳定中粒土和粗粒土		二级及二级以下公路的底基层95%,基层97%;高速公路和一级公路的底基层96%,基层98%
	抗压强度		稳定细粒土,每一作业段或每2000m²检查6个试件;稳定中粒土和粗粒土,每一作业段或每2000m²检查6个或9个试件	符合规范规定要求
石灰工业废渣稳定土	延迟时间		每个作业段测1次	不超过规范规定
	配合比		每2000m²测1次	石灰剂量不小于设计值的-1%(当石灰剂量少于4%时,为不小于设计值的-0.5%)以内
	级配		每2000m²测1次	在规范规定范围内
	含水率		据观察,异常时随时试验	最佳含水率±1%(二灰土为±2%)
	拌和均匀性		随时观察	无粗细集料离析现象
	压实度	二灰土	每一作业段或不大于2000m²检查6次以上	二级及二级以下公路93%以上,高速公路和一级公路95%以上
		其他含粒料的石灰工业废渣		二级及二级以下公路底基层95%或93%,基层97%以上;高速公路和一级底基层97%或95%,基层98%以上
	抗压强度		稳定细粒土,每一作业段或每2000m²检查6个试件;稳定中粒土和粗粒土,每一作业段或每2000m²检查6个或9个试件	符合规定要求

(3)对于无机结合料稳定基层,应取钻件(俗称路面芯样)检验其整体性。水泥稳定基层的龄期为7~10d时,应能取出完整的钻件。二灰稳定基层的龄期为20~28d时,应能取出完整的钻件。

如果路面钻机取不出水泥稳定基层或二灰稳定基层的完整钻件,则应找出不合格基层的界限,进行返工处理。

2. 检查验收

各个工序完结后,均应进行检查验收。经检验合格后,方可进行下一个工序。凡经检验不合格的路段,必须进行补救,使其达到要求。

稳定粒料(碎石、砂砾或矿渣等)基层、底基层的检查验收要求如下。其他半刚性基层、底基层详见《公路工程质量检验评定标准 第一册 土建工程》(JTG F80/1—2017)。

(1)基本要求

①粒料应符合设计和施工规范要求,并应根据当地料源选择质坚干净的粒料,矿渣应分解稳定,未分解渣块应予剔除。

②水泥用量和矿料级配按设计控制准确。

③路拌深度要达到层底。

④摊铺时要注意消除离析现象。

⑤混合料处于最佳含水率状况下,用重型压路机碾压至要求的压实度,从加水拌和到碾压终了的时间不应超过3~4h,并应短于水泥的终凝时间。

⑥碾压检查合格后立即覆盖或洒水养护,养护期要符合规范要求。

(2)实测项目

水泥稳定粒料(碎石、砂砾或矿渣等)基层和底基层实测项目见表7-2-14。

稳定粒料基层和底基层实测项目　　　　表7-2-14

项次	检查项目		规定值或允许偏差				检查方法和频率
			基层		底基层		
			高速公路、一级公路	其他公路	高速公路、一级公路	其他公路	
1	压实度(%)	代表值	≥98	≥97	≥96	≥95	按《公路工程质量检验评定标准 第一册 土建工程》(JTG F80/1—2017)(下同)附录B检查,每200m测2点
		极值	≥94	≥93	≥92	≥91	
2	平整度		≤8	≤12	≤12	≤15	3m直尺:每200m测2处×5尺
3	纵断高程(mm)		-5,-10	+5,-15	+5,-15	+5,-20	水准仪:每200m测2个断面
4	宽度(mm)		满足设计要求				尺量:每200m测4点
5	厚度(mm)	代表值	-8	-10	-10	-12	按附录H检查,每200m测2点
		合格值	-10	-20	-25	-30	
6	横坡(%)		±0.3	±0.5	±0.3	±0.5	水准仪:每200m测2个断面
7	强度(MPa)		符合设计要求				按附录G检查

(3)外观鉴定

①表面平整密实、无坑洼、无明显离析。不符合要求时,每处减1~2分。

②施工接茬平整、稳定。不符合要求时,每处减1~2分。

任务实施

工作任务一:水泥稳定土施工

水泥稳定土基层的施工方法主要有路拌法和中心站集中厂拌法。

对于二级以下的公路,水泥稳定土基层和底基层可以采用路拌法施工。但对于二级公路,应采用专用的稳定土拌和机或使用集中拌和法制备混合料。

对于高速公路和一级公路,直接铺筑在土基上的底基层下层可以用稳定土拌和机进行路拌法施工,当土基上层已用石灰或固化剂处理时,底基层的下层也宜用集中拌和法拌制混合料。其上的各个稳定土层都应用集中厂拌法拌制混合料,并用摊铺机摊铺基层混合料。

1.路拌法施工

路拌法施工时,必须严密组织,采用流水作业法施工,每一流水作业段长度以200m为宜。

路拌法施工的工艺流程见图7-2-1。

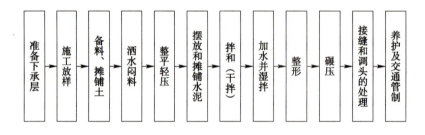

图7-2-1 水泥稳定土路拌法施工工艺流程图

1)准备下承层

水泥稳定土的下承层表面应平整、坚实,具有规定的路拱,下承层的平整度和压实度应符合规范规定,如图7-2-2所示。

图7-2-2 准备好的下承层

当水泥稳定土用作基层时,要准备底基层;当水泥稳定土用作老路面的加强层时,要准备老路面;当水泥稳定土用作底基层时,要准备土基。

(1)对于土基不论是路堤还是路堑,必须用12~15t三轮压路机或等效的碾压机械进行3~4遍碾压检验。在碾压过程中,如发现土过干、表层松散,应适当洒水;如土过湿,发生"弹簧"现象,应采用挖开晾晒、换土、掺石灰或水泥等措施进行处理。

(2)对于底基层,应进行压实度检查,对于柔性底基层还应进行弯沉值检验。

(3)对于老路面,应检查其材料是否符合底基层材料的技术要求,如不符合要求,应翻松老路面并采取必要的处理措施。

(4)底基层或老路面上的低洼和坑洞,应仔细填补及压实;搓板和辙槽应刮除;松散处,应耙松洒水并重新碾压,达到平整密实。

(5)新完成的底基层或土基,必须按规范规定进行验收,如图7-2-3所示。

(6)应按规范规定逐个断面检查下承层高程。

2)施工放样

(1)在底基层或老路面或土基上恢复中线,直线段每15~20m设一桩,平曲线段每10~15m设一桩,并在两侧路肩边缘外设指示桩。

(2)在两侧指示桩上用明显标记标出水泥稳定土层边缘的设计高程。

图7-2-3 路槽验收现场

3)备料、摊铺土

(1)采土(包括细粒土、中粒土和粗粒土)

①采集土前,应先将树木、草皮和杂土清除干净。

②土中的超尺寸颗粒应予筛除。

③应在预定的深度范围内采集土,不应分层采集,不应将不合格的土采集到一起。

④对于塑性指数大于12的黏性土,可视土质和机械性能确定土是否需要过筛。

(2)计算每车料的堆放间距

根据各路段水泥稳定土层的宽度、厚度及预定的干密度及料场土的含水率和所用运料车辆的吨位,计算每车料的堆放距离。

(3)洒水

在预定堆料的下承层上,在堆料前应先洒水,使其表面湿润,但不应过分潮湿而造成泥泞。

(4)运土

土装车时,应控制每车料的数量基本相等。在同一料场供料的路段内,由远到近将料按上述计算距离卸置于下承层表面的中间或上侧。卸料距离应严格掌握,避免有的路段料不够或过多。料堆每隔一定距离应留一缺口。土在下承层上的堆置时间不应过长。运送土只宜比摊铺土工序提前1~2d。

(5)摊铺土

①应事先通过试验确定土的松铺系数。人工摊铺混合料时,水泥土的松铺系数在1.53~1.58之间,水泥稳定砂砾的松铺系数在1.30~1.35之间。

②摊铺土应在摊铺水泥的前一天进行。摊铺长度按日进度的需要量控制,满足次日完成掺加水泥、拌和、碾压成型即可。雨季施工,如第二天有雨,不宜提前摊铺土。

③应将土均匀地摊铺在预定的宽度上,表面应力求平整,并有规定的路拱。摊料过程中,应将土块、超尺寸颗粒及其他杂物拣除。如土中有较多土块,应进行粉碎。

④摊铺完毕应检验松铺土层的厚度,应符合预计要求。除洒水车外,严禁其他车辆在土层上通行。

4)洒水闷料

(1)洒水

如已整平的土(含粉碎的老路面)含水率过小,应在土层上洒水闷料。洒水应均匀,防止出现局部水分过多的现象。严禁洒水车在洒水段内停留和调头。

(2)闷料

细粒土应经一夜闷料;中粒土和粗粒土,视其中细土含量的多少,可缩短闷料时间。如为综合稳定土,应先将石灰和土拌和后一起进行闷料。

5)整平和轻压

对人工摊铺的土层整平后,用6~8t两轮压路机碾压1~2遍,使其表面平整,并有一定的压实度。

6)摆放和摊铺水泥

(1)计算水泥摆放间距。根据水泥稳定土层的厚度和预定的干密度及水泥剂量,计算每一平方米水泥稳定土需要的水泥用量,并确定水泥摆放的纵横间距。在土层上做安放标记。

(2)水泥摆放。应将水泥当日直接送到摊铺路段,卸在做标记的地点,并检查有无遗漏和多余。运水泥的车应有防雨设备。

(3)用刮板将水泥均匀摊开,并注意使每袋水泥的摊铺面积相等。水泥摊铺完后,表面应没有空白位置,也没有水泥过分集中的地点,如图7-2-4所示。

7)拌和(干拌)

干拌的目的是使水泥分布到全部土中,不要求达到完全拌和,而是预防加水过程中水泥成团。对于二级及二级以上公路,应采用专用稳定土拌和机进行拌和;对于三、四级公路,在没有专用拌和机械的情况下,可用农用旋转耕作机与多铧犁或平地机相配合进行拌和。

应设专人跟随拌和机(图7-2-5),随时检查拌和深度并配合拌和机操作员调整拌和深度。拌和深度应达稳定层底并宜侵入下承层5~10mm,以利上下层黏结。严禁在拌和层底部留有素土夹层。通常应拌和两遍以上,在最后一遍拌和之前,必要时可先用多铧犁紧贴底面翻拌一遍。

图7-2-4 摆放和摊铺水泥　　　　图7-2-5 专人跟随拌和机干拌

8)加水并湿拌

(1)洒水

拌和结束时,如果混合料的含水率不足,应用喷管式洒水车(普通洒水车不适宜用作路面施工)补充洒水。水车起洒处和另一端调头处都应超出拌和段2m以上。洒水车不应在正进行拌和以及当天计划拌和的路段上调头和停留,以防局部水量过大。

(2)拌和

拌和机械应紧跟在洒水车后面再次进行拌和,使水分在混合料中分布均匀。

洒水及拌和过程中应:

①及时检查混合料的含水率。含水率宜略大于最佳值,对于稳定粗粒土和中粒土,宜较最佳含水率大0.5%~1.0%;对于稳定细粒土,宜较最佳水率大1%~2%。

②配合人工拣出超尺寸颗粒,消除粗细颗粒"窝"以及局部过分潮湿或过分干燥之处。

混合料拌和均匀后应色泽一致,没有灰条、灰团和花面,即无明显粗细集料离析现象,且水分合适和均匀。

9)整形

(1)初平

混合料拌和均匀后,应立即用平地机初步整形。在直线段,平地机由两侧向路中心进行刮平;在平曲线段,平地机由内侧向外侧进行刮平。必要时,再返回刮一遍,如图7-2-6所示。

(2)初压

用拖拉机、平地机或轮胎压路机立即在初平的路段上快速碾压一遍,以暴露潜在的不平整。

(3)找平

用齿耙将轮迹低洼处表层5cm以上耙松,再用新拌的混合料进行找平。

(4)整形

再用平地机整形一次。应将高处料直接刮出路外,不应形成薄层贴补现象。

每次整形都应达到规定的坡度和路拱,并应特别注意接缝必须顺适平整。在整形过程中,严禁任何车辆通行,并保持无明显的粗细集料离析现象。

10)碾压

水泥稳定类混合料的压实效果与延迟时间(混合料开始拌和与碾压结束的时间差)密切相关,应尽量缩短延迟时间。碾压宜在水泥初凝前并应在试验确定的延迟时间内(一般不应超过3~4h)完成,并达到要求的密实度,同时没有明显的轮迹。

应根据路宽、压路机的轮宽和轮距的不同,制订碾压方案,应使各部分碾压到的次数尽量相同,路面的两侧应多压2~3遍。整形后,当混合料处于最佳含水率或略大于最佳含水率(气候炎热干燥时可大于1%~2%)时,应立即用轻型压路机并配合12t以上压路机在结构层全宽内进行碾压,如图7-2-7所示。

图7-2-6 平地机整平

图7-2-7 压路机碾压

水泥稳定土结构层应用12t以上的压路机碾压。用12~15t三轮压路机碾压时,每层的压实厚度不应超过15cm;用18~20t三轮压路机和振动压路机碾压时,每层的压实厚度不应超过20cm;对于水泥稳定细粒土,当采用能量大的振动压路机或振动羊足碾与三轮压路机配合碾压时,每层的压实厚度可以根据试验适当增加;压实厚度超过上述规定时,应分层铺筑,每层的最小压实厚度为10cm,下层宜稍厚。

(1)碾压组织

①直线和不设超高的平曲线段,由两侧路肩向路中心碾时;设超高的平曲线段由内侧路肩向外侧路肩进行碾压。

②轮迹应重叠1/2轮宽,后轮必须超过两段的接缝处,后轮压完路面全宽时,即为一遍。一般需碾压6~8遍。

③压路机的碾压速度,头两遍以1.5~1.7km/h为宜,以后宜采用2.0~2.5km/h。

④采用人工摊铺和整形的稳定土层,宜先用拖拉机或6~8t两轮压路机或轮胎压路机碾压1~2遍,然后再用重型压路机碾压。

(2)碾压工程控制

①严禁压路机在已完成的或正在碾压的路段上调头或紧急制动,应保证稳定土层表面不受破坏。

②碾压过程中,水泥稳定土的表面应始终保持湿润,如水分蒸发过快,应及时补洒少量的水,但严禁洒大量的水进行碾压。

③碾压过程中,如有"弹簧"、松散、起皮等现象,应及时翻开重新拌和(加适量的水泥)或用其他方法处理,使其达到质量要求。

④在碾压结束之前,用平地机再终平一次,使其纵向顺适,路拱和超高符合设计要求。终平应仔细进行,必须将局部高出部分刮除并扫出路外;对于局部低洼之处,不再进行找补,可留待铺筑沥青面层时处理。

11)接缝和调头处的处理

(1)同日施工的两工作段的衔接。衔接处,应采用搭接。前一段拌和整形后,留5~8m不进行碾压,后一段施工时,前段留下未压部分,应再加部分水泥重新拌和,并与后一段一起碾压。

(2)工作缝和调头的处理。每天最后一段末端缝(即工作缝)和调头处按下述方法处理:

①在已碾压完成的水泥稳定土层末端,沿稳定土挖一条横贯铺筑层全宽的宽约30cm的槽,直挖到下承层顶面。此槽应与路的中心线垂直,靠稳定土的一面应切成垂直面,并放两根与压实厚度等厚、长为全宽一半的方木紧贴其垂直面,如图7-2-8所示。

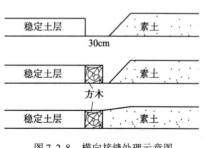

图7-2-8 横向接缝处理示意图

②用原挖出的素土回填槽内其余部分。

③如拌和机械或其他机械必须到已压成的水泥稳定土层上调头,应采取措施保护调头作业段。一般可在准备用于调头的8~10m长的稳定土层上,先覆盖一张厚塑料布或油毡纸,然后铺上约10cm厚的土、砂或砂砾。

④第二天,邻接作业段拌和后,除去方木,用混合料回填。靠近方木未能拌和的一小段,

应人工进行补充拌和。整平时,接缝处的水泥稳定土应较已完成断面高出约5cm,以利形成一个平顺的接缝。

⑤整平后,用平地机将塑料布上大部分土除去(注意勿刮破塑料布),然后人工除去余下的土,并收起塑料布。

在新混合料碾压过程中,应将接缝修整平顺。

(3)纵缝的处理。水泥稳定土层的施工应该避免纵向接缝,在必须分两幅施工时,纵缝必须垂直相接,不应斜接。纵缝应按下述方法处理:

①在前一幅施工时,在靠中央一侧用方木或钢模板作支撑方木或钢模板的高度与稳定土层的压实厚度相同。

②混合料拌和结束后,靠近支撑木(或板)的一部分,应人工进行补充拌和,然后整形和碾压。

③养护结束后,在铺筑另一幅之前,拆除支撑木(或板)。

④第二幅混合料拌和结束后,靠近第一幅的部分,应人工进行补充拌和,然后进行整形和碾压。

12)养护与交通管制

(1)养护时间

每一段碾压完成并经压实度检查合格后,应立即开始养护,养护期不宜少于7d。若水泥稳定土分层施工,且下层碾压完成后即铺筑上层稳定土,可不需要养护7d,但在铺筑上层前应始终保持下层表面湿润。

(2)养护方式

①宜采用湿砂、不透水薄膜或湿麻袋进行养护(图7-2-9)。采用湿砂养护时,砂层厚宜为7~10cm。砂铺匀后,应立即洒水,并在整个养护期间保持砂的潮湿状态。不得用湿黏性土覆盖。养护结束后,必须将覆盖物清除干净。

②对于基层,也可采用沥青乳液进行养护。沥青乳液的用量按$0.8 \sim 1.0 kg/m^2$(指沥青用量)选用,宜分两次喷洒。

③无上述条件时,也可用洒水车经常洒水进行养护。每天洒水的次数应视气候而定。整个养护期间应始终保持稳定土层表面潮湿,应注意表层情况,必要时,用两轮压路机压实。

图7-2-9 覆盖湿麻袋养护

(3)交通管制

在养护期间未采用覆盖措施的水泥稳定土层上,除洒水车外,应封闭交通。在采用覆盖措施的水泥稳定土层上,不能封闭交通时,应限制重车通行,其他车辆的车速不应超过30km/h。

2. 中心站集中厂拌法施工

水泥稳定土可以在中心站用厂拌设备进行集中拌和,对于高速公路和一级公路,应采用专用稳定土集中厂拌机械拌制混合料。

厂拌法施工的工艺流程如图7-2-10所示。

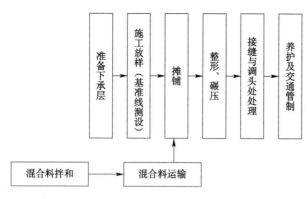

图 7-2-10　水泥稳定土厂拌法施工工艺流程图

1）准备下承层

与路拌法施工要求相同。

2）施工放样（基准线测设）

施工放样也与路拌法要求相同。若采用摊铺机摊铺，须设置基准线。设置基准线的目的是为摊铺机摊铺建立一个高程、纵横坡、摊铺厚度、摊铺宽度、摊铺中线、弯道及连续平整度等基本几何位置的基准参照系，如图 7-2-11 所示。

图 7-2-11　基准线设置

（1）在铺设宽度外侧宜不小于 1m 处（最小不得小于 0.65m）将基准线桩（宜用 φ12mm 光圆钢筋加工，总高度宜为 1.20m）牢固打入下承层 150～250mm，间距 5～10m（直线 10m，曲线 5m 小半径弯道内侧宜加密到 2.5～5m，外侧 3.5～7m）。

（2）将基准线桩上的夹线臂调整到使用高度，挂基准线（可选用 φ3～φ5mm 的钢绞丝）并用紧线器张拉，张力为 1kN 以上，以张紧后基准线上的垂度不大于 1.0mm 为准。基准线应先张紧，再扣进夹线臂夹口（夹口到桩的水平距离宜为 300mm）。

（3）每段基准线长度不得大于 450m。基准线连接方式应通过同一个过渡桩的夹线臂夹口平顺连接。基准线接头不得大于 10mm，每 100m 基准线不得多于 2 个接头。

（4）基准线宜在摊铺前一天完成设置，设置好后应进行校核复测，并注意防止弯道和渐变段出现差错。

（5）基准线设置好后，禁止扰动。摊铺时，严禁碰撞和振动。一旦碰撞变位，应立即重新测量设定。多风季节施工时，应缩小基准线桩间距。风力达到 5～6 级时，应立即停止施工。

3）混合料拌和

（1）拌和站设置

拌和站必须满足现场摊铺设施的要求。若采用摊铺机摊铺，拌和机与摊铺机的生产力应互相匹配。对于高速公路和一级公路，拌和机的产量宜大于 400t/h，如图 7-2-12 所示。

不同粒级的碎石或砾石以及细集料（如石屑和砂）应隔离，分别堆放。在潮湿多雨地区或其他地区的雨季施工时，应采取措施，保护集料，特别是细集料（如石屑和砂等）应有覆盖，防止雨淋。

在正式拌制混合料之前，必须先调试好所有的设备，使混合料的颗粒组成和含水率都达到规定的要求。原集料的颗粒组成发生变化时，应重新调试设备。

（2）拌和要求

土块应粉碎,最大尺寸不得大于 15mm。配料应准确,拌和应均匀。应根据集料和混合料含水率的大小,及时调整加水量。混合料的含水率宜略大于最佳值,使混合料运到现场摊铺后碾压的含水率不小于最佳值。

4) 混合料运输

(1) 宜采用大吨位的自卸车运输混合料,运输车的数量应根据运距、摊铺能力等因素综合确定,应与摊铺能力、拌和能力相匹配,如图 7-2-13 所示。

图 7-2-12　稳定土拌和站

图 7-2-13　混合料运输

(2) 应尽快将拌成的混合料运送到铺筑现场。车上的混合料应覆盖,减少水分损失。

(3) 若采用摊铺机摊铺,必须有专人指挥自卸车将料卸到摊铺机料斗上,严禁撞击摊铺机。

(4) 若采用平地机摊铺,则根据铺筑层的厚度和要求达到的压实干密度,计算每车混合料的摊铺面积,按计算间距将混合料均匀地卸在路幅中央,路幅宽时,也可将混合料卸成两行。

5) 摊铺

(1) 高速公路和一级公路基层的摊铺

应采用沥青混凝土摊铺机或稳定摊铺机摊铺混合料。

① 为避免纵向接缝,应优先考虑全断面一次摊铺成形,若一台摊铺机的摊铺宽度不足,宜采用两台摊铺机一前一后相隔 5~10m 同步向前摊铺,如图 7-2-14 所示。

② 如下承层是稳定细粒土,应先将下承层顶面拉毛,再摊铺混合料。

③ 将摊铺机调整到位,安装好传感器并置于基准线上,然后打开分料器开关,待分料槽中的混合料约达 3/4 高度时,挂挡摊铺。

④ 在摊铺机后面应设专人消除粗细离析现象(图 7-2-15),特别应该铲除局部粗集料"窝",并用新拌混合料填补。

图 7-2-14　稳定土摊铺机梯队作业

图 7-2-15　清除离析混合料

⑤基层分两层施工时,在铺筑上层前,应在下层顶面先洒薄层水泥或水泥净浆。

(2)其他公路基层的摊铺

若没有摊铺机时,可采用摊铺箱摊铺混合料,也可以用自动平地机按以下步骤摊铺混合料:

①用平地机将混合料按松铺厚度摊铺均匀。

②设一个3~5人的小组,携带一辆装有新拌混合料的小车,跟在平地机后面,及时铲除粗集料"窝"和"带",补以新拌的均匀混合料,或补撒拌匀的细混合料,并与粗集料拌和均匀。

6)整形、碾压

采用集中厂拌法施工时,混合料开始拌和与碾压结束的延迟时间不应超过2h。

(1)采用摊铺机摊铺混合料后的碾压

应用12t以上的压路机碾压。宜先用轻型两轮压路机跟在摊铺机后及时进行碾压,后用重型振动压路机、三轮压路机或轮胎压路机继续碾压密实。

(2)用平地机摊铺混合料后的整形和碾压

与水泥稳定土路拌法施工要求相同。

7)接缝和调头处的处理

(1)摊铺机摊铺混合料时横向接缝的处理

①用摊铺机摊铺混合料时,不宜中断,如因故中断时间超过2h,应设置横向接缝,摊铺机应驶离混合料末端。

②人工将末端含水率合适的混合料弄整齐,紧靠混合料放两根方木,方木的高度应与混合料的压实厚度相同,整平紧靠方木的混合料。

③方木的另一侧用砂砾或碎石回填约3m长,其高度应高出方木几厘米。

④将混合料碾压密实。

⑤在重新开始摊铺混合料之前,将砂砾或碎石和方木除去,并将下承层顶面清扫干净。

⑥摊铺机返回到已压实层的末端,重新开始摊铺混合料。

⑦如摊铺中断后,未按上述方法处理横向接缝,而中断时间已超过2h,则应将摊铺机附近及其下面未经压实的混合料铲除,并将已碾压密实且高程和平整度符合要求的末端挖成与路中心线垂直并垂直向下的断面,然后再摊铺新的混合料。

(2)摊铺机摊铺混合料时纵向接缝的处理

应避免纵向接缝。在不能避免纵向接缝的情况下,纵缝必须垂直相接,严禁斜接,并符合下列规定:

①在前一幅摊铺时,在靠中央的一侧用方木或钢模板作支撑,方木或钢模板的高度应与稳定土层的压实厚度相同。

②养护结束后,在摊铺另一幅之前,拆除支撑木(或板)。

(3)用平地机摊铺混合料时,横向接缝和纵向接缝的处理

方法同路拌法施工接缝的处理。

8)养护与交通管制

与路拌法施工要求相同。

工作任务二:石灰稳定土施工

石灰稳定土基层的施工方法也分为路拌法和中心站集中厂拌法。施工方法的选用同水

泥稳定土基层。

1. 路拌法施工

石灰稳定土基层路拌法施工的工艺流程如图 7-2-16 所示。

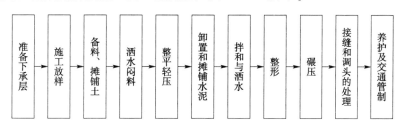

图 7-2-16　石灰稳定土路拌法施工工艺流程图

1）准备下承层、施工放样

与水泥稳定土路拌法施工要求相同。

2）备料

除应符合水泥稳定土基层路拌法施工的备料要求外，还应符合下列规定：

（1）当需分层采集土时，应将土先分层堆放在一场地上，然后从前到后将上下层土一起装车运送到现场。

（2）对于塑性指数小于 15 的黏性土，机械拌和时，可视土质和机械性能确定是否需要过筛。人工拌和时，应筛除粒径 15mm 以上的土块。

（3）石灰应选择公路两侧宽敞、临近水源且地势较高的场地集中堆放。当堆放时间较长时，应覆盖封存。石灰堆放在集中拌和场地时间较长时，也应覆盖封存。

（4）生石灰块应在使用前 7～10d 充分消解。消解后的石灰应保持一定的湿度，不得产生扬尘，也不可过湿成团。

（5）消石灰宜过孔径 10mm 的筛，并尽快使用。

3）摊铺土

应事先通过试验确定土的松铺系数。人工摊铺混合料时，石灰土的松铺系数在 1.53～1.70 之间，石灰砂砾土在 1.52～1.56 之间。其他要求同水泥稳定土路拌法。

4）洒水闷料、整平和轻压

与水泥稳定土路拌法施工要求相同。

5）卸置和摊铺石灰

（1）按计算所得的每车石灰的纵横间距，用石灰在土层上做标记，同时画出摊铺石灰的边线，如图 7-2-17 所示。

（2）用刮板将石灰均匀摊开，石灰摊铺完后，表面应没有空白位置。量测石灰的松铺厚度，根据石灰的含水率和松密度，校核石灰用量是否合适。

6）拌和与洒水

（1）对于二级及二级以上公路，应采用专用稳定土拌和机拌和，其施工方法与要求同水泥稳定土基层，但是当使用生石灰粉时，宜先用平地机或多铧犁将石灰翻到土层中间，但不能翻到底部。

图 7-2-17　打方格网法布灰

(2)对于三、四级公路的石灰稳定细粒土和中粒土,在没有专用拌和机械的情况下,可用农用旋转耕作机与多铧犁或平地机相配合进行拌和。

(3)拌和过程中应及时检查混合料的含水率,其余同水泥稳定土基层路拌加水湿拌的施工。

(4)如为石灰稳定级配碎石或砂砾时,应先将石灰和需添加的黏性土拌和均匀,然后均匀地摊铺在级配碎石或砂砾层上,再一起进行拌和。

(5)用石灰稳定塑性指数大的黏土时,应采用两次拌和。第一次加70%～100%预定剂量的石灰进行拌和,闷放1～2d,此后补足需用的石灰,再进行第二次拌和。

7)整形和碾压

应在混合料处于最佳含水率或略小于最佳含水率1%～2%时进行碾压(防缩裂),其余同水泥稳定土基层路拌法施工。

8)接缝和调头处的处理

同水泥稳定土基层路拌法施工。

9)养护及交通管制

(1)石灰稳定土在养护期间应保持一定的湿度,不应过湿或忽干忽湿。养护期不宜少于7d。每次洒水后,应用两轮压路机将表层压实。

(2)石灰稳定土基层碾压结束后1～2d,当其表层较干燥(如石灰土的含水率不大于10%,石灰粒料土的含水率为5%～6%)时,可以立即喷洒透层沥青,然后做下封层或铺筑面层,但初期应禁止重型车辆通行。

图7-2-18 洒水养护

(3)在养护期间未采用覆盖措施的石灰稳定土层上,除洒水车外(图7-2-18),应封闭交通。在采用覆盖措施的石灰稳定土层上,不能封闭交通时,应限制车速不得超过30km/h,禁止重型载货汽车通行。

(4)养护期结束后,在铺筑沥青面层前,应清扫基层并喷洒透层沥青或做下封层。如面层是沥青混凝土,在喷洒透层沥青后,应撒布粒径为5～10mm的小碎(砾)石,小碎(砾)石应均匀撒布约60%的面积。如喷洒的透层沥青能透入基层,其上作业车辆不会破坏沥青膜时,可以不撒小碎(砾)石。

在喷洒沥青时,石灰稳定土层的上层应比较湿润。

(5)石灰稳定土分层施工时,下层石灰稳定土碾压完成后,可以立即铺筑上一层石灰稳定土,不需专门的养护期。

2.中心站集中厂拌法施工

石灰稳定土基层中心站集中厂拌法施工的工艺流程与水泥稳定土基层施工方法相同。期中碾压时含水率的控制、养护及交通管制与石灰稳定土基层路拌法施工要求相同,其余同水泥稳定土基层中心站集中厂拌法施工。

工作任务三:石灰工业废渣稳定土施工

石灰工业废渣稳定土基层的施工方法也分为路拌法和中心站集中厂拌法。施工方法的选用同水泥稳定土基层。

1. 路拌法施工

石灰工业废渣稳定土基层路拌法施工的工艺流程如图7-2-19所示。

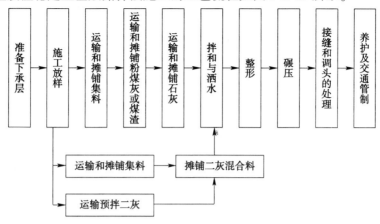

图7-2-19 石灰工业废渣稳定土路拌法施工工艺流程图

1)准备下承层、施工放样

同水泥稳定土路拌法施工。

2)备料

(1)运到现场的粉煤灰,应含有足够的水分,防止扬尘。在干燥和多风季节,应使料堆表面保持湿润,或者覆盖。如在堆放过程中,部分粉煤灰凝结成块,使用时应将灰块打碎。场地集中堆放的粉煤灰,应予覆盖,避免雨淋过分潮湿。

(2)集料和石灰的备料要求同石灰稳定土路拌法施工。

(3)计算材料用量。根据各路段石灰工业废渣稳定土层的宽度、厚度及预定的干密度,计算各路段需要的干混合料质量;根据混合料的配合比、材料的含水率以及所用运料车辆的吨位,计算各种材料每车料的堆放距离。

(4)如路肩用料与石灰工业废渣稳定土层用料不同,应采取培肩措施,先将两侧路肩培好,路肩料层的压实厚度应与稳定土层的压实厚度相同。在路肩上,每隔5~10m应交错开挖临时泄水沟。

(5)在预定堆料的下承层上,在堆料前应先洒水,使其表面湿润。

3)运输和摊铺

(1)材料装车时,应控制每车料的数量基本相等。

(2)采用地灰时,应先将粉煤灰运到现场;采用二灰稳定土时应先将土运到现场。在同一料场供料的路段内,由远到近将料按计算的距离卸置于下承层上,卸料距离应均匀。

(3)料堆每隔一定距离应留一缺口。材料在下承层上的堆置时间不应过长。

(4)应通过试验确定各种材料及混合料的松铺系数。

(5)采用机械路拌时,应采用层铺法。即每种材料摊铺均匀后,宜先用两轮压路机碾压1~2遍,然后再运送并摊铺下一种材料。

摊铺每层材料时应力求平整,并具有规定的路拱。集料应较湿润,必要时先洒少量水。

4）拌和及洒水

（1）拌和方法及要求同石灰稳定土基层路拌法施工。

（2）用喷管式洒水车将水均匀地喷洒在干拌后的混合料上，洒水距离应长些，水车起洒处和另一端调头处都应超出拌和段2m以上。洒水车不应在正进行拌和的以及当天计划拌和的路段上调头和停留，应防止局部水量过大。

（3）拌和机械应紧跟在洒水车后面进行拌和，尤其在纵坡大的路段上应配合紧密，以减少水分流失。

（4）在洒水拌和过程中，应及时检查混合料的含水率。水分含量宜大于最佳含水率1%左右。

（5）对于二灰级配集料，应先将石灰和粉煤灰拌和均匀，然后均匀地摊铺在集料层上，再一起进行拌和。

5）整形、碾压、接缝和调头处的处理

均同水泥稳定土基层路拌法施工。

6）养护及交通管制

（1）石灰工业废渣稳定土层碾压完成后的第二天或第三天开始养护，每天洒水的次数视气候条件而定，应始终保持表面潮湿，也可用泡水养护法。对于二灰稳定粗、中粒土的基层，也可用沥青乳液和沥青下封层进行养护，养护期一般为7d。

（2）二灰层宜采用泡水养护法，养护期应为14d。

（3）在养护期间，除洒水车外，应封闭交通。

（4）石灰工业废渣底基层分层施工时，下层碾压完毕后，可以立即铺筑上一层，不需专门的养护期。也可以养护7d后再铺筑另一层。

2. 中心站集中厂拌法施工

石灰工业废渣稳定土可以在中心站用厂拌设备进行集中拌和，对于高速公路和一级公路，应采用专用稳定土集中厂拌机械拌制混合料。

厂拌法施工的工艺流程如图7-2-20所示。

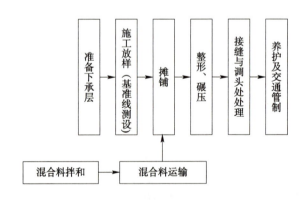

图7-2-20 石灰工业废渣稳定土厂拌法施工工艺流程图

除满足以下几点要求外，其他均同水泥稳定土基层厂拌法施工。

（1）土块最大尺寸不应大于15mm；粉煤灰块不应大于12mm，且9.5mm和2.36mm筛孔的通过量应分别大于95%和75%。

（2）拌成混合料的堆放时间不宜超过24h，宜在当天将拌成的混合料运送到铺筑现场，不应将拌成的混合料长时间堆放。

（3）横向接缝的处理:如压实层末端未用方木作支撑处理,而在碾压后末端成一斜坡,则在第二天开始摊铺新混合料之前,应将末端斜坡挖除,并挖成一横向(与路中心线垂直)垂直向下的断面。挖出的混合料加水到最佳含水率拌匀后仍可使用。

（4）养护与交通管制同石灰工业废渣稳定土基层路拌法施工。

 **任务练习**

一、填空题

1. 水泥稳定中粒土和粗粒土用作基层时,水泥剂量一般为_____,不宜超过_____。必要时,应首先改善集料的_____,然后用水泥稳定。

2. 半刚性基层施工期的日最低气温应在_____以上,在有冰冻的地区,水泥稳定土应保证_____的冻前龄期,石灰及石灰工业废渣稳定土应保证_____的冻前龄期。

3. 塑性指数小于 12 的土宜用_____稳定,塑性指数为 15~20 的黏性土以及含有一定数量黏性土的中粒土和粗粒土均适宜于用_____稳定。

4. 水泥稳定时土中有机质含量应≤_____,硫酸盐含量应≤_____;用石灰稳定时土中有机质含量应≤_____,硫酸盐含量应≤_____。

5. 用作高速公路和一级公路的基层时,水泥稳定土所用的碎石或砾石,应预先筛分成_____个不同粒级后配合。

6. 水泥稳定土应选用初凝时间_____以上和终凝时间_____以上的普通硅酸盐水泥、_____和火山灰质硅酸盐水泥。标号宜采用_____或_____的水泥。

7. 石灰稳定土中应选用_____级以上的石灰,其有效钙镁含量应≥_____。对于高速公路和一级公路,宜采用磨细_____。

8. 水泥稳定土、石灰稳定土基层的施工方法主要有_____法和_____法。对于二级以下的公路,可以采用_____法施工。对于高速公路和一级公路,除直接铺筑在土基上的底基层下层外应采用_____施工。

9. 水泥稳定土基层路拌法施工时,应采用_____法组织施工,每一作业段长度以_____m为宜。

10. 稳定土施工在洒水及拌和过程中应及时检查混合料的含水率,对于水泥稳定土,稳定中、粗粒土时宜较最佳含水率大_____,稳定细粒土时宜较最佳含水率大_____;而对于石灰稳定土应在混合料处于_____或略小于最佳含水率_____时进行碾压。

11. 水泥稳定土碾压宜在水泥_____前并应在试验确定的_____时间内完成,路拌法施工时不应超过_____h,厂拌法施工时不应超过_____h,并达到要求的密实度。

12. 生石灰块应在使用前_____充分消解。消石灰宜过孔径_____的筛,并尽快使用。

13. 用石灰稳定塑性指数大的黏土时,应采用两次拌和。第一次加_____预定剂量的石灰进行拌和,并闷放_____,此后补足需用的石灰,再进行第二次拌和。

14. 水泥稳定土等半刚性基层应用_____以上的压路机碾压。用 12~15t 三轮压路机碾压时,每层的压实厚度不应超过_____;用 18~20t 三轮压路机和振动压路机碾压时,每层的压实厚度不应超过_____。

15.基层的质量管理包括所用材料的标准试验、_____、施工过程中的质量管理和工序间的_____。施工过程中的质量管理包括_____和_____的控制和检查。

二、简答题

1.各类半刚性材料做路面基层、底基层时的适用范围如何?

2.半刚性路面结构层的施工对气候温度有哪些要求?

3.简述各类半刚性路面结构层的施工工艺流程及相应的施工要点和控制要素。

4.简述半刚性基层摊铺机摊铺时设置基准线的目的。

5.水泥稳定土拌和站的设置及混合料拌和各有哪些要求?

6.水泥稳定土基层接缝和调头处应如何处理?

7.各类半刚性基层施工如何进行养护和交通管制?

8.水泥与石灰稳定土基层施工过程中需检测哪些项目?

任务7-3　粒料类基层施工

学习目标

1.了解级配碎石、填隙碎石等粒料类基层对材料的要求。
2.掌握粒料类基层的施工工艺流程及施工要点。
3.熟悉粒料类基层施工过程中的质量管理与检查验收的内容和要求。

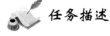任务描述

粒料类基层指的是由呈颗粒状的松散材料组成的基层,粒料类材料包括级配碎石、级配砾石、符合级配的天然砂砾以及泥结碎石、泥灰结碎石、填隙碎石等基层材料。

本任务重点讲述级配碎石和填隙碎石这两种典型基层材料的要求及施工技术。

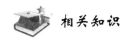 相关知识

一、级配碎石

1. 一般规定

(1)用于二级和二级以上公路基层和底基层的级配碎石应由预先筛分成几组不同粒径的碎石(如粒径37.5~19mm、19~9.5mm、9.5~4.75mm的碎石)及粒径4.75mm以下的石屑组配而成。

(2)在其他等级公路上,级配碎石可用未筛分碎石和石屑组配而成。

(3)缺乏石屑时,可以添加细砂砾或粗砂,也可以用颗粒组成合适的含细集料较多的砂砾与未筛分碎石组配成级配碎砾石。

(4)级配碎石可用于各级公路的基层和底基层,也可用作较薄沥青面层与半刚性基层之间的中间层。

(5)级配碎石层的压实度应满足:中间层100%,基层≥98%,底基层≥96%。

2. 材料要求

1)种类要求

轧制碎石的材料可以是各种类型的岩石(软质岩石除外)、圆石或矿渣。圆石的粒径应是碎石最大粒径的3倍以上;矿渣应是已崩解稳定的,其干密度和质量应比较均匀,干密度不小于960kg/m³。

石屑或其他细集料可以使用一般碎石场的细筛余料,可以利用轧制沥青表面处治和贯入式用石料时的细筛余料,或专门轧制的细碎石集料,也可以用天然砂砾或粗砂代替石屑。天然砂砾的颗粒尺寸应该合适,必要时应筛除其中的超尺寸颗粒。天然砂砾或粗砂应有较好的级配。

2)技术要求

(1)碎石中针片状颗粒的总含量应不超过20%。碎石中不应有黏土块、植物等有害物质。

(2)级配碎石或级配碎砾石所用石料的最大粒径和压碎值应满足表7-3-1的规定。

级配碎石所用集料的质量指标　　　　表7-3-1

项 目	高速公路、一级公路		二级公路		二级以下公路	
	基层	底基层	基层	底基层	基层	底基层
最大粒径(mm)	≤31.5	≤37.5	≤37.5	≤53	≤37.5	≤53
压碎值(%)	≤26	≤30	≤30	≤35	≤35	≤40

3)级配和塑性指数要求

(1)级配碎石或级配碎砾石用作二级和二级以下公路的基层时,其颗粒组成和塑性指数应满足表7-3-2中1号级配的规定。级配碎石用作高速公路和一级公路的基层时,其颗粒组成和塑性指数应满足表7-3-2中2号级配的规定。同时,级配曲线宜为圆滑曲线。

(2)级配碎石用作中间层时,其颗粒组成和塑性指数应符合表7-3-2中2号级配的规定。

级配碎石或级配碎砾石的颗粒组成范围 表7-3-2

项目	通过质量百分率(%) 编号	1	2
筛孔尺寸(mm)	37.5	100	
	31.5	90~100	100
	19.0	73~88	85~100
	9.5	49~69	52~74
	4.75	29~54	29~54
	2.36	17~37	17~37
	0.6	8~20	8~20
	0.075	0~7[②]	0~7[②]
液限(%)		<28	<28
塑性指数		<6(或9[①])	<6(或9[①])

注:①潮湿多雨地区塑性指数宜小于6,其他地区塑性指数宜小于9。
②对于无塑性的混合料,粒径小于0.075mm的颗粒含量应接近高限。

(3)未筛分碎石用作二级和二级以下公路的底基层时,其颗粒组成和塑性指数应符合表7-3-3中1号级配的规定;用作高速公路和一级公路的底基层时,其颗粒组成和塑性指数应符合表7-3-3中2号级配的规定。

未筛分碎石底基层颗粒组成范围 表7-3-3

项目	通过质量百分率(%) 编号	1	2
筛孔尺寸(mm)	53	100	
	37.5	85~100	100
	31.5	69~88	83~100
	19.0	40~65	54~84
	9.5	19~43	29~59
	4.75	10~30	17~45
	2.36	8~25	11~35
	0.6	6~18	6~21
	0.075	0~10	0~10
液限(%)		<28	<28
塑性指数		<6(或9[①])	<6(或9[①])

注:①在潮湿多雨地区,塑性指数宜小于6,其他地区塑性指数宜小于9。

(4)在塑性指数偏大的情况下,塑性指数与0.5mm以下细土含量的乘积应符合下列规定:

①在年降雨量小于600mm的地区,地下水位对土基没有影响时,乘积不应大于120。

②在潮湿多雨地区,乘积不应大于100。

二、填隙碎石

1. 一般规定

(1)用单一粒径的粗碎石和石屑组成的填隙碎石可用干法施工,也可用湿法施工。干法施工的填隙碎石特别适宜于干旱缺水地区。

(2)填隙碎石的一层压实厚度,可取碎石最大粒径的1.5~2.0倍。

(3)缺乏石屑时,可以添加细砾砂或粗砂等细集料,但其技术性能不如石屑。

(4)填隙碎石可用于各等级公路的底基层和二级以下公路的基层。

(5)填隙碎石碾压后基层的固体体积率应不小于85%,底基层的固体体积率应不小于83%。

2. 材料要求

(1)种类要求

粗碎石可以用具有一定强度的各种岩石或漂石轧制(宜用石灰岩轧制),但漂石的粒径应为粗碎石最大粒径的3倍以上;也可以用稳定的矿渣轧制,矿渣的干密度和质量应比较均匀,且其干密度不小于960kg/m³。

(2)技术要求

填隙碎石用作基层时,碎石的最大粒径、扁平、长条和软弱颗粒的含量、压碎值等的要求见表7-3-4。

填隙碎石所用集料的质量指标 表7-3-4

项 目	基 层	底 基 层
最大粒径(mm)	≤53	≤63
压碎值(%)	≤26	≤30
扁平、长条和软弱颗粒的含量(%)	≤15	

(3)级配要求

①填隙碎石、粗碎石的颗粒组成应符合表7-3-5的规定。

填隙碎石、粗碎石的颗粒组成 表7-3-5

编号	标称尺寸(mm)	通过下列筛孔(mm)的质量百分率(%)							
		63	53	37.5	31.5	26.5	19	16	9.5
1	30~60	100	25~60		0~15		0~5		
2	25~50		100	25~50	0~15			0~5	
3	20~40			100	35~70		0~15		0~5

注:采用表中的1号粗集料时,填隙料的标称最大粒径可为9.5mm。

②填隙料宜具有表7-3-6的颗粒组成。

填隙料的颗粒组成 表7-3-6

筛孔尺寸(mm)	9.5	4.75	2.36	0.6	0.075	塑性指数
通过质量百分率(%)	100	85~100	50~70	30~50	0~10	<6

三、质量管理与检查验收

质量管理包括所用材料的标准试验、铺筑试验段、施工过程中的质量管理和检查验收(工序间)。必须建立、健全工地试验,质量检查及工序间的交接验收等项制度。试验、检验应做到原始记录齐全,数据真实可靠。标准试验与铺筑试验段详见任务1中的基层施工前准备工作。

1. 施工过程中的质量管理

施工过程中的质量管理包括外形尺寸的控制和检查以及质量控制和检查。

(1)外形尺寸检查项目、频度和质量标准应符合表7-2-12的要求。

(2)质量控制的项目、频度和质量标准应符合表7-3-7的要求。

质量控制的项目、频度和质量标准　　　　　　表7-3-7

工程类别	项目	频度	质量标准
无结合料底基层	含水率	据观察,异常时随时试验	在《公路工程质量检验评定标准》(JTG F80/1—2017)(下同)规定范围内
	级配	据观察,异常时随时试验	在规范规定范围内
	拌和均匀性	随时观察	无粗细集料离析现象
	压实度	每一作业段或不大于2000m^{2}检查6次以上	96%以上,填隙碎石以固体体积率表示,不小于83%
	塑性指数	每1000m^{2}检1次,异常时随时试验	小于规范规定值
	承载比	每3000m^{2}检1次,据观察,异常时随时增加试验	不小于规范规定值
	弯沉值检验	每一评定段(不超过1km)每车道40~50个测点	95%(二级及二级以下公路)或97.7%(高速公路和一级公路)概率的上波动界限不大于计算得的容许值
无结合料基层	含水率	据观察,异常时随时试验	在规范规定范围内
	级配	每2000m^{2}检查1次	在规范规定范围内
	拌和均匀性	随时观察	无粗细集料离析现象
	压实度	每一作业段或不大于2000m^{2}检查6次以上	级配集料基层98%,中间层100%,填隙碎石固体体积率85%
	塑性指数	每1000m^{2}检1次,异常时随时试验	小于规范规定值
	集料压碎值	据观察,异常时随时试验	不超过规范规定值
	承载比	每3000m^{2}检1次,据观察,异常时随时增加试验	不小于规范规定值
	弯沉值检验	每一评定段(不超过1km)每车道40~50个测点	95%(二级及二级以下公路)或97.7%(高速公路和一级公路)概率的上波动界限不大于计算得的容许值

2. 检查验收

各个工序完结后,均应进行检查验收。经检验合格后,方可进行下一个工序。凡经检验不合格的路段,必须进行补救,使其达到要求。

级配碎(砾)石基层、底基层的检查验收要求如下。其他粒料类基层、底基层详见《公路工程质量检验评定标准　第一册　土建工程》(JTG F80/1—2017)。

(1)基本要求

①选用质地坚韧、无杂质的碎石、砂砾、石屑或砂,级配应符合要求。

②配料必须准确,塑性指数必须符合规定。

③混合料拌和均匀,无明显离析现象。

④碾压应遵循先轻后重的原则,洒水碾压至要求的密实度。水泥稳定粒料(碎石、砂砾或矿渣等)。

(2)实测项目

级配碎(砾)石基层、底基层实测项目见表7-3-8。

级配碎(砾)石基层和底基层实测项目　　　　　表7-3-8

项次	检查项目		规定值或允许偏差				检查方法和频率
			基层		底基层		
			高速公路、一级公路	其他公路	高速公路、一级公路	其他公路	
1	压实度(%)	代表值	≥98		≥96		按《公路工程质量检验评定标准》(JTG F80/1—2017)(下同)附录B检查每200m测2点
		极值	≥94		≥92		
2	平整度		≤8	≤12	≤12	≤15	3m直尺:每200m测2处×5尺
3	纵断高程(mm)		+5,-10	+5,-15	+5,-15	+5,-20	水准仪:每200m测2个断面
4	宽度(mm)		满足设计要求				尺量:每200m测4点
5	厚度(mm)	代表值	-8	-10	-10	-12	按附录H检查,每200m每车道2点
		合格值	-10	-20	-25	-30	
6	横坡(%)		±0.3	±0.5	±0.3	±0.5	水准仪:每200m测2个断面
7	弯沉值(0.01mm)		符合设计要求				按附录J检查

(3)外观鉴定

表面平整密实,边线整齐,无松散。不符合要求时,每处减1~2分。

任务实施

工作任务一:级配碎石的施工方法

级配碎石用作半刚性路面的中间层以及用作二级以上公路的基层时,应采用集中厂拌法拌制混合料,并用摊铺机摊铺混合料。厂拌法施工的工艺流程如图7-3-1所示。

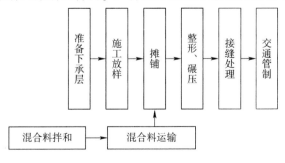

图7-3-1　级配碎石厂拌法施工工艺流程图

1. 准备下承层

下承层应做成全铺式断面,不宜做成槽式。下承层的准备,有关要求同水泥稳定土路拌法施工。

2. 施工放样(基准线设置)

同水泥稳定土中心站集中厂拌法施工。

3. 混合料拌和

级配碎石混合料可以在中心站用多种机械进行集中拌和,如强制式拌和机、卧式双转轴桨叶式拌和机、普通水泥混凝土拌和机等。在正式拌制级配碎石混合料之前,必须先调试所用的厂拌设备。

(1)不同粒级的碎石和石屑等细集料应隔离,分别堆放。细集料应有覆盖,防止雨淋。

(2)对用于高速公路和一级公路的级配碎石基层和中间层,宜采用不同粒级的单一尺寸碎石和石屑,按预定配合比在拌和机内拌制级配碎石混合料,使混合料的颗粒组成和含水率都能达到规定的要求。

(3)当采用未筛分碎石和石屑时,如未筛分碎石或石屑的颗粒组成发生明显变化,应重新调试设备。

4. 混合料运输

同水泥稳定土中心站集中厂拌法施工。

5. 摊铺

(1)摊铺机摊铺

级配碎石用于高速公路和一级公路时,应用沥青混凝土摊铺机或其他碎石摊铺机摊铺(图7-3-2)。摊铺方法同水泥稳定土中心站集中厂拌法施工。

图7-3-2 摊铺机摊铺级配碎石

(2)平地机或摊铺箱摊铺

级配碎石用于二级和二级以下公路时,如没有摊铺机,也可用自动平地机(或摊铺箱)摊铺混合料。

①根据摊铺层的厚度和要求达到的压实干密度,计算每车混合料的摊铺面积。

②将混合料均匀地卸在路幅中央,路幅宽时,也可将混合料卸成两行。

③用平地机将混合料按松铺厚度摊铺均匀。

④设一个三人小组跟在平地机后面,及时消除粗细集料离析现象。对于粗集料"窝"和粗集料"带",应添加细集料,并拌和均匀;对于细集料"窝",应添加粗集料,并拌和均匀。

6. 整形、碾压

(1)整形

用平地机进行摊铺时,还需进行整平和整形。步骤如下:

①初平:用平地机将拌和均匀的混合料按规定的路拱进行整平和整形。在整形过程中,应注意消除粗细集料离析现象。

②初压:用拖拉机、平地机或轮胎压路机在已初平的路段上快速碾压一遍,以暴露潜在的不平整。

③整形:用平地机再次整形。

(2)碾压

碾压应使用12t以上的三轮压路机,每层的压实厚度不应超过15~18cm。用重型振动压路机和轮胎压路机碾压时,每层的压实厚度可达20cm。

①整形后,当混合料的含水率等于或略大于最佳含水率时,立即用12t以上的三轮压路机、振动压路机或轮胎压路机进行碾压。直线和不设超高的平曲线段,由两侧路肩开始向路中心碾压;在设超高的平曲线段,由内侧路肩向外侧路肩进行碾压。碾压时,后轮应重叠1/2轮宽;后轮必须超过两段的接缝处。后轮压完路面全宽时,即为一遍。碾压一直进行到达到要求的密实度为止。一般需碾压6~8遍,应使表面无明显轮迹。压路机的碾压速度,头两遍以采用1.5~1.7km/h为宜,以后用2.0~2.5km/h。

②路面的两侧应多压2~3遍。

③严禁压路机在已完成的或正在碾压的路段上掉头或紧急制动。

④凡含土的级配碎石层,都应进行滚浆碾压,一直压到碎石层中无多余细土泛到表面为止。表面滚浆(或事后变干的薄土层)应清除干净。

7.接缝的处理

(1)横向接缝的处理

①用摊铺机摊铺混合料时。靠近摊铺机当天未压实的混合料,可与第二天摊铺的混合料一起碾压,但应注意此部分混合料的含水率。必要时,应人工补充洒水,使其含水率达到规定的要求。

②用平地机摊铺混合料时,两作业段的衔接处,应搭接拌和。第一段拌和后,留5~8m不进行碾压,第二段施工时,前段留下未压部分与第二段一起拌和整平后进行碾压。

(2)纵向接缝的处理

应避免纵向接缝。如摊铺机的摊铺宽度不够,必须分两幅摊铺时,宜采用两台摊铺机一前一后相隔5~8m同步向前摊铺混合料。在仅有一台摊铺机的情况下,可先在一条摊铺带上摊铺一定长度后,再开到另一条摊铺带上摊铺,然后一起进行碾压。

在不能避免纵向接缝的情况下,纵缝必须垂直相接,不应斜接,并按下述方法处理:

①前一幅摊铺时,靠后一幅的一侧应用方木或钢模板作支撑,方木或钢模板的高度与级配碎石层的压实厚度相同。

②在摊铺后一幅之前,将方木或钢模板除去。

③如在摊铺前一幅时未用方木或钢模板支撑,靠边缘的30cm左右难于压实,而且形成一个斜坡,在摊铺后一幅时,应先将未完全压实部分和不符合路拱要求部分挖松并补充洒水,待后一幅混合料摊铺后一起进行整平和碾压。

8.交通管制

级配碎石基层未洒透层沥青或未铺封层时,禁止开放交通,以保护表层不受破坏。

工作任务二:填隙碎石的施工方法

填隙碎石的施工方法有干法施工和湿法施工两种。干法施工的填隙碎石特别适宜于干旱缺水地区。填隙碎石施工的工艺流程如图7-3-3所示。

1)准备下承层、施工放样

同水泥稳定土路拌法施工。

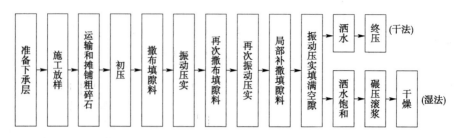

图 7-3-3 填隙碎石施工工艺流程图

2）备料

根据各路段基层或底基层的宽度、厚度及松铺系数，计算各段需要的粗碎石数量；根据运料车辆的车厢体积，计算每车料的堆放距离。

填隙料的用量为粗碎石质量的 30% ~ 40%。

3）运输和摊铺粗碎石

(1) 装料：碎石装车时，应控制每车料的数量基本相等。

(2) 卸料：在同一料场供料的路段内，由远到近将粗碎石按计算的距离卸置于下承层上。卸料距离应严格掌握，避免有的路段料不够或料过多。料堆每隔一定距离应留一缺口。

(3) 摊铺：按试验路段确定的松铺厚度，用平地机或其他合适的机具将粗碎石均匀地摊铺在预定的宽度上，表面应力求平整，并有规定的路拱。应同时摊铺路肩用料。

检查松铺材料层的厚度是否符合预计要求，必要时，应进行减料或补料工作。

4）初压

用 8t 两轮压路机碾压 3~4 遍，使粗碎石稳定就位。在直线和不设超高的平曲线段上，碾压从两侧路肩开始，逐渐错轮向路中心进行；在设超高的平曲线段上，碾压从内侧路肩开始，逐渐错轮向外侧路肩进行。错轮时，每次重叠 1/3 轮宽。在第一遍碾压后，应再次找平。初压终了时，表面应平整，并具有要求的路拱和纵坡。

5）撒铺填隙料

用石屑撒布机或类似的设备将干填隙料均匀地撒铺在已压稳的粗碎石层上，松铺厚度为 2.5~3.0cm。必要时，用人工或机械扫匀。

6）振动压实

应采用振动轮每米宽质量不小于 1.8t 的振动压路机慢速碾压，将全部填隙料振入粗碎石间的孔隙中。但不得使填隙料覆盖粗集料而自成一层，表面应看得见粗碎石。如没有振动压路机，可用重型振动板。碾压方法同初压，但路面两侧应多压 2~3 遍。

7）再次撒布填隙料

用石屑撒布机或类似的设备将干填隙料再次撒铺在粗碎石层上，松铺厚度为 2.0~2.5cm。用人工或机械扫匀。

8）再次振动压实

对局部填隙料不足之处，人工进行找补。局部多余的填隙料应扫除。

9）局部补撒填隙料及振动压实填满孔隙

再次碾压后，如表面仍有未填满的孔隙，则应补撒填隙料，并用振动压路机继续碾压，直到全部孔隙被填满为止。同时，应将局部多余的填隙料铲除或扫除。填隙料不应在粗碎石表面自成一层。表面必须能看得见粗碎石。如填隙碎石层上为薄沥青面层，应使粗碎石的棱角外露 3~5mm。

当需分层铺筑时,应将已压成的填隙碎石层表面粗碎石外露 5~10mm,然后在上摊铺第二层粗碎石,并按"初压"到"振动压实填满孔隙"工序的要求进行施工。

10) 洒水、碾压

(1) 干法施工

①洒水:填隙碎石表面孔隙全部填满后,先在表面先洒少量水,洒水量宜为 3kg/m² 以上。

②终压:洒水后即用 12~15t 三轮压路机再碾压 1~2 遍。在碾压过程中,不应有任何蠕动现象。

(2) 湿法施工

①洒水饱和:粗碎石层表面孔隙全部填满后,立即用洒水车洒水,直到饱和,但应注意避免多余水浸泡下承层。

②碾压滚浆:用 12~15t 三轮压路机跟在洒水车后进行碾压。在碾压过程中,将湿填隙料继续扫入所出现的孔隙中。需要时,再添加新的填隙料。洒水和碾压应一直进行到填隙料和水形成粉砂浆为止。粉砂浆应填塞全部孔隙,并在压路机轮前形成微波纹状。

③干燥:碾压完成的路段应让水分蒸发一段时间。结构层变干后,表面多余的细料以及细料覆盖层都应扫除干净。

当需分层铺筑时,应待结构层变干后,将已压成的填隙碎石层表面的填隙料扫除一些,使表面粗碎石外露 5~10mm,然后在上摊铺第二层粗碎石,并按"初压"到"干燥"工序的要求进行施工。

11) 交通管制

填隙碎石基层未洒透层沥青或未铺封层时,禁止开放交通。

 任务练习

一、填空题

1. 级配碎石用于高速公路和一级公路时,应用_____摊铺机或其他_____摊铺机摊铺碎石混合料。用于二级和二级以下公路时,也可用_____摊铺混合料。

2. 级配碎石应在含水率_____最佳含水率时,使用_____以上三轮压路机,每层的压实厚度不应超过_____cm。用重型振动压路机和轮胎压路机碾压时,每层的压实厚度可达_____cm。

3. 级配碎石、填隙碎石基层未_____或未铺_____时,禁止开放交通,以保护表层不受破坏。

4. 填隙碎石应采用振动轮每米宽质量不小于 1.8t 的_____压路机_____速碾压,将全部填隙料振入粗碎石间的孔隙中。但不得使填隙料覆盖粗集料而自成一层,表面应看得见粗碎石。

5. 基层、底基层施工质量控制的内容包括原材料与混合料技术指标的检验、_____、施工过程中的_____与_____三大部分。

6. 基层、底基层施工完毕应进行交工检查验收,包括三个方面的内容:_____质量、_____和交工结构层的外观。

7. 各类路面基层施工过程中压实度的检验频率为:每一作业段或不大于_____检查

_____次以上。

8.级配碎石、填隙碎石等基层施工过程中弯沉值的检验频率为：每一不超过_____的评定段每车道_____个测点。

二、判断题

1. 级配碎石宜用几组不同粒径的碎石组配而成,用作中间层时更应如此。（　）
2. 级配碎石、填隙碎石均可用于各级公路的基层和底基层。（　）
3. 为保证级配碎石的稳定性,在塑性指数偏大的情况下,应控制塑性指数与0.5mm以下细土含量的乘积。（　）
4. 填隙碎石一层的压实厚度,可取碎石最大粒径的1.5~2.0倍。（　）
5. 级配碎石用作半刚性路面的中间层以及用作二级以上公路的基层时,应采用集中厂拌法拌制混合料,并用摊铺机摊铺混合料。（　）
6. 水泥稳定土等半刚性基层和级配碎石等粒料类基层,施工过程中均需检验其压实度、弯沉值及抗压强度等质量指标。（　）

三、简答题

1. 级配碎石与填隙碎石做路面基层、底基层时的适用范围如何？

2. 简述级配碎石与填隙碎石结构层的施工工艺流程及相应的施工要点和控制要素。

3. 级配碎石与填隙碎石基层施工过程中需检测哪些项目？

项目8　沥青路面设计

任务8-1　沥青路面基本特性与分类

 学习目标

1. 了解沥青路面的基本特性。
2. 明确沥青路面的常用类型、特性及适用范围。
3. 能够根据路面的使用性质、工程特点、材料供应、施工条件等选用沥青路面结构层。

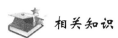 任务描述

沥青路面以其行车舒适、噪声低、扬尘少、养护维修方便等优点得到了广泛应用。国外大部分高等级公路路面采用沥青路面面层,我国高等级公路建设中,沥青路面也占主导地位。本任务主要介绍沥青路面的基本特性和类型,以及在工程实践中如何根据规范正确选用沥青路面结构层。

相关知识

一、沥青路面的基本特性

沥青路面是用沥青作结合料黏结矿料修筑的面层与各类基层、底基层组成的路面结构。沥青路面的基本特性表现在如下几个方面:

1. 高温稳定性

沥青路面的高温稳定性是指沥青路面于高温季节在车辆荷载作用下抵抗变形的能力。如沥青路面在夏季出现的推挤、车辙、拥包等病害基本上属于高温稳定性的范畴,造成的原因主要是在高温时沥青混合料的抗剪切能力不足。

提高沥青路面高温稳定性的措施有:

(1)选用黏度高、针入度较小、软化点高和含蜡量低的沥青。

(2)采用粒径较大和碎石含量多的矿料,并控制碎石中的扁平、针状颗粒的含量不超过规定。

(3)在确定中、下面层沥青混合料的沥青用量时,采用略小于马歇尔试验确定的最佳沥青用量值。

(4)用外掺剂改性沥青,常用合成橡胶、聚合物、树脂改性沥青。

(5)保持矿粉与沥青之比为1~1.2,使矿粉有足够数量,以减少起润滑作用的游离沥青,减薄沥青膜的厚度(粗集料间断级配沥青混凝土除外)。

(6)沥青混合料的马歇尔试验击实试件剩余孔隙率为4%左右。

(7)碾压时采用较高的压实度。

2. 低温抗裂性

沥青路面的低温开裂主要有两种形式:一种是由于气温骤降使面层收缩,在有约束的沥青面层内产生的温度拉应力超过沥青混合料的抗拉强度造成开裂;另一种是由于一年四季气候的变化,使沥青面层产生温度疲劳裂缝。

提高沥青混合料低温抗裂性的措施主要有:

(1)使用稠度低、温度敏感性低的沥青。

(2)增加面层厚度。

(3)加铺过渡层、应力夹层,以防反射裂缝。

3. 水稳定性

沥青路面的水稳定性通常是指沥青混合料在水的作用下保持强度(黏结强度、整体强度)的能力。沥青混凝土的水稳定性指标,除通常采用的浸水马歇尔试验和沥青与矿料的黏附性试验,以检验沥青混合料受水损坏时的抗剥落性能外,对年最低气温低于-21.5℃的寒冷地区,还应增加沥青混合料冻融劈裂残留强度试验。

提高沥青路面水稳定性的措施主要有:

(1)使用水泥或消石灰处理集料表面。

(2)掺加抗剥落剂,以提高沥青与矿料之间的黏附性。

(3)采用SiO_2含量低的碱性集料。

(4)完善路面结构排水系统。

国内外的实践经验证明,使用消石灰处理集料表面的效果较好,而且比较经济。

4. 疲劳特性

沥青路面的变形和破坏,不仅与荷载应力水平大小有关,而且与荷载的重复作用次数有很大关系。路面材料受重复荷载的作用在低于极限抗拉强度下的破坏,称为疲劳破坏,导致疲劳破坏最终的荷载作用次数称为材料的疲劳寿命。

影响沥青路面疲劳特性的因素很多,除了材料的性质(种类、组成等)、环境因素(温度、湿度等),还取决于沥青混合料的劲度。沥青混合料的压实度直接决定着沥青混合料的稳定度和劲度,也决定着混合料的孔隙率。当沥青混合料结构层中的孔隙率较大时会增加沥青的氧化速度,增大与水的接触面积,因而减少其疲劳寿命。因此,保证沥青混合料具有较高的压实度,对增加沥青路面的使用寿命意义重大。

5. 耐老化特性

受自然因素和行车荷载作用,沥青的技术性能向着不利的方向发生不可逆的变化,即为沥青的老化。沥青老化过程分为两个阶段,一是施工过程中的热老化,即短期老化,二是路面使用过程中的长期老化。

改善沥青混合料耐老化性能的措施有:

(1)在保证混合料拌和、摊铺、碾压等能正常进行的前提下,尽可能采用比较低的拌和温度,最高拌和温度不得超过规范规定值。同时应尽可能避免在低温季节施工。

(2)尽量缩短沥青混合料的高温储存时间。

(3)尽量缩短运距和等待时间。

(4)在运输过程中应加盖篷布,以减少混合料与空气接触。

6.表面服务功能

沥青路面表面服务功能主要包括低噪声及潮湿情况下的抗滑性能、防止雨天溅水及车后产生水雾等性能,这些性能直接影响交通安全及环境保护。

7.行车舒适性能

沥青路面行车舒适性能主要是指平整度不良产生的行车颠簸,较之于水泥混凝土路面接缝多的缺点,行车舒适度好;驾驶员在沥青路面上行车时远视不眩目,具有较大的行驶安全性。

二、沥青路面的分类

沥青路面的分类方法、类型、特点及适用范围详见表 8-1-1。

沥青路面的类型、特点及适用范围 表 8-1-1

分类方法	类型	结构示意图	强度形成原理	特 性
按结构组成分	密实型		集料级配按最大密实原则设计,颗粒尺寸连续多样,其强度和稳定性主要取决于沥青混合料的黏聚力和内摩阻力	孔隙率较小(小于10%),沥青混合料致密耐久,但热稳定性较差
	嵌挤型		采用颗粒尺寸较为均一的集料与沥青分层铺筑,或采用开级配(半开级配)沥青碎石混合料铺筑,结构层的强度和稳定性主要依靠集料之间相互嵌挤产生的内摩阻力,而黏结力起次要作用	此类路面的主要特点是热稳定性较好,但空隙较大(大于10%)、易渗水,因而耐久性较差
	嵌挤密实型		粗集料嵌挤作用较好,设计空隙率较小(小于10%),其强度和稳定性主要取决于沥青混合料的内摩阻力和黏聚力	此类路面的主要特点是沥青混合料的致密耐久,热稳定性也较好

续上表

分类方法	类型	典型图例	特 性	常用路面
按施工方法分	层铺法		分层洒布沥青、分层铺撒矿料和碾压的方法修筑。其主要优点是工艺和设备简便、功效较高、施工速度快、造价较低；缺点是路面成型期较长，需要经过炎热季节行车碾压反油后才能成型	沥青表面处治、沥青贯入式
	路拌法		矿料和沥青材料就地拌和摊铺、碾压成型的沥青面层。沥青材料在矿料中分布比层铺法均匀，可以缩短路面的成型期。但因矿料为冷料需使用黏稠度较低的沥青材料，故沥青混合料的强度较低	路拌沥青碎（砾）石、路拌沥青稳定土
	厂拌法		将规定级配的矿料和沥青材料在专用设备中加热拌和，现场摊铺碾压而成的沥青路面。厂拌法使用较黏稠的沥青材料，且矿料经过精选，因而沥青混合料质量高，使用寿命长，但修建费用也较高	沥青碎石、沥青混凝土、SMA 等
按使用品质分	沥青表面处治路面		沥青表面处治路面是指沥青和集料按层铺法铺筑而成的厚度不超过 3cm 的沥青面层。按层铺的次数及厚度可分为：单层式（厚度 10～15mm）、双层式（厚度 15～25mm）、三层式（厚度 25～30mm）	适用于三级、四级公路的面层及旧路面罩面或加铺抗滑层、磨耗层
	沥青贯入式路面		沥青贯入式路面是在初步压实的碎石层上，分层浇洒沥青、撒布嵌缝料，或再在上部铺筑热拌沥青混合料封层，经压实而成的沥青路面。厚度一般为 40～80mm。具有成型快、质量易于控制、平整度较好等优点	适用于三、四级公路的面层。也可用作中、重等交通公路沥青路面的联结层或基层

续上表

分类方法	类型	典型图例	特 性	常用路面
按使用品质分	沥青碎石路面		沥青碎石路面是指由一定级配的集料与适量的沥青在要求的控制条件下均匀拌和,经摊铺压实而成型的沥青路面。沥青碎石路面空隙率较大(大于10%),热稳定性较好,但因空隙率较大,易渗水,因而耐久性较差	属高级路面,可用于高等级公路的中下面层,有时也用作联结层
	沥青混凝土路面		沥青混凝土路面是指密实按级配原理选配的矿料与适量的沥青在严格控制条件下均匀拌和,经摊铺压实而成型的沥青路面。强度高、空隙率小,受水和空气等的侵蚀作用小,故耐久性好,使用寿命长	沥青混凝土路面适用于各级公路,设计时可按不同等级的公路来选用不同厚度的沥青面层
	沥青玛蹄脂碎石路面		沥青玛蹄脂碎石路面是指用沥青玛蹄脂碎石混合料(SMA)做面层或抗滑层的沥青路面。其结构组成概括为"三多一少",即粗集料多、矿粉多、沥青多、细集料少。它具有抗滑耐磨、空隙率小、抗疲劳、高温抗车辙、低温抗开裂的优点	沥青玛蹄脂碎石路面适用于高速公路、一级公路的抗滑表层,厚度一般为2.5~5cm

三、沥青路面的选择与应用

各类沥青路面的选择使用,一方面要根据使用性质要求(道路等级、交通量、使用年限、修建费用等)和工程特点(施工季节、施工期限、结构组合状况等),另一方面还应考虑材料的供应情况、施工机具、劳动力和施工技术条件等因素。

我国《公路沥青路面施工技术规范》(JTG F40—2004)规定:高速公路及一级公路的表面层、中面层、下面层应采用沥青混凝土,二级公路的表面层应采用沥青混凝土。工程实践中可参照表8-1-2和以下原则选定。

沥青路面面层类型的选择 表8-1-2

面层类型	公路等级
沥青混凝土(AC)	高速公路、一级、二级、三级、四级公路
沥青玛蹄脂碎石(SMA)	高速公路、一级公路表面层
沥青贯入式、沥青碎石、沥青表面处治	三、四级公路
设计空隙率6%~12%的半开级配沥青碎石混合料(AM)	三、四级公路及乡村公路,且沥青混合料拌和设备缺乏添加矿粉装置和人工炒拌的情况

面层类型	公路等级
设计空隙率3%~6%粗粒式及特粗式的密级配沥青碎石混合料(ATB)	基层
设计空隙率大于18%的粗粒式及特粗排水式沥青稳定碎石混合料(ATPB)	排水基层
设计空隙率大于18%的细粒排水式沥青碎石混合料(OGFC)	高速行车、多余潮湿、不宜被尘土污染、非冰冻地区铺筑排水式沥青路面磨耗层和排水路面的表面层

(1)特粗式沥青混合料适用于基层,粗粒式沥青混合料适用于下面层或基层,中粒式沥青混合料适用于中面层和表面层,细粒式沥青混合料适用于表面层和薄层罩面;砂粒式沥青混合料适用于非机动车道或行人道路。对高速公路及一级公路,除沥青稳定碎石基层外,通常宜选用公称最大粒径为13.2~26.5mm的沥青混合料。

(2)对沥青层较厚的高速公路及一级公路:

①潮湿区和湿润区的路面上面层应符合潮湿条件下的抗滑要求,抗滑性能不符合要求时,宜铺筑抗滑磨耗层。

②三层式面层的中面层或双层式面层的下面层应重点满足混合料的高温抗车辙性能。下面层应在此基础上重点考虑抗疲劳性能及抗裂性能的要求。

③除排水式沥青混合料外,每一层都应该考虑密实性,当上层属渗水性结构层时,层间或下层应采取防渗水或排水措施。高速公路的紧急停车带(硬路肩)沥青面层宜采用与行车道相同的结构,但表面层宜采用密级配沥青混凝土混合料铺筑。

(3)沥青路面一般不宜铺筑在纵坡大于6%的路段上。在纵坡大于3%的路段,考虑抗滑的要求宜采用粗粒式的沥青碎石或粗粒式沥青混凝土作面层。

 任务练习

一、填空题

1.沥青路面高温稳定性不足时容易产生_____、_____、_____搓板、泛油等现象。造成这些病害的主要原因是在高温时沥青混合料的_____能力不足。

2.提高沥青路面高温稳定性,可选用黏度_____、针入度_____、软化点_____和含蜡量_____的沥青。

3.提高沥青路面高温稳定性,应采用粒径_____和碎石含量_____的矿料,并控制碎石中的_____、_____的含量不超过规定。

4.提高沥青混合料低温抗裂性,应使用_____低、_____低的沥青。同时,可以增加面层厚度或加铺_____、_____,以防反射裂缝。

5.使用_____或_____处理集料表面,或掺加_____,或采用SiO_2含量低的_____集料,可以提高沥青路面水稳定性。同时还应完善路面结构_____系统。

6.沥青路面按沥青面层的结构组成分为_____、_____和_____三类。

7.沥青路面按沥青面层的成型方式分为_____、_____和_____三类。

8.沥青玛蹄脂碎石(SMA)一般可用于_____、_____的表面层,厚度一般为_____。其结构组成可概括为"三多一少",即_____多,_____多,_____多,_____少。

二、简答题

1. 沥青路面的基本特性主要表现在哪几个方面?

2. 沥青路面按使用品质可分为哪几类?简述其技术特性与适用范围。

任务8-2 沥青路面设计依据

学习目标

1. 明确我国设计轴载及其计算参数以及沥青路面的设计依据累计当量轴次的含义。
2. 掌握沥青路面设计当量轴次换算的原则与方法。
3. 理解并掌握交通分级的方法及其在路面设计中的作用。

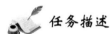

任务描述

甲乙两地之间计划修建一条双向四车道的一级公路,在使用期内交通量的年平均增长率为10%。该路段处于Ⅳ7区,为粉质土,稠度为1.00,沿途有大量碎石集料,并有石灰供给。经调查公路建设初期交通量3100辆/日,其中小轿车等小型车辆占10%,大型客车占2.5%,整体货车和半挂货车所占比例分别为75%、12.5%,试进行轴载分析,确定路面设计依据。

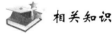

相关知识

一、交通数据调查

交通数据调查包括交通量及其增长率、方向系数、车道系数、车辆类型组成和轴重等。

1. 交通量及其增长率

公路初期交通量和其他参数可参照可行性研究报告等有关交通量预测资料,结合当地交通观测站的观测和统计资料,或通过实地设立站点进行观测和统计。交通量的年平均增长率可依据公路等级、功能及地区经济和交通发展情况等,通过调查分析确定。

2. 方向系数和车道系数

方向系数宜根据不同方向上实测交通量数据确定,无实测数据时可在0.5~0.6范围内选取。车道系数为设计车道上大型客车和货车数量占该方向上大型客车和货车交通量的比例。断面交通量乘以方向系数和车道系数即为设计车道的交通量。

车道系数可按下列三个水平确定:水平一,根据现场交通量观测资料统计设计方向不同车道上车辆的数量确定;水平二,采用当地的经验值;水平三,采用表8-2-1的推荐值。改建设计应采用水平一,新建路面设计可采用水平二或水平三。

车道系数　　　　　　　　　表8-2-1

单向车道数	1	2	3	4
高速公路	—	0.70~0.85	0.45~0.60	0.40~0.50
其他等级公路	1.00	0.50~0.75	0.50~0.75	—

3. 车辆类型分布系数

(1) 车型分类

在对我国公路交通参数调查基础上,根据车辆构造、轴组组成及其对路面的破坏作用,将交通组成分为11种车辆类型,并按轴载谱对不同轴重区间统计轴重分布,以更加准确地分析交通参数。

车辆轴型按轮组和轴组类型分为7类,如表8-2-2所示。

轴型分类表　　　　　　　　　表8-2-2

轴型编号	轴型说明	轴型编号	轴型说明
1	单轴(每侧单轮组)	5	双联轴(每侧双轮组)
2	单轴(每侧双轮组)	6	三联轴(每侧单轮组)
3	双联轴(每侧单轮组)	7	三联轴(每侧双轮组)
4	双联轴(每侧各一单轮组、双轮组)		

在我国,轴型3(每侧单轮胎的双联轴)、轴型4(每侧各一单轮胎、双轮胎的双联轴)和轴型6(每侧单轮胎的三联轴)所占比例非常小,为简化分析,可将之分别归类到轴型5(每侧双轮胎的双联轴)和轴型7(每侧双轮胎的三联轴)。

车辆类型应按表8-2-3所列轴型组合分为11类。

车辆类型分类表　　　　　　　　　表8-2-3

车辆类型编号	说　明	车辆类型编号	说　明
1类	2轴4轮车辆	7类	4轴及以下半挂货车(非双前轴)
2类	2轴6轮及以上客车	8类	5轴半挂货车(非双前轴)
3类	2轴6轮整体式货车	9类	6轴及以上半挂货车(非双前轴)
4类	3轴整体式货车(非双前轴)	10类	双前轴半挂式货车
5类	4轴及以上整体式货车(非双前轴)	11类	全挂货车
6类	双前轴整体式货车		

1类车型为对路面破坏较小的小轿车或载质量较轻的小货车,路面设计时不予考虑;2类车为大客车,对路面有一定的破坏作用,需在路面设计中考虑;除1类、2类以外的其他车型都为对路面有显著作用的货车。为便于表述,将除1类车以外的2类~11类车统称为大型客车和货车。

(2) 车辆类型分布系数

车辆类型分布系数为某一类车型数量占2类~11类车辆总数的百分比,是反映交通组成的重要参数。可按下列三个水平确定:水平一,根据交通观测资料分析2类~11类车型所占百分比,得到车辆类型系数;水平二,根据交通历史数据或经验数据按表8-2-4确定公路货车类型分布系数TTC分类,采用该分类车辆类型分布系数当地经验值;水平三,根据交通历史数据或经验数据按表8-2-4确定公路TTC分类,采用表8-2-5规定的车辆类型分布系数。改建设计应采用水平一,新建路面设计可采用水平二或水平三。

公路 TTC 分类标准(%) 表 8-2-4

TTC 分类	TTC1	TTC2	TTC3	TTC4	TTC5
整体式货车比例	<40	<40	40~70	40~70	>70
半挂式货车比例	>50	<50	>20	<20	—

货车类型分布系数 TTC 为反映车辆组成中整体货车和半挂货车所占比例的参数。美国力学经验法路面设计指南(MEPDC)中按 TTC 将公路交通组成分为 17 类。根据对我国交通数据的分析,这一 TTC 分类过于烦琐,使用不便。现行规范将 TTC 分类简化为 5 类,并给出了每种分类的车辆类型分布系数。

不同 TTC 分类车辆类型分布系数(%) 表 8-2-5

车辆类型	2 类	3 类	4 类	5 类	6 类	7 类	8 类	9 类	10 类	11 类
TTC1	6.4	15.3	1.4	0.0	11.9	3.1	16.3	20.4	25.2	0.0
TTC2	22.0	23.3	2.7	0.0	8.3	7.5	17.1	8.5	10.6	0.0
TTC3	17.8	33.1	3.4	0.0	12.5	4.4	9.1	10.6	8.5	0.7
TTC4	28.9	43.9	5.5	0.0	9.4	2.0	4.6	3.4	2.3	0.1
TTC5	9.9	42.3	14.8	0.0	22.7	2.0	2.3	3.2	2.5	0.2

二、设计轴载及车辆当量设计轴载换算

1. 设计轴载

公路上行驶的车辆种类繁杂,不同车型(轴型和轴重)和不同的作用次数对路面影响不同,沥青路面设计时,为便于设计与计算,应将各种轴载的作用次数换算成某种统一轴载的当量轴次。这种作为轴次换算的统一轴载,称为设计轴载。沥青路面设计采用双轮组单轴轴重 100kN 为设计轴载,以 BZZ-100 表示。设计轴载的计算参数按表 8-2-6 确定。

设计轴载计算参数 表 8-2-6

项　目	BZZ-100
设计轴载 P(kN)	100
轮胎接地压强 p(MPa)	0.70
单轮传压面当量圆直径 d(mm)	213.0
两轮中心距(mm)	319.5

2. 车辆当量设计轴载换算

当把各种轴载换算为设计轴载时,为使换算前后轴载对路面的作用达到相同的效果,应该遵循当量原则,即对某一种交通组成,不论以哪种轴载的标准进行轴载换算,由换算所得轴载作用次数计算的路面厚度是相同的。

各类车辆当量设计轴载换算系数可按下列三个水平确定,高速公路和一级公路的改建设计应采用水平一,其他情况可采用水平二或水平三。

(1)水平一,采用称重设备连续采集设计车道上车辆类型、轴型组成和轴重数据,按按下列步骤分析各类车辆当量换算系数。

①分别统计 2 类~11 类车辆单轴单胎、单轴双胎、双联轴和三联轴的数量,除以各类车辆总量,按式(8-2-1)计算各类车辆中不同轴型平均轴数。

$$\mathrm{NAPT}_{mi} = \frac{\mathrm{NA}_{mi}}{\mathrm{NT}_{m}} \quad (8\text{-}2\text{-}1)$$

式中:NAPT_{mi}——m 类车辆中 i 中轴型的平均轴数;
$\quad\quad\text{NA}_{mi}$——m 类车辆中 i 中轴型总数;
$\quad\quad m$——车辆类型,即 2 类~11 类车;
$\quad\quad i$——车辆轴型,即车辆单轴单胎、单轴双胎、双联轴和三联轴。

②按式(8-2-2)计算 2 类~11 类车辆不同轴型在不同轴重区间所占的百分比,得到不同轴型的轴重分布系数,即轴载谱。确定轴载谱时,单轴单胎、单轴双胎、双联轴和三联轴应分别间隔 2.5kN、4.5kN、9.0kN 和 13.5kN 划分轴重区间。

$$\text{ALDF}_{mij} = \frac{\text{ND}_{mij}}{\text{NA}_{mi}} \tag{8-2-2}$$

式中:ALDF_{mij}——m 类车辆中 i 种轴型在 j 级轴重区间的轴重分布系数;
$\quad\quad\text{ND}_{mij}$——$m$ 类车辆中 i 种轴型在 j 级轴重区间的数量;
$\quad\quad\text{NA}_{mij}$——$m$ 类车辆中 i 种轴型的数量;

其他符号意义同式(8-2-1)。

③按式(8-2-3)计算 2 类~11 类车辆各种轴型在不同轴重区间的当量设计轴载换算系数,计算时取各轴重区间中点值作为该轴重区间代表轴重。按式(8-2-4)计算各类车辆当量设计轴载换算系数:

$$\text{EALF}_{mij} = c_1 c_2 \left(\frac{P_{mij}}{P_s}\right)^b \tag{8-2-3}$$

式中:P_s——设计轴载,kN;
$\quad\quad P_{mij}$——m 类车辆中 i 种轴型在 j 级轴重区间的单轴轴载,kN,对双联轴和三联轴,为平均分配到每根单轴的轴载;
$\quad\quad b$——换算指数,分析沥青混合料层疲劳和沥青混合料层永久变形时,$b=4$;分析路基永久变形时,$b=5$;分析无机结合料稳定层疲劳时,$b=13$;
$\quad\quad c_1$——轴组系数,前后轴间距大于 3m 时,分别按单个轴计算;轴间距小于 3m 时,按表 8-2-7 取值;
$\quad\quad c_2$——轮组系数,双轮组为 1.0,单轮时取 4.5。

轴组系数取值 表 8-2-7

设 计 指 标	轴 型	c_1 取 值
沥青混合料层层底拉应变、沥青混合料层永久变形量	双联轴	2.1
	三联轴	3.2
路基顶面竖向压应变	双联轴	4.2
	三联轴	8.7
无机结合料稳定层层底拉应力	双联轴	2.6
	三联轴	3.8

$$\text{EALF}_m = \sum_i \left[\text{NAPT}_{mi} \sum_j \left(\text{EALF}_{mij} \times \text{ALDF}_{mij}\right) \right] \tag{8-2-4}$$

式中:EALF_m——m 类车辆的当量设计轴载换算系数;
$\quad\quad\text{NAPT}_{mi}$——$m$ 类车辆中 i 种轴型的平均轴数;
$\quad\quad\text{ALDF}_{mij}$——$m$ 类车辆中 i 种轴型在 j 级轴种区间的轴重分布系数;
$\quad\quad\text{EALF}_{mij}$——$m$ 类车辆中 i 种轴型在 j 级轴种区间当量设计轴载换算系数,根据式(8-2-3)计算确定。

(2)水平二和水平三,按式(8-2-5)确定各类车辆当量换算系数。式中非满载车和满载车的比例和当量设计轴载换算系数,水平二时取当地经验值,水平三时取表8-2-8和表8-2-9所列全国经验值。

$$EALF_m = EALF_{ml} \times PER_{ml} + EALF_{mh} \times PER_{mh} \quad (8-2-5)$$

式中:$EALE_m$——m 类车辆的当量设计轴载换算系数;
$EALF_{ml}$——m 类车辆中非满载车的当量设计轴载换算系数;
$EALF_{mh}$——m 类车辆中满载车的当量设计轴载换算系数;
PER_{ml}——m 类车辆中非满载车所占的百分比;
PER_{mh}——m 类车辆中满载车所占的百分比。

2 类~11 类车辆当量设计轴载换算系数　　　　　表 8-2-8

车 辆 类 型	沥青混合料层层底拉应变、沥青混合料层永久变形量		无机结合料稳定层层底拉应力		路基顶面竖向压应变	
	非满载车	满载车	非满载车	满载车	非满载车	满载车
2 类	0.8	2.8	0.5	35.5	0.6	2.9
3 类	0.4	4.1	1.3	314.2	0.4	5.6
4 类	0.7	4.2	0.3	137.6	0.9	8.8
5 类	0.6	6.3	0.6	72.9	0.7	12.4
6 类	1.3	7.9	10.2	1505.7	1.6	17.1
7 类	1.4	6.0	7.8	553.0	1.9	11.7
8 类	1.4	6.7	16.4	713.5	1.8	12.5
9 类	1.5	5.1	0.7	204.3	2.8	12.5
10 类	2.4	7.0	37.8	426.8	3.7	13.3
11 类	1.5	12.1	2.5	985.4	1.6	20.8

2 类~11 类车辆非满载车与满载车比例　　　　　表 8-2-9

车 辆 类 型	非满载比例	满 载 比 例	车 辆 类 型	非满载比例	满 载 比 例
2 类	0.80~0.90	0.10~0.20	7 类	0.65~0.75	0.25~0.35
3 类	0.85~0.95	0.05~0.15	8 类	0.40~0.50	0.50~0.60
4 类	0.60~0.70	0.30~0.40	9 类	0.55~0.65	0.35~0.45
5 类	0.70~0.80	0.20~0.30	10 类	0.50~0.60	0.40~0.50
6 类	0.50~0.60	0.40~0.50	11 类	0.60~0.70	0.30~0.40

3. 当量设计轴载累计作用次数

道路上通行的车辆不仅具有不同的类型和不同的轴重,而且通行的车辆数目也是变化的。路面结构设计中,要考虑设计年限内车辆对路面的综合累计损伤作用,必须对现有的交通量、轴载组成以及增长规律进行调查和预估,并通过适当的方式将它们换算成当量设计轴载的累计作用次数。

(1)确定初始年设计车道日平均当量轴次

根据车辆当量设计轴载换算系数,按式(8-2-6)确定初始年设计车道日平均当量轴次 N_1。

$$N_1 = \text{AADTT} \times \text{DDF} \times \text{LDF} \times \sum_{m=2}^{11}(\text{VCDF}_m \times \text{EALF}_m) \qquad (8\text{-}2\text{-}6)$$

式中:AADTT——2 轴 6 轮及以上车辆的双向年平均日交通量,辆/d;

DDF——方向系数;

LDF——车道系数;

VCDF_m——m 类车辆类型分布系数;

EALF_m——m 类车辆的当量设计轴载换算系数。

(2)当量设计轴载累计作用次数

根据初始年设计车道日平均当量轴次 N_1、设计使用年限、交通量的年平均增长率等,按式(8-2-7)计算设计车道上的当量设计轴载累计作用次数 N_e。

$$N_e = \frac{(1+r)^t - 1}{r} \times 365 \cdot N_1 \qquad (8\text{-}2\text{-}7)$$

式中:N_e——设计使用年限内设计车道上的当量设计轴载累计作用次数,次;

t——设计使用年限,年,新建沥青路面结构设计使用年限为:高速公路、一级公路不低于 15 年,二级公路不低于 12 年,三级公路不低于 10 年,四级公路不低于 8 年。改建路面结构设计可根据工程实际情况选取适宜的设计使用年限;

N_1——初始年设计车道日平均当量轴次,次/d;

r——设计使用年限内交通量的年平均增长率,%。

三、交通分级

路面结构在设计年限内承担行车荷载的繁重程度以交通等级来划分。《公路沥青路面设计规范》(JTG D50—2017)按设计使用年限内设计车道累计大型客车和货车的交通量划分,各交通等级的划分标准如表 8-2-10 所示。划分为、轻交通、中等交通、重交通、特重交通和极重交通五个等级。

设计交通荷载等级 表 8-2-10

设计交通荷载等级	极重	特重	重	中等	轻
设计使用年限内设计车道累计大型客车和货车交通量($\times 10^6$,辆)	≥50.0	50.0~19.0	19.0~8.0	8.0~4.0	<4.0

注:大型客车和货车为表 8-2-3 所列的 2 类~11 类车。

工作任务一:确定方向系数和车道系数

(1)方向系数,宜根据不同方向上实测交通量数据确定,无实测数据时可在 0.5~0.6 范围内选取,本任务取 DDF = 0.55。

(2)车道系数,采用水平三,即采用表 8-2-1 推荐值,本任务中公路为双向四车道的一级公路,取 LDF = 0.65。

工作任务二:确定车辆类型分布系数

(1)由整体货车和半挂货车所占比例分别为 75%、12.5%,查表 8-2-4,确定该公路 TTC 分类为 TTC5 类。

(2)由此再查表 8-2-5 即可确定各类车辆类型分布系数 VCDF_m,如表 8-2-11 所示。

车辆类型分布系数(%)　　　　　　　表8-2-11

车辆类型	2类	3类	4类	5类	6类	7类	8类	9类	10类	11类
TTC5	9.9	42.3	14.8	0.0	22.7	2.0	2.3	3.2	2.5	0.2

工作任务三：计算各类车辆的当量设计轴载换算系数

以确定沥青混合料层层底拉应变、沥青混合料层永久变形量为例,采用水平三,取表8-2-8和表8-2-9所列全国经验值计算各类车辆的当量设计轴载换算系数,计算如表8-2-12所示。

各类车辆当量设计轴载换算系数计算表　　　　　表8-2-12

车辆类型	当量设计轴载换算系数		非满载与满载车比例		轴载换算系数 $EALF_m$
	非满载车	满载车	非满载比例	满载比例	
2类	0.8	2.8	0.85	0.15	1.1
3类	0.4	4.1	0.9	0.1	0.77
4类	0.7	4.2	0.65	0.35	1.925
5类	0.6	6.3	0.75	0.25	2.025
6类	1.3	7.9	0.55	0.45	4.27
7类	1.4	6.0	0.7	0.3	2.78
8类	1.4	6.7	0.45	0.55	4.315
9类	1.5	5.1	0.6	0.4	2.94
10类	2.4	7.0	0.55	0.45	4.47
11类	1.5	12.1	0.65	0.35	5.21

工作任务四：计算当量设计轴载累计作用次数

(1)计算初始年设计车道日平均当量轴次

根据车辆当量设计轴载换算系数,按式(8-2-6)计算初始年设计车道日平均当量轴次N_1,如表8-2-13所示。

初始年设计车道日平均当量轴次计算表　　　　　表8-2-13

车辆类型	轴载换算系数 $EALF_m$	车辆类型分布系数 $VCDF_m$	$EALF_m \times VCDF_m$	当量轴次（次/日）
2类	1.1	9.9%	0.1089	
3类	0.77	42.3%	0.3257	
4类	1.925	14.8%	0.2849	
5类	2.025	0.0	0	
6类	4.27	22.7%	0.9693	2055
7类	2.78	2.0%	0.0556	
8类	4.315	2.3%	0.0992	
9类	2.94	3.2%	0.0941	
10类	4.47	2.5%	0.1118	
11类	5.21	0.2	0.0104	
Σ			2.0599	

$$N_1 = \text{AADTT} \times \text{DDF} \times \text{LDF} \times \sum_{m=2}^{11}(\text{VCDF}_m \times \text{EALF}_{ml})$$
$$= 3100 \times (1-10\%) \times 0.55 \times 0.65 \times 2.0599$$
$$= 2055(次/日)$$

(2)计算当量设计轴载累计作用次数

新建一级公路设计使用年限取15年,交通量的预测年平均增长率为10%,按式(8-2-7)计算设计车道上的当量设计轴载累计作用次数 N_e。

$$N_e = \frac{(1+r)^t - 1}{r} \times 365 \cdot N_1$$
$$= \frac{(1+10\%)^{15} - 1}{10\%} \times 365 \times 2055$$
$$= 23831744(次)$$

任务练习

一、填空题

1. 交通数据调查包括交通量及其_____、_____、_____、_____和轴重等。
2. 方向系数宜根据不同方向上实测交通量数据确定,无实测数据时可在_____范围内选取。车道系数为_____上大型客车和货车数量占_____上大型客车和货车交通量的比例。
3. 断面交通量乘以_____和_____即为设计车道的交通量。
4. 车辆轴型按轮组和轴组类型分为_____类,在对我国公路交通参数调查基础上,根据车辆构造、轴组组成及其对路面的破坏作用,将交通组成分为_____种车辆类型,在路面设计中需考虑的是_____类。
5. 我国沥青路面设计采用_____为标准轴载,以_____表示。标准轴载的计算参数轮胎接地压强为_____,单轮传压面当量圆直径是_____,两轮中心距为_____。
6. 根据初始年设计车道日平均_____、_____、交通量的年平均增长率等计算_____上的当量设计轴载累计作用次数 N_e。
7. 沥青路面结构设计中,现行规范是按设计使用年限内设计车道累计_____的交通量划分的,划分为_____、_____、_____、_____和_____五个交通等级。

二、简答题

1. 什么是设计轴载?我国路面设计规范中规定路面设计的设计轴载是什么?

2. 车辆荷载当量换算的原则是什么?换算是各级轴载的轴数及轮组数是如何考虑的?

任务8-3 沥青路面结构设计

学习目标

1. 了解沥青路面结构设计的一般原则。

2. 明确沥青路面的结构组成及各结构层的要求、材料类型及选用。
3. 掌握路面结构类型及如何选用,理解沥青路面结构组合设计的原则。

 **任务描述**

沥青路面结构组合设计应针对各种路面结构组合的力学特性、功能特性及其长期性能衰变规律和损坏特点,遵循路基路面综合设计的理念,保证路面结构的安全、耐久和全寿命周期经济合理。本任务主要介绍沥青路面的结构组成、结构类型以及结构组合设计的一般原则。

 相关知识

沥青路面设计应包括路面结构层原材料的选择、混合料配合比设计、设计参数的测试与确定、路面结构层组合与厚度计算,路面结构的方案比选等内容,以及路面排水系统设计和路肩加固等的设计。

一、结构设计的一般原则

在沥青路面结构设计工作中,应该遵循下列的技术经济原则:

1. 因地制宜、合理选材

路面各结构层所用的材料,尤其是用量最大的基层、底基层和必要的功能层材料,应充分利用当地的天然材料、加工材料或工业副产品,以减少运输费用,降低工程造价。同时还要注意吸取和应用当地路面设计在选择材料方面的成功经验。

2. 方便施工、利于养护

选择各结构层时还应考虑机具设备和施工条件,在可能的条件下,应尽量采用机械化施工,并考虑建成通车后的养护问题。特别是对于高等级公路来说,要求平时养护工作量越少越好,以免影响大交通量的通行。

3. 分期修建、逐步提高

交通量是确定路面等级和路面类型的最主要的因素之一,而交通量是随时间而逐步增长的,在资金不足时,一般按近期使用要求进行路面设计,先以满足近期需要为主。以后随着交通量逐步提高路面等级,增加路面厚度。但在建造时必须注意使前期工程能为后期工程奠定基础,为后期工程所充分利用。

4. 整体考虑、综合设计

在路面结构设计时,对土基、功能层、底基层、基层和面层都应看作一个有机的整体。按照土基稳定、基层坚实、面层耐久的要求,充分发挥各结构层的作用,合理选择路面材料,确定适当的厚度,使路面设计既能在整体上满足强度和稳定性的要求,又能做到经济、合理、耐久。

5. 考虑气候因素和水温状况的影响

路面结构设计要求保证在自然因素和车轮荷载反复作用下,路面整体结构具有足够的水稳定性、干稳定性、冰冻稳定性和高温稳定性,应预测并要重视当地气候和水温状况可能对路面造成的不利影响。

二、沥青路面各分层结构设计

沥青路面结构可由面层、基层、底基层和必要的功能层组合而成。面层采用不同材料分层铺筑时,可分为表面层、中面层和下面层。

1. 面层

面层应具有平整、抗车辙、抗疲劳开裂、抗低温开裂和抗水损坏等性能,表面层混合料尚应具有抗滑和耐磨损性能,密级配沥青混合料表面层应具有低透水性能。面层材料类型宜按表8-3-1选用。

面层材料的交通荷载等级和层位 表8-3-1

材料类型	适用交通荷载等级和层位
连续级配沥青混合料	各交通荷载等级的表面层、中面层和下面层
沥青玛蹄脂碎石混合料	极重、特重和重交通荷载等级的表面层、对抗滑有特殊要求的表面层
厂拌热再生沥青混合料	各交通荷载等级的表面层、中面层和下面层
上拌下贯沥青碎石	中等、轻交通荷载等级的面层
沥青表面处治	中等、轻交通荷载等级的表面层

对抗滑、排水或降噪有特殊要求的表面层可采用开级配沥青混合料,表面层下应设置防水层,防水层可采用改性乳化沥青或改性沥青等。

不同粒径沥青混合料的层厚应符合表8-3-2的规定。连续级配沥青混合料和沥青玛蹄脂碎石混合料的结构层厚度不宜小于集料公称最大粒径的2.5倍。开级配沥青混合料的结构层厚度不宜小于集料公称最大粒径的2.0倍。

不同粒径沥青混合料层厚 表8-3-2

沥青混合料类型	以下集料公称最大粒径沥青混合料的层厚(mm),不小于					
	4.75	9.5	13.2	16.0	19.0	26.5
连续级配沥青混合料	15	25	35	40	50	75
沥青玛蹄脂碎石	—	30	40	50	60	—
开级配沥青混合料	—	20	25	30	—	—

沥青贯入碎石层的厚度宜为40~80mm,乳化沥青贯入式路面的厚度不宜超过50mm。上拌下贯式路面的拌和层厚度不宜小于25mm。

沥青表面处治可分为单层、双层和三层。单层表面处治厚度宜为10~15mm。双层表面处治厚度宜为15~25mm,三层表面处治厚度宜为25~30mm。

在选择面层类型时,特别应考虑当地的气候特征。如在气候干旱地区,不宜采用砂砾路面,以免产生严重的搓板现象。在多雨地区,要特别重视路面结构层的水稳定性和面层透水性问题。对于沥青路面,还要考虑寒冷地区的低温抗裂性和高温地区的热稳定性问题,同时还要考虑抗滑性能等问题。

2. 基层和底基层

基层是主要的承重层,分为基层和底基层,基层和底基层应具有足够的承载能力、抗疲劳开裂性能、足够的耐久性和水稳定性。沥青结合料类和粒料类基层尚应具有足够的抗永久变形能力。

目前常用的基层类型有无机结合料稳定类、粒料类、沥青结合料类、水泥混凝土等。每一类型都有各自的特点,基层和底基层的材料类型可参照表8-3-3选用。

基层和底基层材料的适用交通荷载等级和层位 表 8-3-3

类 型	材 料 类 型	适用交通荷载等级和层位
无机结合料稳定类	水泥稳定级配碎石或砾石、水泥粉煤灰稳定级配碎石或砾石、石灰粉煤灰稳定级配碎石或砾石	各交通荷载等级的基层和底基层
	水泥稳定未筛分碎石或砾石、石灰粉煤灰稳定未筛分碎石或砾石、石灰稳定未筛分碎石或砾石	轻交通荷载等级的基层、各交通荷载等级的底基层
	水泥稳定土、石灰稳定土、石灰粉煤灰稳定土	轻交通荷载等级的基层、各交通荷载等级的底基层
粒料类	级配碎石	重及重以下交通荷载等级的基层、各交通荷载等级的底基层
	级配砾石、未筛分碎石、天然砂砾、填隙碎石	中等和轻交通荷载等级的基层、各交通荷载等级的底基层
沥青结合料类	密级配沥青碎石、半开级配沥青碎石、开级配沥青碎石	极重、特重和重交通荷载等级的基层
	沥青贯入碎石	重及重以下交通荷载等级的基层
水泥混凝土	水泥混凝土或贫混凝土	极重、特重交通荷载等级的基层

再生沥青混合料和再生无机结合料稳定材料可用于各交通荷载等级的基层和底基层，厂拌热再生沥青混合料宜用于极重、特重和重交通荷载等级的基层。

为减少或延缓反射裂缝，在无机结合料稳定层与沥青结合料类材料层间可设置级配碎石、半开级配或开级配沥青碎石层。

不同材料基层和底基层厚度宜符合表 8-3-4 的规定。

基层和底基层厚度 表 8-3-4

材 料 种 类	集料公称最大粒径(mm)	厚度(mm)，不小于
密级配沥青碎石、半开级配沥青碎石、开级配沥青碎石	19.0	50
	26.5	80
	31.5	100
	37.5	120
沥青贯入碎石	—	40
贫混凝土	31.5	120
无机结合料稳定类	19.0、26.5、31.5、37.5	150
	53.0	120
级配碎石、级配砾石、未筛分碎石、天然砂砾	26.5、31.5、37.5	100
	53.0	120
填隙碎石	37.5	75
	53.0	100
	63.0	120

沥青路面的水泥混凝土基层应符合《公路水泥混凝土路面设计规范》(JTG D40—2011)的有关规定。

3. 路基

路基应稳定、密实和均匀,具有足够的承载能力。新建公路路床应处于干燥或中湿状态,并应采取措施防止地表水或地下水的侵入。

多雨地区土质路堑和强风化岩石路段,应加强填挖交界处及路堑段的排水设计,以改善路基水文状况。岩石或填石路基顶面应设置整平层,厚度宜为 200~300mm。

4. 功能层

《公路沥青路面设计规范》(JTG D50—2017)把防冻层、排水层、封层、黏层和透层定义为功能层,而把为提高路基顶面回弹模量或改善路基湿度状态而设置的粒料层或无机结合料稳定层归入路基,定义为路基改善层。

(1) 防冻层

季节性冻土地区路面厚度不满足防冻要求时,应增设防冻层。防冻层宜采用粗砂、砂砾和碎石等粒料类材料。

(2) 排水层

地下水位高、排水不良的路段,有裂隙水、眼等水文条件不良的岩石挖方路段,基层和底基层为非粒料类材料时,可在基层或底基层与路床间设置粒料排水层。粒料层应与路基边缘或与边沟下渗沟相连接,厚度不宜小于 150mm。

(3) 封层

无机结合料稳定类或冷再生类材料结构层与沥青结合料类结构层之间宜设置封层,封层可采用单层沥青表面处治或稀浆封层等。当设置改性沥青应力吸收层时,可不再设封层。

单层表面处治封层的结合料可采用改性沥青、道路石油沥青或乳化沥青。改性沥青应力吸收层宜采用橡胶沥青。

(4) 黏层

沥青层与沥青层之间、沥青层与水泥混凝土路面之间应设置黏层。极重、特重和重交通荷载等级路面的黏层宜采用改性乳化沥青、道路石油沥青或改性沥青;中等和轻交通荷载等级路面的黏层可选用乳化沥青;水泥混凝土板与沥青面层间的黏层宜采用改性沥青。

(5) 透层

粒料类基层和无机结合料稳定类基层顶面宜设置透层,透层沥青应具有良好的渗透性,可采用稀释沥青和乳化沥青等。

一般地,沥青结合料类材料层间应设置黏层,在沥青结合料类材料层与其他材料层间应设置封层,宜设置透层。

5. 路肩

路肩结构组合和材料选用应与行车道路面相协调,不应影响路面结构中水的排出。

极重、特重和重交通荷载等级公路及冻土地区,硬路肩基层、底基层材料和厚度应与行车道路面相同。

三级和四级公路硬路肩可采用沥青结合料类材料或粒料。

6. 路面排水

路面结构应采取防水、排水措施,阻止降水渗入路面结构层。

路面结构内部排水应与公路其他相关排水系统相衔接,并应符合《公路排水设计规范》(JTG/T D33—2012)的有关规定。

采用开级配沥青混合料表面层,或设置粒料、开级配或半开级配混合料等排水层、防冻层时,可采用横贯整幅路基的形式,或设置边缘排水系统。

三、结构层组合设计

1. 路面结构类型

路面结构类型可按基层材料性质分为无机结合料稳定类基层沥青路面、粒料类基层沥青路面、沥青结合料类基层沥青路面和水泥混凝土基层沥青路面四类。应根据交通荷载等级和路基状况等因素,结合路面材料特性和结构特性,选择路面结构类型。

路面结构的选用宜符合下列规定:

(1)无机结合料稳定类基层沥青路面适用于各种交通荷载等级。

(2)粒料类基层沥青路面适用于重及以下交通荷载等级。

(3)沥青结合料类基层沥青路面适用于各种交通荷载等级。

(4)水泥混凝土基层沥青路面适用于重及以上交通荷载等级。

路基湿度状态为中湿或潮湿时,宜采用粒料类底基层或设置粒料类路基改善层。

多雨地区,无机结合料稳定类基层和水泥混凝土基层沥青路面应采取措施控制唧泥、脱空等水损坏。

当采用无机结合料稳定类基层时,可采取下列一种或多种措施减少基层收缩开裂和路面反射裂缝:

(1)选用抗裂性好的无机结合料稳定类基层。

(2)增加沥青混合料层厚度,或在无机结合料稳定类基层上设置沥青碎石层或级配碎石层。

(3)在无机结合料稳定类基层上设置改性沥青应力吸收层或敷设土工合成材料。

选定结构组合后,可根据交通荷载等级参考《公路沥青路面设计规范》(JTG D50—2017)附录 C 初选各结构层厚度。

2. 结构组合设计原则

路面结构组合设计应针对各种路面结构组合的力学特性、功能特性及其长期性能衰变规律和损坏特点,遵循路基路面综合设计的理念,保证路面结构的安全、耐久和全寿命周期经济合理。

沥青路面结构层次的合理选择和安排,可使整个路面结构在设计使用年限里承受行车荷载和自然因素的共同作用,同时又能发挥各结构层的最大效能,使整个路面结构经济合理的关键。根据理论分析和多年的使用经验,在路面结构组合设计中要遵循下列原则:

(1)适应行车荷载作用的要求

行车荷载的作用包括垂直力和水平力。路面在垂直力作用下,内部产生的产生的应力、应变随深度递减,水平力的作用随深度递减的速率更快。路面表面还同时承受车轮的磨耗作用,因此,要求路面面层具有足够的强度和抗变形能力,在其下各层的强度和抗变形能力可自上而下逐渐减小。这样,在进行路面结构组合时,各结构层应按强度和刚度自上而下递减的规律安排,以使各结构层材料的效能得到充分发挥。

按照这种原则组合路面时,结构层的层数越多越能体现强度和刚度沿深度递减的规律。但就施工工艺、材料规格和强度形成原理而言,层数又不宜过多,也就是不能使结构层的厚度过小。适宜的结构层厚度需结合材料供应、施工工艺并按相关规定确定,从强度要求和造价考虑,宜自上而下、由薄到厚。

路面设计时,沥青面层厚度与道路等级、交通量及组成、沥青品种和质量有关,沥青面层厚度列于表 8-3-5,设计时应根据道路等级、交通量大小、重车所占的比例、选用沥青质量等因素,综合考虑确定沥青层厚度。基层、底基层厚度应根据交通量大小、材料力学性能和扩散应力的效果,发挥压实机具的功能以及有利于施工等因素选择各结构层的厚度。

沥青面层推荐厚度 表 8-3-5

公路等级	推荐厚度(cm)	公路等级	推荐厚度(cm)
高速公路	12~18	三级公路	2~4
一级公路	10~15	四级公路	1~2.5
二级公路	5~10		

沥青路面相邻结构层材料的模量比对路面结构的应力分布有显著影响,是合理确定结构层层数,选定适宜结构层材料的重要考虑因素。根据分析和经验,基层与面层的模量比应不小于 0.3,土基与基层或底基层的模量比宜为 0.08~0.40。

(2)在各种自然因素作用下稳定性好

如何保证沥青路面的水稳定性,是路面结构层选择与组合需要解决的重要问题。在潮湿和某些中湿路段上修筑沥青路面时,由于沥青层不透气,使路基和基层中水分蒸发的通路被隔断,因而向基层积聚。如果基层材料中含土量多(如泥结碎石、级配砾石),尤其是土的塑性指数较大时,遇水变软,强度和刚度急剧下降,会导致路面开裂破坏。所以沥青路面的基层一般应选择水稳定性好的材料,在潮湿路段及中湿路段尤应如此。

在季节性冰冻地区,当冻深较大,路基土为易冻胀土时,常常产生冻胀和翻浆。在这种路段上,路面结构中应设置防止冻胀和翻浆的垫层。路面总厚度的确定,除满足强度要求外,还应满足防冻厚度的要求,以避免在路基内出现较厚的聚冰带,防止产生导致路面开裂的不均匀冻胀。防冻的厚度与路基潮湿类型,路基土类、道路冻深以及路面结构层材料热物理性有关。根据经验及试验观测,结构层总厚度应不小于表 8-3-6 所示的最小防冻厚度的推荐值。如按强度计算的路面总厚度小于表 8-3-6 所列厚度规定时,应增设或加厚垫层使路面总厚度达到表列要求。

路面最小防冻层厚度(单位:cm) 表 8-3-6

路基干湿类型	道路冻深	黏性土、亚砂土			粉性土		
		砂石类	稳定土类	工业废渣类	砂石类	稳定土类	工业废渣类
中湿	50~100	40~45	35~40	30~35	45~50	40~45	30~40
	100~150	45~50	40~45	35~40	50~60	45~50	40~45
	150~200	50~60	45~55	40~50	60~70	50~60	45~50
	>200	60~70	55~65	50~55	70~75	60~70	50~65
潮湿	60~100	45~55	40~50	35~45	50~60	45~55	40~50
	100~150	55~60	50~55	45~50	60~70	55~65	50~60
	150~200	60~70	55~65	50~55	70~80	65~70	60~65
	>200	70~80	65~75	55~70	80~100	70~90	65~80

(3)考虑结构层的特点

路面结构层通常是用密实级配、嵌挤以及形成板体等方式构成的,因而如何构成具有要求强度和刚度并且稳定的结构层是设计和施工都必须注意的问题。影响结构层构成的因素,除材料选择、施工工艺之外,路面结构组合也是十分重要的。例如,沥青面层不能直接铺筑在铺砌片石基层上,而应在其间加设碎石过渡层,否则铺砌片石不平稳或片石可能的松动都会反映到沥青面层上,造成面层不平整甚至沉陷开裂。这类片石也不能直接铺在软弱的路基上,而应在其间铺粒料层。又如沥青混凝土或热拌沥青碎石之类的高级面层与粒料基层或稳定土基层之间应设沥青碎石,并保证有一定的厚度,以提高其抗疲劳性能。

为了保证路面结构的整体性和结构层之间应力传递的连续性,应尽量使结构层之间结合紧密稳定。

在进行路面设计时,要按照面层耐久、基层坚实、土基稳定的要求,贯彻因地制宜、合理选择、利于养护的原则以及上述结构组合原则,结合当地经验拟定几种路面结构方案,并优先选用便于机械化施工和质量管理的方案,做到技术先进、经济合理。

 任务练习

一、填空题

1. 沥青路面设计包括路面结构层原材料的选择、_____、_____的测试与确定、_____与厚度计算,路面结构的方案比选等内容。

2. 沥青路面结构可由_____、_____、_____和必要的_____组合而成。面层采用不同材料分层铺筑时,可分为_____、_____和_____。

3. 面层应具有_____、_____、_____、抗低温开裂和抗水损坏等性能,表面层混合料尚应具有_____和耐磨损性能,密级配沥青混合料表面层应具有_____性能。

4. 当表面层采用开级配沥青混合料时,其下应设置_____,材料可采用_____或_____改性沥青等。

5. 连续级配沥青混合料和沥青玛蹄脂碎石混合料的结构层厚度不宜小于集料公称最大粒径的_____倍。开级配沥青混合料的结构层厚度不宜小于集料公称最大粒径的_____倍。

6. 沥青贯入碎石层的厚度宜为_____,乳化沥青贯入式路面的厚度不宜超过_____。上拌下贯式路面的拌和层厚度不宜小于_____。

7. 沥青表面处治可分为单层、双层和三层,单层表面处治厚度宜为_____,双层表面处治厚度宜为_____,三层表面处治厚度宜为_____。

8. 基层和底基层应具有足够的_____、_____、足够的_____和水稳定性。沥青结合料类和粒料类基层尚应具有足够的_____能力。

9. 目前常用的基层类型有_____、_____、_____和水泥混凝土等。

10. 路基应_____、_____和_____,具有足够的承载能力。新建公路路床应处于_____或_____状态,并应采取措施防止地表水或地下水的侵入。岩石或填石路基顶面应设置_____,厚度宜为_____。

11. 路面功能层包括:_____、_____、_____和_____,一般地,沥青结合料类材料层间应设置_____,在沥青结合料类材料层与其他材料层间应设置_____,宜设置_____。

12. 路面结构类型可按基层材料性质分为_____沥青路面、_____沥青路面、_____沥青路面和_____沥青路面四类。

13.路面结构的选用宜符合下列规定:无机结合料稳定类基层沥青路面适用于_____交通荷载等级;粒料类基层沥青路面适用于_____交通荷载等级;沥青结合料类基层沥青路面适用于_____交通荷载等级;水泥混凝土基层沥青路面适用于_____交通荷载等级。

二、简答题

1.简述沥青路面结构设计的一般原则。

2.沥青路面结构的功能层有哪些?如何设置?

3.当采用无机结合料稳定类基层时,可采取哪些措施减少基层收缩开裂和路面反射裂缝?

4.在沥青路面结构组合设计中要遵循哪些原则?

任务8-4 沥青路面厚度设计

 学习目标

1.明确沥青路面的设计指标及其要求与选用。
2.了解新建沥青路面设计程序与流程。

 任务描述

在根据交通荷载等级和路基状况等因素,结合路面材料特性和结构特性,选择路面结构类型,并初拟路面结构组合及各结构层厚度之后,要按相应的使用性能设计指标进行路面结构与厚度验算,直至满足要求。再结合工程经验进行技术经济比较,选定路面结构方案。本任务主要介绍沥青路面的各项设计指标与选用,以及我国沥青路面设计理论、新建沥青路面设计程序与流程。

相关知识

我国现行的沥青路面设计采用双圆均布垂直荷载作用下的多层弹性层状体系理论,且考虑到路面实际使用情况以及计算的合理性,在计算相关设计指标时,层间接触条件设定为完全连续体系。

一、沥青路面设计指标

沥青路面在行车荷载的反复作用和自然因素的不断影响下,会逐渐出现损坏。由于环境、材料组成、结构层组合、荷载、施工和养护等条件的变异,损坏的形态多种多样,常见的有:沉陷、车辙、推移、开裂、松散和坑槽、表面磨光、低温缩裂和反射裂缝等模式。鉴于破坏模式的多

样性,以及路面性能影响因素的复杂性,所以需要多项设计指标以涵盖各种主要病害类型。

《公路沥青路面设计规范》(JTG D50—2017)采用5个单项设计指标分别控制相应损坏,分别为沥青混合料层疲劳开裂、无机结合料稳定层疲劳开裂、沥青混合料层永久变形量、路基顶面竖向压应变,以及季节性冻土地区的路面低温开裂。

各项路面使用性能设计指标应满足下列要求:

(1)沥青混合料层和无机结合料稳定层的疲劳开裂寿命,均不应小于路面设计使用年限内当量设计轴载累计作用次数。

(2)沥青混合料层永久变形量不应大于表8-4-1所列容许永久变形量。

沥青混合料层容许永久变形量(单位:mm)　　　　表8-4-1

基层类型	沥青混合料层容许永久变形量	
	高速公路、一级公路	二级、三级公路
无机结合料稳定类基层、水泥混凝土基层和底基层为无机结合料稳定类的沥青混合料基层	15	20
其他基层	10	15

(3)路基顶面竖向压应变不应大于规范规定方法计算的容许值。

(4)季节性冻土地区沥青面层低温开裂指数不宜大于表8-4-2所列数值。

低温开裂指数要求　　　　表8-4-2

公路等级	高速公路、一级公路	二级公路	三级、四级公路
低温开裂指数 CI,不大于	3	5	7

注:低温开裂指数 CI——竣工验收时100m调查单元内横向裂缝条数,贯穿全幅的裂缝按1条计,未贯穿且长度超过一个车道宽度的裂缝按0.5条计,不超过一个车道宽度的裂缝不计入。

不同的路面结构类型,设计指标不同。例如,对于常见的无机结合稳定类料基层沥青路面,设计指标为无机结合料稳定层疲劳开裂和沥青面层永久变形。这是和不同结构类型的力学特性相关的,对于无机结合料稳定类基层沥青路面,沥青面层主要受压力,当然就不会出现疲劳开裂,所以没有必要验算面层。

路面结构验算应根据路面结构组合,参照表8-4-3选择设计指标。

不同结构组合路面的设计指标　　　　表8-4-3

基层类型	底基层类型	设计指标[①]
无机结合料稳定类	粒料类	无机结合料稳定层疲劳开裂、沥青混合料层永久变形量
	无机结合料稳定类	
沥青结合料类	粒料类	沥青混合料层疲劳开裂、沥青混合料层永久变形量、路基顶面竖向压应变
	无机结合料稳定类	
粒料类[②]	粒料类	沥青混合料层疲劳开裂、沥青混合料层永久变形量、路基顶面竖向压应变
	无机结合料稳定类	沥青混合料层疲劳开裂、沥青混合料层永久变形量、无机结合料稳定层疲劳开裂
水泥混凝土[③]	—	沥青混合料层永久变形量

注:①季节性冻土地区应增加沥青面层低温开裂验算和防冻厚度验算。
②在沥青混合料层与无机结合料稳定层间设置粒料层时,应验算沥青混合料层疲劳开裂寿命。
③水泥混凝土基层应按《公路水泥混凝土路面设计规范》(JTG D40—2011)设计。

需要指出的是,取消了弯沉作为设计指标,但是在路基和路面交(竣)工验收时,要检测验收弯沉。

二、新建沥青路面设计程序

经过大量的工程实践和成果总结,不少地区形成了相对成熟的典型路面结构。对于二级及二级以下公路,当交通荷载等级为中等、轻水平时,可依据所在地区经验结构合理选择路面设计方案。对于公路等级高、交通量大,或者采用当地不常用的路面结构类型时,则需进行路面结构验算,以保证路面结构的可靠性。

路面结构验算方法较为复杂,现均由专用设计程序完成,在此仅介绍路面结构验算的一般流程。

路面结构验算应按图8-4-1所示的流程进行,包括下列主要内容:

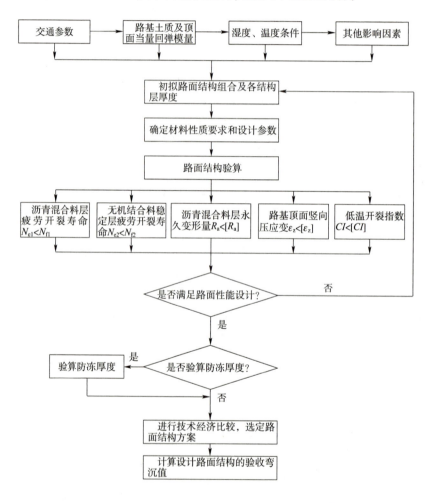

图 8-4-1 路面结构验算流程图

(1)调查分析交通参数,确定交通荷载等级。

(2)根据路基土类、地下水位高度确定路基干湿类型和湿度状况,按表8-4-4的要求,并结合《公路路基设计规范》(JTG D30—2015)的有关规定确定路基顶面回弹模量及必要的路基改善措施。

路基顶面回弹模量(单位:MPa)　　　　　　　　　　表 8-4-4

交通荷载等级	极重	特重	重	中等、轻
回弹模量,不小于	70	60	50	40

(3)根据设计要求,收集所在地区的常用路面结构组合和材料性质要求,分析影响路面结构设计的其他因素,初拟路面结构组合与厚度方案,选取设计指标。

(4)通过室内试验实测或利用已有经验关系式或参照典型数值确定路面结构层材料的模量等设计参数,并检验粒料的 CBR 值,无机结合料稳定类材料的无侧限抗压强度,沥青低温性能要求,沥青混合料的低温破坏应变、动稳定度、贯入强度和水稳定性等。

(5)收集工程所在地区气温资料,确定各设计指标对应的温度调整系数或等效温度。

(6)采用多层弹性体系理论程序计算各设计指标的力学响应量。

(7)采用沥青路面设计专用程序进行路面结构验算,验算结果应符合规范规定,不符合时,调整路面结构方案重新验算,直至符合为止。

(8)对通过结构验算的路面结构进行技术经济分析,选定路面结构方案。

(9)计算设计路面结构的验收弯沉值。

设计路面结构的路基顶面验收弯沉值和路表验收弯沉值的确定,应符合规范有关规定。

 任务练习

一、填空题

1.《公路沥青路面设计规范》(JTG D50—2017)采用的设计指标为:_____、_____、_____、_____,以及季节性冻土地区的路面低温开裂。

2.不同的路面结构类型,设计指标不同,对于无机结合稳定类料基层沥青路面,设计指标为_____和_____。具体验算时,无机结合稳定类料基层的_____不能小于设计使用年限内的_____。

二、简答题

1.沥青路面使用性能设计指标应满足哪些要求?

2.不同结构组合沥青路面的设计指标分别有哪些?

3.简述沥青路面结构验算的流程。

项目 9　沥青路面施工

任务 9-1　沥青表面处治面层施工技术

　学习目标

1. 了解沥青表面处治面层的作用和适用范围。
2. 掌握沥青表面处治面层施工技术。
3. 能够运用沥青表面处治技术,从事沥青表面处治层的施工。

任务描述

本任务要求学生按照沥青贯入式路面结构设计图(图 9-1-1)和工艺流程对已经施工过半的沥青路面进行相应的沥青表面处治面层的施工。

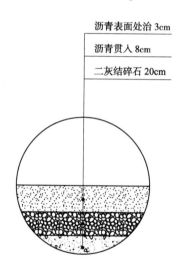

图 9-1-1　沥青贯入式路面结构设计图

　相关知识

沥青表面处治是用沥青和细粒料按层铺或拌和方法施工,厚度不超过 3cm 的薄层路面面层可分为单层(10～15mm)、双层(15～25mm)、三层(25～30mm)。由于处治层很薄,一般不起提高强度作用,其主要作用是抵抗行车的磨耗和大气作用,增强防水性,提高平整度,改善路面的行车条件。

沥青表面处治一般作为中等、轻交通荷载等级的表面层,适用于三级及三级以下公路的沥青面层、各级公路施工便道以及在旧沥青面层上加铺罩面层或磨耗层。

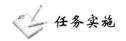**任务实施**

一、任务准备

1. 材料准备

(1)沥青材料可选用道路石油沥青、乳化沥青、煤沥青。

(2)沥青表面处治集料最大粒径应与处治层的厚度相等。沥青表面处治施工后,在路侧另备 S12(5~10mm)碎石或 S14(3~5mm)石屑、粗砂或小砾石($2~3m^3/1000m^2$)作为初期养护用料。

2. 施工机具和设备

(1)沥青洒布车(机动或手动沥青洒布车)、集料洒布机、6~8t 钢筒双轮压路机、集料运输车。

洒布设备的喷嘴应适用于沥青的稠度,确保喷出的沥青呈雾状,与洒油管成15°~25°的夹角,洒油管的高度应使同一地点接受2~3个喷油嘴喷洒的沥青,不得出现花白条。

(2)铁锹、扫帚等工具。

3. 作业条件

在清扫干净的碎(砾)石路面上铺筑沥青表面处治时,应喷洒透层油。在旧沥青路面、水泥混凝土路面、块石路面上铺筑沥青表面处治路面时,可在第一层沥青用量中增加10%~20%,不再另洒透层油或黏层油。

沥青表面处治喷洒沥青材料时应对道路人工构造物、路缘石等外露部分作防污染遮盖。

4. 技术准备

施工方案提前编制完成,道路高程控制点已布设完毕,施工技术、质检、试验人员全部到位。

二、具体实施步骤

下面按照沥青贯入式路面结构设计图和工艺流程完成任务实施。

1. 三层式沥青表面处治工艺流程

透层油施工→撒布第一层沥青和集料→碾压→撒布第二、三层沥青和集料→养护、开放交通。

2. 操作工艺

1)透层油施工

(1)在清扫干净的碎(砾)石路面上铺筑沥青表面处治时,应喷洒透层油。在旧沥青路面、水泥混凝土路面、块石路面上铺筑沥青表面处治路面时,可在第一层沥青用量中增加10%~20%,不再另洒透层油或黏层油。

(2)施工时应根据路面宽度、洒油方式和设备性能以及环境条件合理划分洒油宽度。确定每次洒油宽度后要做好标识,标识可用撒布少量石灰等材料作为标识。洒油接缝要做好处理。纵向接缝要重叠10~15cm,横向接缝要重叠20~30cm。对于局部露白或纵茬未能搭接好的情况,需要进行人工找补。正式喷洒前要进行试验段施工,以对机械设备配备情况、人员操作熟练程度、材料使用效果及使用量进行验证。

2)撒布第一层沥青和集料

层铺法沥青表面处治路面宜采用沥青洒布车及集料撒布机联合作业。沥青洒布车喷洒沥青时应保持稳定速度和喷洒量,并保持整个洒布宽度喷洒均匀。小规模工程可采用机动或手摇的手工沥青撒布机洒布沥青。

(1)沥青的撒布温度根据气温及沥青标号选择,石油沥青宜为130~170℃,煤沥青宜为80~120℃,乳化沥青在常温下洒布,加温洒布的乳液温度不得超过60℃。前后两车喷洒的接茬处用铁板或建筑纸铺1~1.5m,使搭接良好。分几幅浇洒时,纵向搭接宽度宜为100~150mm。撒布第二、三层沥青的搭接缝应错开。

(2)撒布主层沥青后应立即用集料撒布机或人工撒布第一层主集料。撒布集料后应及时扫匀,达到全面覆盖、厚度一致、集料不重叠,也不露出沥青的要求。局部有缺料时适当找补,积料过多的将多余集料扫出。两幅搭接处,第一幅撒布沥青应暂留100~150mm宽度不撒布石料,待第二幅一起撒布。

3)碾压

撒布主集料后,不必等全段撒布完,立即用6~8t钢筒双轮压路机从路边向路中心碾压3~4遍,每次轮迹重叠约300mm。碾压速度开始不宜超过2km/h,以后可适当增加。

4)撒布第二、三层沥青和集料

第二、三层的施工方法和要求应与第一层相同,但可以采用8t以上的压路机碾压。

双层式或单层式沥青表面处治浇洒沥青及撒布集料的次数相应减少,其施工程序和要求参照撒布第一层沥青和集料进行。

5)养护、开放交通

(1)除乳化沥青表面处治应待破乳、水分蒸发并基本成型后方可通车外,沥青表面处治在碾压结束后即可开放交通,并通过开放交通补充压实,成型稳定。

(2)在通车初期应设专人指挥交通或设置障碍物控制行车,限制行车速度不超过20km/h,严禁畜力车及铁轮车行驶,使路面全部宽度均匀压实。

(3)沥青表面处治应注意初期养护。当发现有泛油时,应在泛油处补撒与最后一层石料规格相同的嵌缝料并扫匀,过多的浮料应扫出路外。

3.冬雨季施工

(1)沥青表面处治宜选择在干燥和较热的季节施工,并在最高温度低于15℃到来以前半个月结束。

(2)风力达到4级以上不宜进行施工。

(3)降雨前不得进行沥青洒布施工。

 **任务练习**

一、选择题

1.沥青表面处治面层不适用于( )公路的沥青面层。
    A.三级及三级以下   B.二级及二级以上
    C.各级公路施工便道   D.在旧沥青面层上加铺罩面层或磨耗层

2.沥青表面处治面层使用的集料最大粒径应为( )。
    A.处治层厚度的1/2   B.处治层厚度的1/3
    C.处治层厚度的2/3   D.处治层厚度

3.沥青表面处治施工沥青洒布设备的喷嘴喷出的沥青应呈雾状,与洒油管成15°~25°的夹角,洒油管的高度应使同一地点接受( )个喷油嘴喷洒的沥青,不得出现花白条。
    A.1~2   B.2~3   C.3~4   D.4~5

二、名词解释

沥青表面处治

三、判断题

1. 在清扫干净的碎(砾)石路面上铺筑沥青表面处治时,不应喷洒透层油。（ ）
2. 乳化沥青表面处治在碾压结束后即可开放交通,并通过开放交通补充压实,成型稳定。（ ）

四、简答题

1. 简述沥青表面处治面层施工技术要点。

2. 简述沥青表面处治面层的作用。

任务9-2　沥青贯入式结构层施工

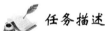

1. 了解沥青贯入式结构层适用范围和施工准备工作。
2. 掌握沥青贯入式结构层施工工艺。
3. 能够根据沥青贯入式结构层施工工艺编制结构层的施工方案并完成沥青贯入式路面结构层的施工任务。

图9-1-1为某项目标段已经施工过半的一段三级公路沥青混凝土路面面层结构设计图,从图中可以看出,该路面包括沥青表面处治、沥青贯入层、二灰结碎石基层等结构。

本任务要求学生掌握对已经施工过半的沥青路面进行相应的沥青贯入式路面面层的施工。

相关知识

沥青贯入式路面指的是用沥青贯入碎(砾)石做基层、联结层、面层的路面。即在初步压实的碎石(或破碎砾石)上,分层浇洒沥青、撒布嵌缝料,或再在上部铺筑热拌沥青混合料封层,经压实形成沥青面层。

一、适用范围

沥青贯入式结构层适用于三级及三级以下公路沥青混凝土路面的联结层、基层或城市次干道以下道路面层施工。

二、一般规定

(1)沥青贯入式路面的厚度宜为4~8cm,但乳化沥青贯入式路面的厚度不宜超过5cm。当贯入层上部加铺拌和的沥青混合料面层成为上拌下贯式路面时,拌和层的总厚度宜不小于2.5cm。

(2)沥青贯入式路面的最上层应撒布封层料或加铺拌和层。沥青贯入层作为联结层使用时,可不撒表面封层料。

(3)沥青贯入式路面宜选择在干燥和较热的季节施工,并宜在日最高温度降低至15℃以前半个月结束,使贯入式结构层通过开放交通碾压成型。

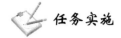 **任务实施**

一、任务准备

1. 材料准备

1)沥青贯入式路面的集料

沥青贯入层的集料应选择有棱角、嵌挤性好的坚硬石料,其规格和用量宜根据贯入层厚度选用,上拌下贯式路面的材料规格和用量应按规范要求选用。当使用破碎砾石时,其破碎面应符合现行的《公路沥青路面施工技术规范》(JTG F40—2004)要求。沥青贯入层主层集料中大于粒径范围的数量不宜少于50%。表面不加铺拌和层的贯入式路面在施工结束后每1000m^2宜另备2~3m^3与最后一层嵌缝料规格相同的细集料等供初期养护使用。主层集料最大粒径宜与贯入层厚度相当。当采用乳化沥青时,主层集料最大粒径可采用厚度的0.8~0.85,数量宜按压实系数1.25~1.30计算。

2)沥青贯入层的结合料

沥青贯入层的结合料可采用道路石油沥青、煤沥青或乳化沥青,用量应按规范要求选用,沥青标号按现行施工技术规范要求选用。

3)材料规格和用量

贯入式路面各层分次沥青用量应根据施工气温及沥青标号等在规定范围内选用。在寒冷地带或当施工季节气温较低、沥青针入度较小时,沥青用量宜用高限。在低温潮湿气候下用乳化沥青贯入时,应按乳液总用量不变的原则进行调整,上层较正常情况适当增加,下层较正常情况适当减少。

2. 施工机具

集料撒布车、摊铺机、平地机、沥青洒布车、压路机、耧耙等工具。

3. 作业条件

(1)基层施工已全部完成,并检验合格,道路附属设施已经完毕。

(2)沥青贯入式路面施工前,基层必须清扫干净。当需要安装路缘石时,应在路缘石安装完成后施工。路缘石应予以遮盖。

(3)乳化沥青贯入式路面(根据下承层基层类型)必须浇洒透层或黏层沥青。沥青贯入式路面厚度小于或等于5cm时,也应浇洒透层或黏层沥青。

(4)沥青贯入式面层宜在干燥和较热的季节施工,并宜在日最高温度低于15℃到来以前半个月结束。

4. 技术准备

施工方案编制完成并经监理批准,道路高程控制点已布设完毕,施工技术、质检、试验人员全部到位。

二、具体实施步骤

下面按沥青贯入式路面结构设计图和工艺流程,完成沥青贯入层的任务实施。

1. 工艺流程

贯入式路面施工工艺流程如下(实际施工时根据撒布嵌缝料和洒布沥青的遍数予以调整):

清扫基层→喷洒透层或黏层沥青(乳化沥青贯入式或沥青贯入式厚度小于5cm)→摊铺主层矿料→碾压→洒布第一遍沥青→撒布第一遍嵌缝料→碾压→洒布第二遍沥青→撒布第二遍嵌缝料→碾压→洒布第三遍沥青→撒封层料→碾压→初期养护。

2. 操作要点

"喷洒透层或黏层沥青施工"在任务9-5中学习。

(1)铺主层矿料:采用碎石摊铺机(图9-2-1)、平地机或人工摊铺主层集料,平地机摊布碎石如图9-2-2所示。铺筑后严禁车辆通行。

图9-2-1 碎石摊铺机洒布碎石　　　　　图9-2-2 平地机摊布碎石

(2)碾压主层集料:撒布后应采用6~8t的轻型钢筒式压路机自路两侧向路中心碾压,碾压速度宜为2km/h,每次轮迹重叠约30cm,碾压一遍后检验路拱和纵向坡度,当不符合要求时,应调整找平后再压。然后用重型的钢轮压路机碾压,每次轮迹重叠轮宽的1/2左右,宜碾压4~6遍,直至主层集料嵌挤稳定,无显著轮迹为止。

(3)浇洒第一层沥青:浇洒方法与沥青表面处治施工相同。采用乳化沥青贯入时,为防止乳液下漏过多,可在主层集料碾压稳定后,先撒布一部分上一层嵌缝料,再浇洒主层沥青,沥青洒布车洒布沥青如图9-2-3所示。

(4)撒布第一层嵌缝料:采用集料撒布机或人工撒布,撒布后尽量扫匀,不足处应找补。当使用乳化沥青时,石料撒布必须在乳液破乳前完成。

(5)碾压第一层嵌缝料:立即用8~12t钢筒式压路机碾压嵌缝料,轮迹重叠轮宽的1/2左右,宜碾压4~6遍,直至稳定为止。碾压时随压随扫,使嵌缝料均匀嵌入。因气温较高使碾压过程中发生较大推移现象时,应立即停止碾压,待气温稍低时再继续碾压。

(6)按上述方法浇洒第二层沥青、撒布第二层嵌缝料,然后碾压,再浇洒第三层沥青。

(7)按撒布嵌缝料方法撒布封层料。

(8)采用6~8t压路机做最后碾压,宜碾压2~4遍,压路机组合碾压沥青贯入式路面如图9-2-4所示,然后开放交通。

图9-2-3 沥青洒布车洒布沥青　　　　　图9-2-4 压路机组合碾压

沥青贯入式路面开放交通后应按现行施工技术规范的要求控制交通,做初期养护。

3.沥青贯入式路面施工过程中的质量控制

沥青贯入式路面施工过程中质量检查的内容、频度、允许偏差应符合表 9-2-1 的规定。实测项目见表 9-2-2。

沥青贯入式路面施工过程中工程质量的控制标准 表 9-2-1

项 目	检查频度及单点检验评价方法	质量要求或允许偏差	试验方法或试验规程
外观	随时	集料嵌挤密实,沥青洒布均匀,无花白料,接头无油包	目测
集料及沥青用量	每日 1 次,总量评定	±10%	每日施工长度的实际用量与计划用量比较,T 0982
沥青洒布温度	每日 1 次,逐点评定	符合施工技术规范规定	温度计测量
厚度	每 2000m² 1 点,逐点评定	−5mm 或设计厚度 −8%	T 0912
平整度(最大间隙)	随时,以连续 10 尺的平均值评定	8mm	T 0931
宽度	检测每个断面	±30mm	T 0911
横坡度	检测每个断面	±0.5%	T 0911

沥青贯入式面层(或上拌下贯式面层)实测项目 表 9-2-2

项次	检查项目		规定值或允许偏差	检查方法和频率
1	平整度	σ(mm)	≤3.5	平整度仪:全线每车道连续按每 100m 计算 IRI 或 σ
		IRI(m/km)	≤5.8	
		最大间隙 h(mm)	≤8	3m 直尺:每 200m 测 2 处 ×5 尺
2	弯沉值(0.01mm)		不大于设计验收弯沉值	按《公路工程质量检验评定标准》(JTG F80/1—2017)附录 J 检查
3△	厚度①(mm)	代表值	−8%H 或 −5	按《公路工程质量检验评定标准》(JTG F80/1—2017)附录 H 检查每 200m 测 2 点
		合格值	−15%H 或 −10	
4	沥青总用量		±0.5%	每台班每层洒布检查 1 次
5	中线平面偏位(mm)		30	全站仪:每 200m 测 2 点
6	纵断高程(mm)		±20	水准仪:每 200m 测 2 个断面
7	宽度(mm)	有侧石	±30	尺量:每 200m 测 4 处
		无侧石	不小于设计值	
8	横坡(%)		±0.5	水准仪:每 200m 测 2 个断面
9△	矿料级配		满足生产配合比要求	T 0725,每台班 1 次
10△	沥青含量		满足生产配合比要求	T 0722,T 0721,T 0735,每台班 1 次

注:①H 为设计厚度,当 H≥60mm 时,按厚度百分率计算;当 H<60mm 时,直接选用固定值。

  任务练习

一、填空题

1.沥青贯入式结构层适用于＿＿＿＿＿＿公路沥青混凝土路面的＿＿＿＿＿＿、基层或_____道路面层施工。

2. 沥青贯入式路面的厚度宜为_____cm,但乳化沥青贯入式路面的厚度不宜超过_____cm。

二、名词解释

沥青贯入式路面

三、简答题

简述沥青贯入式路面施工工艺流程。

任务 9-3 热拌沥青混凝土路面施工的准备工作

学习目标

1. 了解沥青混凝土拌和场的建设,以及拌和、摊铺和压实机械的选用。
2. 掌握热拌沥青混合料的拌和以及试验路段试铺的工艺。
3. 能够按照任务实施工艺流程,完成沥青混凝土的拌和以及试验路的总结报告。

任务描述

沥青混凝土路面施工技术包括拌和场的建设,沥青混合料的拌和、运输、摊铺、碾压等工序。一般将拌和场的建设和沥青混合料的拌和称为沥青混凝土后台施工,沥青混合料运输、摊铺、碾压等工序则称为沥青路面前场施工。本任务着重介绍沥青混合料的试拌和以及试铺路段的总结。沥青混凝土的拌和过程一般是采用大型的拌和设备,集中工厂化的施工方式完成,拌和成品的质量和数量应满足连续摊铺的要求,这是保证所施工的沥青路面具有表面平整、无接缝、行车舒适等的关键。

本次任务以某项目路面标 AC-13F 沥青混凝土上面层结构层为例,完成 AC-13F 沥青混合料的试拌和以及试验路段的试摊铺任务。

相关知识

一、沥青混凝土拌和场的建设

1. 沥青混凝土拌和场(厂、站)的选址

(1)沥青混合料拌和场(厂、站)必须符合国家环境保护、消防、安全等有关规定。应选择在远离居民区、村庄并处于主风向下方向的位置。

(2)大型沥青拌和场(厂、站)占地面积大,设备种类多,集料需要一定的存储量。因此,场地选择离工地越近越好,最大不宜超过40km,有条件时应选在有7m宽路面的交通干线公路附近,并应靠近施工标段的路基和设在标段的中点附近,同时考虑水电来源方便,运输车辆进出方便。

(3)能同时向连续的几个路面标段供应沥青混合料。在此情况下,设备安装位置,是将各种费用换算成材料的加权平均运距进行比较后确定。

(4)场地的自然条件要好,场地形状以矩形为佳,环境应干燥,地势要稍高,地下水位要低。

(5)对于沥青混凝土搅拌设备,应根据工程量和工期选择其生产能力和移动方式。高速公路以及一、二级公路沥青混凝土面层的施工,应选用拌和能力较大的搅拌设备,以使其单位产品所消耗的人工、燃料和易损配件等费用较低,故应选用生产量在100t/h以上的沥青混合料搅拌设备。

2. 拌和设备的选型

由于道路等级不同,施工的要求和条件不同,对拌和装置的要求也就不同,大型的拌和设备(生产率在400t/h)及以上的可以成为一座自动化工厂,小型(生产率在40t/h以下)的可以组成一台机组。在我国沥青混合料拌和设备经历了由滚筒式连续式拌和到强制间歇式拌和的过程,而目前国外已发展到了应用双滚筒式拌和设备的阶段。《公路沥青路面施工技术规范》(JTG F40—2004)规定,一般情况下要求宜采用间歇式沥青搅拌机和连续式拌和机拌制,建议采用强制间歇式拌和机。

通常根据工程量和工期选择拌和设备的生产能力,生产能力应和摊铺能力匹配,最好高于摊铺能力5%左右。在选择好拌和主机后,也要对沥青拌和站辅助设施选型配套,主要是沥青罐的容量及数量、脱筒机的产量及形式、导热油炉发热量及形式等的确定。

3. 强制间歇式拌和机的组成和特点

沥青混合料拌和设备一般由冷料级配机、皮带喂料机、干燥筒、集料提升机、振动筛、热料仓、搅拌器、粉料系统、沥青供给系统以及布袋除尘系统组成,如图9-3-1所示。间歇式沥青拌和设备的特点有:

(1)总拌和能力满足施工进度要求,以便能够组织机械化施工和沥青路面的连续摊铺,提高路面的整体质量。拌和设备的产量最好不低于200t/h。

(2)搅拌机除尘设备完好,能达到环保的要求。一般应配二级除尘器,使在烟囱出口处的烟气的林格曼黑度不超过2级。

(3)所拌制沥青混合料的级配组成应符合《公路沥青路面施工技术规范》(JTG F40—2004)的要求,冷料仓的数量不宜少于5~6个,并且有添加纤维、消石灰等外掺剂的设备。

(4)拌和设备的控制精度应满足工程技术要求。混合料抽提的矿料级配符合规范要求;油石比允许误差在±0.3%以内;矿料烘干后的含水率满足不大于1%的要求,当矿料含水率为5%、出料温度为130~160℃时,拌和设备能以其额定生产率工作。

(5)高速公路和一级公路施工采用的间歇式搅拌机配备计算机设备,拌和过程中逐盘采集并打印各个传感器测定的材料用量和沥青混合料拌和量、拌和温度等各种参数。

(6)振动筛规格应与矿料规格匹配,最大筛孔宜略大于混合料的最大粒径,其余筛的设置应考虑混合料的级配稳定,并尽量使热料仓大体均衡,不同级配的混合料必须配置不同的筛孔组合。

(7)宜备有保温性能好的成品储料仓,储存过程中应能使混合料温降不大于10℃,且不能有沥青滴漏,普通沥青混合料在储存72h以内还能满足要求。

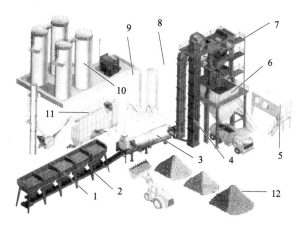

图 9-3-1 强制间歇式沥青混合料拌和设备简图

1-冷矿料储存及配料系统;2-冷矿料输送机;3-冷矿料烘干、加热系统;4-热集料提升机;5-控制室;6-成品料仓;7-搅拌楼;8-粉尘提升机;9-粉料仓;10-沥青供给系统;11-除尘器;12-冷料场堆

4. 沥青混凝土拌和场的布置

1) 沥青拌和设备的布置原则

(1) 安装沥青拌和设备的位置要方便生产,既要使砂石料便于上料,又要便于混合料的运出。

(2) 原材料堆放场地需要进行硬化处理,各种粒径的矿料要分堆存放,在各堆之间砌筑隔离墙,防止原材料混杂。

(3) 沥青混合料拌和场的地秤应设置在场区的大门附近,使车辆过秤方便。

(4) 场内交通要合理规划,做到既方便装载机向料仓上料,又有利于原材料装堆和沥青混合料成品的运出。

(5) 场内办公室、质检和试验室,以及生活、休息等辅助设施齐全。

(6) 场内设备拌和主体应布置在中央位置,办公楼、宿舍、试验室等房舍应位于工厂进口处。

2) 沥青拌和场布置

根据沥青拌和设备的布置原则,强制间歇式沥青混合料拌和场设备布置如图 9-3-1 所示。

二、沥青混合料摊铺设备

沥青混合料摊铺机按摊铺宽度可分为小型、中型、大型、超大型四类。摊铺宽度一般为 900~3600mm。小型摊铺机主要用于低等级公路的路面养护和城市狭窄道路的修筑工程。中型摊铺机主要用于一般公路路面的修筑工程。大型摊铺机主要用于高等级公路路面施工。超大型摊铺机的最大摊铺宽度为 12000mm,主要用于高速公路、机场、码头、广场等大面积沥青混合料路面施工。使用自动找平装置的超大型(包括大型)摊铺机摊铺路面时,纵向接缝少,整体性及平整度好,尤其是摊铺路面表层效果最好。

沥青混合料摊铺机按行走方式分为拖式和自行式两类,其中自行式又分为履带式和轮胎式两种。

拖式摊铺机(图 9-3-2)是将接料、输料、分料和熨平等工作装置安装在一个特制的机架上,摊铺作业是靠运料自卸车牵引或顶推进行。其结构简单,制造、使用成本低,但摊铺能力小、质量低,仅适用于低等级公路的路面养护作业。

履带式摊铺机(图9-3-3)一般为大型或超大型摊铺机,其优点是接地压强小,附着性能好,摊铺作业时运行平稳,无打滑现象。其缺点是机动性差,对路基凸起物吸收能力差,弯道作业时层铺边缘不够圆滑,且结构复杂,制造成本较高,仅适用于大型路面工程的施工。

图9-3-2 拖式摊铺机

图9-3-3 履带式摊铺机

轮胎式摊铺机(图9-3-4)靠轮胎承受重力,并提供附着力。其优点是转场运行速度较高,机动性好,对路基凸起物吸收能力强,弯道作业易形成圆滑的边缘。其缺点是附着力较小,在摊铺宽度较大、铺层较厚的路面时,有可能出现打滑的现象,需要自动找平装置来协助,提高路面的平整度。可用于各种道路的路面修筑及养护作业。

沥青混合料摊铺机按传动方式可分为机械式和液压式两类。机械式传动的摊铺机,其行走驱动、输料传动、分料传动、转向传动等均为机械传动方式。液压式传动的摊铺机,其行走驱动、输料和分料传动、熨平板和振捣器的振动等采用液压传动方式。液压和全液压传动的摊铺机均

图9-3-4 轮胎式摊铺机

设有自动找平装置,具有良好的使用性能和较高的摊铺质量,广泛应用于高等级公路的路面施工。

三、压实机械

1. 静作用碾压机械

碾压滚轮沿被压实材料表面反复滚动,靠自重产生的静力作用,使被压实层产生永久变形达到压实目的,静力压路机的分类如下:

(1)按结构质量分为轻型(加载后的质量≤5t)、中型(6~10t)、重型(12~15t)和特重型(≥16t)。

(2)按碾压轮的结构特点分为光面压路机[图9-3-5a)]和轮胎压路机[图9-3-5b)]。

(3)按碾压轮数量分为单轮[图9-3-6a)]、双轮[图9-3-5a)]和三轮压路机[图9-3-6b)]。

a)光面双钢轮压路机

b)轮胎压路机

图 9-3-5　按碾压轮结构特点分类

2. 振动碾压机械

振动碾压机械[图 9-3-6a)]是碾轮沿被压实层材料表面既做往复滚动,又利用偏心质量旋转产生的激振力,以一定的频率、振幅振动,使被压实层同时受到碾轮的静压力和振动力的综合作用,给材料短时间的连续脉动冲击,使被压实层产生永久变形,达到压实目的。

a)单钢轮压路机

b)三钢轮压路机

图 9-3-6　按碾压轮数量分类

四、沥青类结构层施工原材料的选择

1. 一般规定

沥青类结构层的原材料包括沥青、粗集料、细集料、填料等。施工前,选用符合质量标准的原材料,是生产出质量优良、符合设计要求的沥青混合料的基础。

(1)施工前必须检查各种原材料的来源和质量

对经招标购进的沥青、集料等重要材料,供货单位必须提交最新检测的正式试验报告。从国外进口的材料应提供该批的船运单。对首次使用的集料,应检查生产单位的生产条件、加工机械、覆盖层的清理情况。所有材料都应按有关规定取样检测,经质量认可后方可订货。

(2)材料运至现场后必须取样进行质量检验

各种材料都必须在施工前或施工过程中以"批"为单位进行质量检验,经评定合格后方可使用,不得以供应商提供的检测报告或商检报告代替现场检测。不符合现行的《公路沥青路面施工技术规范》(JTG F40—2004)技术要求的材料不得进场。

对各种矿料是以同一料源、同一次购入并运至生产现场的相同规格材料为一"批";对沥青是指从同一来源、同一次购入且储入同一沥青罐的同一规格的沥青为一"批"。材料试样的取样数量与频度按现行试验规程的规定进行。

(3)沥青必须按品种、标号分开存放

除长期不使用的沥青可放在自然温度下存储外,沥青在储罐中的储存温度不宜低于130℃,并不得高于170℃。桶装沥青应直立堆放,加盖毡布。

使用成品改性沥青的工程,应要求供应商提供所使用的改性剂型号、基质沥青的质量检测报告。使用现场改性沥青的工程,应对试生产的改性沥青进行检测,质量不合格的不可使用。

(4)不同料源、品种、规格的集料不得混杂堆放

工程开始前或施工过程中,必须对集料的存放场地、防雨和排水措施进行确认。采取适当的措施防止对集料的污染。

2. 沥青路面使用的沥青

沥青路面使用的沥青包括道路石油沥青、乳化沥青、液体石油沥青、煤沥青、改性沥青、改性乳化沥青等。其技术要求及适用范围应符合现行《公路沥青路面施工技术规范》(JTG F40—2004)的规定。

道路石油沥青使用广泛,它的标号分为160号、130号、110号、90号、70号、50号、30号共7个标号,每个标号的道路石油沥青又分为A、B、C三个等级,各个沥青等级的适用范围应符合表9-3-1的规定。

道路石油沥青的适用范围 表9-3-1

沥青等级	适 用 范 围
A级沥青	各个等级的公路,适用于任何场合和层次
B级沥青	①高速公路、一级公路沥青下面层及以下的层次,二级及二级以下公路的各个层次; ②用作改性沥青、乳化沥青、改性乳化沥青、稀释沥青的基质沥青
C级沥青	三级及三级以下公路的各个层次

道路石油沥青的质量检测指标、技术要求及试验方法见现行的《公路沥青路面施工技术规范》(JTC F40—2004)。在进行道路石油沥青质量检测评定时需要注意以下事项:

(1)试验方法按照现行《公路工程沥青及沥青混合料试验规程》(JTG E20—2011)规定的方法执行。用于仲裁试验求取针入度指数PI时的5个温度的针入度关系相关系数不得小于0.997。

(2)经建设单位同意,沥青的PI值、60℃动力黏度可作为选择性指标,也可不作为施工质量检验指标。

(3)70号沥青可根据需要要求供应商提供针入度范围为60~70或70~80的沥青,50号沥青可要求提供针入度范围为40~50或50~60的沥青。

(4)30号沥青仅适用于沥青稳定基层。130号和160号沥青除寒冷地区可直接在中低级公路上直接应用外,通常用乳化沥青、稀释沥青、改性沥青的基质沥青。

(5)老化试验以TFOT为准,也可以RTFOT代替。

(6)气候分区可参考《公路沥青路面施工技术规范》(JTG F40—2004)附录A。

沥青路面采用的沥青标号,宜根据公路等级、气候条件、交通条件、路面类型及在结构层中的层位及受力特点、施工方法等,结合当地的使用经验,经技术论证后确定。道路石油沥青在储运、使用及存放过程中应有良好的防水措施,避免雨水或加热管道蒸汽进入沥青中。

3. 沥青路面使用的粗集料

沥青层用粗集料包括碎石、破碎砾石、筛选砾石、钢渣、矿渣等。高速公路和一级公路不得使用筛选砾石和矿渣。粗集料必须有具有生产许可证的采石场生产或施工单位自行加工。

粗集料应该洁净、干燥、表面粗糙,其质量检测项目、技术要求及试验方法见《公路沥青

路面施工技术规范》(JTG F40—2004)的规定。当单一规格集料的质量指标达不到有关规定要求,而按照集料配比计算的质量指标符合要求时,工程上允许使用。对受热易变质的集料,宜采用经拌和机烘干后的集料进行检验。

在进行沥青层用粗集料质量检测评定时需注意以下事项:

(1)坚固性试验可根据需要进行。

(2)用于高速公路、一级公路时,多孔玄武岩的视密度可放宽至 $2.45t/m^3$,吸水率可放宽至3%,但必须得到建设单位的批准,且不得用于SMA路面。

(3)对 S14 即公称粒径 3~5mm 规格的粗集料。针片状颗粒含量可不予要求,小于0.075mm含量可放宽到3%。

高速公路及一级公路沥青路面表面层(或磨耗层)粗集料的磨光值应符合《公路沥青路面施工技术规范》(JTG F40—2004)的有关要求。除SMA、OGFC路面外,允许在硬质粗集料中掺加部分较小粒径的、磨光值达不到要求的粗集料,其最大掺加比例由磨光值试验确定。

粗集料与沥青的黏附性应符合《公路沥青路面施工技术规范》(JTG F40—2004)的相关要求。当使用不符合要求的粗集料时,宜掺加消石灰、水泥或用饱和石灰水处理后使用,必要时可同时在沥青中掺加耐热、耐水、长期性能好的抗剥落剂,也可采用改性沥青的措施,使沥青混合料的水稳定性检验达到要求。掺加外加剂的剂量由沥青混合料的水稳定性检验确定。

4.沥青路面使用的细集料

沥青路面的细集料包括天然砂、机制砂、石屑。细集料必须由具有生产许可证的采石场、采砂场生产。细集料应洁净、干燥、无风化、无杂质,并有适当的颗粒级配,其质量检测项目、技术要求及试验方法见《公路沥青路面施工技术规范》(JTG F40—2004)的规定。

细集料的洁净程度,天然砂以小于 0.075mm 含量的百分数表示,石屑和机制砂以砂当量(适用于 0~4.75mm)或亚甲蓝值(适用于 0~2.36mm 或 0~0.15mm)表示。

天然砂可采用河砂或海砂,通常宜采用粗、中砂,规格应符合《公路沥青路面施工技术规范》(JTG F40—2004)的规定。砂的含量超过规定时应水洗后使用,海砂中的贝壳类材料必须筛除。热拌密级配沥青混合料中天然砂的用量不宜超过集料总量的20%,SMA 和 OGFC 混合料不宜使用天然砂。

石屑是指采用石场破碎石料时通过 4.75mm 或 2.36mm 的筛下部分,其规格应符合《公路沥青路面施工技术规范》(JTG F40—2004)的要求。高速公路和一级公路的沥青混合料,宜将 S14(公称粒径 3~5mm)与(公称粒径 0~3mm)组合使用,S15(公称粒径 0~5mm)可在沥青稳定碎石基层或其他等级公路中使用。机制砂宜采用专用的制砂机制造,并选用优质石料生产,其级配应符合 S16 的要求。

5.沥青路面使用的填料

沥青混合料的矿粉必须采用石灰岩或岩浆岩中的强基性岩石等憎水性石料经磨细得到,原石料中的泥土杂质应除净。矿粉应干燥、洁净,能自由地从矿粉仓流出,其质量检测项目、技术要求及试验方法见《公路沥青路面施工技术规范》(JTG F40—2004)的规定。

拌和机的粉尘可作为矿粉的一部分回收使用,但每盘用量不得超过填料总量的25%,掺有粉尘填料的塑性指数不得大于4%。

粉煤灰作为填料使用时,用量不得超过填料总量的50%,粉煤灰的烧失量应小于12%。与矿粉混合后的塑性指数应小于4%,其余质量要求与矿粉相同。高速公路、一级公路的沥青面层不宜采用粉煤灰做填料。

6.沥青路面使用的纤维稳定剂

在沥青混合料中掺加的纤维稳定剂宜选用木质素纤维(图9-3-7)、矿物纤维(图9-3-8)等。木质素纤维的质量检测项目、技术要求及试验方法见《公路沥青路面施工技术规范》(JTG F40—2004)的规定。

a)絮状木质纤维稳定剂　　　　　　　　　　b)颗粒状木质纤维稳定剂

图9-3-7　木质素纤维

a)絮状矿物纤维稳定剂　　　　　　　　　　b)颗粒状矿物纤维稳定剂

图9-3-8　矿物纤维

纤维应在250℃的干拌温度不变质、不发脆,使用纤维比必须符合环保要求,不危害身体健康。矿物纤维宜采用玄武岩等矿石制造,易影响环境及造成人体伤害的石棉纤维(图9-3-9)不宜直接使用。纤维必须在混合料拌和过程中能充分分散均匀。纤维应存放在室内或有棚盖的地方,松散纤维在运输及使用过程中应避免受潮、结团。

a)絮状石棉纤维　　　　　　　　　　b)颗粒状石棉纤维

图9-3-9　石棉纤维

纤维稳定剂的掺加比例以沥青混合料总量的质量百分率计算,通常情况下用于SMA路面的木质素纤维不宜低于0.3%,矿物纤维不宜低于0.4%,必要时可适当增加纤维用量。纤维掺加量的允许误差宜不超过±5%。

7. 施工过程中对原材料的检验

沥青混合料在生产过程中,应按照表9-3-2所列的检查项目和频度对各种原材料进行抽样试验,质量应符合现行施工技术规范规定的技术要求,每个检查项目的平行试验次数或一次试验的试样数必须按相关试验规程的规定进行,并以平均值评价是否合格。

施工过程中材料质量检查项目与频度　　　　　表9-3-2

材料	检查项目	检查频度		试验规程规定的平行试验次数或一次试验的试样数
		高速公路、一级公路	其他等级公路	
粗集料	外观(石料品种、含泥量等)	随时	随时	—
	针片状颗粒含量	随时	随时	2~3
	颗粒组成(筛分)	随时	必要时	2
	压碎值	必要时	必要时	2
	磨光值	必要时	必要时	4
	洛杉矶磨耗值	必要时	必要时	2
	含水率	必要时	必要时	2
细集料	颗粒组成(筛分)	随时	必要时	2
	砂当量	必要时	必要时	2
	含水率	必要时	必要时	2
	松方单位重	必要时	必要时	2
矿粉	外观	随时	随时	—
	<0.075mm含量	必要时	必要时	2
	含水率	必要时	必要时	2
石油沥青	针入度	每2~3天1次	每周1次	3
	软化点	每2~3天1次	每周1次	2
	延度	每2~3天1次	每周1次	3
	含蜡量	必要时	必要时	2~3
改性沥青	针入度	每天1次	每天1次	3
	软化点	每天1次	每天1次	2
	离析试验(对成品改性沥青)	每周1次	每周1次	2
	低温延度	必要时	必要时	3
	弹性恢复	必要时	必要时	3
	显微镜观察(对现场改性沥青)	随时	随时	—
乳化沥青	蒸发残留物含量	每2~3天1次	每周1次	2
	蒸发残留物针入度	每2~3天1次	每周1次	2
改性乳化沥青	蒸发残留物含量	每2~3天1次	每周1次	2
	蒸发残留物针入度	每2~3天1次	每周1次	3
	蒸发残留物软化点	每2~3天1次	每周1次	2
	蒸发残留物延度	必要时	必要时	3

注:1. 表列内容是在材料进场时已按"批"进行了全面检查的基础上,日常施工过程中质量检查的项目与要求。
2. "随时"是指需要经常检查的项目,其检查频度可根据材料来源及质量波动情况由业主及监理确定;"必要时"是指施工各方任何一个部门对其质量产生怀疑,提出需要检查时,或是根据需要商定的检查频度。

 **任务实施**

沥青混合料是一种复合材料,主要由沥青、粗集料、细集料、矿粉组成,有的还加入聚合物和木纤维素,由这些不同质量和数量的材料混合形成不同的结构,并具有不同的力学性质。下面以 AC-13 沥青混合料为例,完成 AC-13 沥青混合料的拌和以及试验路段的试摊铺任务。

一、沥青混合料的拌和

1. 工艺流程

沥青混合料拌和工艺流程,详见图 9-3-10。

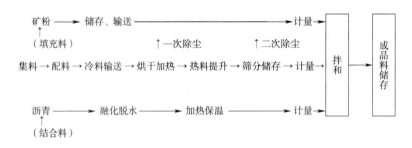

图 9-3-10 沥青混合料拌和工艺流程

2. AC-13 沥青混凝土目标配合比

AC-13 沥青混凝土原材料为 2 号、3 号、4 号集料、矿粉和 70 号沥青。AC-13 沥青混合料室内配合比设计依据我国《公路沥青路面施工技术规范》(JTG F40—2004)的要求进行了相关性能的验证,并严格按照《公路工程集料试验规程》(JTG E42—2005)和《公路工程沥青及沥青混合料试验规程》(JTG E20—2011)的要求进行试验操作,根据原材料试验情况进行目标配合比设计。

(1)原材料试验

对组成 AC-13 沥青混凝土的原材料分别进行材料试验,其表观相对密度、毛体积相对密度如表 9-3-3 所示,各组成矿料筛分结果如表 9-3-4 所示。

原材料试验结果   表 9-3-3

密　度	2 号	3 号	4 号	矿粉	沥青
表观相对密度	2.729	2.712	2.709	2.714	1.032
毛体积相对密度	2.691	2.668	2.639	—	—

各种矿料和矿粉的筛分结果   表 9-3-4

筛孔 矿料	通过方孔筛的百分率(%)									
	16.0	13.2	9.5	4.75	2.36	1.18	0.6	0.3	0.15	0.075
2 号	100	84.6	54.2	1.7	0.5	0.5	0.5	0.5	0.5	0.5
3 号	100	100	100	89.5	9.5	0.7	0.7	0.7	0.7	0.7
4 号	100	100	100	100	84.3	64.7	41.4	25.1	14.1	11.2
矿粉	100	100	100	100	100	100	100	100	98.5	80.0

（2）矿料配合比计算

确定 AC-13 沥青混合料的粗、中、细三种级配，根据级配组成进行筛分，其筛分结果如表 9-3-5 所示。初试 A、B、C 三种级配的设计组成结果，如表 9-3-6 所示。

沥青混合料粗、中、细三种级配比较表　　　　　　表 9-3-5

级配类型 （2号:3号:4号:矿粉）	通过下列筛孔（方孔筛,mm）的质量百分率（%）								
	16.0	13.2	9.5	4.75	2.36	1.18	0.6	0.3	0.15	0.075
级配 A （49:13:36:2）	100	92.5	77.6	50.4	33.7	25.6	17.2	11.3	7.4	5.9
级配 B （46:12:40:2）	100	92.9	78.9	53.5	37.0	28.2	18.9	12.3	7.9	6.4
级配 C （43:10:46:1）	100	93.4	80.3	56.7	41.0	31.1	20.3	12.8	7.8	6.3

初试级配的设计组成结果　　　　　　表 9-3-6

级配类型	油石比（%）	稳定度（kN）	流值（0.1mm）	VMA（%）	VV（%）	VFA（%）	毛体积相对密度	最大理论相对密度
级配 A	5.1	11.39	26.9	15.1	4.9	67.5	2.385	2.509
级配 B	5.1	10.88	31.7	14.6	4.5	69.2	2.396	2.508
级配 C	5.1	10.45	35.9	14.2	4.0	71.8	2.405	2.506
要求		≥5.0	20~45	≥14.0	3.0~6.0	65~75	—	—

经过综合比较，最后选择级配 A 作为各组成矿料的最优级配方案，AC-13 目标配合比沥青混合料级配图，如图 9-3-11 所示。

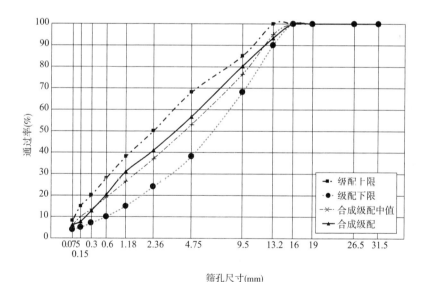

图 9-3-11　AC-13 目标配合比沥青混合料级配图

（3）确定最佳沥青用量

按级配称取矿料，采用 5 种油石比，145℃下双面各击实 75 次成型马歇尔试件，不同油石比的马歇尔试验结果如表 9-3-7 所示。沥青混合料抗水损害试验如表 9-3-8 所示。

不同油石比的马歇尔试验结果　　　　　表 9-3-7

级配类型	油石比（%）	稳定度（kN）	流值（0.1mm）	VMA（%）	VV（%）	VFA（%）	毛体积相对密度	最大理论相对密度
AC-13	4.0	8.2	22.5	14.4	6.7	53.5	2.372	2.542
	4.5	10.5	26.1	14.2	5.6	60.6	2.388	2.531
	5.0	10.2	31.5	14.0	4.1	70.7	2.408	2.510
	5.5	8.8	40.0	14.0	3.1	77.9	2.417	2.494
	6.0	7.3	49.0	14.8	2.8	81.1	2.409	2.478
要求		≥5.0	20～45	≥14.0	3.0～6.0	65～75	—	—

沥青混合料抗水损害试验结果　　　　　表 9-3-8

混合料类型	空隙率（%）	马歇尔稳定度（kN）	浸水马歇尔稳定度（kN）	残留稳定度（%）	要求（%）
AC-13	5.1	10.45	9.46	90.5	≥85

（4）AC-13 沥青混凝土目标配合比结论

通过上述试验，综合多方面因素和规范要求，确定 AC-13 沥青混凝土的目标配合比如表 9-3-9 所示。

AC-13 沥青混凝土目标配合比　　　　　表 9-3-9

混合料类型	下列各种矿料所占比例（%）				油石比（%）
	2 号料	3 号料	4 号料	矿粉	
AC-13	43	10	46	1	5.1

3. AC-13 沥青混凝土生产配合比

根据 AC-13 沥青混凝土目标配合比，以及现场材料实际情况，将目标配合比进行适当的调整。

（1）拌和楼各冷料仓流量设定

根据 AC-13 沥青混凝土目标配合比，进行冷料级配的调试，拌和楼各冷料仓流量与转速比如表 9-3-10 所示。

拌和楼各冷料仓流量设定　　　　　表 9-3-10

材料	2 号料	3 号料	4 号料
转速比（%）	52	24	45
预计流量（kg/min）	2150	520	1780

（2）拌和楼热矿料试验结果

各冷料按表 9-3-10 的转速比进行配料，经过干燥筒烘干，振动筛二次筛分后，各挡热矿料进行取样，其试验结果如表 9-3-11 和表 9-3-12 所示。

拌和楼各热料仓集料密度试验结果　　　　　表 9-3-11

材料	3 号仓	2 号仓	1 号仓	矿粉
表观相对密度	2.721	2.716	2.712	2.714
毛体积相对密度	2.685	2.663	2.647	—

拌和楼各热料仓集料筛分试验结果　　　　表 9-3-12

矿料＼筛孔	通过方孔筛(mm)的百分率(%)								
	16.0	13.2	9.5	4.75	2.36	1.18	0.6	0.3	0.15	0.075
3号仓	100	98.1	53.6	1.4	0.3	0.3	0.3	0.3	0.3	0.3
2号仓	100	100	100	94.2	5.1	0.4	0.4	0.4	0.4	0.4
1号仓	100	100	100	100	83.9	50.3	32.1	19.9	9.8	7
矿粉	100	100	100	100	100	100	100	100	98.5	80

（3）生产配合比矿料级配组合设计

AC-13沥青混凝土热料仓各档材料的组成配合比设计结果如表9-3-13所示。绘制的生产配合比沥青混合料级配图如图9-3-12所示。

生产配合比矿料级配组合设计　　　　表 9-3-13

材料及用量	通过方孔筛(mm)的百分率(%)								
	16.0	13.2	9.5	4.75	2.36	1.18	0.6	0.3	0.15	0.075
3号仓 42%	42.0	41.2	22.5	0.6	0.1	0.1	0.1	0.1	0.1	0.1
2号仓 10%	10.0	10.0	10.0	9.4	0.5	0.0	0.0	0.0	0.0	0.0
1号仓 44%	44.0	44.0	44.0	44.0	36.9	22.1	14.1	8.8	4.3	3.1
矿粉 4%	4.0	4.0	4.0	4.0	4.0	4.0	4.0	4.0	3.9	3.2
合成级配	100	99.2	80.5	58.0	41.5	26.2	18.2	12.9	8.3	6.4

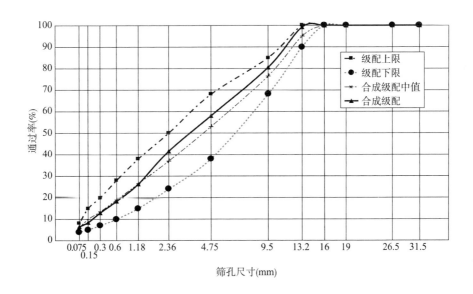

图 9-3-12　AC-13 沥青混凝土热料生产配合比

（4）AC-13 生产配合比设计结果

根据沥青混凝土拌和楼振动筛二次筛分结果，调整以后的 AC-13 沥青混凝土不同油石比马歇尔试验结果如表 9-3-14 所示，生产配合比如表 9-3-15 所示。

不同油石比马歇尔试验结果　　　　　　　　　　　表9-3-14

级配类型	油石比（%）	稳定（kN）	流值（0.1mm）	VMA（%）	VV（%）	VFA（%）	毛体积相对密度	最大理论相对密度
AC-13	4.8	11.13	26.7	14.1	4.5	68.1	2.401	2.514
	5.1	10.60	32.5	14.3	4.0	72.0	2.404	2.505
	5.4	10.02	38.3	14.1	3.4	75.9	2.415	2.501
要求		≥5.0	20~45	≥14.0	3.0~6.0	65~75	—	—

AC-13沥青混凝土生产配合比设计结果　　　　　　　表9-3-15

混合料类型	下列各种热料仓所占比例（%）				油石比（%）
	3号仓	2号仓	1号仓	矿粉	
AC-13	42	10	44	4	5.1

4. AC-13沥青混凝土冷料的配料

冷料的配料系统主要由配料斗、喂料器和集料皮带输送机组成，如图9-3-13所示。

图9-3-13　冷料的配料系统

配料斗的数量根据工程需要确定，一般为4~6个，本任务配置3个料仓。料斗内装矿料的规格应按粒径从大到小沿送料方向依次排列，最前面的应是大粒径碎石料斗，然后是中、细料斗，最后是砂料斗。

喂料器位于冷料配料斗的底部，控制各类集料流出数量，用来对冷料进行计量并按工程要求进行级配，然后通过输送带把集料送入干燥筒。

每种集料经喂料器按配合比要求卸出后，汇集在下面的水平方向的集料皮带机上，再经倾斜式的矿料输送机输送至干燥筒内。

5. 冷矿料烘干、加热

冷矿料烘干、加热系统包括干燥滚筒和加热装置两大部分。间歇式拌和设备均采用逆流加热方式，即加热装置设在干燥滚筒的卸料端，燃气与冷矿料逆向运动，以充分进行热交换。集料由冷料斗运往烘干机后，干燥滚筒要完成两项任务是除去集料内的潮气和使集料达到需要的温度。

干燥滚筒图9-3-14的任务是将具有一定含水率的湿矿料烘干，并加热到所需要的温度。为满足工程要求，滚筒应能使矿料分散均匀，直接与燃气接触，并滞留足够的时间，充分吸收热能。同时,具有足够大的空间不造成粉尘逸散。通过齿轮式、链轮式或者摩擦式驱动,使矿料从一端进入筒内,被烘干、加热后从另一端卸出。

a)干燥滚筒

b)干燥滚筒内部结构

图9-3-14　干燥滚筒

间歇式沥青拌和设备均采用逆流式加热方式,可以很好地进行热交换,能使矿料达到更高的温度。加热装置燃烧器的作用是将集料烘干并加热到工作温度。

目前与干燥滚筒相匹配的加热装置大部分采用液态燃料(通常以重油和柴油为主),如图9-3-15所示。为了提高烘干机作业效率,与燃料混合燃烧的空气,必须与投入燃烧器中燃油的数量保持平衡。抽风扇能够加大排气量,使热气通过烘干机排除水分,达到烘干集料的残余含水率不得大于1%。

图9-3-15　间歇式沥青拌和设备加热装置

烘干、加热工作中应注意的问题:

(1)每天工作开始时,应用手动控制方式启动干燥滚筒、点燃燃烧器,先用小火预热筒体5～10min,再上料。然后根据出料口处所检验的温度,逐步加大喷油量和增加进料量,直到工作状态稳定再转入自动控制方式。

(2)工作中遇到突发事故时应立即关掉燃烧器,但为防止干燥滚筒的高温变形不要立即停车。

(3)每天工作结束时,应使干燥滚筒在空腹状态下连续转动15min左右再停车。

(4)红外线测温仪的镜头应及时进行清洁,保持干净,其镜头的环境温度依靠冷却风机冷却,应经常检查冷却风机工作是否正常。

6. 热矿料提升机

热矿料提升机(图9-3-16)是连接干燥滚筒和热料筛分设备的装置,它的作用是把从干燥滚筒中卸出的热矿料提升到一定高度,送入筛分装置内。提升机通常采用链斗式,安装在封闭的箱体内,主要是减少运料过程中的热量损失,以及保证安全。

图9-3-16 热矿料提升机

7. 热矿料筛分与储存

(1)热矿料的筛分

经过干燥滚筒烘干加热的矿质混合料,由矿料提升机首先送到筛分装置进行筛分,其目的是将其按不同粒径重新分级,以便在拌和之前能进行精确计量和准确控制级配。

筛分装置有两种形式,即滚筒筛和振动筛,工程上一般采用单轴振动筛。筛分装置包括振动器、筛网和其他附属设备。

单轴式振动器是通过单根偏心轴的回转运动,使倾斜放置的筛网产生振动对热矿料进行筛分。单轴式振幅为4~6mm,振动频率为20~25Hz。

筛网(图9-3-17)是采用方形孔振动筛,筛孔尺寸从大到小排序,即孔径从上到下逐渐缩小,第一道筛是粗筛,是矿料级配设定的最大筛孔,然后是第二道、第三道中等筛孔,底部是细集料筛。其筛分的原理是:细料先通过筛网落入热料仓,粗集料继续向前跳动,或落入下一级筛或继续向前进入各自的热料仓,大于设定筛网尺寸的废料从最前端的余料管中排出。

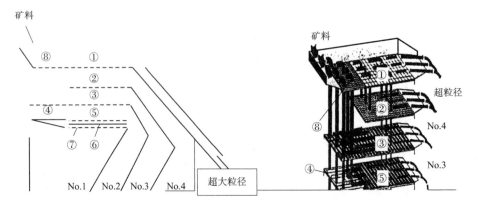

图9-3-17 热矿料筛分过程示意图
注:图中数字为筛号。

(2)热矿料的储存(热料仓)

筛分好的各种集料在计量之前分别储存在热料仓的几个隔舱内,以便按一定的配合比分别计量,热料仓的数目视所需矿料的规格而定,热料仓的编号最好是由细到粗分别为1号仓、2号仓、3号仓、4号仓等。每个热料仓都是一个单独的容器,其容量足以储存搅拌机全速运转时所需要的每种规格的集料,由安装在热料仓一侧的料位指示器提示料仓的储料情况。

(3)热矿料的计量

间歇式拌和设备的计量装置采用质量计量的方式,包括称量斗和计量称。

称量斗位于热料仓的下方,由拉力式称量传感器悬吊在机架上,斗门的启闭由电磁阀操纵气缸来操纵,其容量与搅拌器的容量相匹配。集料从热料仓中卸出后,存放在称量斗中,由拉力式称量传感器累计称出进入斗中的集料质量。各热料仓向称量斗中卸料的次序是先卸粗集料,然后是中等规格的集料,最后是细集料。计量秤应定期进行标定。

8. 矿粉供给与计量

间歇式沥青拌和设备均有矿粉储存、供给及计量装置,其功能是准确控制填料数量,不仅满足级配要求,而且也使沥青混合料质量大大提高。

(1)矿粉供给系统

矿粉的供给系统包括矿粉的储存和输送装置。

矿粉的储存装置有漏斗式和筒仓式两种形式。漏斗式用于袋装石粉的拌和设备;筒仓式现场干净,劳动强度低,多用于中、大型拌和设备。

根据矿粉的供给方式,采用不同的方法将矿粉送到筒仓内,若采用粉罐车供给矿粉,一般采用气动输送的方法上料,它是利用气流带动矿质填料进行上料,进料量控制精确,可以消除堵塞现象;若供应的是袋装矿粉,则常采用斗式提升机上料。

矿粉输送装置是指将筒仓内的矿粉直接用一台螺旋输送机供料送至矿粉计量称量斗装置进行计量。

(2)矿粉的计量

矿粉计量装置由称量斗和电子计量秤组成。称量斗的密封性是影响矿粉添加的关键,其斗门内侧应附有橡胶板,以便与斗的底部贴合。矿粉称量斗的容量一般为搅拌器容量的20%。

(3)矿粉供给应注意的事项

①通入仓顶布袋滤清器和仓下部粉料疏松器的压缩空气,必须经气水分离器过滤,以防止水气带入仓内而引起不良后果。

②筒仓内的矿粉不宜长期存放,以防吸潮结块,难于流动,影响正常供料。

③应经常检查叶轮喂料器的叶片与阀体之间的间隙,使它保持设定值,当发现大于设定值时,应及时予以调整。

9. 沥青供给及称量

沥青供给系统主要用于对熔化后的流态沥青进行储存、保温,并适时、定量地供应搅拌器。

(1)沥青的储存

常温下沥青呈固态,因此拌和设备使用的沥青应先进行熔化、脱水、掺配并加热至一定温度。熔化后的流态沥青用油罐车运送到拌和场,并放入具有保温和自加热功能的沥青罐内储存,如图9-3-18所示。

图 9-3-18　沥青储油罐

(2)沥青泵及沥青的输送

沥青泵的功能是通过一定的压力将沥青罐内的沥青输送至沥青称量斗,压力为 0.5 ~ 1.0MPa,转速采用 500r/min 以下的低转速,同时可以正、反转,以满足泵出和泵入不同的工况。

沥青管道轴线与水平夹角大于 3°,以利于沥青泵反转时,将管路内的沥青全部抽回保温罐内。混合料拌和时储存在沥青罐内的沥青被泵送至称量斗中进行计量,计量完毕,多余的沥青又被三通阀切换至回油管道返回保温罐,如此循环。

(3)沥青的计量

计量装置由称量斗和电子计量秤组成,沥青称量斗是用 3 个拉力式称量传感器与热矿料称量斗、矿粉称量斗悬吊于同一层机架上,沥青称量斗的容积为搅拌器容量的 12% 以上。

沥青进入计量装置的过程是:首先关闭称量斗的锥形底阀,然后三通阀转至工作位置使沥青注入管与量斗接通,沥青进入量斗;当沥青质量达到设定值后,三通阀被拨转接通回油管路,沥青便返回保温罐;稍后,锥形底阀被打开,称量好的沥青自流入搅拌器或由喷射泵输送至沥青喷管喷入搅拌器内。当称量斗中的沥青放完后,操作气缸又将三通阀转回到工作位置,接通进油管路,进行下一次计量。

(4)沥青喷射

称量好的沥青可以通过与称量桶相连的沥青喷射装置或者沥青自流装置进入混合料搅拌器内,然后与砂石料及矿粉进行拌和。

沥青的喷射装置由沥青喷射泵、连接管路和带喷嘴的喷管等部分组成,采用 0.3 ~ 0.5MPa 的喷口压力使沥青雾化,并使混合料在较短的时间内拌和均匀。

10. 搅拌器的拌和

搅拌器是将按一定配合比称量好的各规格的集料、矿粉和沥青均匀地拌和成所需要的成品混合料的装置。

图 9-3-19　卧式双轴叶桨搅拌器

(1)搅拌器,如图 9-3-19 所示。搅拌器的两根横轴通过一对啮合齿轮带动而反向旋转,转速一般为 40 ~ 80r/min。同一根轴上相邻的两对搅拌臂相错角度为 90°。搅拌臂端装的桨叶由耐磨材料制成并可更换,桨叶的叶面相对于搅拌轴轴线的夹角为 45°。桨叶与拌筒壁间的间隙小于最大粒径的 1/2,一般为 8 ~ 10mm,两根轴上的桨叶形成两组相互交错的、断裂的螺旋线,可使物料在拌和中既能径向移动,又能轴向移动,因而得到均匀混合。

(2)搅拌器的清洗

每次工作结束后,必须用热矿料径向清洗,以去除搅拌器内残留的沥青。通常用粗集料干拌一次,然后用细集料再拌一次,最后用砂再清洗一次,这样可以获得较好的清洗效果。清洗过的矿料,可以将其送回到相应的冷矿料配料斗中再次利用。

(3)热矿料的投料顺序

先将各规格的热集料放入搅拌器内干拌3~5s后,加入沥青拌和几秒,最后再加入矿粉继续拌和。

(4)强制间歇式拌和设备的生产能力

通常是指一定容量的搅拌器在设定的拌和时间范围内,每小时所生产的成品料的总量。搅拌器的容量和拌制不同材料所需要的拌和时间,是反映搅拌器生产能力的基本参数,搅拌器容量与生产能力的关系如表9-3-16所示,拌和时搅拌器的充盈率为65%~70%。

搅拌器容量与生产能力的关系　　　　　　表9-3-16

搅拌器容量（kg）	拌和设备的生产能力（t/h）	搅拌器容量（kg）	拌和设备的生产能力（t/h）
500	30~40	3000	180~240
1000	60~80	4000	240~320
2000	120~160		

(5)拌和时间

沥青的拌和时间是指从称量箱(斗)卸料口开启到搅拌机卸料口开启的时间间隔,包括干拌时间和湿拌时间。在拌和时间内必须能生产出集料颗粒分布和沥青裹覆均匀的混合料,通常各种材料全部投入后的纯拌和时间为35~45s,每个循环周期为45~60s。

(6)拌和温度

沥青混合料的拌和温度包括矿料的温度、沥青的温度以及拌和后混合料的温度。石油沥青加工及沥青混合料的施工温度应根据沥青标号及黏度、气候条件、铺装层的厚度确定。

普通沥青混合料的拌和温度宜135℃及175℃条件下测定的黏温曲线,按照表9-3-17的规定确定。缺乏黏温曲线数据时,可参照表9-3-18的范围选择,并根据实际情况确定使用高值或低值。当表中温度不符合实际情况时,容许做适当调整。

确定沥青混合料拌和及压实温度的适宜温度　　　　　表9-3-17

黏　　　度	适宜于拌和的沥青结合料黏度	测定方法
表观黏度(Pa·s)	0.17±0.02	T 0625
运动黏度(mm^2/s)	170±20	T 0619
赛波特黏度(s)	85±10	T 0623

热拌沥青混合料的施工温度(℃)　　　　　表9-3-18

施工工序		石油沥青的标号			
		50号	70号	90号	110号
沥青加热温度		160~170	155~165	150~160	145~155
矿料加热温度	间隙式搅拌机	集料加热温度比沥青温度高10~30			
	连续式搅拌机	矿料加热温度比沥青温度高5~10			
沥青混合料出料温度		150~170	145~165	140~160	135~155
混合料储存仓储存温度		储存过程中温度降低不超过10			
混合料废弃温度高于		200	195	190	185

对于聚合物改性沥青混合料的拌和温度根据实践经验并参照表 9-3-19 选择。通常宜较普通沥青混合料的施工温度提高 10~20℃。对采用冷态胶乳直接喷入法制作的改性沥青混合料,集料烘干温度应进一步提高。

聚合物改性沥青混合料的正常施工温度范围(℃) 表 9-3-19

工 序	聚合物改性沥青品种		
	SBS 类	SBR 胶乳类	EVA、PE 类
沥青加热温度	160~165		
改性沥青现场制作温度	165~170	—	165~170
成品改性沥青加热温度,不大于	175	—	175
集料加热温度	190~220	200~210	185~195
改性沥青 SMA 混合料出厂温度	170~185	160~180	165~180
混合料最高温度(废弃温度)	195		

11. 成品储料仓及输送

(1)拌和好的沥青混合料的存放方式

①直接存放于混合料运输车,将搅拌器拌和好的沥青混合料直接卸入自卸汽车运往工地。

②存放在成品储料仓,用来调节拌和设备与运输车辆间的生产不协调,提高拌和设备的生产率。

目前一些大型的拌和设备,保温性能良好的成品料储存仓是必不可少的,这样可以将预先拌制好、不同配合比的沥青混合料存放在不同的储料仓内,随时满足不同工程的需要。

(2)成品料仓

拌和设备的成品料仓大多采用竖立的筒仓,1~4 个筒仓并列支承在支架上,且上部为圆筒形,下部位锥形。对于储存期少于 24h 的储仓一般在仓体外附设玻璃纤维或岩棉保温;存放时间超过 72h,仓内必须通入惰性气体,以防止成品料氧化。

(3)成品料的输送

成品料输送装置包括:运料车、轨道、滑轮、驱动钢绳、滚轮、制动器、电动机、行程开关等。小车运行的周期与拌和周期一致,它的容量应不小于搅拌器每批次拌和料的质量。

当运料车盛满成品料后,电机的动力经减速机减速后使滚筒运转,缠绕在滚筒上的钢绳通过滑轮使运料车沿滑轨上移,移动至成品料上方,行程开关等使运料车停止运行,气力将运料车的斗门开启,将运料车内的成品料放入成品料储仓内。卸料完毕后,驱动电机反转,运料车靠自重滑落回搅拌器放料闸门下方。

12. 集尘装置

间歇式沥青拌和设备在沥青混合料生产过程中,矿料的烘干、筛分、计量和拌和等加工生产会逸出大量的粉尘,尤其是在烘干过程中,还有一些燃烧废气排出,造成环境污染。

粉尘污染的处理方法主要是通过集尘装置进行,其原理是:通过管道连接在干燥滚筒进料端的烟箱之后,过滤由排风机引导的烘干过程中产生的粉尘,使其由烟囱排入大气的燃烧废气和水蒸气满足国家环保法规的要求。

集尘装置有一级集尘和二级集尘,一级集尘只是滤除污染物中的粗粉尘,二级除尘除了进行一次粗滤外,还要再进行一次清除污染物中的微粉尘。集尘分为干式、湿式和布袋式三种工艺。干式集尘器用于一级集尘;湿式和布袋式集尘器用作二级集尘装置。

惯性干式集尘器的工作原理是:进入集尘器的含尘气体突然改变流动方向,在惯性力的作用下大颗粒灰尘跌落下来与气体分离,小颗粒粉尘随气体经通风管进入二级集尘装置。干式集尘器的除尘效率,如表9-3-20所示。

干式集尘器的除尘效率　　　　表9-3-20

粉尘粒径(μm)	除尘效率	粉尘粒径(μm)	除尘效率
>75	90%	5~40	50%
40~75	80%	<5	10%

注:烟气中粒径大于75μm的粉尘,90%沉积在集尘器的底部;粒径小于5μm的细粉尘,90%要排入大气中。

文丘里湿式集尘器的工作原理是:含尘烟气经烟箱、通风管道进入集尘器后,与文丘里洗涤器缝隙中喷出的水帘相遇,并一同进入文丘里式喉管,由于喉管效应使气流速度加大,水被雾化,游离在气体中的尘埃被水黏附而与气体分离,混杂在气体中的燃烧废气,部分溶于水中;而砂石中所含的水分蒸发后的水蒸气,冷凝成水滴,并在气水分离罐中分离。净化后的空气从上部经引风机、烟囱排入大气,水和泥浆从底部排入循环水沉淀池。

布袋湿式集尘器的工作原理是:一级除尘后的含尘气体进入袋的外侧,由于袋的过滤作用,灰尘被阻隔在外侧;而净化后的气体通过布袋,从内侧排入大气。黏附在布袋上的灰尘自动通入脉冲压缩空气将灰尘抖落,落到底部的灰尘经螺旋输送机排出。

通过检测废气的林格曼黑度应控制在2度以下。回收粉尘的利用一般不宜超过矿粉用量的50%。通常,将阻力较小的惯性式干式集尘器(一级集尘器)与布袋式集尘器(二级集尘器)配合使用较为合理。

13. 沥青混合料的车辆装载

沥青混合料正确的装载方法对减轻路面离析至关重要,储料仓卸料时应按图9-3-20中"品"字形或倒"品"字形装料。

a)运料车装载混合料

b)"品"字形装料示意图

图9-3-20　沥青混合料的车辆装载

14. 热拌沥青混合料的质量检验

(1)拌和质量的直观检验

热拌沥青混合料在拌和过程及装车离开拌和厂前,必须对沥青混合料的质量进行温度、外观、级配等多方面的质量检测,以能及时发现混合料中存在的某些严重问题并及时解决。检验的最主要方法是目测,通过肉眼的仔细观察,结合以往的经验来判断混合料的外观质量。造成混合料明显不均匀的常见原因有多种,表9-3-21列出了简明的对比资料,检验人员可以用来辨别混合料中的问题,以及发生问题的原因,及时予以纠正。

表 9-3-21

热拌沥青混合料可能发生的问题及原因

厂拌沥青混合料生产中可能出现的问题	沥青含量不符合工地配合比	集料等级不符合工地配合比	混合料细料过量	无法保持均匀的温度	载货汽车载质量与拌和机的质量不符	载货汽车中的混合料沥青呈游离状态	载货汽车中的粉尘呈游离状态	大块集料未被沥青裹覆	载货汽车内混合料不均匀	载货汽车一边混合料沥青过量	载货汽车内的混合料无光泽	烧过的混合料	混合料呈褐色或深灰色	混合料中沥青过量	载货汽车内混合料出烟	载货汽车内混合料冒水蒸气	载货汽车内混合料色彩灰暗
集料含水率过大				A				A					A			A	
料仓分隔不严		A	A														
集料喂料口设置不当	A	A	A														
烘干机超负荷运转				A				A					A			A	
烘干机位置太陡				A				A					A			A	
烘干机操作不当				A				A			A	A	A		A	A	A
温度指示器未调准				A				A				A	A		A	A	A
集料温度过高				A								A	A		A		A
筛网破损		B															
筛网工作故障		B	B						B				B				
溢料溜槽失灵		B	B						B								
料斗渗漏		B	B		B				A								
漏斗内集料分解		A	A						A								
筛网超载料过满		A	A						A								
集料规格未做调整	B	B	B		B	B			B					B			
称量不准	B	B	B		B	B			B					B			

续上表

厂拌沥青混合料生产中可能出现的问题	沥青含量不符合工地配合比	集料等级不符合工地配合比	混合料细料过量	无法保持均匀的温度	载货汽车载质量与拌和的质量不符	载货汽车中的混合料沥青呈游离状态	载货汽车中的粉尘呈游离状态	大块集料未被沥青裹覆	载货汽车内混合料不均匀	载货汽车一边混合料沥青过量	载货汽车内的混合料无光泽	绕过的混合料	混合料呈褐色或深灰色	混合料中沥青过量	载货汽车内混合料出烟	载货汽车内混合料冒水蒸气	载货汽车内混合料色彩灰暗
矿物填料喂料不均	B	B	B						B					B			
热料斗集料不足	A	A	A						A					A			
称量次序不对		B					B	A	B	B							
沥青用量不足	A							A					A				A
沥青用量过多	A					A								A			
集料中沥青分布不均	A					A		A	A	A	A		A	A			
沥青称量不准	B					B		B	B	B	B		B	B			
沥青计量器不准	C					C		C	C	C	C		C	C			
一拌数量过多或过少	B	B	B		B	B		B	B	B	B		B	B			
拌和时间不适	B	B	B					B	B	B							
出料口安装不当或叶片破损	B	B					B	B	B								
卸料口故障		B						C	B								
沥青和集料喂料不协调	C	C	C			C	C	C	C	C	C		C	C			
料斗中混入灰尘		B	B						B								
拌和设备作业不稳定				A				A	A	A	A	A	A	A	A	A	A
取样错误	A	A	A	A													

注：A-适用于间歇式拌和设备；B-适用于间歇式和滚筒式拌和设备；C-适用于滚筒式拌和设备。

(2)混合料的温度检测

影响沥青混合料质量最为首要的因素是温度,故在热拌沥青混合料生产的每个环节都必须特别强调温度控制,其温度控制范围参见表9-3-22和表9-3-23中的规定。温度计测定方法是对载货汽车上的成品沥青混合料的温度检测,在检查时必须在载货汽车停稳后进行,温度计插入混合料的深度至少为150mm,如图9-3-21和图9-3-22所示。

热拌沥青混合料的施工温度(℃) 表9-3-22

施工工序			石油沥青的标号			
			50号	70号	90号	110号
沥青加热温度			160~170	155~165	150~160	145~155
矿料加热温度	间歇式拌和机		集料加热温度比沥青温度高10~30			
	连续式拌和机		矿料加热温度比沥青温度高5~10			
沥青混合料出料温度			150~170	145~165	140~160	135~155
混合料储料仓储存温度			储料过程中温度降低不超过10			
混合料废弃温度		>	200	195	190	185
运输到现场温度		≥	150	145	140	135
混合料摊铺温度	正常施工	≥	140	135	130	125
	低温施工	≥	160	150	140	135
开始碾压的混合料内部温度	正常施工	≥	135	130	125	120
	低温施工	≥	150	145	135	130
碾压终了的表面温度	钢轮压路机	≥	80	70	65	60
	轮胎压路机	≥	85	80	75	70
	振动压路机	≥	75	70	60	55
开放交通的路表温度		≤	50	50	50	45

注:1. 沥青混合料的施工温度采用具有金属探测针的插入式数显温度计测量。表面温度可采用表面接触式温度计测定。当采用红外线温度计测量表面温度时,应进行标定。

2. 表中未列入的130号、160号及30号沥青的施工温度由试验确定。

聚合物改性沥青混合料的正常施工温度范围(℃) 表9-3-23

工序		聚合物改性沥青品种		
		SBS类	SBR胶乳类	EVA、PE类
沥青加热温度		160~165		
改性沥青现场制作温度		165~170	—	165~170
成品改性沥青加热温度	≤	175	—	175
集料加热温度		190~220	200~210	185~195
改性沥青SMA混合料出厂温度		170~185	160~180	165~180
混合料最高温度(废弃温度)		195		
混合料储存温度		拌和出料后降低不超过10		
摊铺温度	≥	160		
初压开始温度	≥	150		
碾压终了的表面温度	≥	90		
开放交通时的路表温度	≤	50		

注:1. 同表9-3-23。

2. 当采用表列以外的聚合物或天然沥青改性沥青时,施工温度由试验确定。

图 9-3-21　水银温度计检测

图 9-3-22　数字显示式的温度计检测

（3）沥青含量试验

沥青混合料的抽提试验是检验沥青混合料的沥青用量、矿料级配是否满足设计要求，判断施工拌和质量、稳定性和施工技术水平的强有力的尺度，也作为混合料拌和质量控制的关键指标。抽提沥青含量应符合表 9-3-24。

热拌沥青混合料的频度和质量要求　　　　　表 9-3-24

项　　目		检查频度及单点检验评价方法	质量要求或允许偏差		试验方法
			高速公路、一级公路	其他等级公路	
混合料外观		随时	观察集料粗细、均匀性、离析、油石比、色泽、冒烟、有无花白料、油团等现象		目测
拌和温度	沥青、集料的加热温度	逐盘检测评定	符号规范规定		传感器自动检测、显示并打印
	混合料出厂温度	逐车检测评定	符号规范规定		传感器自动检测、显示并打印，出厂时逐车按 T 0981 人工检测
		逐盘测量记录，每天取平均值评定	符合规范规定		传感器自动检测、显示并打印
矿料级配（筛孔）	0.075mm	逐盘在线检测	±2%（2%）	—	计算机采集数据计算
	≤2.36mm		±5%（4%）	—	
	≥4.75mm		±6%（5%）	—	
	0.075mm	逐盘检查，每天汇总 1 次取平均值评定	±1%		规范附录 G 总量检验
	≤2.36mm		±2%		
	≥4.75mm		±2%		
	0.075mm	每台拌和机每天 1~2 次，以 2 个试样的平均值评定	±2%（2%）	±2%	T 0725 抽提筛分与标准级配比较的差
	≤2.36mm		±5%（3%）	±6%	
	≥4.75mm		±6%（4%）	±7%	
沥青用量（油石比）		逐盘在线监测	±0.3%	—	计算机采集数据计算
		逐盘检查，每天汇总 1 次取平均值评定	±0.1%	—	规范附录 F 总量检验
		每台拌和机每天 1~2 次，以 2 个试样的平均值评定	±0.3%	±0.4%	抽提 T 0722、T 0721

续上表

项　目	检查频度及单点检验评价方法	质量要求或允许偏差		试验方法
		高速公路、一级公路	其他等级公路	
马歇尔试验：空隙率、稳定度流值	每台拌和机每天1~2次，以4~6个试件的平均值评定	符合规范规定		T 0702、T 0709、《公路工程质量检验评定标准》（JTG F80/1—2017）附录B、附录C
浸水马歇尔试验	必要时（试件数同马歇尔试验）	符合规范规定		T 0702、T 0709
车辙试验	必要时（以3个试件的平均值评定）	符合规范规定		T 0719

注：1. 单点检验是指试验结果以一组试验结果的报告值为一个测点的评价依据，一组试验（如马歇尔试验、车辙试验）有多个试样时，报告值的取用按《公路工程沥青与沥青混合料试验规程》（JTG E20—2011）的规定执行。

2. 对高速公路和一级公路，矿料级配和油石比必须进行总量检验和抽提筛分的双重检验控制，互相校核，表中括号内的数字是对SMA的要求。油石比抽提试验应事先进行空白试验标定，提高测试数据的准确度。

(4) 沥青混合料的矿料级配检验方法

沥青混合料的矿料级配检验方法，是沥青路面施工时检验拌和厂生产的沥青混合料的矿料颗粒组成的试验，以通过规定筛孔的质量百分率表示。选取代表性的样品，按沥青含量试验方法抽提沥青后，将全部矿质混合料烘干，一般选取标准筛 0.075mm、2.36mm、4.75mm、集料公称最大粒径及 4.75mm 与集料公称最大粒径的中间筛孔等 5 个筛孔进行筛分；称量各筛上筛余颗粒的质量及黏附在滤纸或棉花上的矿粉及抽提液中的矿粉质量；计算各筛孔通过率与生产配合比的偏差值应符合表 9-3-24 的规定。

二、沥青混凝土试验路

沥青路面施工前，除做好组织准备、物资准备、技术准备及现场准备等工作外，还应铺筑试验段，试验段的长度应根据试验目的确定，通常为 100~200m，宜选在正弦直线段上铺筑。

(1) 沥青混合料的试摊铺工艺

沥青混合料的摊铺工艺详见任务 9-4。

(2) 沥青混凝土试验路主要检验的施工工艺环节

①检验各种施工机械的类型、数量及组合方式是否匹配。

②通过试拌确定拌和机的操作工艺，考察计算机打印装置的可信度。

③通过试铺确定透层油的喷洒方式和效果以及摊铺、压实工艺，确定松铺系数。

④验证沥青混合料生产配合比设计，提出生产用的标准配合比和最佳沥青用量。

⑤建立用钻孔法与核子密度仪无破损检测路面密度的对比关系，确定压实度的标准检测方法。

⑥检验实际摊铺效果，量测各检验指标。

⑦检验在桥梁段施工机械配备是否合理，胶轮压路机是否可行，振动压路机能否在桥梁段挂振。

⑧对压路机配备是否合理，初压、复压、终压三个阶段的碾压开始及结束温度、遍数及压路机吨位和碾速是否合适。

⑨摊铺机的排板是否合理，固定板和活动板配置宽度是否合适。

试验路段结束后,施工单位应就各项试验内容提交完整的施工、检测报告,并取得业主或监理的批复。监理工程师应对试验路段施工的全过程进行监理,检查试验路段的施工质量,并对承包人提出的试验总结报告进行批复。

任务练习

一、填空题

1. 沥青混合料拌和设备一般由_____、_____、_____、_____、_____、_____、_____、_____以及_____组成。

2. 除长期不使用的沥青可放在自然温度下存储外,沥青在储罐中的储存温度不宜低于_____℃,并不得高于_____℃。

3. 道路石油沥青使用广泛,它的标号分为_____号、130号、110号、_____号、70号、50号等共_____个标号,每个标号的道路石油沥青又分为_____、_____、_____等级。

4. 沥青混合料拌和设备中搅拌器清洗的顺序为先用_____干拌一次,然后用_____再拌一次,最后用_____清洗一次。

5. 沥青混合料拌和时投料的顺序是先将_____放入搅拌器内干拌3~5s后,加入_____拌和几秒,最后再加入_____继续拌和。

6. 沥青混合料的抽提烘干以后的集料筛分一般设置_____mm、_____mm、_____mm、_____以及_____mm与集料公称最大粒径的中间筛孔等5个筛孔。

二、名词解释

1. 沥青混合料

2. 拌和时间

三、选择题

1. 沥青混凝土冷料的配料斗的数量根据工程需要确定,一般为4~6个。料斗内装矿料的规格应按粒径( )沿送料方向依次排列。

   A. 从大到小　　　　　　　　B. 从小到大
   C. 按粗、细、中等集料顺序　　D. 无具体要求

2. 冷矿料烘干、加热系统的加热装置设在干燥滚筒的卸料端,燃气与冷矿料应为( )运动,以充分进行热交换。

   A. 同向　　B. 逆向　　C. 混向　　D. 不分方向

3. 冷矿料烘干、加热系统应使加热和烘干的集料含水率低于( ),烘干机便达到了最佳设计效率。

   A. 2%　　B. 3%　　C. 4%　　D. 5%

4. 热矿料筛分的筛孔尺寸按从大到小顺序进行安装,相应热料仓的编号应按照( )的顺序排序。

   A. 由细到粗　　　　　　　　B. 从粗到细

C. 按粗、细、中等集料顺序　　　　　D. 无具体要求

5. 热矿料振动筛的筛网安装时与水平方向呈（　　）。
   A. 12°　　　　　　　　　　　B. 30°
   C. 45°　　　　　　　　　　　D. 60°
6. 沥青拌和设备的沥青喷射泵应使喷射的沥青雾化,则喷口的压力一般为（　　）。
   A. 0.1~0.2MPa　　　　　　　B. 0.2~0.3MPa
   C. 0.3~0.5MPa　　　　　　　D. 0.5~0.8MPa
7. 沥青混凝土的拌和时间分为干拌和湿拌时间,一般每一个拌和循环周期为（　　）s。
   A. 25~40　　　B. 45~60　　　C. 60~75　　　D. 80~120
8. 沥青混合料经过回收的矿粉,其用量一般不宜超过矿粉用量的（　　）。
   A. 20%　　　　B. 30%　　　　C. 40%　　　　D. 50%

四、简答题

1. 简述间歇式沥青混合料拌和工艺流程。

2. 简述惯性干式集尘器的工作原理。

3. 简述文丘里湿式集尘器的工作原理。

4. 简述布袋湿式集尘器的工作原理。

5. 简述沥青混凝土铺试验路主要检验的施工工艺环节。

任务9-4　热拌沥青混凝土路面铺筑

学习目标

1. 了解沥青混凝土路面施工的各项准备工作以及热拌沥青混合料的应用。
2. 掌握沥青混凝土路面施工技术。
3. 能够结合工程案例和按沥青混凝土路面施工工艺流程,编写沥青混凝土路面施工技术方案。

任务描述

图9-4-1为某公路工程路面施工项目沥青混凝土路面面层结构设计图,从图中可以看

出,该路面包括细粒式改性沥青混凝土(AC-13)上面层、中粒式沥青混凝土(AC-20)中面层和粗粒式沥青混凝土(AC-25)下面层等面层结构。

本任务要求学生进行相应的路面面层施工。

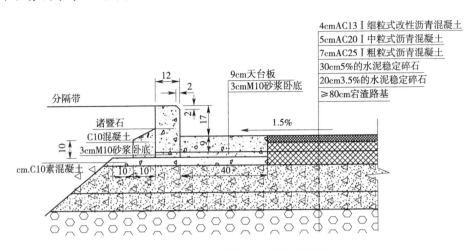

图 9-4-1　沥青混凝土路面结构层断面

相关知识

沥青路面是指用沥青做结合料铺筑沥青面层的路面结构总称。由于使用了黏结力较强的沥青材料,使集料间的黏结力大大增强,提高了沥青混合料的强度和稳定性,使路面的行驶质量和耐久性都得到提高。与水泥混凝土路面相比,沥青路面具有表面平整、无接缝、行车平稳、振动小、噪声低、施工期短、养护方便等优点,因此得到了广泛应用。

热拌沥青混合料(HMA)适用于各种等级公路的沥青路面。其种类按集料公称最大粒径、矿料级配、空隙率划分,分类如表9-4-1所示。

热拌沥青混合料种类　　　　表9-4-1

混合料类型	密级配			开级配		半开级配	公称最大粒径(mm)	最大粒径(mm)
	连续级配		间断级配	间断级配				
	沥青混凝土	沥青稳定碎石	沥青玛蹄脂碎石	排水式沥青磨耗层	排水式沥青碎石基层	沥青稳定碎石		
特粗式	—	ATB-40	—		ATPB-40	—	37.5	53.0
粗粒式	—	ATB-30	—		ATPB-30		31.5	37.5
	AC-25	ATB-25	—		ATPB-25		26.5	31.5
中粒式	AC-20	—	SMA-20	—		AM-20	19.0	26.5
	AC-16	—	SMA-16	OGFC-16		AM-16	16.0	19.0
细粒式	AC-13	—	SMA-13	OGFC-13		AM-13	13.2	16.0
	AC-10	—	SMA-10	OGFC-10		AM-10	9.5	13.2
砂粒式	AC-5	—	—	—		AM-5	4.75	9.5
设计空隙率(%)	3~5	3~6	3~4	>18	>18	6~12	—	—

注:设计空隙率可根据当地气候条件和交通组成在配合比设计时适当调整。

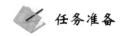 任务准备

一、材料准备

(1)在合理定价的前提下,认真考察沥青混合料生产厂家的综合生产能力,确定有能力的优秀厂家作为材料供应厂家。

(2)对拟供应材料的厂家所提供的生产配合比进行复核,对沥青、粗集料、细集料、矿粉、纤维稳定剂等原料进行取样检验。

(3)沥青混合料运输至施工现场后凭运料单接收,立即对表观进行检查,应均匀一致,无花、白、糊料,无粗细集料分离和结团成块现象。

(4)沥青面层集料的最大粒径宜从上至下逐渐增大,并应与压实层厚度相匹配。对热拌热铺密级配沥青混合料,沥青层一层的压实厚度不宜小于集料公称最大粒径的2.5~3倍,对SMA和OGFC等嵌挤型混合料不宜小于公称最大粒径的2~2.5倍,以减少离析,便于压实。

(5)各层沥青混合料应满足所在层位的功能性要求,便于施工,不容易离析。各层应连续施工并结合成为一个整体。当发现混合料结构组合及级配类型的设计不合理时应进行修改、调整,以确保沥青路面的使用性能。

二、施工机具和设备

摊铺机;10t以上静力压路机、18~25t轮胎压路机、激振力30t以上的振动式压路机、小型压路机;带保温毡盖装置的大吨位自卸汽车;水准仪、经纬仪或全站仪等测量设备;湿度密度仪、自动测平仪、无接触红外测温仪、取芯机等试验检测设备。

三、作业条件

(1)沥青混合料摊铺前应对下卧层进行验收,检查项目包括:线位、高程、宽度、厚度、纵横坡度、压实度、清洁度等。旧沥青路面或下卧层已被污染时,必须清洗或经铣刨处理后方可铺筑沥青混合料。

(2)设定摊铺机行走路线,保证基准线、拴基线绳的位置,高程应准确,建议使用摊铺机滑靴控制厚度,也可使用无接触式平衡梁进行高程控制。摊铺时应严格控制摊铺机行走方向。

(3)路缘石或平石宜在摊铺前安砌完毕,应保持位置准确、牢固。

(4)道路范围内的雨水口、检查井等应按设计高程预调高程。

(5)与现况路面衔接处切成直茬,用直尺靠验,高程应符合要求,新老路面衔接应直顺、平整。

(6)透层油喷洒宜在成活基层表面稍干后进行,按设计规定用量喷洒,喷洒后应立即撒布石屑。

(7)摊铺沥青混合料前2~3h,应均匀喷洒黏层油;在路面接茬或与检查井、雨水口等接触处,应涂刷黏层油,黏层油性能应与沥青混合料相匹配;使用乳化沥青时,乳液应均匀且在破乳后方可摊铺沥青混合料。

(8)按摊铺方案保证摊铺机械及人员完成准备、就位。

四、技术准备

(1)组织进行图纸会审,并已经完成。
(2)编制详细的路面沥青混合料摊铺施工方案,上报监理并得到审批。
(3)对施工操作人员进行技术、安全和环保等方面的交底。
(4)试验段:正式大面积进行沥青混合料摊铺前,先进行试摊铺,用来检验本任务中的相关环节。

任务实施

下面以 AC-13F 沥青混合料为例,完成 AC-13F 沥青混凝土路面上面层的路面施工任务。

一、沥青混凝土路面操作工艺流程

基层或下卧层的准备→测量放线→沥青混合料的运输→卸料→沥青混合料的摊铺→沥青混合料压实及成型→接缝处理→开放交通。

二、操作工艺

1. 基层或下卧层的准备

即将铺筑沥青面层的基层或者下卧层必须坚固,足以支撑道路和设计荷载,坡度适当,具有良好的排水性能,平整而洁净的表面,也有适当的弯道超高和路拱,充分均匀地压实达到规定密实度。

1)基层表面处理

应对基层表面及内在质量进行检查,基层强度必须达到规定值,表面无污物或聚集粉尘。检查有无不符合摊铺要求的软弱、易变形或者松散、坑槽等不良区域,以决定是否在摊铺前必须将这些区域重新做处理。同时还应检查横坡和纵坡,如果任何一项超过允许误差,则必须按要求进行修整。

2)已有沥青面层的表面处理

在已有沥青路面上进行摊铺作业,要保证已有面层符合质量要求,有问题的地方应及时处理。

(1)凡有坑陷和失稳的地段必须进行修补,有轻微的凹陷区域应刨挖清理,填以新材料。对沉陷严重的区域,则要彻底刨掉,随后用新材料重新铺筑。倘若旧面层下面的基层或路基出现问题,更应重新修整。凡不平的接缝要整平,裂缝则要填实密封。

(2)对路面凸起的部分应用加热整平器刮平。处理程序是先把旧路面加热,然后刮去凸起部分,使其达到规定高度;也可以采用冷削整平机,两者处理程序相同,只是后者不需要先加热路面。

(3)如果旧路面已变形,要先铺筑整平层或顺坡层,以恢复原有的纵横坡。若处治层很薄,则更需要将旧路面整平。在需要保持现有最小净空高度或与现有高程相配合的地方,可以用冷削整平机予以处理。

(4)垫平层是在旧路面进行处治作业之前,用沥青混合料整平小块凹陷路面的面层。垫平层的厚度在 80~150mm 时,则应分两层摊铺。需要多层垫平时,正确的做法应是由底部到设计高程按水平层次分层垫平。如果下沉区域需要进行多层垫平,需要依据高程绘出准确的纵横断面图,并以此确定各层的坡度和直线的界限,以便能够确定各层垫平作业起讫的固定位置。

3)旧水泥混凝土路表的处理

在旧水泥混凝土路面上铺筑沥青混凝土面层,也必须充分做好准备工作。诸如对不整齐的接缝进行清理,对于活动的路用板用基层处治或破碎固定方法加固等。

(1)固定活动板填充法的施工程序

①在下陷或活动的路面板上钻孔。

②用规定的基层处治沥青材料填充路面板下面的空隙。对沥青需先加热,然后用泵加压,输送到路面板下面。

③用木塞堵住孔眼,直到下面的沥青冷却固化为止。

④用混合料填上孔眼。

(2)破碎固定法的施工程序

该方法不能用于已用热拌沥青混合料罩过面的水泥混凝土路面以及有钢筋的水泥混凝土路面上。

①平行于路面板边缘挖一条深于路面板厚度的沟,这条沟可用来排除板下积水。

②用重锤将水泥板击碎成碎块。

③用规定质量的压路机将碎块压入路基内予以固定。

④在固定住的碎块上摊铺一层热拌沥青混合料。

2. 测量放线

1)道路中线的控制

根据设计文件在施工现场测设道路中线、边线线位,使之精度在规范允许的范围内。

2)设计高程的控制

在新建的路面施工中,必须进行准确的高程控制,以保证完工路面符合工程平面位置和纵断面位置的要求。这样,既保证了拟摊铺面层的平整度,又能满足结构层厚度的要求。高程的测量与控制程序为:

(1)按每 5~10m 为一个断面,每个断面三个点测量下卧层顶面高程。

(2)将上述高程与设计高程做比较,如果两者高程相差在允许误差范围内,以设计高程计算本层的挂线高程,进行放样即可;如果某些点高程低于设计高程仍按设计高程放样;如果某些点高程高于设计高程,应按本层厚度放样,同时要对纵坡进行调整,调坡坡度以 1/2000 为宜,切忌连续频繁调坡,以避免行车的起伏感,影响行车的舒适性。

(3)挂线后、摊铺前对厚度做最后的核对,方法是垂直路中线拉线置于两侧的基准线上,量测拉线与下卧层顶面间的高度(应考虑横坡度),与设计厚度进行比较,对不满足要求的点再做调整。

3. 沥青混合料的运输

沥青混合料的运输过程是指热拌的沥青混合料装入混合料运料车,运至摊铺现场,卸入摊铺机受料斗并返回沥青混合料的储存地的整个过程。在整个过程中应注意保证沥青混合料的温度,其次是所用的运料车辆、运料车的数量、所用设备及方法等。

1)沥青混合料运输车辆类型的选择

应采用载质量大于 150kN 的大型自卸汽车运送沥青混合料到摊铺现场,以减少摊铺机在短时间内频繁换车卸料的情况。所用的车辆都应清洁、平整,且为无孔洞的金属车厢。

2)运料车数量的确定

自卸车的数量应该较拌和能力和摊铺速度略有富余,以保证拌和机拌制的沥青混合料(含预先储存在成品储料仓内的沥青混合料)及时运送到摊铺现场,并在摊铺机前常保持2~4辆待卸车,对高速公路、一级公路,待等候的运料车宜多于5辆后开始摊铺,如图9-4-2所示。

所需要的运输车辆数量可按公式(9-4-1)计算。

图9-4-2　沥青混合料运料车等待卸料

$$n = a \cdot \frac{t_1 + t_2 + t_3}{T} \qquad (9\text{-}4\text{-}1)$$

式中:n——所需要的运料车辆数,辆;

t_1——运送沥青混合料到铺筑现场所需的时间,min;

t_2——由铺筑现场空载返回拌和厂所需的时间,min;

t_3——在工地卸料和其他等待的总时间,min;

a——储备系数,视交通情况而定,一般取1.1~1.2;

T——拌制一车沥青混合料所需的时间,$T = \frac{60m}{Q}$,min;

m——运输车辆的载重能力,t;

Q——拌和设备的生产能力,t/h。

3)沥青混合料的运输管理

(1)运输车辆每次使用前后必须清扫干净,装料前在车厢板上涂一薄层防止沥青黏结的隔离剂或防黏剂(建议的隔离剂为石灰水或肥皂水,但多数工地采用柴油与水的混合液,比例为1∶3),但不能有余液积聚在车厢底部。

(2)从拌和机向运料车放料时,运料汽车应前后移动进行分层装料,移动次数应尽可能多,并至少移动三次,以减少混合料的离析。

(3)运料车运输混合料宜用苫布覆盖,保温、防雨、防污染。

(4)运料车进入摊铺现场时,轮胎上不得沾有泥土等可能污染路面的脏物,否则宜设水池洗净轮胎后进入工程现场。沥青混合料在摊铺地点凭运料单接收,若混合料不符合施工温度要求,或已经结成团块、已遭雨淋的,不得铺筑。

(5)运料车不得超载、紧急制动或急转掉头致使透层、封层损伤。

(6)SMA及OGFC混合料在运输、等候过程中,如发现有沥青结合料沿车厢板滴漏,应采取措施阻止。

4.卸料

1)卸料前沥青混合料的检查

拌制沥青混合料时,可能在配料、拌和、温度控制等方面发生差错,也有可能由于拌和厂检查员未能发现所出现的问题,致使运到工地的沥青混合料不尽良好。当热沥青混合料出现不正常的情况时,须进行检验并及时采取纠正措施。

（1）蓝烟或黑烟

通常情况下,可以根据卸料或摊铺时沥青混合料冒烟的多少和颜色判断热沥青混合料的质量。烟雾的判断分两种情况:①对普通沥青混合料,正常的施工温度下不冒烟,如果冒蓝烟可能是加热过度。②对改性沥青混合料或 SMA 混合料,由于拌和摊铺温度均较高,冒蓝烟算正常,如果起灰色或灰黑色烟雾,说明温度可能过高,应通知拌和厂及时检查。

（2）表面硬化

如果混合料表面硬化或者有一异常的凸峰或者有大颗粒矿料上沥青黏覆不良者,表示沥青混合料温度低,应立即测量并核对温度。如在最佳摊铺温度以下,但又在规范容许范围内,应立即采取措施避免温度再损失,以免造成混合料报废。

（3）沥青混合料在车厢中坍平

级配合理、温度适中的沥青混合料堆放在载货汽车中,通常呈圆穹形。如果运到工地的混合料在汽车车厢中坍平,则可能是由于沥青含量过高或集料的烘干程度不足,遇此情况应立即严格检查。

（4）外观灰暗,沥青用量少

混合料中沥青含量过低,表现为在载货车或摊铺机的料斗中,混合料外观发干、呈颗粒状、集料沥青膜裹覆效果欠佳、缺乏典型的黑色发亮的光泽;摊铺在路面上时,混合料会出现表面发干、呈棕色、灰暗、压路机碾压不实等现象。

（5）冒蒸气

含水率过高的混合料倒入摊铺机料斗时,经常会冒出蒸气。热拌沥青混合料还可能冒泡和爆裂,犹如沸腾一般。混合料含水率过高有时则看上去与沥青含量过低时的情况相似,而且摊铺性能也相似。

（6）离析

在混合料倒入摊铺机之前有可能会发生离析。如果发现料车上的混合料离析严重,应立即改变混合料的卸料方法或采取其他措施,从根本上消除离析。

（7）污染

沥青混合料可能由于各种原因被污染,如污染物不多,可以进行清除;但注意不得使用已污染且处理不净的混合料。造成污染的来源有:溢出的汽油、柴油或其他油料,运输车底没有清理干净的土、废料、垃圾、污物等。

（8）泛油

在载货车上最好喷洒非石油基的防黏剂,但有的工地仍然允许使用柴油。然而,柴油过多会积聚在车厢底部,被混合料吸收,用于路面上,油料能稀释沥青,使其分泌到路面上,产生"油斑"现象,接触到的沥青膜从矿料颗粒上洗下。凡被柴油污染的热拌沥青混合料,应立即清除并更换。

2）运料车与摊铺机配合卸料

必须有专人指挥自卸汽车将料卸到摊铺机的受料斗内。自卸汽车应在摊铺机前 1～3m 处停住,空挡等候,由摊铺机推动前进开始缓慢卸料,避免撞击摊铺机,如图 9-4-3 所示。在有条件时,运料车可将混合料卸入转运车经二次拌和

图 9-4-3　运料车卸料

后向摊铺机连续均匀的供料。自卸汽车每次卸料必须倒净,尤其是对改性沥青或 SMA 混合料,如有剩余,应及时清除,防止硬结。

5. 沥青混合料的摊铺

沥青混合料的摊铺可采用摊铺机摊铺或人工摊铺。除在路面狭窄部分、平曲线半径过小的匝道或加宽部分,以及小规模工程不能采用摊铺机铺筑时可采用人工摊铺外,热拌沥青混合料应采用机械摊铺。

1)人工摊铺技术要点

(1)将运料车运来的沥青混合料先卸到铁板上,随即用人工铲运,以扣铲方式均匀摊铺在路槽中,摊铺时不得扬铲远甩,以免造成粗细料分离。铁铲等工具宜涂防黏结剂或加热使用。

(2)边摊铺边用刮板刮平。刮平时做到轻重一致,防止反复多刮使粗粒料刮出表面。

(3)摊铺过程中要随时检查摊铺厚度、平整度和路拱。摊铺厚度为沥青路面设计厚度乘以压实系数,用人工摊铺时,沥青混凝土混合料的压实系数为 1.25~1.50。

(4)摊铺时不得中途停顿,并加快碾压。

(5)半幅施工时,路中一侧宜事先设置挡板。

2)摊铺机摊铺技术要点

沥青混合料摊铺机有履带式和轮胎式两种,两者的构造和技术性能大致相同。在喷洒有黏层油的路面上铺筑改性沥青混合料或 SMA 时,宜使用履带式摊铺机。摊铺机的受料斗应涂刷薄层隔离剂或防黏剂。

沥青混合料摊铺机摊铺作业过程:首先要把摊铺机按所铺路段的宽度、厚度、拱度等施工要求参数调整好,装运沥青混合料的自卸汽车在接触接收料斗前的顶推辊后,将沥青混合料缓缓卸入摊铺机的接收料斗,并由摊铺机顶推其运行;接着通过接收料斗底部的刮板输送器,以及螺旋摊铺器将沥青混合料连续均匀地向后、向左右输送;最后摊铺好沥青混合料铺层经熨平装置的振捣梁的初步捣实、熨平板的振动、次振动、整形和熨平而成为一层平整的有一定密实度的混合料摊铺层。摊铺机摊铺的技术要点如下:

(1)摊铺机结构参数的调整与选择

①熨平板宽度的调整。

熨平板宽度是依据摊铺宽度而定的。为了满足不同摊铺宽度的需要,熨平板的宽度要做相应的调整。

熨平板宽度的调整分两类:一类是机械加长式,基本熨平板的宽度为 2.5m 或 3m,可以以 50cm 为间隔进行加长,最大宽度可达 12.5m;另一类是液压伸缩式,伸缩熨平板置于基本熨平板前或后,可无极伸缩,伸缩距离分别控制在 1.25~1.5m 之内,可摊铺的最大宽度分别为 4.75m 或 5.75m,通常可满足变宽路面的要求,摊铺时最好由窄幅变为宽幅。

熨平板的侧边与路缘石之间,应留有 10~15cm 的间距,以避免摊铺机摊铺运行中方向的偏摆碰撞路缘石,所留空间由人工紧跟摊铺机及时予以补齐,并适当拍锤。接宽熨平板时必须双侧对称地相应接长螺旋摊铺器和振捣梁,并检查接后熨平板底部的拱度和整体刚度。

②熨平板拱度的调整。

摊铺机的熨平板拱度包括:整个熨平板的拱度(左右拱度)与熨平板前缘和后缘的拱度。

整个熨平板的拱度(路拱)可按摊铺混合料的路拱横坡度进行调整,其方法是将水准尺上的拱度绝对数(mm)或横坡的百分数调到与拱度设计值一致。当使用一台摊铺机铺筑全幅路面时，必须铺筑出中间高两侧低的路拱，且铺筑的路拱必须满足设计要求，摊铺机熨平板要设置路拱调整装置，熨平板从中间分开，两侧为一个整体，中间的下部用一根销轴将两部分熨平板连接，上部用两根调整螺栓连接，转动调整螺母，可以使螺栓伸长或缩短，使两侧熨平板以下面的销轴为中心相对偏转，熨平板中间微微向上拱起或变平，以适应摊铺路面的路拱。

大型摊铺机的熨平板前缘与后缘的拱度也能够独立变化，前后拱拱度要适当地进行调整，一般人工接长调宽的熨平板，前后拱之差为 3～4mm，液压伸缩调宽的熨平板，差值以 2mm 为宜。

③熨平板工作仰角的调整。

要保证沥青层的摊铺厚度，在每次摊铺作业前，就要调整 α 角的初始值，具体的方法有两种：

其一是依据摊铺的厚度来调整初始值 α 角，该法适用于浮动基准梁的施工方法。一般可按下述规则设定初始仰角的标尺数值：当摊铺厚度小于 10cm 时用 0；当摊铺厚度为 10～20cm 时用 0.5；当摊铺厚度大于 20cm 时用 1.0。

其二是通过自动找平装置来实现准确的摊铺厚度，它适用于挂线施工法。根据上述给定初始仰角的标尺数值规则设定初始仰角，每一级初始仰角对于一定范围的摊铺厚度，依靠纵坡基准和灵敏度很高的自动调平装置来控制工作角的瞬时变化，保证摊铺平整度。

④布料螺旋和熨平板前缘间距的调整。

熨平板前缘与布料螺旋之间的调整范围在机器结构上已经固定，为 5cm 左右，该调整应在其他调整全部完成后才能进行。调整操作应遵循下述原则：在一般摊铺条件下（厚度 10cm 以下、中粒式或粗粒式沥青混凝土），应将熨平板与布料螺旋之间的距离调到中间位置；在软基层上摊铺（稳定土类基层），摊铺厚度较小，集料粒径不大时，宜将距离调小；摊铺厚度较大，集料粒径也较大，混合料温度偏低，或发现摊铺层表面出现波纹时，宜将距离调大。

⑤螺旋布料器高度的调整。

螺旋布料器承担着左右横向连续均匀输送混合料的任务，大多数摊铺机对螺旋布料器高度的调节，设置有高中低三个位置，选定螺旋适宜的高度的建议为：高位（比中位高 5cm），适用于路面铺层厚超过 15cm；中位（螺旋布料器中心线距离底面高 36.5cm），适用于路面铺层厚超过 4～15cm；低位（比中位低 5cm），适用于路面铺层厚小于 8cm。

⑥夯锤行程及频率的选择。

正确地选择夯锤行程及频率，能在不同厚度、不同矿料粒径、不同气温条件下，达到各种要求的密实度，甚至可达到最终密实度的要求。由此推荐夯锤行程及频率的选择如表 9-4-2 所示。

夯锤行程及频率调整推荐值　　　　表 9-4-2

参数	摊铺厚度（cm）	摊铺速度（m/min）	预夯锤行程（mm）	主夯锤行程（mm）	夯击频率（Hz）	振动频率（Hz）
沥青路面面层及黏结层	3.5～10	2～5	<6	5	15～25	40～70

⑦刮料护板的调整。

大多数摊铺机熨平板前装有刮料板。刮料板将混合料分成两部分，一部分进入具有一

定工作角 α 的熨平板底部,形成摊铺层,剩余部分回到螺旋器内继续随之翻滚。经验表明,刮料板下缘高出熨平板底平面前缘的合适高度为:摊铺厚度 4~6cm 时,选择 7~10mm;摊铺厚度 7~10cm 时,选择 10~13mm。

(2)摊铺机运行参数的调整与选择

①摊铺机的作业速度。

摊铺机必须以"恒定连续工作"为原则,不得随意变换速度或中途停顿,以提高平整度,减少混合料的离析。摊铺机摊铺一般沥青混合料的摊铺速度在 1.0~5.0m/min 之间,依据工程经验,给出以下几条建议:

当摊铺较薄的沥青混合料面层时,摊铺速度可选择较高一些;反之应低一些。

普通沥青的沥青混合料(如 AC)大多数工地采用 3.0~4.0m/min。如果是中粒式或者为细型沥青混凝土,采用中值较为理想;如果是粗粒式或者是粗型沥青混凝土最好接近下限,以防离析和拉伤。

如果是 AC 改性沥青混合料,由于可塑性降低,最好不要超过 3.0 m/min。

对于 SMA 及 Superpave 沥青混合料,最为理想的速度为 1.0~2.0m/min。

②摊铺宽度的控制。

为了保证沥青面层的摊铺质量,我国现阶段规定在铺筑高速公路、一级公路沥青混合料时,一台摊铺机的铺筑宽度不宜超过 6(双车道)~7.5m(3 车道以上),通常宜采用两台或更多台数的摊铺机前后错开成梯队方式同步摊铺,如图 9-4-4 所示。

梯队方式摊铺的工艺参数为:一是前后摊铺机错开的距离为 10~20m,一般内侧的摊铺机应在前;二是两机之间应有 30~60mm 左右宽度的搭接,该搭接部分应避开车道轮迹带;三是上下层的搭接位置宜错开 200mm 以上。

图 9-4-4 两台摊铺机梯队摊铺

③摊铺厚度的控制。

沥青混合料的摊铺碾压过程中常用两种厚度,分别为松铺厚度和压实厚度。松铺厚度是指混合料在摊铺机摊铺后,压路机碾压以前形成的厚度。压实厚度是指沥青混凝土路面在碾压终极后,达到预定压实度及其他技术指标要求的厚度。两者的关系为:

$$h_{0i} = K \times h_i \tag{9-4-2}$$

式中:h_{0i}——某点摊铺后的松铺厚度;

K——松铺系数,沥青混凝土松铺系数为 1.15~1.35,沥青碎石混合料松铺系数为 1.15~1.30;

h_i——同一点碾压成型后的压实厚度。

实操方法:摊铺机停置于摊铺起点后,抬起熨平板,下面垫两至三块垫木,如果熨平板加宽,垫木则放在加宽部分的近侧边处。垫木放好后,启动后液压缸,放下熨平板,让提升油缸处于浮动状态,并注意勿使水平架前端销轴提升或降低到极限挡块位置,使其保留必要的空隙位置,否则料斗门的油路安全阀和水平架起落油路安全阀将启动生效,而使这项工作无法继续进行。然后转动左右两支厚度调节螺杆,使他们处于微量间隙的中立位置,此时熨平板以其自身质量落在垫木上,还要通过熨平板工作仰角 α 的调整和自动找平装置的运用来得到精确的厚度。摊铺机摊铺出 1.5~2.0m 后,观察纵坡传感器工作情况,当纵坡传感器厚度上调信号灯和厚度下调信号灯交替闪烁时,说明自动调平装置已将熨平板调整到预先设置的厚度。

④摊铺过程中供料的要求与调整。

为了保证摊铺质量,关键是摊铺机的螺旋布料器的速度应与摊铺速度相匹配,并保持稳定、均衡地转动,两侧应保持不少于送料器2/3高度的混合料,即稍微能看见螺旋叶片为宜,以减少在摊铺过程中的混合料离析。这就要求摊铺机的供料系统保持一个良好、均匀、连续的状态。要想具有良好的施工状态,不仅要使供料系统全自动,还要进行正确的施工调整。

调整的方法:首先,刮板供料器的传送速度应由料位传感器的电位器自动控制,使速度自动地与螺旋器前的料位情况相适应,实现全自动驱动。当供料不足时,传送速度自动地加快,反之,传送速度自动地减慢。其次,选择合适的料斗闸门开度,方法是预选中速供料,料斗闸门开度 5~10cm。在摊铺中调整校正闸门开启高度,直至刮板供料器匀速稳定工作后,再用电位器对刮板供料器速度进行微调校正即可。

⑤摊铺机的找平基准选择。

沥青混合料摊铺机的自动调平装置,包括纵坡调平和横坡调平两种。

纵坡调平是在摊铺机一侧的地面上设置一个水平的纵坡基准线作为参照物,摊铺作业时比照该基准线摊铺,使该侧摊铺始终保持设定高程,以满足纵坡的设计要求。

横坡控制是在纵坡控制的基础上进行控制,当熨平板的一侧用纵坡控制保持设定的高度后,使熨平板横向保持水平或一定的横向坡度,满足道路横向路拱坡度的要求。

纵坡基准分为绝对高程基准和地面平均高程基准。绝对高程基准适用于摊铺基层和下面层,有如钢丝绳基准线(图9-4-5)、铝合金梁基准线(图9-4-6)等形式。地面平均高程基准适用于摊铺表面层,使摊铺表面圆润、平滑,提高车辆行驶的舒适性,中面层根据情况选择基准方式,有如滑靴平衡梁基准(图9-4-7)、大型平衡梁基准(图9-4-8)等形式。

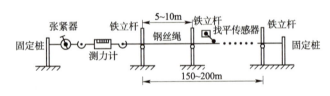

图9-4-5 钢丝绳基准线

图9-4-6 铝合金梁基准线

图9-4-7 滑靴平衡梁基准

摊铺机的一侧用一个纵坡基准控制熨平板的高程,另一侧可以采用横坡控制器。横坡控制器安装在摊铺机熨平板上,实现纵坡基准和横坡基准的综合应用,是一种使用非常方便的方法。如果当摊铺机熨平板宽度较大时,熨平板两侧都应使用纵坡传感器控制,这样可以大大提高控制精度。

图9-4-8 大型平衡梁基准

6.沥青混合料的压实及成型

压实是沥青路面施工的最后一道工序,良好的路面质量最终要通过碾压来体现。压实工作要在有效压实时间内完成,即从摊铺后温度降至80℃所经过的时间。其主要内容包括碾压机械的选型与组合、压实层厚、压实温度、速度、遍数、压实方式的确定。

1)碾压机械的选型与组合

应综合考虑摊铺机的生产率、混合料特性、摊铺厚度、施工现场的具体条件等因素,结合实际工程,选择压路机种类、大小和数量。高速公路铺筑双车道沥青路面的压路机数量不宜少于5台。施工气温低、风大、碾压层薄时,压路机数量应适当增加。

2)压实层厚度控制

沥青混凝土的压实层最大厚度不宜大于100 mm,沥青稳定碎石混合料的压实层厚度不宜大于120 mm,但当采用大功率压路机且经试验证明能达到压实度时允许增大到150 mm。

3)压实温度控制

沥青混合料的碾压温度应符合表9-3-23和表9-3-24的要求,并根据混合料种类、压路机、气温、层厚等情况经试压确定。在不产生严重推移和裂缝的前提下,初压、复压、终压都应在尽可能高的温度下进行。同时不得在低温状况下做反复碾压,使石料棱角磨损、压碎,破坏集料嵌挤。

4)选择合理的碾压速度

合理的碾压速度,对减少碾压时间、提高作业效率有十分重要的意义。在施工中,压路机应以缓慢而均匀的速度碾压。压路机的碾压速度应符合表9-4-3的规定。

压路机碾压速度(单位:km/h) 表9-4-3

压路机类型	初 压		复 压		终 压	
	适宜	最大	适宜	最大	适宜	最大
钢筒式压路机	2~3	4	3~5	6	3~6	6
轮胎压路机	2~3	4	3~5	6	4~6	8
振动压路机	2~3（静压或振动）	3（静压或振动）	3~4.5（振动）	5（振动）	3~6（静压）	6（静压）

5)压实作业的要求

热拌沥青混合料的压实程序分为初压、复压、终压三道工序。

(1)初压

初压的目的是整平和稳定沥青混合料,同时为复压创造有利条件,因此要注意压实的平整性。初压应紧跟在摊铺机后碾压,并保持较短的初压区长度,以尽快使表面压实,减少热量散失。通常采用双轮6~15t钢筒式压路机(振动压路机关闭振动)静压1~2遍。碾压时应将压路机的驱动轮面向摊铺机。从外侧向中心碾压,在超高路段则由低向高碾压,在坡道上应将驱动轮从低处向高处碾压。相邻碾压带应重叠 1/3～1/2 轮宽,压完全幅为一遍。初压折返路线宜采用曲线方式,且减速进行。初压后应检查平整度、路拱,有严重缺陷时要进行修整乃至返工。

(2)复压

复压的目的是使沥青混合料密实、稳定、成型,混合料的密实程度取决于这道碾压工序,因此必须与初压紧密衔接,且不得随意停顿。压路机碾压段的总长度应尽量缩短,通常采用 60～80m。采用不同型号的压路机组合碾压时宜安排每台压路机做全幅碾压,防止不同部位的压实度不均匀。

密级配沥青混凝土的复压优先采用重型的轮胎压路机进行搓揉碾压,以增加密水性,其总质量不宜小于 25t,每个轮胎的压力不小于 15kN。相邻碾压带应重叠 1/3～1/2 碾压轮宽度,压完全幅为一遍。总的碾压遍数由试压确定,且不宜少于 4 遍。碾压至要求的压实度,且无显著轮迹为止。对粗集料为主的较大粒径的混合料,尤其是大粒径沥青稳定碎石基层,优先采用振动压路机复压。厚度小于 30mm 的薄沥青层不宜采用振动压路机碾压。振动压路机的振动频率宜为 35～50Hz,振幅宜为 0.3～0.8mm。层厚较大时选用较小频率和较大振幅,以产生较大的激振力;层厚较薄时选用高频率和低振幅,以防止集料破碎。相邻碾压带重叠宽度为 100～200mm。振动压路机折返时应先停止振动。当采用三轮钢筒式压路机时,总质量不宜小于 12t,相邻碾压带宜重叠后轮的 1/2 宽度,并不应少于 200mm。

对路面边缘、加宽及港湾式停车带等大型压路机难于碾压的部位,宜采用小型振动压路机或振动夯板做补充碾压。

(3)终压

终压的目的是消除轮迹,最后形成平整的压实面,因此该道工序不宜采用重型压路机在高温下完成。终压应紧接在复压后进行,终压可选用双轮钢筒式压路机或关闭振动的振动压路机碾压 1～2 遍,至无明显轮迹为止。如经复压后已无明显轮迹时可免去终压。

6)SMA 路面的压实作业要求

(1)除沥青用量较低,经试验证明采用轮胎压路机碾压有良好效果外,不宜采用轮胎压路机碾压,以防将沥青结合料搓揉挤压上浮。

(2)SMA 路面宜采用振动压路机或钢筒式压路机碾压。振动压路机应遵循"紧跟、慢压、高频、低幅"的原则,即紧跟在摊铺机后面,采取高频率、低振幅的方式慢速碾压。一般初压用 10t 钢筒式压路机紧跟摊铺机后碾压 1～2 遍,复压再静碾 3～4 遍或振动碾压 2～3 遍,最后用较宽的钢筒式压路机终压一遍即可,切忌过碾。如发现 SMA 混合料高温碾压有推拥现象,应复查其级配是否合适。

7)压实注意事项

(1)碾压轮在碾压过程中应保持清洁,有沥青混合料沾轮时应立即清除。对钢轮可涂刷隔离剂或防黏结剂,但严禁刷柴油。当采用向碾压轮喷水(可添加少量表面活性剂)的方式时,必须严格控制喷水量,且成雾状,不得漫流,以防混合料降温过快。轮胎压路机开始碾压阶段,可适当烘烤涂刷少量隔离剂或防黏结剂,也可少量喷水,并先到高温区碾压使轮胎尽快升温,之后停止洒水;轮胎压路机轮胎外围宜加设围裙保温。

(2)在碾压过程中,压路机每次应由两端折回的位置阶梯形地随摊铺机向前推进,使折回处不在同一横断面上。压路机不得在未碾压成型路段上转向、掉头、加水或停留。在当天成型的路面上,不得停放各种机械设备或车辆,不得散落矿料、油料等杂物。

7. 接缝处理

沥青路面的各种施工缝(包括纵缝、横缝、新旧路面的接缝等)处,往往由于压实不足,容易产生台阶、裂缝、松散等病害,影响路面的平整度和耐久性,施工时必须十分注意。

沥青路面的施工必须接缝紧密、连接平顺,不得产生明显的接缝离析。上、下层的纵缝应错开150mm(热接缝)或300mm(冷接缝)以上。相邻两幅及上、下层的横向接缝均应错开100mm以上。

1)纵向接缝施工要求

(1)摊铺时采用梯队作业的纵缝属于热接缝,其压实方法是:先摊铺部分留下100~200mm宽暂不碾压,作为后续摊铺部分的基准面,待后续摊铺部分碾压时采用跨缝碾压以消除缝迹。

(2)当半幅施工或因特殊原因而产生纵向冷接缝时,宜采用加设挡板或加设切刀切齐,也可在沥青混合料尚未冷却前用镐刨除边缘留下毛茬的方式,但不宜在冷却后采用切割机做纵向切缝。加铺另半幅前应在接缝处涂刷少量沥青,摊铺时重叠在已铺层上50~100mm,再铲走铺在前半幅上面的混合料。

冷接缝有两种碾压方法:第一种方法是压路机位于热混合料上,由边向中进行碾压,接缝处留下100~150mm,再做跨缝挤紧压实;第二种方法是在碾压开始时,压路机在已压实路面上行走,碾压新铺热混合料宽度为150mm左右,然后碾压新铺部分。

2)横向接缝施工要求

(1)横向接缝的形式有斜接缝、阶梯形接缝和平接缝三种,如图9-4-9所示。

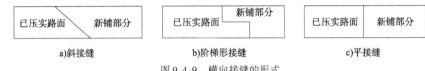

图 9-4-9　横向接缝的形式

(2)横向接缝宜采用垂直的平接缝。高速公路和一级公路的表面层横向接缝应采用垂直的平接缝,以下各层和其他等级公路的各层均可采用自然碾压的斜接缝。沥青层较厚时也可采用阶梯形接缝。

(3)斜接缝的搭接长度与层厚有关,宜为0.4~0.8m。搭接处应洒少量沥青,混合料中的粗集料颗粒应予剔除,并补上细料,搭接平整,充分压实。阶梯形接缝的台阶经铣刨而成,并洒黏层沥青,搭接长度不宜小于3m。

(4)平接缝应在沥青混合料尚未冷透时用凿岩机或人工垂直刨除端部层厚不足的部分,使工作缝成直角连接。当采用切割机制作平接缝时,宜在铺设当天混合料冷却但尚未结硬时进行。刨除或切割不得损伤下层路面。切割时留下的泥水必须冲洗干净,待干燥后涂刷黏层油。铺筑新混合料前应加热接茬使其软化,碾压开始时先用钢筒压路机进行横向碾压,可将压路机位于已压实的混合料层上,跨缝伸入新铺层宽150 mm碾压,每压一遍向新铺混合料移动150~200mm,直至全部在新铺路面上为止。然后改为纵向碾压,此时应注意不要在横接缝上垂直碾压,以免引起新旧层错台。

8. 开放交通

热拌沥青混合料路面应待摊铺层完全自然冷却、混合料表面温度低于50℃后,方可开放交通。需要提早开放交通时,可洒水冷却,降低混合料温度。

三、沥青混合料路面铺筑过程中的质量控制

热拌沥青混合料路面在铺筑过程中必须随时对铺筑质量进行检查、评定,质量检查的内容、频度、允许偏差应符合表9-4-4的规定。

热拌沥青混合料路面施工过程中工程质量的控制标准 表 9-4-4

项目		检查频度及单点检验评价方法	质量要求或允许偏差		试验方法或试验规程
			高速公路、一级公路	其他等级公路	
外观		随时	表面平整密实,不得有明显轮迹、裂缝、推挤、油丁、油包等缺陷,且无明显离析		目测
接缝		随时	紧密平束、顺直、无跳车		目测
		逐条缝检测评定	3mm	5mm	T 0931
施工温度	碾压温度	逐车检测评定	符合规范规定		T 0981
	摊铺温度	随时	符合规范规定		插入式温度计实测
厚度①	每一层次	随时 厚度 50mm 以下 厚度 50mm 以上	设计值的 5% 设计值的 8%	设计值的 5% 设计值的 8%	施工时插入法量测松铺厚度及压实厚度
	每一层次	1 个台班区段的平均值 厚度 50mm 以下 厚度 50mm 以上	-3mm -5mm	—	总量检验法
厚度①	总厚度	每 2000m² 点单点评定	设计值的 -5%	设计值的 -8%	T 0912
	上面层	每 2000m² 点单点评定	设计值的 -10%	设计值的 -10%	
压实度②		每 2000m² 检查 1 组,逐个试件评定并计算平均值	实验室标准密度的 97%(98%) 最大理论密度的 93%(94%) 试验段密度的 99%(99%)		T 0924、T 0922 及《公路沥青路面施工技术规范》(JTG F40—2004)附录 E
平整度③ (最大间隙)	上面层	随时,接缝处单杆评定	3mm	5mm	T 0931
	中、下面层	随时,接缝处单杆评定	5mm	7mm	T 0931
平整度 (标准差)	上面层	连续测定	1.2mm	2.5mm	T 0932
	中面层	连续测定	1.5mm	2.8mm	
	下面层	连续测定	1.8mm	3.0mm	
	基层	连续测定	2.4mm	3.5mm	
宽度	有侧石	检测每个断面	±20mm	±20mm	T 0911
	无侧石	检测每个断面	不小于设计宽度	不小于设计宽度	
纵断面高程		检测每个断面	±10mm	±15mm	T 0911
横坡度		检测每个断面	±0.3%	±0.5%	T 09111
沥青面层层上的渗水系数④,不大于		每 1km 不少于 5 点,每点 3 处取平均值	300mL/min(普通密级配沥青混合料);200mL/min(SMA 混合料)		T 0971

注:①表中厚度检测频度指高速公路和一级公路的钻坑频度,其他等级公路应酌情减少状况,且通常采用压实度钻孔试件测定。上面层的允许误差不适用于磨耗层。

②压实度的检测见"技能训练 1"。括号中的数值是对 SMA 路面的要求;对马歇尔成型试件采用 50 次或者 35 次击实的混合料,压实度应适当提高要求。

③3m 直尺主要用于接缝检测,对正常生产路段,采用连续式平整度仪测定。

④渗水系数适用于公称最大粒径等于或小于 19mm 的沥青混合料,应在铺筑成型后未遭行车污染的情况下测定,且仅适用于要求泌水的密级配沥青混合料、SMA 混合料,不适用于 OGFC 混合料。表中渗水系数以平均值评定,计算的合格率不得小于 90%。

1. 施工厚度的控制

沥青面层的厚度是沥青路面结构强度的基本保证,因此,沥青面层施工厚度的检测显得尤为重要。施工过程中厚度的检测应按以下方法进行,检测结果应相互校核,当差值较大时通常以总量检验为准。

(1)利用摊铺过程在线控制,即不断地用插尺或其他工具插入摊铺层测量松铺厚度。

(2)利用拌和厂沥青混合料总生产量与实际铺筑的面积计算平均厚度进行总量检验。

(3)当具有地质雷达等无破损检验设备时,可利用其连续检测路面厚度,但其测试精度需经标定认可。

(4)待路面完全冷却后,在钻孔检测压实度的同时测量沥青层的厚度。

2.压实度的控制

沥青面层的压实度是指用规定方法采取的混合料试件毛体积密度与标准密度百分比。沥青混合料面层的压实度应采取重点对碾压工艺进行过程控制、适度钻孔抽检压实度的方法。

(1)碾压工艺的控制包括压路机的配置(台数、吨位及机型)、排列碾压方式、压路机与摊铺机的距离、碾压温度、碾压速度、压路机洒水(雾化)情况、碾压段长度、调头方式等。

(2)碾压过程中宜采用核子密度仪等无破损检测设备进行压实密度过程控制,测点随机选择,一组不少于13点,取平均值,与标定值或试验路段测定值比较评定。测定温度应与试验路段测定时一致,检测精度通过试验路段与钻孔试件标定。

(3)在路面完全冷却后,随机选点钻孔取样,如一次钻孔同时有多层沥青层时需用切割机切割,待试件充分干燥后(在第2天之后),分别测定密度。钻孔后应及时将孔中灰浆淘净,吸净余水,待干燥后以相同的沥青混合料分层填充夯实。为减少钻孔数量,有关施工、监理、监督各方宜合作进行钻孔检测,以避免重复钻孔。

(4)测试压实度的一组数据最少为3个钻孔试件,当一组检测的合格率小于60%,或平均值 x_3 小于要求的压实度时,可增加1倍检测点数。如6个测点的合格率小于60%,或平均值 x_6 仍然达不到压实度要求时,允许再增加1倍检测点数,要求其合格率大于60%,且 x_{12} 算达到规定的压实度要求(注意记录所有数据不得遗弃)如仍然不能满足要求,应核查标准密度的准确性,以确定是否需要返工以及返工的范围。

当所有钻孔试件检测的压实度持续稳定并符合要求时,钻孔频度可减少至每千米不少于1个孔。施工过程中钻孔的试件宜编号贴上标签予以保存,以备工程交工验收时使用。

3.渗水情况检测

大气降水(雨、雪)通过路面孔隙或裂缝渗入沥青路面结构中,会导致基层软化、沥青面层开裂、松散等病害(水损害)。沥青路面的水损害不仅与沥青的化学性质、矿料的矿物成分有关,而且与面层的透水性(残留空隙率)密切相关。在多雨地区,应特别重视路面结构层的水稳定性和面层的透水性问题。沥青面层的透水性通常用路面渗水系数表示。路面渗水系数是指在规定的条件下,单位时间内渗入路面结构中水的体积,用 C_w 表示,单位为 mL/min。

压实成型的沥青路面应按随机选点检测渗水情况,渗水系数的平均值宜符合表9-4-4的要求。如需要测定构造深度,宜在测定渗水的同时在附近选点测定,记录实测结果。

4.平整度控制

沥青面层的平整度关系到沥青路面的使用性能,施工过程中必须随时用3m直尺对接缝及与构造物的连接处进行平整度检测,正常路段的平整度采用连续式平整度仪或颠簸累积仪测定。

5.外观检查

施工过程中应随时对沥青路面进行外观评定,尤其特别注意防止粗细集料的离析和沥青混合料温度不均匀,造成路面局部渗水严重或压实不足,酿成隐患。外观检查的主要项目包括色泽、油膜厚度、表面空隙等。

6. 施工动态质量管理

高速公路和一级公路沥青路面的施工,应利用计算机实行动态质量管理,计算平均值、极差、标准差、变异系数及各项指标的合格率。施工的关键工序或重要部位宜拍摄照片或进行录像,作为实态记录及保存资料的一部分。

 任务练习

一、选择题

1. 热拌沥青混合料(HMA)适用于( )的沥青路面。
   A. 高速公路　　　B. 一级公路　　　C. 城市道路　　　D. 各种等级公路
2. 沥青面层集料的最大粒径宜从上至下逐渐( ),并应与压实层厚度相匹配。
   A. 减小　　　　　B. 增大　　　　　C. 不变　　　　　D. 视公路等级而定
3. 沥青混合料运输车辆应采用载质量大于( )的大型自卸汽车运送沥青混合料到摊铺现场,以减少摊铺机在短时间内频繁换车卸料。
   A. 150kN　　　　B. 80kN　　　　　C. 100kN　　　　D. 120kN
4. 普通沥青混合料卸料或摊铺时,正常的施工温度下不冒烟,如果冒蓝烟可能是( )。
   A. 加热过度　　　B. 加热过低　　　C. 含水率过大　　D. 粉尘过多
5. 我国现阶段规定在铺筑高速公路,通常采用两台或更多台数的摊铺机前后错开成梯队方式同步摊铺,两台摊铺机之间错开的距离一般为( )。
   A. 10~20m　　　B. 20~30m　　　C. 40~50m　　　D. 50~60m
6. 沥青混凝土摊铺时,松铺厚度等于压实厚度乘以松铺系数,一般情况下松铺系数的取值范围为( )。
   A. 1.15~1.35　　B. 1.0~1.15　　　C. 1.35~1.45　　D. 1.5 以上
7. 热拌沥青混合料路面应待摊铺层完全自然冷却,混合料表面温度低于( )后,方可开放交通。
   A. 30℃以下　　　B. 40℃　　　　　C. 50℃　　　　　D. 60℃以上

二、名词解释

有效压实时间

三、简答题

简述沥青混凝土路面操作工艺流程。

任务 9-5　透层、黏层、封层施工技术

学习目标

1. 了解透层、黏层、封层设置的位置以及其作用和适用范围。

2.掌握透层、黏层、封层的施工技术。
3.能够运用透层、黏层、封层的施工技术,从事透层、黏层、封层的施工。

**任务描述**

为谋求沥青混凝土路面达到更高的质量标准,在路基、路面及其结构组成方面进行了许多优化和改进,提高了路面的承载力、耐久性和提高抗水毁能力。加强沥青混凝土路面结构在层与层之间的黏结可以防止路面上汇集的雨水渗入到路基路面结构层而产生病害,因此在沥青路面结构层之间根据不同的目的和作用需要设置功能层。功能层主要包括防冻层、粒料防水层、封层、透层、黏层,本教材仅介绍封层、透层、黏层的施工技术。

图9-5-1为某项目标段已经施工过半的一段公路沥青混凝土路面的路面层结构示意,从图中可以看出,该路面包括改性沥青SMA-13上面层、改性沥青AC-20中面层、大粒径沥青碎石LSM-30基层、黏层、下封层和透层等结构。

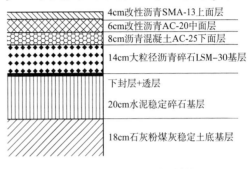

图9-5-1 沥青混凝土路面结构

本任务要求学生对已经施工过半的沥青路面进行相应的透层、黏层、封层施工。

相关知识

一、透层、黏层、封层的设置部位及作用

透层、黏层、封层施工是沥青路面施工的一种功能性层次,它们的概念、设置部位、作用及使用材料见表9-5-1。

透层、黏层、封层的概念、设置部位、作用及材料 表9-5-1

类 型	概念、设置部位	作 用	使 用 材 料
透层	用于非沥青类材料层上,能透入表面一定深度,增强非沥青类材料层与沥青混合料层整体性的功能层。设置在粒料类基层和无机结合料稳定类基层顶面	使沥青面层与非沥青材料基层结合良好	宜采用稀释沥青和乳化沥青等
黏层	路面结构中起黏结作用的功能层。设置在路面沥青层与沥青层之间、沥青层与水泥混凝土路面之间而洒布的沥青材料薄层	加强路面沥青层与沥青层之间、沥青层与水泥混凝土路面之间的黏结	宜采用改性乳化沥青、道路石油沥青或改性沥青
封层	路面结构中用以阻止水下渗的功能层。在无机结合料稳定类或冷再生类材料结构层与沥青结合料结构层之间设置。可采用单层沥青表处或稀浆封层	封闭表面空隙、防止水分侵入	宜采用改性沥青(橡胶沥青)、道路石油沥青或乳化沥青

二、透层施工技术

1.使用范围

透层应用于沥青路面各类基层。

2. 施工准备

1）材料准备

透层沥青可根据基层类型选用渗透性好的液体沥青、乳化沥青或煤沥青。实际施工时，一般选择乳化沥青作为透层材料的情况居多。

透层沥青使用中，用慢凝石油沥青以及相应稠度的乳液进行制备，使之成为慢破乳型透层材料。透层沥青生产过程中应通过调节沥青用量，调整稀释剂、乳化剂比例等方式得到适当的黏度。在使用改性沥青时应选择针入度不小于100(0.1mm)的基质沥青。

透层用乳化沥青的蒸发残留物含量允许根据渗透情况适当调整，当使用成品乳化沥青时可通过稀释剂得到要求的黏度。透层用液体沥青的黏度应通过调节煤油或轻柴油等稀释剂的品种和掺量经试验确定。沥青路面透层材料的规格和用量参见表9-5-2。

沥青路面透层材料的规格和用量表 表9-5-2

用　途	液体沥青		乳化沥青		煤沥青	
	规格	用量(L/m²)	规格	用量(L/m²)	规格	用量(L/m²)
无结合料粒料基层	AL(M)-1、2或3 AL(S)-1、2或3	1.0~2.3	PC-2 PA-2	1.0~2.0	T-1 T-2	1.0~1.5
半刚性基层	AL(M)-1或2 AL(S)-1或2	0.6~1.5	PC-2 PA-2	0.7~1.5	T-1 T-2	0.7~1.0

注：1. 表中用量是指包括稀释剂和水分等在内的液体沥青、乳化沥青的总量。乳化沥青中的残留物含量以50%为基准。
　　2. 由于沥青的密度为1.0~1.1 g/cm³，1L=1000 cm³，则表中沥青用量的单位1L/m²=1kg/m²。

2）施工机具与设备

（1）沥青洒布车：施工应根据行驶速度选用可自动控制喷洒量的沥青洒布车，如图9-5-2所示，同时还需要配备小型人工喷洒设备。对于使用改性沥青等材料时，喷洒车应有加温、保温装置。

a) 沥青洒布车

b) 沥青同步碎石封层车

图9-5-2　沥青洒布车

（2）其他设备：如进行石屑撒布则还需要使用运输车（图9-5-3）、装载机（图9-5-4）、压路机(图9-5-5)等机械设备。

图9-5-3 自卸运输车

图9-5-4 装载机

3)作业条件

(1)透层施工宜紧接在基层铺筑结束表面稍干后、沥青混合料底面层摊铺施工前进行。

(2)透层油在洒布前需要对基层进行各项验收,合格后方可进行洒布。

(3)用于半刚性基层的透层油宜紧接在基层碾压成型后表面稍变干燥、但尚未硬化的情况下喷洒。

(4)在无结合料粒径基层上洒布透层油时,宜在铺筑沥青层前1~2d洒布。

(5)沥青洒布前必须清扫下承层的路面,用森林灭火机(图9-5-6)除去灰尘,保持工作面干燥整洁,并且遮盖路缘石及人工构造物,避免污染。

图9-5-5 双钢轮压路机

图9 5 6 森林灭火机

4)技术准备

(1)在正式施工前,需要与监理工程师等有关人员根据有关设计文件,共同商定洒布时间以及是否撒布石屑等事项。

(2)在正式洒布前,应进行试洒布,以保证顺利施工。

三、黏层施工技术

1.适用范围

(1)双层或多层式热拌沥青混合料面层之间。

(2)水泥混凝土路面、沥青稳定碎石基层或旧沥青路面层上加铺沥青层。
(3)路缘石、雨水口、检查井等构造物与新铺沥青混合料接触的侧面。

2. 施工准备

1)材料准备

黏层油宜采用快裂或中裂乳化沥青、改性乳化沥青,也可采用快、中凝液体石油沥青,其规格和质量应符合规范的要求,所使用的基质沥青标号宜与主层沥青混合料相同。

黏层油品种和用量应根据下卧层的类型通过试洒确定,并符合表9-5-3的要求。当黏层油上铺筑薄层大空隙排水路面时,黏层油的用量宜增加到 $0.6 \sim 1.0 \ L/m^2$。在沥青层之间兼做封层而喷洒的黏层油宜采用改性沥青或改性乳化沥青,其用量宜不少于 $1.0 L/m^2$。

沥青路面黏层材料的规格和用量表　　　表9-5-3

下卧层类型	液体沥青		乳化沥青	
	规格	用量(L/m^2)	规格	用量(L/m^2)
新建沥青层或旧沥青路面	AL(R)-3~AL(R)-6 AL(M)-3~AL(M)-6	0.3~0.5	PC-3 PA-3	0.3~0.6
水泥混凝土	AL(M)-3~AL(M)-6 AL(S)-3~AL(S)-6	0.2~0.4	PC-3 PA-3	0.3~0.5

注:表中用量是指包括稀释剂和水分等在内的液体沥青、乳化沥青的总量。乳化沥青中的残留物含量以50%为基准。

2)施工机具与设备

黏层油宜采用沥青洒布车(图9-5-7)喷洒,并选择适宜的喷嘴(图9-5-8),洒布速度和喷洒量应保持稳定。当采用机动或手摇的手工沥青洒布机喷洒时,必须由熟练的技术工人操作,均匀洒布。

图9-5-7　沥青洒布车　　　　　图9-5-8　喷嘴

3)作业条件

黏层施工一般在沥青混合料摊铺施工当天进行。

对基层进行必要检查,检查项目为压实度、平整度、外观、断面高程和尺寸等,对于发现的问题和缺陷及时进行处理,保证基层密实、平整,无残留松散料。

正式洒布前需要对基层进行清扫,可采用人工配合机械方式进行,必要时也可采用水车清洗,做到清扫后基层洁净,无浮尘、松散、杂物等现象。

4)技术准备

在正式施工前,需要与监理工程师等有关人员根据设计文件,共同商量洒布时间等事项。

喷洒黏层油前应遮盖路缘石及人工构造物,避免污染,并进行试洒布,以保证洒布工作的顺利进行。

四、封层施工技术

1. 适用范围

微表处是指由适当级配的石屑或砂、填料(水泥、石灰、粉煤灰、石粉等)采用聚合物改性乳化沥青、外掺剂和水,按一定比例拌和而成的流动状态的沥青混合料,将其均匀地摊铺在路面上形成的沥青封层。主要用于高速公路以及一、二级公路的沥青路面的预防性养护罩面和沥青路面的车辙修复,以及水泥混凝土路面、水泥混凝土桥面、水泥混凝土隧道道面罩面;新建或改扩建高速公路以及一、二级公路的沥青路面、水泥混凝土桥面的表面磨耗层。

稀浆封层是指用适当级配的石屑或砂、填料(水泥、石灰、粉煤灰、石粉等)与乳化沥青、外掺剂和水,按一定比例拌和而成的流动状态的沥青混合料,将其均匀地摊铺在路面上形成的沥青封层。一般用于二、三、四级公路沥青路面的预防性养护罩面;新建或改扩建各等级公路(包括高速公路)的下封层。

2. 施工准备

1)材料准备

(1)微表处选用改性乳化沥青;稀浆封层可采用普通乳化沥青,在高温条件下宜采用黏度较大的乳化沥青,寒冷条件下宜采用黏度较小的乳化沥青。其品种和质量应分别应符合表9-5-4、表9-5-5、表9-5-6、表9-5-7的规定。

乳化沥青品种及适用范围 表9-5-4

分　类	品种及代号	适用范围
阳离子乳化沥青	PC-1	表处、贯入式路面及下封层用
	PC-2	透层油及基层养护用
	PC-3	黏层油用
	BC-1	稀浆封层或冷拌沥青混合料用
阴离子乳化沥青	PA-1	表处、贯入式路面及下封层用
	PA-2	透层油及基层养护用
	PA-3	黏层油用
	BA-1	稀浆封层或冷拌沥青混合料用
非离子乳化沥青	PN-2	透层油用
	BN-1	与水泥稳定集料同时使用(基层路拌或再生)

道路用乳化沥青技术要求　　　表9-5-5

试验项目		单位	品种及代号										试验方法
			阳离子				阴离子				非离子		
			喷洒用			拌和用	喷洒用			拌和用	喷洒用	拌和用	
			PC-1	PC-2	PC-3	BC-1	PA-1	PA-2	PA-3	BA-1	PN-2	BN-1	
破乳速度			快裂	慢裂	快裂或中裂	慢裂或中裂	快裂	慢裂	快裂或中裂	慢裂或中裂	慢裂	慢裂	T 0658
粒子电荷			阳离子(+)				阴离子(-)				非离子		T 0653
筛上残留物 (1.18mm筛) ≤		%	0.1				0.1				0.1		T 0652
黏度	恩格拉黏度 E_{25}		2~10	1~6	1~6	2~30	2~10	1~6	1~6	2~30	1~6	2~30	T 0622
	道路标准黏度 $C_{25,3}$	s	10~25	8~20	8~20	10~60	10~25	8~20	8~20	10~60	8~20	10~60	T 0621
蒸发残留物	残留分含量 ≥	%	50	50	50	55	50	50	50	55	50	55	T 0651
	溶解度 ≥	%	97.5				97.5				97.5		T 0607
	针入度(25℃)	0.1mm	50~200	50~300	45~150		50~200	50~300	45~150		50~300	60~300	T 0604
	延度(15℃) ≥	cm	40				40				40		T 0605
与粗集料的黏附性，裹覆面积 ≥			2/3			—	2/3			—	2/3	—	T 0654
与粗、细粒式集料拌和试验			—		均匀		—		均匀		—		T 0659
水泥拌和试验的筛上剩余 ≤		%	—				—				—	3	T 0657
常温储存稳定性: 1d ≤ 5d ≤		%	1 5				1 5				1 5		T 0655

注:1. P为喷洒型，B为拌和型，C、A、N分别表示阳离子、阴离子、非离子乳化沥青。
2. 黏度可选用恩格拉黏度计或沥青标准黏度计测定。
3. 表中的破乳速度、与集料的黏附性、拌和试验的要求与所使用的石料品种有关，质量检验时应采用工程上实际的石料进行试验，仅进行乳化沥青产品质量评定时可不要求此三项指标。
4. 储存稳定性根据施工实际情况选用试验时间，通常采用5d，乳液生产后能在当天使用时也可用1d的稳定性。
5. 当乳化沥青需要在低温冰冻条件下储存或使用时，尚需按T 0656进行-5℃低温储存稳定性试验，要求没有粗颗粒、不结块。
6. 如果乳化沥青是将高浓度产品运到现场经稀释后使用时，表中的蒸发残留物等各项指标指稀释前乳化沥青的要求。

改性乳化沥青的品种和适用范围　　　　　　表 9-5-6

品　　种		代　号	适 用 范 围
改性乳化沥青	喷洒型改性乳化沥青	PCR	黏层、封层、桥面防水黏结层用
	拌和用乳化沥青	BCR	改性稀浆封层和微表处用

改性乳化沥青技术要求　　　　　　表 9-5-7

试 验 项 目			单　位	品种及代号		试验方法
				PCR	BCR	
破乳速度				快裂或中裂	慢裂	T 0658
粒子电荷				阳离子(+)	阳离子(+)	T 0653
筛上剩余量 (1.18mm)		≤	%	0.1	0.1	T 0652
黏度	恩格拉黏度 E_{25}			1~10	3~30	T 0622
	沥青标准黏度 $C_{25,3}$		s	8~25	12~60	T 0621
蒸发残留物	含量	≥	%	50	60	T 0651
	针入度(100g,25℃,5s)		0.1mm	40~120	40~100	T 0604
	软化点	≥	℃	50	53	T 0606
	延度(5℃)	≥	cm	20	20	T 0605
	溶解度(三氯乙烯)	≥	%	97.5	97.5	T 0607
与矿料的黏附性,裹覆面积		≥		2/3	—	T 0654
储存稳定性	1d	≤	%	1	1	T 0655
	5d	≤	%	5	5	T 0655

注:1. 破乳速度、与集料黏附性、拌和试验,与所使用的石料品种有关。工程上施工质量检验时应采用实际的石料进行试验,仅进行产品质量评定时可不对这些指标提出要求。
　　2. 当用于填补车辙时,BCR 蒸发残留物的软化点宜提高至不低于 55℃。
　　3. 储存稳定性根据施工实际情况选择试验天数,通常采用 5d,乳液生产后能在第二天使用完时也可选用 1d。个别情况下改性乳化沥青 5d 的储存稳定性难以满足要求,如果经搅拌后能够达到均匀一致并不影响正常使用,此时要求改性乳化沥青运至工地后存放在附有搅拌装置的储存罐内,并不断地进行搅拌,否则不准使用。
　　4. 当改性乳化沥青或特种改性乳化沥青需要在低温冰冻条件下储存或使用时,尚需按 T 0656 进行 -5℃低温储存稳定性试验,要求没有粗颗粒、不结块。

(2)微表处必须选用阳离子型聚合物改性的沥青,改性剂剂量(改性剂有效成分占纯沥青的质量百分比)不宜低于 3%。

(3)稀浆封层和微表处应选择坚硬、粗糙、耐磨、洁净的集料。各项性能应符合表 9-5-8~表 9-5-10 的要求。其中微表处用通过 4.75mm 筛的合成矿料的砂当量不得低于 65%,稀浆封层用通过 4.75mm 筛的合成矿料的砂当量不得低于 50%。细集料宜采用碱性石料生产的机制砂或洁净的石屑,对集料中的超粒径颗粒必须筛除。根据铺筑厚度、处治目的、公路等级等条件,按照表 9-5-11 选用合适的矿料级配。

沥青混合料用粗集料质量技术要求 表9-5-8

指　　标		单位	高速公路及一级公路		其他等级公路	试验方法
			表面层	其他层次		
石料压碎值	≤	%	26	28	30	T 0316
洛杉矶磨耗损失	≤	%	28	30	35	T 0317
表观相对密度	≥	t/m³	2.60	2.50	2.45	T 0304
吸水率	≤	%	2.0	3.0	3.0	T 0304
坚固性	≤	%	12	12	—	T 0314
针片状颗粒含量(混合料)	≤	%	15	18	20	T 0312
其中粒径大于9.5mm	≤	%	12	15	—	
其中粒径小于9.5mm	≤	%	18	20	—	
水洗法<0.075mm 颗粒含量	≤	%	1	1	1	T 0310
软石含量	≤	%	3	5	5	T 0320

注:1. 坚固性试验可根据需要进行;
   2. 用于高速公路、一级公路时,多孔玄武岩的视密度可放宽至2.45t/m³,吸水率可放宽至3%,但必须得到建设单位的批准,且不得用于SMA路面;
   3. 对S14 即3~5mm 规格的粗集料,针片状颗粒含量可不予要求,<0.075mm 含量可放宽到3%。

沥青混合料用细集料质量要求 表9-5-9

项　　目		单位	高速公路、一级公路	其他等级公路	试验方法
表观相对密度	≥	t/m³	2.50	2.45	T 0328
坚固性(>0.3mm 部分)	≥	%	12	—	T 0340
含泥量(小于0.075mm 的含量)	≤	%	3	5	T 0333
砂当量	≥	%	60	50	T 0334
亚甲蓝值	≤	g/kg	25	—	T 0349
棱角性(流动时间)	≥	s	30	—	T 0345

注:坚固性试验可根据需要进行。

粗集料与沥青的黏附性、磨光值的技术要求 表9-5-10

雨量气候区	1(潮湿区)	2(湿润区)	3(半干区)	4(干旱区)	试验方法
年降雨量(mm)	>1000	1000~500	500~250	<250	《公路工程集料试验规程》(JTG E42)附录A
粗集料的磨光值 PSV　　≥ 高速公路、一级公路表面层	42	40	38	36	T 0321
粗集料与沥青的黏附性　　≥ 高速公路、一级公路表面层 高速公路、一级公路的其他层次及其他等级公路的各个层次	5 4	4 4	4 3	3 3	T 0616 T 0663

稀浆封层和微表处的矿料级配 表 9-5-11

筛孔尺寸(mm)	不同类型通过各筛孔的百分率(%)				
	微表处		稀浆封层		
	MS-2 型	MS-3 型	ES-1 型	ES-2 型	ES-3 型
9.5	100	100		100	100
4.75	95~100	70~90	100	95~100	70~90
2.36	65~90	45~70	90~100	65~90	45~70
1.18	45~70	28~50	60~90	45~70	28~50
0.6	30~50	19~34	40~65	30~50	19~34
0.3	18~30	12~25	25~42	18~30	12~25
0.15	10~21	7~18	15~30	10~21	7~18
0.075	5~15	5~15	10~20	5~15	5~15
一层的适宜厚度(mm)	4~7	8~10	2.5~3	4~7	8~10

（4）微表处和稀浆封层中可以加入矿粉、水泥、消石灰等填料，填料应干燥、无结团。填料的添加量必须通过混合料设计试验确定。

（5）微表处和稀浆封层用水不得含有有害的可溶性盐类、能引起化学反应的物质和其他污染物，一般采用可饮用水。

2）施工设备

（1）压路机:6~8t 轮胎式压路机，如图 9-5-9 所示。

（2）沥青洒布车、专用稀浆封层车(图 9-5-10)。

（3）橡胶耙等工具。

图 9-5-9　轮胎式压路机

图 9-5-10　HGY5311TXJ 型稀浆封层车

3）作业条件

（1）微表处和稀浆封层施工的气候条件应满足:施工、养护期内的气温应高于10℃，且不得在雨天施工，施工时遇雨或者施工后混合料尚未成型就遇雨时，应在雨后将无法成型的材料铲除。

（2）微表处和稀浆封层施工前，对原路面进行检查，并应满足以下要求：

①原路面必须有足够的结构强度。

②原路面深度在15mm以下的车辙可直接进行罩面；深度在15~25mm的车辙先进行微表处车辙填充，然后再进行罩面，也可采用双层微表处；深度在25~40mm的车辙应采用多层微表处车辙填充；深度在40mm以上的车辙，不宜采用微表处车辙填充处理。

③原路面宽度大于5mm的裂缝应进行灌缝处理。

④原路面局部破损应彻底挖补。

⑤原路面的拥包等隆起型病害应事先处理。

4）技术准备

（1）完成配合比设计和试验以及施工方案的编制。

（2）进行试验段的摊铺，完成试验段总结，获得相关的技术参数。

（3）施工技术、质量检验人员、试验人员全部到位。

5）配合比设计方法与步骤

（1）应选择工程拟采用的各材料进行混合料的配合比设计。微表处和稀浆封层混合料的配合比设计按下列步骤进行：

①根据选择的级配类型，按表9-5-11确定矿料的级配范围。计算各种集料的配合比例，使合成级配在要求的级配范围内。

②根据以往的经验初选（改性）乳化沥青、填料、水和添加剂的用量，进行拌和试验和黏聚力试验。可拌和时间试验温度应考虑施工中可能遇到的最高施工温度，黏聚力试验的试验温度应考虑施工中可能遇到的最低温度。

③根据上述试验结果和稀浆混合料的外观状态，选择3个左右认为合理的混合料配方，按表9-5-12规定试验稀浆混合料的性能，如不符合要求，适当调整各种材料的配合比例再试验，直至符合要求为止。

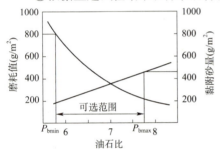

图9-5-11 确定稀浆混合料沥青用量的曲线

④当设计人员经验不足时，可将初选的3个左右的混合料配方分别变化不同的油石比，按照表9-5-12的要求重复试验，并分别将不同沥青用量的1h湿轮磨耗值及砂黏附量绘制成图9-5-11所示的关系曲线，以1h湿轮磨耗值接近表9-5-12中要求的沥青用量作为最小油石比P_{bmin}，砂黏附量接近表9-5-12中要求的油石比为最大油石比P_{bmax}，得出油石比的可选择范围$P_{bmin} \sim P_{bmax}$。

稀浆封层和微表处混合料技术要求　　　　表9-5-12

项　目	单　位	微表处	稀浆封层	试验方法
可拌和时间	s	>120		手工拌和
稠度	cm	—	2～3	T 0751
黏聚力试验 30min（初凝时间） 60min（开放交通时间）	 N·m N·m	 ≥1.2 ≥2.0	（仅适用于快开放交通的稀浆封层） ≥1.2 ≥2.0	T 0754
负荷轮碾压试验（LWT） 黏附砂量 轮迹宽度变化率①	 g/m² %	 <450 <5	（仅适用于重交通道路表层时） <450 —	T 0755
湿轮磨耗试验的磨耗值（WTAT） 浸水1h 浸水6d	 g/m² g/m²	 <540 <800	 <800 —	T 0752

注：①负荷轮碾压试验（LWT）的宽度变化率适用于需要修补车辙的情况。

在油石比的可选范围内选择适宜的油石比,使得在该油石比情况下混合料的各项技术指标均可以满足要求。对微表处混合料,以所选择的油石比检验混合料的浸水 6d 湿轮磨耗指标,用于车辙填充的增加检验负荷车轮试验的宽度变化率指标,不符要求时调整油石比重新试验,直至符合要求为止。

⑤根据以往经验及配合比设计试验结果,在充分考虑原路面状况、气候及交通因素等的基础上综合确定混合料配方。

(2)通过混合料设计,提出混合料设计报告。报告的内容应包括:

①乳化沥青技术指标。

②集料技术指标、矿料配合比和矿料设计级配。

③稀浆混合料配合比和技术指标。

6)微表处和稀浆封层试验段施工

(1)微表处和稀浆封层正式施工前,应选择合适路段摊铺试验段。试验段长度不小于 200m。

(2)通过试验段的摊铺,确定施工工艺。

(3)根据试验段的摊铺情况,在设计配合比的基础上做小范围调整,确定施工配合比。施工配合比的油石比不应超出设计油石比 $^{+0.2\%}_{-0.3\%}$ 的范围;施工配合比的矿料级配不应超出表 8-6-11 规定的相应级配类型的各筛孔通过率上下限,且以矿料设计级配为基准,施工配合比的矿料级配中各筛孔通过率不应超过表 7-6-11 规定的允许波动范围。施工配合比的油石比或者矿料级配的调整幅度超出上述规定时,必须重新进行混合料设计。

(4)通过试验段得出的施工配合比和确定的施工工艺经监理工程师或者业主认可后,作为正式施工依据,施工过程中不允许随意更改,必须更改时,应得到监理工程师或者业主同意。

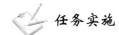 **任务实施**

下面分透层施工、黏层施工、封层施工三部分完成任务实施。

一、透层施工操作

按照"洒布车洒布沥青→人工补洒→撒布石屑→碾压→养护"的工艺流程完成透层施工。

1. 洒布车洒布沥青

(1)基层表面过分干燥时,需要在洒布沥青前一天晚上在基层表面适量洒水,达到轻微湿润效果,第二天上午待表面干燥后立即按照透层沥青设计用量进行喷洒沥青工作,以保证透层沥青顺利下渗。

(2)沥青洒布车满载沥青运行时,应中速行驶。遇有弯道、斜坡时,应提前减速,尽量避免紧急制动。洒布前,应使罐内的热态沥青通过沥青泵在管道内循环 3~5min,并在沥青温度不低于 100℃时正式洒布。

(3)沥青洒布车喷洒时,应在距喷洒起点 5~10m 处起步,到达喷洒起点时,迅速打开左、右管道三通阀,将操纵柄置于方位说明牌指示的位置上,开始喷洒沥青,按引导线指示的方向前进,如图 9-5-12 所示。并按喷洒作业要求,调整好相应的车速,平稳前进,不得任意摆动、猛转方向盘和变速,在整个洒布宽度内喷洒均匀,喷洒沥青用量按照表 9-5-2 中要求。

(4)小规模工程可采用机动或手摇沥青洒布车洒布沥青。使用的喷嘴应适合沥青的稠度,喷出的沥青呈雾状,如图9-5-13所示。与洒油管成15°~25°的夹角,洒油管的高度应使同一地点接受2~3个喷油嘴喷洒的沥青,喷嘴喷洒沥青如图9-5-14所示。

图9-5-12 洒布车洒布沥青

图9-5-13 喷嘴喷洒沥青

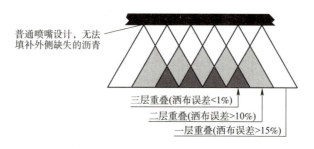

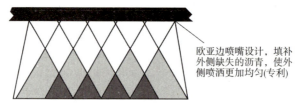

图9-5-14 沥青洒布车喷油嘴的高度

(5)在喷洒方向10m以内禁止人员停留。沥青洒布车在行驶时,严禁使用加热系统。沥青洒布施工段应大于拟进行沥青混合料摊铺段10m。洒布作业停止后,沥青洒布车应继续前进4~8m方可停车。

2. 人工补洒

透层油必须洒布均匀,有花白遗漏处应人工补洒,如图9-5-16所示,沥青洒布车喷洒不均匀时宜改用手工沥青撒布机喷洒。在铺筑沥青混合料面层前,对于局部多余沥青需要进行清理。

3. 撒布石屑

(1)撒布石屑的部位:设计要求的施工部位;沥青喷洒过多需要吸油的部位;需要提前开放交通的施工段落。

(2)撒布石屑应在洒布透层油后及时进行,可采用沥青同步碎石封层车(图9-5-15)或人工方法撒布(图9-5-16),且撒布均匀,石屑用量为2.0~3.0m^3/1000m^2,粒径按设计要求控制,或设计未规定时宜控制在5~10mm。

图 9-5-15　沥青同步碎石封层车洒布沥青和石屑

图 9-5-16　人工洒布石屑

4. 碾压

石屑撒布后，立即使用 1～2t 压路机碾压 2 遍，如图 9-5-17 所示。沥青洒布、石屑撒布、压路机碾压如图 9-5-18 所示。

图 9-5-17　碾压

图 9-5-18　洒布沥青、石屑、碾压

5. 养护

透层油施工完成后，立即由专人封闭并看守洒布路段，严禁各种车辆及非施工人员进入。养护时间随透层油的品种和气候条件由试验确定，直到液体沥青中的稀释剂全部挥发、乳化沥青渗透且水分蒸发完为止。一般通过钻孔挖掘确认透层油渗透入基层（无机结合料稳定集料基层）5～10mm（无结合料基层），并与基层连接成为一体，即为养护完成，则尽早铺筑沥青面层，以防工程车辆损坏透层。

二、黏层施工操作

按照"洒布车洒布→人工补洒→养护"的工艺流程完成黏层施工。

1. 洒布车洒布

进行乳化沥青洒布前，喷洒车辆应根据实际要求事先做好喷洒量调整，确定行驶速度与流速之间的相对关系，洒布作业须有专人进行指挥，并在洒布施工段的起点和终点应设置明显的标志，以便于控制喷洒车辆。

使用机械进行均匀喷洒，喷洒的黏层油必须成均匀的雾状，如图 9-5-12 和图 9-5-13 所示，在路面全宽度内均匀分布成一薄层，不得有花白漏空或成条状，也不得堆积。喷洒不足的部位要补洒，喷洒过量的部位应予以刮除。在使用机械进行喷洒时，在起步和停止阶段易于产生喷洒过量的情况，可在起步和停止位置铺设不透水塑料布予以解决。

2. 人工补洒

黏层油必须洒布均匀,有花白遗漏处应使用人工手提式喷洒沥青机械进行人工补洒,如图 9-5-19 所示。对于机械喷洒不到的部位,如路缘石侧面、检查井周边均需要人工涂刷。

图 9-5-19 人工手提式喷洒沥青机械

3. 养护

喷洒黏层油后,立即由专人封闭并看守洒布路段,严禁各种车辆及非施工人员进入。

待乳化沥青破乳、水分蒸发完成,或稀释沥青中的稀释剂基本挥发完成后,紧跟着摊铺沥青混凝土面层,确保黏层不受污染。

4. 透层、黏层冬雨期施工注意事项

(1)冬期施工:气温低于 10℃ 或大风天气不得喷洒透层油和黏层油,寒冷季节施工不得不喷洒时可以分成两次喷洒。

(2)雨期施工:路面潮湿时不得喷洒黏层油,用水洗刷后需待表面干燥后喷洒;即将降雨时不得喷洒黏层油。

三、封层施工技术

按照"修整清理→测量放线→摊铺→局部修整→初期养护→开放交通"的工艺流程完成封层施工,本任务为三层式封层结构。

1. 修整清理

微表处和稀浆封层施工前,应按照原路面的检查和要求对原路面进行处理,彻底清除原路面的泥土、杂物等。

2. 测量放线

在施工前安排技术人员根据摊铺机的作业宽度进行放样,施画引导线,以使摊铺机沿着引导线顺直行驶摊铺。

3. 摊铺

(1)根据施工路段的路幅宽度,调整摊铺槽宽度,应尽量减少纵向接缝数量,在可能的情况下,宜使纵向接缝位于车道线附近。两幅纵缝搭接的宽度不宜超过 80mm,横向连接宜做成对接。

(2)将符合要求的各种材料装入摊铺机后,将摊铺机开至施工地点,对准控制引导线放下摊铺槽,调整摊铺槽使其周边与原路面贴紧。

(3)按生产配合比和现场矿料的含水率情况,依次或同时按配合比输出矿料、填料、水、添加剂和乳液并进行搅拌。拌和好的混合料流入摊铺槽,并分布于摊铺槽适量时,开动摊铺机匀速前进,需要时可打开摊铺机下面的喷水管,喷水湿润路面。

(4)摊铺速度以保持混合料摊铺量与搅拌量基本一致。微表处和快开放交通型稀浆封层施工时,保持摊铺槽中混合料的体积为摊铺槽容积的 1/2 左右;慢开放交通型稀浆封层施工时,保持摊铺槽中混合料的体积为摊铺槽容积的 1/2~2/3。

(5)当摊铺机内任何一种材料快用完时,应立即关闭所有输送材料的控制开关,让搅拌机中的混合料拌完,并送入摊铺槽;摊铺完后,摊铺机停止前进,提起摊铺槽,将摊铺机移出摊铺点,清洗摊铺槽。

(6)采用双层摊铺或者微表处车辙填充后再做微表处罩面时,首先摊铺的一层应至少在行车作用下成型24h,确认已经成型后方可在上面继续第二层摊铺。当采用压路机碾压时,可根据实际情况缩短第一层的成型时间。微表处车辙填充时应调整摊铺厚度,使填充层横断面的中部隆起3~5mm(图9-5-20),以考虑行车压密作用。

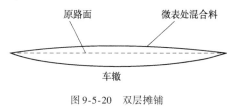

图9-5-20 双层摊铺

4.局部修整

稀浆混合料摊铺后的局部缺陷,应及时使用橡胶耙等工具继续人工找平。找平的重点是个别超粒径粗集料产生的纵向刮痕,横向、纵向接缝出现余料堆积或缺料。用3m直尺测量,接缝处的不平整度应小于6mm。

5.初期养护

(1)稀浆混合料摊铺后,安排专人看守,设置隔断交通的设施,在开放交通前禁止一切车辆和行人通行。

(2)微表处和稀浆封层混合料摊铺后一般不需要压路机碾压。硬路肩、停车场等缺少或者没有行车碾压的场合时,或者为了满足某些特殊需要,可使用6~8t轮胎压路机对已破乳并初步成型的稀浆混合料继续碾压。

(3)稀浆封层用于下封层时,宜使用6~10t轮胎式压路机对已破乳并初步成型的稀浆混合料继续碾压。

6.开放交通

所谓开放交通时间是稀浆混合料从摊铺至混合料黏聚力达到2.0N/m的时间,当混合料在满足开放交通的要求后应立即开放交通。微表处开放交通时间的长短依工程所处环境的不同而变化,通常在气温为24℃、湿度为50%(或更小)的状况下可以在1h内开放交通。按照开放交通的快慢,稀浆封层可以分为快开放交通型稀浆封层和慢开放交通型稀浆封层。

7.冬期、雨季施工注意事项

(1)冬期施工:当气温在10℃及以下、风力大于5级及以上时,不得进行微表处和稀浆封层施工。

(2)雨季施工:严禁在雨天施工,摊铺后尚未成型混合料遇雨时应予铲除。

 任务练习

一、选择题

1.沥青混凝土路面施工时,( )基层顶面上需要喷洒透层油。
  A.稳定土类   B.粒料类
  C.固化的半刚性   D.所有类型

2.沥青混凝土路面施工时,要求透层沥青下渗到基层的深度不小于( )mm。
  A.5   B.10   C.15   D.20

3.沥青混凝土路面半刚性基层的透层油施工合适的洒布时间是( )。
  A.在基层施工结束后7d
  B.在基层施工结束后14d
  C.紧接在基层铺筑结束表面稍干后、尚未硬化前
  D.在基层施工结束且强度已形成后

4. 在无结合料粒径基层上洒布透层油时,宜在铺筑沥青层前( )天洒布。
   A. 1~2　　　B. 2~3　　　C. 3~4　　　D. 7

二、名词解释

1. 透层

2. 黏层

3. 封层

4. 微表处

5. 稀浆封层

三、判断题

1. 沥青混凝土路面施工时,在基层顶面上已经做了下封层处理,可以不洒布透层油。（　　）
2. 沥青混凝土路面透层施工时,沥青下渗进入基层的深度越大越好。（　　）
3. 沥青混凝土路面透层施工时,只要沥青能下渗入基层,沥青用量越多越好。（　　）

四、简答题

1. 简述沥青混凝土路面透层施工技术要点。

2. 简述沥青混凝土路面黏层施工技术要点。

3. 简述沥青混凝土路面微表处和稀浆封层(三层式)施工技术要点。

项目 10 水泥混凝土路面设计

任务 10-1 水泥混凝土路面的分类与特点

 学习目标

1. 了解水泥混凝土路面的类型和特性。
2. 理解水泥混凝土路面的力学性能与路用性能要求。

 任务描述

随着我国经济的迅速发展,公路交通量增大,重型运输车辆的比重越来越大,这对公路路面结构强度和使用性能提出了更高的要求。水泥混凝土路面适应了这种需求,具有抗压强度与抗弯拉强度高,使用寿命长,温度稳定性好,不易产生塑性变形,养护费用低等优点。目前采用最广泛的是就地浇筑的素混凝土路面,简称混凝土路面。本任务要求学生通过相关知识的学习,能够认知水泥混凝土路面的类型、特点和力学特性等。

相关知识

一、水泥混凝土路面的类型

水泥混凝土路面是指以水泥混凝土为主要材料做面层的路面,亦称刚性路面,俗称白色路面。它是一种高级路面。水泥混凝土路面包括普通混凝土(素混凝土)、钢筋混凝土、连续配筋混凝土、预应力混凝土、装配式混凝土、钢纤维混凝土和混凝土预制块铺砌等面层板和基层、底基层所组成的路面。

水泥混凝土面层一般采用设接缝的普通混凝土路面。普通混凝土路面是指除接缝区和局部范围(边缘和角隅)外不配置钢筋的混凝土路面。

二、水泥混凝土面层的特性

1. 水泥混凝土路面的优点

与其他类型路面相比,水泥混凝土路面具有以下优点:

(1)强度高、耐久性好。水泥混凝土路面具有较高的抗压、抗弯拉、抗磨耗的力学性能,因而耐久好,使用年限较长(一般能使用 20~40 年)。

(2)稳定性好。水泥混凝土路面的水稳性、热稳性均较好,强度能随着时间的延长而逐渐提高,不存在沥青路面的"老化"现象。

(3)平整度和粗糙度较好。尽管水泥混凝土路面设有接缝,但它的表面很少有起伏、波浪变形,通行各种重型车辆均能够保持良好的平整度。同时,路面在潮湿时仍能保持足够的

粗糙度,而使车辆不打滑,能够保持较高的安全行车速度。

(4)养护维修费用少,运输成本低。由于水泥混凝土路面坚固耐久,养护维修的工作量小,故所需的养护费用少而且路面平整,行车阻力小,能提高车速,减少燃料消耗,降低运输成本。

2. 水泥混凝土路面的缺点

水泥混凝土面层的缺点主要有以下几方面:

(1)接缝多且易损坏。普通水泥混凝土面层设置的接缝不仅增加了施工和养护的复杂性,影响行车的舒适性,且易导致路面板边和板角处破坏。

(2)噪声较大。水泥混凝土路面刚度大,所以减振效果差,噪声较大。

(3)开放交通较迟。水泥混凝土面层完工后,一般要经过14~21d养护才能开放交通,如需提早开放交通,则需采取特殊措施。

(4)维修困难。水泥混凝土面层强度高,在缺乏新的修复材料和机械时,维修工作量大而困难,且影响交通。

3. 水泥混凝土路面的力学性能与路用性能要求

(1)水泥混凝土面层应具有足够的强度、耐久性,表面抗滑、耐磨、平整。应从材料、施工工艺上严格执行《公路水泥混凝土路面施工技术细则》(JTG/T F30—2014)的规定。

(2)水泥混凝土面板的弯拉强度远小于抗压强度,当弯拉应力超过混凝土面板弯拉强度时,面板将产生断裂破坏。普通水泥混凝土路面配合比设计的强度指标是弯拉强度而不是抗压强度。

(3)面板顶面、底面的温度变化使板体内产生温度翘曲应力,板的平面尺寸越大,翘曲应力越大。在车辆荷载作用下,混凝土面板产生弯曲,当轮载作用于面板中部时,面板顶面出现压应力而底面承受弯拉应力;当轮载作用于板角时,面板底面承受压应力而顶面出现弯拉应力。在重复荷载作用下,混凝土路面板反复承受弯拉应力与压应力的作用,应根据荷载疲劳应力与温度疲劳应力的综合作用进行混凝土面板厚度的设计。

(4)水泥混凝土是一种脆性材料,它在断裂时的相对拉伸变形很小,在弯曲断裂时的表面相对拉伸变形只有1/10000~3/10000,所以在荷载作用下,土基、基层的变形情况对混凝土面板的影响很大,不均匀的变形会导致面板与基层脱空,板体由此而产生断裂。因此,在水泥混凝土面层摊铺前,应对基层进行检查处理,并洒水湿润(防混凝土面层失水产生裂缝);施工时注意接缝的设置、切缝时间及养护等,以防裂缝及断板。

(5)水泥混凝土路面表面构造应采用刻槽、压槽、拉槽或拉毛等方法制作,以满足表面抗滑的要求。

 任务练习

一、填空题

1. 水泥混凝土路面,包括_____、_____、_____、_____、_____和混凝土预制块铺砌等面层板和基层、底基层所组成的路面。目前采用最广泛的是就地浇筑_____路面。

2. 水泥混凝土面板的弯拉强度远_____抗压强度,当弯拉应力超过混凝土面板弯拉强度时,面板将产生_____破坏。普通水泥混凝土路面配合比设计的强度指标是_____。

3. 水泥混凝土面板的平面尺寸越大,翘曲应力_____,在车辆荷载作用下,混凝土面板产生_____,当轮载作用于面板中部时,面板顶面出现_____而底面承受_____;当轮载作用于板角时,面板底面承受_____而顶面出现_____。在重复荷载作用下,混凝土路面板反复承受_____与_____的作用,应考虑_____与_____的综合作用进行混凝土面板厚度的设计。

二、简答题

1. 与其他类型路面相比,混凝土路面具有哪些优、缺点?

2. 简述普通水泥混凝土路面的力学特性。

任务 10-2　水泥混凝土路面的结构与构造

 学习目标

1. 认知水泥混凝土路面的路基、基层和面层板等各结构组成的作用、材料要求与类型选择。
2. 掌握水泥混凝土路面面板的尺寸,水泥混凝土路面接缝的分类、构造与布置。
3. 了解水泥混凝土路面特殊部位的配筋要求。

 任务描述

水泥混凝土路面结构也是由路基、基层、底基层及面层(板)组成,但是由于水泥混凝土面层是典型的刚性材料,在荷载作用下变形小,基层和土基所承受的荷载应力及产生的变形都小。又由于水泥混凝土是脆性材料,断裂时的相对拉伸变形很小,不均匀的基础变形会使混凝土面层板在荷载作用下产生过大的弯拉应力而破坏。所以水泥混凝土路面结构层的功能要求与沥青路面完全不同,本任务要求学生通过相关知识的学习,能够认知和理解水泥混凝土路面的结构组成与接缝构造。

相关知识

一、路面结构组合设计

路面结构是由多个层次组成的复合结构,各个结构层由不同类型和性质的材料组成。结构组合设计就是要依据公路等级、交通荷载、路基条件、当地温度和湿度状况以及使用性能要求,选择及组合与之相适应的水泥混凝土路面结构。

1. 路基

路基是水泥混凝土路面的基础。路基应稳定、密实和均质,对路面结构提供均匀的支承。路床顶面的综合回弹模量值,轻交通荷载等级时不得低于40MPa,中等或重交通荷载等级时不得低于60MPa,特重或极重交通荷载等级时不得低于80MPa。

尽管混凝土路面结构传到路床顶面的荷载应力很小,对路基承载能力要求并不高。但路基若出现不均匀变形时,混凝土面层板与下卧层之间会出现局部脱空,导致面层板会产生较大的弯拉应力而断裂。因此,对路基的基本要求是提供均匀的支承,即在荷载和自然因素作用下产生的不均匀变形小。

(1)路基的不均匀支承,可能由下列因素所造成:

①不均匀沉陷。湿软地基未充分固结,土质不均匀、压实不充分、填挖结合部以及新老路基交接处处理不当。

②不均匀冻胀。季节性冻胀地区,土质不均匀(对冰冻敏感性不同);路基潮湿条件发生变化。

③膨胀土胀缩。在过干或过湿(相对于最佳含水率)时压实;排水设施不良等。

(2)控制路基不均匀支承的最经济、最有效的方法是:

①把不均匀的土掺配成均匀的土。

②控制压实时的含水率接近于最佳含水率,并保证压实度达到要求。

③加强路基排水,完善路基排水设施,对于湿软地基,则采取加固措施。

④加设改善层,以缓和可能产生的不均匀变形对面层的不利影响。

2. 基层和底基层

基层和底基层应具有足够的抗冲刷能力和一定的刚度与稳定性。

混凝土面层下设置基层、底基层的目的有以下几点:

(1)防唧泥。混凝土面层如直接放在路基上,会由于路基土塑性变形量大,细料含量多和抗冲刷能力低而极易产生唧泥现象。铺设基层可减轻以至消除唧泥的产生。但未经处治的砂砾基层,其细料含量和塑性指数不能太高,否则仍会产生唧泥。

(2)防冰冻。在季节性冰冻地区,用对冰冻不敏感的粒状多孔材料铺筑基层,可以减少路基的冰冻深度,从而减轻冰冻的危害作用。

(3)减小路基顶面的压应力,并缓和路基不均匀变形对面层的影响。

(4)防水。在湿软路基上,铺筑开级配粒料基层,可以排除从路表渗入面层板下的水分以及隔断地下毛细水上升。

(5)提高路面结构的承载能力,延长路面的使用寿命。

基层和底基层的材料可依据交通荷载等级、结构层组合要求和材料供应条件,参照表10-2-1选用。

各交通荷载等级的基层、底基层材料类型 表10-2-1

交通荷载等级	基层材料类型	交通荷载等级	底基层材料类型
极重、特重	贫混凝土、碾压混凝土	极重、特重、重	级配碎石,水泥稳定碎石,石灰、粉煤灰稳定碎石
	沥青混凝土		
重	密级配沥青稳定碎石		
	水泥稳定碎石		
中等、轻	级配碎石	中等、轻	未筛分碎石、级配砾石,或不设
	水泥稳定碎石,石灰、粉煤灰稳定碎石		

承受极重、特重或重交通荷载的路面,基层下应设置底基层,承受中等或轻交通荷载时,可不设底基层。当基层采用无机结合料稳定类材料,且上路床由细粒土组成时,应在基层下设置粒料类底基层。

排水基层下应设置由密实级配粒料或水泥稳定碎石组成的不透水底基层。

基层、底基层的厚度均以 20cm 左右为宜。研究资料表明,用基层、底基层来提高路基的支承力,或以降低面层应力或减薄面层厚度一般是不经济的。但随着稳定类基层厚度的减少,基层底面的弯拉应力随之增大,因此基层厚度不宜太薄。

基层宽度应比混凝土面板每侧各宽出 25～35cm(采用小型机具或轨道式摊铺机施工)或 50～60 cm(采用滑模摊铺机施工),或与路基同宽,以供施工时安装模板,并防止路面边缘渗水至路基而导致路面破坏。

冰冻深度大于 0.5m 的季节性冰冻地区,为防止路基可能产生的不均匀冻胀对混凝土面层的不利影响,路面结构应有足够的总厚度,以便将路基的冰冻深度约束在有限的范围内。路面结构的最小总厚度,随冰冻线深度、路基的潮湿状态和土质而异。面层和基层的厚度之和不满足最小总厚度的,可在基层下设防冻层来补足。

3. 混凝土面层板

水泥混凝土路面面层一般采用设接缝、不配筋的普通混凝土面层板。水泥混凝土面层应具有足够的强度、耐久性及表面抗滑、耐磨、平整等良好的路用性能。

1)混凝土面板的形状和尺寸

混凝土面板一般采用矩形。板宽按路面宽度和每个车道宽度,在 3.0～4.5m 范围内确定。碾压混凝土、钢纤维混凝土面层在全幅摊铺时,可按全路幅宽度确定。

板长按面层类型和厚度选定:

(1)普通混凝土面层板长一般为 4～6m,在昼夜气温变化较大的地区,或地基水文情况不良路段,应取低限值,反之取高限,面层板的长宽比不宜超过 1.35,平面尺寸不宜大于 $25m^2$。

(2)碾压混凝土或钢纤维混凝土面层板长一般为 6～10m。

(3)钢筋混凝土层面板长一般为 6～15m。

2)混凝土面板的厚度

目前国内外常采用等厚式断面,或在等厚式断面板的最外两侧板边部配置钢筋予以加固。混凝土面层所需的厚度,可按该路在使用期内的交通性质和交通量设计计算确定。其选用的最小厚度按交通性质的不同在 200～260mm 参考范围选定。

3)混凝土面板表面构造

为增强路面粗糙,防止汽车车轮打滑,保证行车安全,应采用刻槽、压槽、拉槽或拉毛等方法制作路面表面构造。

二、水泥混凝土路面接缝构造与布置

水泥混凝土是一种脆性材料,它在断裂时的相对拉伸变形很小,在各种应力作用下易产生裂缝。为了使荷载应力、疲劳应力、温差应力及干缩应力等导致的不规则自然断裂变为可控断裂和规则接缝,可在水泥混凝土刚性路面设置纵横接缝。

接缝不仅是水泥混凝土路面上最易损坏的部位,而且是发生唧泥、错台和断角等病害的根源,是水泥混凝土路面上的技术难点之一,必须引起高度重视。

1. 纵向接缝

纵缝包括纵向施工缝和纵向缩缝,纵缝应与路线中线平行。纵向接缝的间距按路面宽度在 3.0～4.5m 范围内确定。碾压混凝土、钢纤维混凝土面层在全幅摊铺时,可不设纵向缩缝。在路面等宽的路段内或路面变宽路段的等宽部分,纵缝的间距和形式应保持一致。路面变宽段的加宽部分与等宽部分之间,以纵向施工缝隔开。

纵向接缝的布设应视路面宽度和施工铺筑宽度而定。

(1)纵向施工缝

一次铺设宽度小于路面宽度,即按一个车道进行铺筑时,应设置纵向施工缝。纵向施工缝采用设拉杆的平缝形式,构造如图10-2-1所示,上部应锯切槽口,槽内灌塞填缝料。当所铺筑的面板厚度大于等于260mm时,也可采用插拉杆的企口型纵向施工缝。

为了防止板块横向位移,纵缝均应设置拉杆,拉杆采用螺纹钢筋,设在板厚中央,并应对拉杆中部100mm范围内进行防锈处理。拉杆的直径、长度和间距,可参照表10-2-2选用。施工布设时,拉杆间距应按横向接缝的实际位置予以调整,最外侧的拉杆距横向接缝的距离不得小于100mm。连续配筋混凝土面层的纵缝拉杆可由板内横向钢筋延伸穿过接缝代替。

拉杆直径、长度和间距　　　　　　　表10-2-2

面层厚度 (mm)	到自由边或未设拉杆纵缝的距离(mm)					
	3.00	3.50	3.75	4.50	6.00	7.50
200~250	14×700×900	14×700×800	14×700×700	14×700×600	14×700×500	14×700×400
≥260	16×800×900	16×800×700	16×800×600	16×800×500	16×800×400	16×800×300

注:拉杆尺寸表示方法为直径×长度×间距。

(2)纵向缩缝

一次铺筑宽度大于4.5m时,应设置纵向缩缝。纵向缩缝采用设拉杆的假缝形式,构造如图10-2-2所示。锯切的槽口深度应大于施工缝的槽口深度。采用粒料基层时,槽口深度应为板厚的1/3;采用半刚性基层时,槽口深度应为板厚的2/5。

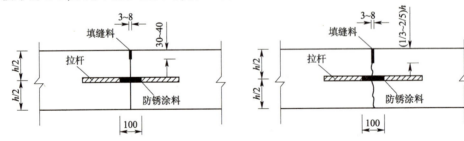

图10-2-1　纵向施工缝构造(尺寸单位:mm)　　图10-2-2　纵向缩缝构造(尺寸单位:mm)

假缝缝深仅为板厚的1/3~2/5,下部混凝土仍连为一体,当混凝土板收缩时,板体沿假缝自然断裂,断缝为犬牙状,仍可保持传递部分荷载的作用。

2.横向接缝

横缝包括横向施工缝、横向缩缝和横向胀缝。横缝应与路线方向垂直,纵缝与横缝一般做成垂直正交,使混凝土板具有90°的角隅。纵缝两侧的横缝不得相互错位。

(1)横向施工缝

每日施工结束或因临时原因中断施工时,必须设置横向施工缝,其位置尽可能选在缩缝或胀缝处。

①设在缩缝处的施工缝,应采用加传立杆的平缝形式,其构造如图10-2-3a)所示。

②设在胀缝处的施工缝,其构造与胀缝相同。

③遇有困难需设在缩缝之间时,施工缝采用设拉杆的企口缝形式,其构造如图10-2-3b)所示。

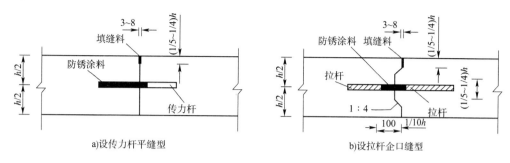

图10-2-3 横向施工缝构造(尺寸单位:mm)

传立杆的设置是为了保证接缝的传荷能力和路面的平整度,防止错台等病害的产生。传立杆应采用光面钢筋,按面板厚度的不同,传立杆的直径、长度和间距,可参照表10-2-3选用。最外侧传立杆距纵向接缝或自由边的距离宜为150～250mm。

传力杆尺寸和间距(单位:mm)　　　表10-2-3

面层板厚度	传力杆直径	传力杆最小长度	传力杆最大间距
220	28	400	300
240	30	400	300
260	32	450	300
280	32～34	450	300
≥300	34～36	500	300

(2)横向缩缝

普通混凝土路面横向缩缝宜等间距布置,也可变间距布置,采用假缝形式。极重、特重和重交通荷载公路的横向缩缝、其他公路邻近胀缝或自由端部的3条横向缩缝,以及收费广场的横向缩缝应采用设传立杆假缝形式,其构造如图10-2-4a)所示。其他情况可采用不设传立杆假缝形式,其构造如图10-2-4b)所示。传力杆的设置不应妨碍相邻混凝土板的自由伸缩,钢筋表面应做防锈处理。高速公路的横向缩缝槽口宜增设深20mm、宽6～10mm的浅槽口,其构造如图10-2-5所示。

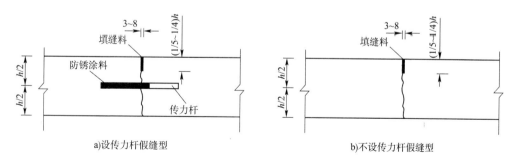

图10-2-4 横向缩缝构造(尺寸单位:mm)

(3)横向胀缝

在邻近近桥梁或其他固定构造物处,或者与其他道路相交处,应设置横向胀缝。胀缝条数应根据膨胀量大小设置。胀缝宽宜为 20～25mm,缝内应设置填缝板和可滑动的传立杆,构造如图 10-2-6 所示。

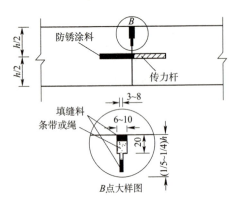

图 10-2-5　浅槽口构造(尺寸单位:mm)

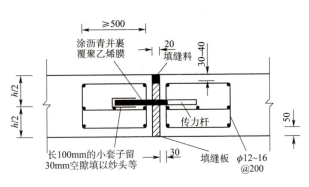

图 10-2-6　胀缝构造(尺寸单位:mm)

三、水泥混凝土路面特殊部位配筋

当水泥混凝土路面板纵、横向自由边缘下的基础有可能产生较大塑性变形时,应在其自由边缘或角隅处设置下述两种补强钢筋。

1. 边缘钢筋

混凝土面层自由边缘下基础薄弱或接缝为未设传立杆的平缝时,可在面层边缘的下部配置边缘钢筋。通常选用 2 根直径为 12～16mm 的螺纹钢筋,置于面层底面之上 1/4 厚度处并不小于 50mm,间距为 100mm,钢筋两端向上弯起,如图 10-2-7 所示。

2. 角隅钢筋

承受极重、特重或重交通的水泥混凝土面层的胀缝、施工缝和自由边的角隅及锐角面层角隅,宜配置角隅钢筋。通常选用 2 根直径为 12～16mm 的螺纹钢筋弯成如图 10-2-8 所示的形状,置于面层上部,距顶面不小于 50mm,距边缘为 100mm。

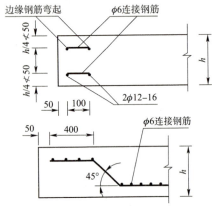

图 10-2-7　边缘钢筋布置(尺寸单位:mm)

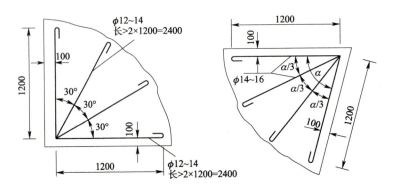

图 10-2-8　角隅钢筋布置(尺寸单位:mm)

 **任务练习**

一、填空题

1. 路面结构组合设计是依据_____、_____、_____、当地的_____以及使用性能要求,选择及组合与之相适应的水泥混凝土路面结构。

2. 水泥混凝土路面的路基应_____、_____和均质,对路面结构提供_____的支承。路基顶面的综合回弹模量值,轻交通荷载时不得低于_____,中等或重交通荷载时不得低于_____,特重或极重交通荷载时不得低于_____。

3. 水泥混凝土路面基层、底基层应具有足够的_____能力和一定的_____与_____。厚度宜_____左右,宽度应比混凝土面板每侧各宽出_____(采用小型机具或轨道式摊铺机施工)或_____(采用滑模摊铺机施工),或与路基同宽。

4. 承受_____等级交通荷载的水泥混凝土路面,基层下应设置底基层;承受_____等级交通荷载时,基层下可不设底基层。

5. 当基层采用无机结合料稳定类材料,且上路床由细粒土组成时,应在基层下设置_____底基层。排水基层下应设置_____底基层。

6. 水泥混凝土路面面层一般采用设_____、不配_____的普通混凝土面层板。水泥混凝土面层应具有足够的强度、_____及_____、耐磨、平整等良好的路用性能。

7. 混凝土面板一般采用_____形,板宽按路面宽度和每个车道宽度,在_____范围内确定;板长按面层类型和厚度选定,普通混凝土面层一般为_____,面层板的长宽比不宜超过_____,平面尺寸不宜大于_____。

8. 纵向接缝包括纵向_____和纵向_____,纵缝应与路线中线_____。一次铺设宽度小于路面宽度时,应设置纵向_____,一次铺筑宽度大于4.5m时,应设置纵向_____。

9. 纵向施工缝一般采用设_____钢筋的_____形式,纵向缩缝一般采设_____钢筋的_____缝形式,纵向接缝一般均应设置_____钢筋。

10. 拉杆的设置是为了防止_____,拉杆应采用_____钢筋,设在板厚_____,并应对拉杆中部100mm范围内进行_____处理。

11. 横缝包括横向_____、横向_____和横向_____。横缝应与路线方向_____,纵缝与横缝一般做成_____,纵缝两侧的横缝不得_____。

12. 普通混凝土路面横向缩缝宜_____布置,采用_____形式。特重、特重和重交通公路、收费广场以及邻近胀缝或自由端部的3条缩缝,应采用设_____钢筋的_____形式。

13. 在邻近_____或其他构造物处,或者与其他_____相交处应设置横向胀缝。胀缝宽宜为_____,缝内设置_____和可滑动的_____。

14. 每日施工结束或因临时原因中断施工时,必须设置横向_____,其位置尽可能选在_____或_____处。

15. 设在缩缝处的横向施工缝,应采用设_____形式,设在胀缝处的施工缝,其构造与胀缝相同,即为设_____形式。

16. 当横向施工缝遇有困难需设在缩缝之间时,施工缝应采用设_____钢筋的_____形式。

17. 传力杆的设置是为了保证接缝的_____能力和路面的_____,以及防止_____等病害的产生,传力杆采用_____钢筋。

二、判断题

1. 混凝土面板通常采用等厚式的断面。（　　）
2. 为防止两块水泥混凝土面板拉开，拉杆和传力杆的两端均应锚固在混凝土板内。（　　）
3. 水泥混凝土路面中传力杆应选用光圆钢筋。（　　）
4. 承受所有等级交通荷载的水泥混凝土路面，均应设置基层和底基层。（　　）

三、简答题

1. 水泥混凝土路面的路基、基层和面层板分别有哪些要求？

2. 水泥混凝土路面为什么要设置接缝？有哪些类型？并简述各自的构造特点。

任务 10-3　水泥混凝土路面设计方法

学习目标

1. 明确水泥混凝土路面的设计内容。
2. 掌握水泥混凝土路面设计轴载及当量设计轴载换算方法。
3. 理解水泥混凝土路面结构的设计安全等级、目标可靠度及设计标准。
4. 了解水泥混凝土路面厚度的具体设计流程、方法。

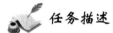

任务描述

水泥混凝土路面设计包括结构组合设计、结构层厚度设计、材料组成设计、接缝构造设计、钢筋配置设计等内容。本任务重点介绍水泥混凝土路面厚度的设计方法，要求学生通过本任务的学习，能够明确水泥混凝土路面的设计依据、设计参数及水泥混凝土路面厚度设计的具体步骤等。

相关知识

一、水泥混凝土路面的设计内容

水泥混凝土路面设计应根据公路的使用任务、性质和要求，结合当地气候、水文、土质、材料、施工技术、实践经验以及环境保护要求等，通过技术经济分析，以最低的寿命周期费用提供一种合适的路面结构。水泥混凝土路面是一种复合结构，其设计内容由以下六部分组成：

1. 结构组合设计

按使用要求和当地条件，选择行车道和路肩的结构层类型和层次，以及各结构层的组成材料类型和厚度，并选择和布设路面表面和内部排水设施，组合成初步拟订的路面结构。

2. 结构层厚度设计

通过力学计算和损坏预估分析，对初拟路面结构进行验证和修正，使之满足预定的使用性能要求，由此确定各结构层和路面结构所需的设计厚度。

3.材料组成设计

依据各结构层的功能要求和力学性质要求,选择合适的组成材料,进行混合料组成设计和性质测试。

4.接缝构造设计

确定面层板块的平面尺寸,选择和布设接缝的类型和位置,设计接缝的构造(传荷位置和填缝)。

5.钢筋配置设计

确定特殊部位、钢筋混凝土面层或连续配筋混凝土面层的配筋量和钢筋布置。

6.设计方案的技术经济论证

对高等级、极重和特重交通荷载或有特定使用要求的公路混凝土路面提出的各备选设计方案,进行寿命周期费用分析,依据资金等筹措情况、目标可靠度要求以及其他非经济因素,选择费用—效果最佳方案。

此外,还需进行路面表面特性设计,提供满足抗滑、耐磨或低噪声要求的路面表面技术措施。

本任务仅对水泥混凝土路面厚度设计方法作详细介绍,其他内容可参阅任务 2 及其他相关教材。

二、设计依据与设计参数

1.设计依据

(1)设计轴载及车辆当量设计轴载换算

水泥混凝土路面结构设计以 100kN 的单轴双轮组荷载作为设计轴载。对极重交通荷载等级的水泥混凝土路面,宜选用货车中占主要份额的特重车型的轴载作为设计轴载。

根据等效疲劳断裂损坏的原则,不同轴轮型和轴载的作用次数按式(10-3-1)换算为设计轴载的作用次数。

$$N_s = \sum_{j=1}^{n} N_i \left(\frac{P_i}{P_s} \right)^{16} \quad (10\text{-}3\text{-}1)$$

式中:N_s——设计轴载的作用次数,次/d;

N_i——i 级轴载的作用次数,次/d;

n——各种轴型的轴载级位数;

P_i——第 i 级轴载重,kN,联轴按每一根轴载单独计;

P_s——设计轴载重,kN。

(2)当量设计轴载累计作用次数

设计基准期内水泥混凝土路面设计车道临界荷位处(混凝土面层板的临界荷位位于纵缝边缘中部)所承受的设计轴载累计作用次数,按式(10-3-2)计算确定。

$$N_e = \frac{N_s \left[(1 + g_r)^t - 1 \right] \times 365}{g_r} \eta \quad (10\text{-}3\text{-}2)$$

式中:N_e——设计基准期内设计车道所承受的设计轴载累计次数,轴次/车道;

t——设计基准期,a;

g_r——基准期内货车交通量的年平均增长率,%;

η——临界荷位处的车辆轮迹横向分布系数,按表10-3-1选用。

车辆轮迹横向分布系数　　　　　　　表 10-3-1

公路等级		纵缝边缘处
高速公路、一级公路、收费站		0.17~0.22
二级及二级以下公路	行车道宽度>7m	0.34~0.39
	行车道宽度≤7m	0.54~0.62

注：车道、行车道较宽或者交通量较大时，取高值；反之，取低值。

(3) 交通荷载等级

水泥混凝土路面所承受的轴载作用，按设计基准期内设计车道所承受的设计轴载累计作用次数分为极重、特重、重、中等、轻 5 级，分级范围见表 10-3-2。

交通荷载分级　　　　　　　　　　表 10-3-2

交通荷载等级	极重	特重	重	中等	轻
设计基准期内设计车道承受设计轴载(100kN)累计作用次数 N_e(10^4)	>1×10^6	1×10^6~2000	2000~100	100~3	<3

2. 设计参数

(1) 安全等级与目标可靠度

由于水泥混凝土等筑路材料的非均质性和施工偏差，以及道路在使用期内的环境和荷载条件的变异，使水泥混凝土路面结构的设计参数具有一定的不确定性。为考虑这些参数的不确定性以及使用指标具有可检验性，同时，便于施工控制和质量检验，我国水泥混凝土路面采用可靠度设计方法。

各级公路水泥混凝土路面结构的设计安全等级及相应的设计基准期、目标可靠指标和目标可靠度，应符合表 10-3-3 的规定。二级及二级以下公路路面结构破坏可能产生很严重后果时，可提高一级安全等级。

可靠度设计指标　　　　　　　　　　表 10-3-3

公路等级	高速	一级	二级	三级	四级
安全等级	一级		二级	三级	
设计基准期(a)	30		20	15	10
目标可靠度(%)	95	90	85	80	70
目标可靠指标	1.64	1.28	1.04	0.84	0.52
变异水平等级	低	低~中	中	中~高	

各安全等级路面的材料性能和结构尺寸参数的变异水平可分为低、中和高三级，应按公路等级、所采用的施工技术和所能达到的施工质量控制和管理水平，通过调研确定变异水平等级和相应的变异系数，高速与一级公路的变异水平等级宜为低级，二级公路的变异水平等级不应大于中级。确有困难时可按表 10-3-4 规定的主要设计参数变异系数范围选择相应的变异系数。

变异系数 C_v 的范围　　　　　　　　表 10-3-4

变异水平等级	低	中	高
水泥混凝土弯拉强度	0.05≤C_v≤0.10	0.10<C_v≤0.15	0.15<C_v≤0.20
基层顶面当量回弹模量	0.15≤C_v≤0.25	0.25<C_v≤0.35	0.35<C_v≤0.55
水泥混凝土面层厚度	0.02≤C_v≤0.04	0.04<C_v≤0.06	0.06<C_v≤0.08

(2) 水泥混凝土设计强度

水泥混凝土的设计强度应采用 28d 龄期的弯拉强度，各交通荷载等级要求的水泥混凝土弯拉强度标准值不得低于表 10-3-5 的规定。

水泥混凝土弯拉强度标准值 表 10-3-5

交通荷载等级	极重、特重、重	中等	轻
水泥混凝土的弯拉强度标准值(MPa)	≥5.0	4.5	4.0

(3)设计标准

水泥混凝土路面在经受行车荷载重复作用的同时,还经受周围气温周期性变化的影响。水泥混凝土路面板的疲劳破坏不仅与荷载重复作用有关,而且与温度周期性变化产生的温度翘曲应力重复作用有关。为防止路面板在这两种因素综合作用下而产生疲劳开裂,以行车荷载与温度梯度综合作用下不产生疲劳断裂作为设计标准,并以最重轴载和最大温度梯度综合作用下不产生极限断裂作为验算标准。其极限状态设计表达式可分别采用式(10-3-3)和式(10-3-4)。

$$r_r(\sigma_{pr} + \sigma_{tr}) \leq f_r \quad (10\text{-}3\text{-}3)$$

$$r_r(\sigma_{p,\max} + \sigma_{t,\max}) \leq f_r \quad (10\text{-}3\text{-}4)$$

式中:r_r——可靠度系数,依据所选目标可靠度、变异水平等级及变异系数通过计算确定,设计时,可根据各设计参数变异系数值在各变异水平等级变化范围内的情况按表 10-3-6 选择可靠度系数;

σ_{pr}——面层板在临界荷位处产生的行车荷载疲劳应力,MPa;

σ_{tr}——面层板在临界荷位处产生的温度梯度疲劳应力,MPa;

f_r——水泥混凝土弯拉强度标准值,MPa;

$\sigma_{p,\max}$——最重的荷载在临界荷位处产生的最大荷载应力,MPa;

$\sigma_{t,\max}$——所在地区最大温度梯度在临界荷位处产生的最大温度翘曲应力,MPa。

可 靠 度 系 数 表 10-3-6

变异水平等级	目标可靠度(%)			
	95	90	85	80~70
低	1.20~1.33	1.09~1.16	1.04~1.08	—
中	1.33~1.50	1.16~1.23	1.08~1.13	1.04~1.07
高	—	1.23~1.33	1.13~1.18	1.07~1.11

注:变异系数接近表 10-3-4 下限时,可靠度系数取低值,接近上限时取高值。

行车荷载疲劳应力、温度梯度疲劳应力及最大荷载应力、最大温度翘曲应力的计算较为复杂,现均由专用设计程序完成。本教材不做要求,感兴趣的同学可参阅《公路水泥混凝土路面设计规范》(JTG D40—2011)附录 B。

三、混凝土板厚度计算流程

水泥混凝土路面厚度的具体设计步骤如下:

(1)根据设计资料,计算设计车道在设计基准期内的设计轴载累计作用次数,并确定交通荷载等级。

(2)进行路面结构组合设计。根据路基土质和水温状况、路面材料性质与供应状况及交通荷载等级初拟路面结构,包括结构层次,类型和厚度,并按表 10-3-7 所列的水泥混凝土路面板厚度建议范围,依据交通荷载等级、公路等级和变异水平等级初选水泥混凝土面板厚度。

水泥混凝土面层板厚度参考范围 表10-3-7

交通荷载等级	极重	特重				重			
公路等级	—	高速	一级		二级	高速	一级		二级
变异水平等级	低	低	中	低	中	低	中	低	中
面层厚度(mm)	≥320	320~280	300~260	280~240		270~230	260~220		
交通荷载等级	中等					轻			
公路等级	二级		三、四级			三、四级			
变异水平等级	高	中	高		中	高		中	
面层厚度(mm)	250~220	240~210	230~200			220~190		210~180	

（3）确定路面材料参数。试验确定混凝土的设计弯拉强度和弹性模量，基层、底基层和路基的回弹模量。

（4）计算荷载应力与温度应力。参照图10-3-1所示的混凝土路面板厚度计算流程，分别计算混凝土面层板的最重荷载产生的最大荷载应力、设计轴载产生的荷载疲劳应力和最大温度梯度产生的最大温度应力与温度疲劳应力。

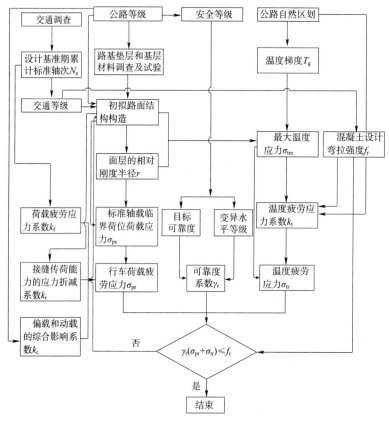

图10-3-1 水泥混凝土路面板厚度计算流程图

（5）确定混凝土板的计算厚度。当荷载疲劳应力与温度疲劳应力之和与可靠度系数的乘积小于且接近混凝土弯拉强度标准值，同时，最大荷载应力与最大温度应力之和与可靠度系数的乘积小于弯拉强度标准值，即满足式(10-3-3)和式(10-3-4)时，初选厚度可作为混凝土板的计算厚度。

如不满足，则重新拟定路面结构及面板厚度和平面尺寸，按(2)~(5)步重新计算，直到满足为止。

(6)确定混凝土板的设计厚度。计算厚度加6mm磨损厚度后,应按10mm向上取整,作为混凝土面层的设计厚度。

 **任务练习**

一、填空题

1. 水泥混凝土路面设计包括_____、_____、材料组成设计、_____、_____和设计方案的技术经济论证等内容。

2. 水泥混凝土路面结构设计以_____kN的_____荷载作为设计轴载。对极重交通荷载等级的水泥混凝土路面,宜选用货车中_____的轴载作为设计轴载。

3. 水泥混凝土路面不同轴轮型和轴载作用的设计轴载作用次数换算原则是_____。换算时联轴是按_____计算的。

4. 水泥混凝土路面设计车道的临界荷位位于_____。

5. 现行规范把水泥混凝土路面所承受的轴载作用,按设计基准期内设计车道所承受的_____分为_____、_____、_____、_____和_____五个交通荷载等级。

6. 水泥混凝土路面结构的设计安全等级分为_____、_____、_____三个等级。二级及二级以下公路路面结构破坏可能产生很严重后果时,可_____。

7. 路面的材料性能和结构尺寸参数的变异水平可分为_____、_____和_____三级,高速与一级公路的变异水平等级宜为_____级,二级公路的变异水平等级不应大于_____级。

8. 水泥混凝土的设计强度应采用_____龄期的_____强度。

9. 水泥混凝土路面断裂损坏的原因主要是_____与_____的综合作用,现行规范把路面板在这两种因素综合作用下不产生_____作为设计标准,不产生_____作为验算标准。

二、简答题

1. 简述水泥混凝土路面的设计内容。

2. 水泥混凝土路面的交通荷载等级是如何划分的?

3. 水泥混凝土路面的设计标准是什么?如何考虑?

4. 简述水泥混凝土路面厚度的设计步骤。

项目 11　水泥混凝土路面施工

任务 11-1　施　工　准　备

 **学习目标**

掌握水泥混凝土路面施工前的准备工作及相关内容。

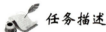 **任务描述**

水泥混凝土路面以其抗压、抗弯、抗磨损、高稳定性等诸多优势,在各级路面上得到广泛应用,在我国高等级公路中水泥混凝土路面日渐增多,加上近年来农村公路建设中普遍采用水泥路面,使得水泥混凝土路面科学化、规范化施工成为广大公路建设者关注的问题。

某路面公司承包某高速公路某一互通收费广场水泥混凝土路面施工任务,水泥混凝土工程量800m³,设计弯拉强度标准值5.0MPa。请你选择合适的原材料和铺设设备,并完成铺设前的相关准备工作。

 相关知识

施工前的准备工作是水泥混凝土路面施工的重要组成部分,准备工作的充分与否直接影响到工程能否有序地按计划顺利进行。

一、组织准备

水泥混凝土路面工程开工前的组织准备工作主要内容是:建立路面施工组织机构、建立路面施工班组、编制路面施工管理规划、确定路面施工目标等。

二、物质准备

1. 施工机械选择

常见的水泥混凝土路面摊铺机械有滑模摊铺机、轨道摊铺机、三辊轴机组、小型机具、碾压混凝土铺筑机械等。根据公路等级的不同,混凝土路面的施工宜符合表11-1-1规定的机械装备要求。

与公路等级相适应的机械装备　　　　表 11-1-1

摊铺机械装备	高速公路	一级公路	二级公路	三级公路	四级公路
滑模摊铺机	√	√	√	▲	○
轨道摊铺机	▲	√	√	√	○
三辊轴机组	○	▲	√	√	√
小型机具	×	○	▲	√	√

续上表

摊铺机械装备	高速公路	一级公路	二级公路	三级公路	四级公路
碾压混凝土机械	×	○	√	√	▲
计算机自动控制强制式搅拌楼(站)	√	√	√	▲	○
强制搅拌楼(站)	×	○	▲	√	√

注:1. 符号含义:√应使用;▲有条件使用;○不宜使用;×不得使用。
  2. 各等级公路均不得使用体积计量、小型自落滚筒式搅拌机,严禁采用人工控制加水量。
  3. 碾压混凝土亦可用于高速公路、一级公路复合式路面的下面层和贫混凝土基层。

2. 拌和场地准备

根据施工路线长度以及所采用的运输工具确定混凝土拌和场地,也可在沿线选择几个场地,在施工中随着工程进度进行迁移。拌和场地的选择首先要考虑运送混合料的运距,使运距最短,同时还要接近水源和电源;此外,拌和场地应留有存放砂石等材料以及搭建水泥库房的地方。

3. 进行材料试验和混凝土配合比设计

原材料包括水泥、粗集料、细集料、水、粉煤灰及其他掺合料、外加剂等。原材料的选择应符合《公路水泥混凝土路面施工技术细则》(JTG F30—2014)的要求。

根据技术设计要求与当地材料供应情况,做好混凝土各组成材料的试验,进行混凝土各组成材料的配合比设计。

三、技术准备

施工前应进行技术交底,相关人员熟悉设计文件,编制切实可行的施工组织设计,此外还需进行现场试验室建立与原材料检验等工作。

四、基层的检查和整修

检查基层的宽度、路拱与高程、表面平整度和压实度,均是否符合要求。如有不符合处,应予以整修,否则,将使面层的厚度变化过大,而增加其造价或减少其使用寿命。半刚性基层的整修时机很重要,过迟难以修整且很费工。当在旧砂石路面上铺筑混凝土路面时,所有旧路面的坑洞、松散等损坏,以及路拱横坡或宽度不符合要求之处,均应事先翻修调整压实。在高速和一级公路的半刚性基层表面应铺筑热沥青封层或乳化沥青稀浆封层。

混凝土摊铺前,基层表面应洒水润湿,以免混凝土底部的水分被干燥的基层吸去,变得疏松以至产生细裂缝,有时可在基层和混凝土之间铺设薄层沥青混合料或塑料薄膜。

五、铺筑试验路段

水泥混凝土路面在施工前应铺筑试验段,试验路段的长度不应短于200m,高速公路、一级公路宜在主线路面以外进行试铺。

通过试验段的试铺,检验主要机械的性能和生产能力,确定辅助施工机械组合,检验路面摊铺工艺和质量,检验整套施工工艺流程,使工程技术人员及工作人员熟悉并掌握各自的操作要领,按施工工艺要求检验施工组织形式和人员的配备数量,建立混凝土原材料、拌合物、路面摊铺全套技术性能检验手段,熟悉检验方法,检验通信和生产调度指挥系统等。

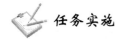 **任务实施**

该公司在接到中标通知书后,即派遣人员到达工地,着手前期各项准备工作,并成立合同段项目部。

一、组织准备

为了优质、高效地按期完成合同任务,施工单位集中了优良的机械设备和具有丰富经验的工程技术人员组成骨干力量,设置了包括工程部、质检部、合同部、财务部、材料部、机务部、中心试验室、测量队、经理办公室等九个职能部门,制定了质量管理、安全管理、环境保护等各项目标。

二、物质准备

该任务工程量仅 800m³,不利于滑模摊铺机铺筑,结合施工单位现有施工条件,拟采用小型机具施工。

经对当地及周边的水泥、砂石料等原材料及运输状况实地调研优选,确定材料供应商。对所需的材料进行全面检查,择优选用并实行准入制,即在购买地方材料之前必须经监理工程师或其授权机构确认合格并签发相应准入证后,方可采购入场。储料场和储料设备准备足够,按要求提前做好储料工作,保证路面的连续铺筑。

三、技术准备

开工前,建设单位组织设计、施工、监理单位进行了技术交底,施工单位组织技术人员熟悉设计文件、领会设计意图,并根据设计图纸、合同文件、摊铺方式、机械设备、施工条件等,确定混凝土路面施工工艺流程、施工方案,进行详细的施工组织设计。

施工工地建立了具备相应资质的现场试验室,试验室能够对原材料、配合比和路面质量进行检测和控制,提供符合交工检验、竣工验收和计量支付要求的自检结果。开工前,工地试验室对计划使用的原材料进行质量检验和配合比优选,施工配合比已获批复。

四、现场准备

经过多方对比确定了项目部的确切位置,靠近附近的村庄并距离拌和场 200m 左右。项目部采用标准化建设,住宿区、办公区分开设置,布置合理,门牌明确,院内绿化,营造出一个宽松温馨的工作生活环境。

拌和场占地 30000m² 左右,交通便利。拌和场内搭建活动钢结构彩板房作为办公、试验等场所。料场集中布置,并根据不同规格、品种的集料竖立明确标示牌,设置隔离墙并进行场地硬化。

 任务练习

一、填空题

1. 开工前,应由_____组织_____向_____、_____进行技术交底。
2. 水泥混凝土路面物资准备包括_____的购置或租赁,_____的设置,水泥、砂石等原材料的_____及生活物资的保障等。
3. 水泥混凝土路面混凝土的基本组成材料有:水泥、水、_____、_____、矿物掺合料、_____、钢筋、钢纤维、_____和养生剂10种。

4.水泥混凝土外加剂,其用量一般不超过水泥用量的_____,常用的外加剂有_____、_____及_____3大类。

二、简答题

1.如何进行水泥混凝土路面原材料的分批量检验和储存？

2.通过铺筑试验路段旨在检验哪些施工环节？

任务11-2 水泥混凝土的拌和

 学习目标

1.掌握水泥混凝土拌和方式。
2.熟悉水泥混凝土拌和流程。

 任务描述

某新建乡村四级公路拟采用水泥混凝土路面。公路全长2.7km,采用C30水泥混凝土路面。工程范围包括碎石路面垫层、C30水泥混凝土面板、硬路肩等。该工程水泥混凝土路面铺筑前要进行混凝土拌和。拌和拟采用现场拌和方式,同时因附近有混凝土搅拌站,因此也可考虑厂拌方式。

本任务要求学生掌握水泥混凝土的两种不同拌和方式,并能够熟悉不同拌和工艺的拌和流程。

  相关知识

混凝土混合料的生产工艺一般有预拌混凝土和现场搅拌站两种。预拌混凝土是在中心工厂集中拌和,然后由汽车运输到工地;场拌是在工地由拌和机进行拌制。两种方式均是在摊铺前试验室已经做出混凝土配合比设计的基础上进行的。由于预拌混凝土是由专门的预拌混凝土站生产出来的,专业化程度高,原材料规格齐备,因而生产的混凝土质量高,稳定性和均匀性较好。因此,在有条件的情况下应优先选用。

  任务实施

一、原材料准备

(1)水泥:水泥的品种、强度等级、厂别及牌号应符合混凝土配合比通知单的要求。极重、特重、重交通荷载等级公路面层水泥混凝土应采用旋窑生产的道路硅酸盐水泥、硅酸盐水泥、普通硅酸盐水泥,中、轻交通荷载等级公路面层水泥混凝土可采用矿渣硅酸盐水泥。高温期施工宜采用普通型水泥,低温期施工宜采用早强型水泥。

(2)细集料:混合料中小于5mm的细集料可采用天然砂、人工砂和石屑。天然砂有河砂、海砂、山砂、沉积砂;人工砂有机制砂、工业废渣砂、尾矿砂等。河砂颗粒较圆、洁净、质量较好,因此高速和一级公路应优先选用河砂。细集料技术要求见表11-2-1。

细集料技术要求   表11-2-1

项 目	技术要求
含泥量(冲洗法)(%)	≤3
硫化物与硫酸盐含量(折算为SO_3)(%)	≤1
有机物含量(比色法)	颜色不深于标准溶液的颜色

(3)粗集料:指粒径大于5mm的碎(砾)石,应质地坚硬、耐久、洁净,颗粒应接近立方体,表面粗糙,空隙率和比表面积大,符合规定级配,最大粒径不应超过40mm。宜选用岩浆岩和沉积岩,石灰岩碎石因容易被磨光,导致路面过滑,因此最好不要采用。本施工任务中对碎石和砾石的技术指标要求见表11-2-2、表11-2-3。

碎石技术要求   表11-2-2

项 目		技术要求
石料强度等级		≥3级
压碎指标值(%)	水成岩	13~16
	变质岩或深成的火成岩	16~21
	浅成的或喷出的火成岩	21~30
针片状颗粒含量(%)		≤15
硫化物及硫酸盐含量(折算为SO_3)(%)		≤1
含泥量(冲洗法)(%)		≤1

砾石技术指标   表11-2-3

项 目	技术要求
孔隙率(%)	≤45
石料强度等级	≥3级
压碎指标值(%)	14~16
软弱颗粒含量(%)	≤5
针片状颗粒含量(%)	≤15
硫化物及硫酸盐含量(折算为SO_3)(%)	≤1
含泥量(冲洗法)(%)	≤1
有机物含量(比色法)	颜色不深于标准溶液的颜色

注:以上数据为本章节施工任务中对原材料的要求,且完全符合《公路水泥混凝土路面施工技术细则》(JTG/T F30—2014)要求。

(4)水:宜采用饮用水。其他水,其水质必须符合《混凝土用水标准》(JGJ 63—2006)的规定。

(5)外加剂:所用混凝土外加剂的品种、生产厂家及牌号应符合配合比通知单的要求。外加剂应有出厂质量证明书及使用说明,并应有有关指标的进场试验报告。国家规定要求认证的产品,还应有准用证件。外加剂必须有掺量试验。

二、施工机具和设备

现场拌和混凝土搅拌机宜优先采用强制式搅拌机,也可采用自落式搅拌机。计量设备一般采用磅秤或电子计量设备。水计量可采用流量计、时间继电器控制的流量计或水箱水位管标志计量器。上料设备有双轮手推车、铲车、装载机、砂石输料斗等,以及配套的其他设备。现场应配备相关试验器具,如坍落度测试设备、试模等。

预拌混凝土搅拌设备一般包括搅拌楼和混凝土运输车。

三、施工工艺

1. 预拌混凝土工艺流程(图11-2-1)

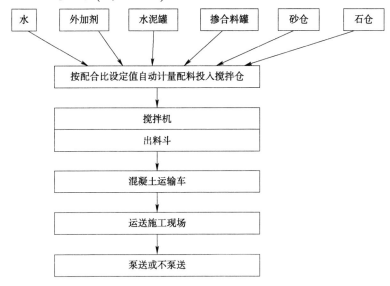

图 11-2-1　预拌混凝土工艺流程

(1)预拌混凝土应采用符合规定的搅拌楼进行搅拌,并应严格按照设备说明书的规定使用。

(2)混凝搅拌楼操作人员开盘前,应根据当日生产配合比和任务单,检查原材料的品种、规格、数量及设备的运转情况,并做好记录。

(3)搅拌楼应实行配合比挂牌制,按工程名称、部位分别注明每盘材料配料重量。

(4)试验人员每天班前应测定砂、石含水率,雨后立即补测,根据砂、石含水率随时调整每盘砂、石及加水量,并做好调整记录。

(5)搅拌楼操作人员严格按配合比计量,投料顺序先倒砂石,再装水泥,搅拌均匀,最后加入水搅拌。粉煤灰宜与水泥同步,外加剂宜滞后于水泥。外加剂的配制应用小台秤提前一天称好,装入塑料袋,并做抽查和投料工作,应指定专人负责配制与投放。

(6)混凝土的搅拌时间可参照搅拌机使用说明,经试验调整确定。搅拌时间与搅拌机类型、坍落度大小、斗容量大小有关。掺入外加剂或掺合料时,搅拌时间还应延长 20~30s。

混凝土搅拌的最短时间应符合下列规定:

当采用搅拌运输车运输混凝土时,其搅拌的最短时间应符合设备说明书的规定,并每盘搅拌时间(从全部材料投完算起)不得小于30s,在制备 C50 以上混凝土或采用引气剂、膨胀剂、防水剂时应相应增加搅拌时间。

(7)搅拌楼操作人员应随时观察搅拌设备的工作情况和坍落度的变化情况,坍落度应满足浇筑地点的要求,如发现异常应及时向主管负责人或主管部门反映,严禁随意更改配合比。

(8)检验人员应每台班抽查每一配合比的执行情况,做好记录。并跟踪抽查原材料、搅拌、运输质量,核查施工现场有关技术文件。

(9)预拌混凝土在生产过程中应按标准严格控制对周围环境的污染。搅拌站机房应为封闭性建筑物,所有粉料的运输及称量工序均应在封闭状态进行,并有吸尘装置。砂料厂宜采取防尘措施。

(10)搅拌站应严格控制生产用水的排放,减少污水排放。

(11)搅拌站应设置专门运输车冲洗设施,运输车出厂前应将车外壁及料斗壁上的混凝土残浆清理干净。

(12)每一次生产任务的第一桶混凝土,应先由试验室检测后,填制混凝土初检报告,满足生产条件方可继续生产。

2. 混凝土现场拌和工艺流程(图11-2-2)

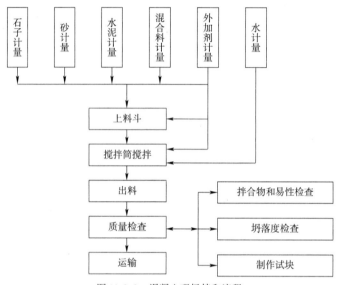

图 11-2-2　混凝土现场拌和流程

(1)每台班开始前,对搅拌机及上料设备进行检查并试运转;对所用计量器具进行检查并定磅;校对施工配合比。

(2)对所用原材料的规格、品种、产地、牌号及质量进行检查,并与施工配合比进行核对;对砂、石的含水率进行检查,如有变化,及时通知试验人员调整用水量。一切检查符合要求后,方可开盘拌制混凝土。

(3)搅拌时间控制:混凝土搅拌的最短时间应按表11-2-4控制。

混凝土搅拌的最短时间(单位:s)　　表11-2-4

混凝土坍落度 (mm)	搅拌机机型	搅拌机出料量(L)		
		<250	250~500	>500
≤30	强制式	60	90	120
	自落式	90	120	150
>30	强制式	60	60	90
	自落式	90	90	120

注:1. 混凝土搅拌的最短时间系指自全部材料装入搅拌筒中起,到开始卸料止的时间。
　　2. 当掺有外加剂时,搅拌时间应适当延长。
　　3. 冬期施工时搅拌时间应取常温搅拌时间的1.5倍。

(4)混凝土拌制的质量检查。

检查拌制混凝土所用原材料的品种、规格和用量,每一个工作班至少 2 次。

检查混凝土的坍落度及和易性,每一工作班至少 2 次。混凝土拌合物应搅拌均匀、颜色一致,具有良好的流动性、黏聚性和保水性,不泌水、不离析。不符合要求时,应查找原因,及及时调整。

 知识拓展

> 冬季施工混凝土的搅拌:
>
> 室外日平均气温连续 5d 稳定低于 5℃时,混凝土拌制应采取冬施措施,并应及时采取气温突然下降的防冻措施。
>
> (1)配制冬期施工的混凝土,应优先选用硅酸盐水泥或普通硅酸盐水泥,水泥强度等级不应低于 32.5,最小水泥用量不宜小于 300kg/m³,水灰比不应大于 0.6。
>
> (2)冬期施工宜使用无氯盐类防冻剂,对抗冻性要求高的混凝土,宜使用引气剂或引气减水剂。如掺用氯盐类防冻剂,应严格控制掺量,并严格执行有关掺用氯盐类防冻剂的规定。
>
> (3)混凝土所用集料必须清洁,不得含有冰、雪等冻结物及易冻裂的矿物质。
>
> (4)冬期拌制混凝土应优先采用加热水的方法。水及集料的加热温度应根据热工计算确定,但不得超过表 11-2-5 的规定。水泥不得直接加热,并宜在使用前运入暖棚内存放。当集料不加热时,水可加热到 100℃,但水泥不应与 80℃以上的水直接接触。投料顺序为先投入集料和已加热的水,然后再投入水泥。
>
> **拌和水的集料最高温度(℃)**　　　　表 11-2-5
>
> | 项　目 | 拌和水 | 集料 |
> | --- | --- | --- |
> | 强度等级低于 42.5 的普通硅酸盐水泥、矿渣硅酸盐水泥 | 80 | 60 |
> | 强度等级高于 42.5 的普通硅酸盐水泥、矿渣硅酸盐水泥 | 60 | 40 |

 任务练习

一、选择题

1.混凝土拌合物的生产工艺一般有_____和_____两种。

2.室外日平均气温连续 5d 稳定低于_____时,混凝土拌制应采取冬施措施,并应及时采取气温突然下降的防冻措施。

3.预拌混凝土是在_____拌和,然后用汽车运输到工地的拌和方式。

4.预拌混凝土搅拌设备一般包括_____和_____等。

5.混凝土拌合物应搅拌均匀、颜色一致,具有良好的_____、_____和_____,不泌水、不离析。

二、简答题

1.请简述预拌混凝土工艺流程。

2. 请简述混凝土现场拌和工艺流程。

任务 11-3 水泥混凝土路面施工方法

学习目标

1. 掌握水泥混凝土路面人工施工步骤及施工要点。
2. 掌握水泥混凝土路面滑模施工技术要点。

任务描述

水泥混凝土路面,包括普通混凝土、钢筋混凝土、连续配筋混凝土、装配式混凝土和钢纤维混凝土等面板层和基(垫)层所组成的路面。目前采用最广泛的是就地浇筑的普通混凝土路面,简称混凝土路面。混凝土的摊铺是水泥混凝土路面施工的核心环节。本章以人工摊铺法、轨模式摊铺机施工以及滑模式摊铺机三种施工方法,对水泥混凝土路面的摊铺方法进行了详细讲解。

本任务要求学生掌握不同的水泥混凝土路面施工方法,并具有水泥混凝土路面的施工能力。

相关知识

一、人工摊铺法

人工摊铺法的流程为:安装模板、筑做接缝、安放钢筋、混凝土的拌和与运输、混凝土摊铺与振实、整修表面与防滑、拆模、接缝施工、混凝土养护与填缝。

1. 安装模板

混凝土摊铺前,应先安装两侧模板。模板可采用木模或钢模,应尽量采用钢模。钢模一般多采用型钢(槽钢)制成,模板高度与混凝土板厚相等。采用木模时,板厚宜为 4~8cm,在弯道和交叉口路缘处,应采用 1.5~3cm 厚的薄模板。

标定模板位置,将模板两侧用铁钎打入基层固定位置,模板顶部用水准仪检查其高程,不符合时予以调整。为防止漏浆,模板底部与基层局部出现的间隙可用水泥砂浆填塞。严格控制模板的平面位置和高程,稍有歪斜和不平,都会反映到面层,导致面层边线不齐,厚度不准和表面呈波浪形。因此,施工过程中必须经常校验,严格控制。为方便拆模,模板两侧应涂刷肥皂液、废机油或其他润滑剂。

2. 筑做接缝

水泥混凝土路面接缝包括胀缝、缩缝、纵缝。

(1)胀缝

当混凝土板无法设置传力杆时,胀缝与结构物相接可做成厚边式,即接近结构物一端可适当加厚。此时将木质嵌缝板设在胀缝位置,嵌缝条长度等于路面宽度,厚度等于胀缝厚度,宽度等于路面厚度,嵌缝板安装好后即可摊铺混凝土。嵌缝板为方便取出,可在嵌缝条一侧贴上一层油毛毡,待混凝土凝固后取出木嵌缝板,油毛毡留在缝内,然后填缝。

当胀缝需设置传力杆时,用平缝形式,下部设接缝板,上部为填缝料,并设置传力杆。传力杆的位置和间距由胀缝模板挖的 U 形槽控制,传力杆的位置在混凝土浇筑过程中容易发生移动,为使传力杆正确定位可用两根钢筋将同一胀缝所有传力杆两端固定下来。混凝土浇筑时,应先检查传力杆的位置,再在胀缝两侧摊铺混凝土拌合物至板面,振捣后抽出胀缝模板,孔隙部分填补混凝土拌合物,并用插入式振捣器振实。

知识拓展

接缝材料包括接缝板和填缝料类。接缝板用于胀缝中,填缝料用于所有接缝中。

1. 接缝板的技术要求

胀缝材料一般下部为接缝板、上部为填缝料,技术要求见表 11-3-1。接缝板应具有一定的压缩性和弹性,当混凝土膨胀时不挤出,收缩时能与混凝土板缝联结不产生间隙,施工时不变形且耐腐蚀。

接缝板技术要求 表 11-3-1

试验项目 \ 接缝板种类	木材类	塑料泡沫类	合成软木类	备注
压缩应力(MPa)	5.0~20.0	0.2~0.6	2.0~10.0	
复原率(%)	>55	>90	>65	吸水后不应小于不吸水的 90%
挤出量(mm)	<5.5	<5.0	<4.0	
弯曲荷载(N)	100~400	0~50	5~40	

2. 填缝料的技术要求

理想的填缝料应能与板壁很好地黏结、回弹性好,能适应混凝土板的胀缩,不溶于水,不渗水。高温时不溢出,低温时不碎裂,并且耐久性好。

常用的填缝料有两大类,即:加热施工式填缝料,常用的是沥青橡胶封缝料,也可采用聚氯乙烯胶泥和沥青玛蹄脂等;常温施工式填缝料,主要有聚氨酯封缝胶、聚硫脂封缝胶以及氯丁橡胶类、乳化沥青橡胶类等常温施工式填缝料。这两种填缝料技术要求见表 11-3-2 和表 11-3-3。

加热式填缝料技术要求 表 11-3-2

试验项目		低弹性型	高弹性型
针入度(锥针法)(mm)		<5	<9
弹性(-10℃)	复原率(%)	>30	>60
	贯入量(mm)	5	10
流动度(mm)		<5	<2
拉伸量(mm)(-10℃)		>5	>15

常温式填缝料技术要求 表 11-3-3

试验项目		技术指标
灌入稠度(s)		<20
失黏时间(h)		6~24
弹性(球针法)	复原率(%)	>75
	贯入量(mm)	3~5
流动度(mm)		<0
拉伸量(-10℃)		>15

(2)缩缝

为保证混凝土板因温度和湿度的降低而收缩时沿该薄弱断面缩裂,从而避免产生不规则的裂缝,在水泥混凝土路面常设置横向和纵向缩缝。横向缩缝通常垂直于路中线,等间距布置。纵向缩缝在混凝土一次铺筑宽度大于4.5m时设置,接缝平行于路中线。缩缝施工方法包括切缝法和锯缝法。一般采用锯缝法,即在混凝土振捣、整修后,经养护达到设计强度的50%~70%时,在缩缝位置使用切缝机切割成缝隙,缝宽为4~6mm,深度(1/5~1/4)h。

(3)纵缝

纵缝是指平行于道路中线设置的接缝。纵缝主要有施工缝和缩缝两种。

当一次铺筑宽度小于路面时,应设纵向施工缝。纵向施工缝一般做成平缝,也可做成企口缝,缝壁涂沥青,上部留有的纵缝内应灌塞填缝料,以免渗水和落入硬屑。

当一次铺筑宽度大于容许的板宽时(4~4.5m),应增设纵向缩缝。纵向缩缝的施工同横向缩缝。

3. 安放钢筋

混凝土路面板的边缘和角隅属于薄弱地带,容易受到车轮荷载作用而遭到破坏,因此对于交通繁重的道路,应在边缘和角隅处设置钢筋。

4. 摊铺和振捣

混凝土板厚度不大于22cm时,可一次摊铺;大于22cm时,可分两层摊铺。下部厚度宜为总厚的3/5。虚铺高度可高出设计厚度约10%,密实成型后的高程与设计高程一致。

摊铺后用平板式振捣器、插入式振捣器和振动梁配合作业,对厚度不大于22cm的铺层,靠边角应先用插入式振捣器振捣,然后用不小于2.2kW的平板式振捣器全面振捣,振捣器应在每一位置持续振捣到表面不冒泡为止。水灰比小于0.45时,用平板式振捣器,振捣时间不宜小于30s;用插入式振捣器,振捣时间不宜小于20s。

5. 表面整修和防滑处理

水泥混凝土路面面层混凝土浇筑后,当混凝土终凝前必须用人工或机械将其表面抹光。当采用人工抹光时,其劳动强度大,还会把水分、水泥和细砂带到混凝土表面,以致表面比下部混凝土或砂浆有较高的干缩性和较低的强度。当采用机械抹光时,其机械上安装圆盘,即可进行粗光;安装细抹叶片,即可进行精光。

为了保证行车安全,混凝土表面应具有粗糙抗滑的表面。而抗滑标准,据国际道路会议路面防滑委员会建议,新铺混凝土路面当车速为45km/h时,摩擦系数最低值为0.45;车速为50km/h时,摩擦系数最低值为0.40。其施工时,可用棕刷顺横向在抹平后的表面轻轻刷毛,也可用金属丝梳子梳成深1~2mm的横槽。

6. 拆模

拆模时间应根据气温和混凝土强度增长情况研究,采用普通水泥时,一般允许拆模时间如表11-3-4所示。

混凝土路面板的允许最早拆模时间(h)　　　　　表11-3-4

昼夜平均气温(℃)	−5	0	5	10	15	20	25	≥30
硅酸盐水泥、R 型水泥	240	120	60	36	34	28	24	18
道路、普通硅酸盐水泥	360	168	72	48	36	30	24	18
矿渣硅酸盐水泥	—	120	60	50	45	36	24	—

7. 养护

混凝土板做面完毕应及时进行养护,使混凝土中拌合物有良好的水化、水解强度发育条件以及防止收缩裂缝的产生。养护时间一般为 14~21d。混凝土强度达到设计要求,且在养护期间和封缝前,禁止车辆通行,在达到设计强度的 40% 后,方可允许行人通行。其养护方法一般有湿治养护和塑料薄膜养护两种方法。

(1)湿治养护法,这是最为常用的一种养护方法。即是在混凝土抹面 2h 后,表面有一定强度,用湿麻袋或草垫,或者 20~30mm 厚的湿砂覆盖于混凝土表面以及混凝土板边侧。覆盖物还兼有隔温作用,保证混凝土少受剧烈的天气变化影响。在规定的养护期间,每天应均匀洒水数次,使其保持潮湿状态。

(2)塑料薄膜养护法,即在混凝土板做面完毕后,均匀喷洒过氯乙烯等成胰液(由过氯乙烯树脂、溶剂油和苯二甲酸二丁酯,按 10%、88% 和 3% 的质量比配制而成),使形成不透气的薄膜保持膜内混凝土的水分保湿养护。注意过氯乙烯树脂是有毒、易燃品,应妥善防护。

8. 填缝

水泥混凝土路面填缝工作宜在混凝土初凝后进行,填缝时应先将缝隙内泥砂等杂物清除干净。如填缝为胀缝时,应在缝壁内涂一薄层冷底子油,填料要填充实,夏天应与混凝土板表面齐平,冬天宜稍低于板面。

二、轨模式摊铺机施工

轨模式摊铺机施工,是机械化施工中最普通的一种方法。轨模式摊铺机施工是由支撑在平底型轨道上的摊铺机将混凝土拌合物摊铺在基层上。摊铺机的轨道与模板是连在一起的,安装时同步进行。轨模式摊铺机施工混凝土路面包括施工准备、拌和与运输混凝土、摊铺与振捣、表面整修及养护等工作。

1. 机械选型和配套

混凝土路面施工前必须做好各种机械的选型和配套,以便施工能正常进行。用轨模式摊铺机施工时,主要工序是混凝土的拌和与摊铺成型,因此,应把混凝土摊铺机作为第一主导机械,拌和机作为第二主导机械。选择的主导机械应能满足施工质量和工程进度要求,见表 11-3-5。

轨道式摊铺机施工各工序可选用的机械　　　　表 11-3-5

工　序	可考虑用的机械
混凝土拌和	拌和机、装载机、称量设备
混凝土运输	自卸汽车、搅拌车
卸料	侧面卸料机、纵向卸料机
摊铺	刮板式匀料机、箱式摊铺机、螺旋式摊铺机
振捣	振捣机、内部振动式摊铺机
接缝施工	钢筋(传力杆、拉杆)插入机、切缝机
表面修整	修整机、纵向表面修整机、斜向表面修整机
修整粗糙面	拉毛机、压(刻)槽机

(1)主导机械选型

主导机械的选择,应考虑满足施工质量和进度的要求,同时还要考虑我国现阶段工程单位的技术人员素质、管理水平和购买能力等实际情况。配套机械的选型和配套数量,须保证主导机械发挥其最大效率,且使用配套机械的类型和数量尽可能少。用机械铺筑的路面质量(密实度和平整度)以及操作进度取决于水泥混凝土的拌制质量。工作度主要与混凝土配合比有关,也与拌和方式有关。在选择拌和机型时,主要考虑拌和品质和拌和能力、机械可靠度、工作效率和经济性。

(2)配合机械及配套机械

配合机械主要是指运输混凝土的车辆。选择的主要依据是混凝土的运量和运输距离。研究表明,运距在 10m 以内,以 2t 以下的小型自卸车比较经济;运距在 50m 左右时,以 5~8t 中型自卸车最为经济。考虑到混凝土在运输过程中水分的散失和离析等问题,更远的运输距离以采用容量为 6m³ 以上的混凝土搅拌运输车较为理想。

2. 施工准备

混凝土路面施工前的准备工作包括材料准备及质量检验、混合料配合比检验与调整、基层的检验与整修、施工放样及机械准备等。

根据混凝土路面施工进度计划,施工前应分批备好所需的各种材料,并在使用前进行核对、调整,各种材料应符合规定的质量要求,新出厂的水泥应至少存放一周后方可使用。路面在浇筑前必须对混凝土拌合物的工作性进行检验并做必要的调整。

施工放样是用轨模式摊铺机施工混凝土路面的重要准备工作。首先根据设计图纸恢复路中心线和混凝土路面边线,在中心线上每隔 20m 设一中桩,同时布设曲线主点桩及纵坡变坡点、路面板胀缝等施工控制点,并在路边设置相应的边桩,重要的中心桩要进行拴桩。每隔 100m 左右应设置一临时水准点,以便复核路面高程。由于混凝土路面一旦浇筑成功就很难拆除,因此测量放样必须经常复核,在浇捣过程中也要进行复核,做到勤测、勤核、勤纠偏,确保混混凝土路面的平面位置和高程符合设计要求。

3. 拌和与运输

(1)拌和:采用轨模式摊铺机施工时,拌和设备应附有可自动准确计量的供料系统;无此条件时,可采用集料箱加地磅的方法进行计量。各种组成材料的计量精度应不超过下列范围:水和水泥 ±1%;粗、细集料 ±3%;外加剂 ±2%。拌和过程中加入外加剂时,外加剂应单独计量。用国产强制式搅拌机拌和坍落度为 1~5cm 的混凝土拌合物,最佳拌和时间应控制为:立轴式强制拌和机为 90~180s;双卧轴强制式拌和机为 60~90s。最短拌和时间不低于低限,最长拌和时间不超过高限的 3 倍。

(2)运输:通常采用自卸汽车运输混凝土拌合物,拌合物坍落度大于 5cm 时应采用搅拌车运输。从开始拌和到浇筑的时间应满足下列要求:用自卸汽车运输时,不得超过 1h;用搅拌车运输时,不得超过 1.5h。

若运输时间超过上述时间限制或在夏季浇筑时,拌和过程中应加入适量的缓凝剂。运输时间过长,混凝土拌合物的水分蒸发和离析现象会增加,因此应尽量缩短混凝土拌合物的运输时间,并采取措施防止水分损失和混合料离析。

4. 摊铺与振捣

(1)轨模安装:轨模式摊铺机的整套机械在轨模上前后移动,并以轨模为基准控制路面的高程。摊铺机的轨道与模板同时进行安装,轨道固定在模板上,然后统一调整定位,形成的轨模既是路面边模又是摊铺机的行走轨道。模板应能承受机组的重量,横向要有足够的刚度,轨模数量应根据施工进度配备并能满足周转要求,连续施工时至少需配备三个全工作量的轨模。

(2)摊铺:轨模式摊铺机有刮板式、箱式或螺旋式三种类型,摊铺时将卸在基层上或摊铺箱内的混凝土拌合物按摊铺厚度均匀地充满轨模。

知识拓展

刮板式摊铺机作业：

摊铺机本身能在模板上自由地前后移动，在前面的导管上左右移动，并且由于刮板本身也旋转，所以可以将卸在基层上的混凝土堆向任意方向自由地摊铺。这种摊铺机比其他类型摊铺机的重量轻，容易操作，易于掌握，故使用较普遍，但其摊铺能力较小。

箱式摊铺机作业：

混凝土通过卸料机（纵向或横向）卸在钢制的箱子内，箱子在机械前进行驶时横向移动，同时箱子的下端按松铺高度刮平混凝土。由于混凝土一次全部放在箱内，所以质量大，但能摊铺均匀而且很准确，其摊铺能力大，故障较少。

螺旋式摊铺机作业（图11-3-1）：

由可以正反方向旋转的螺旋杆（直径约50cm）将混凝土摊开。螺旋后面有刮板，可以准确调整高度。这种摊铺机的摊铺能力大，其松铺系数一般在1.15～1.30之间。

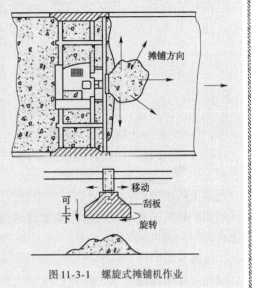

图11-3-1 螺旋式摊铺机作业

（3）振捣：混凝土的振捣，可采用振捣机或内部振动式振捣机进行。

混凝土振捣机是跟在摊铺机后面，对混凝土进行再一次整平和捣实的机械。其作用一方面是补充摊铺机初平的缺陷，更重要的是使松铺混凝土在全宽度范围内达到正确高度，它与振捣密实度和路面平整度直接相关，其后是一道全宽的弧面振捣梁，以表面平板式振动把振动力传至全厚度。

5. 表面整修

振捣密实的混凝土表面应进行整平、精光、纹理制作等工序的作业，获得平整、粗糙的表面，混凝土路面具有良好的路用性能。

（1）表面整平：表面整平采用的表面整修机有纵向移动或斜向移动两种。纵向表面整修机工作时，整平梁在混凝土表面纵向往返移动，通过机身的移动将混凝土表面整平。斜向表面整修机通过一对与机械行走轴线成10°左右的整平梁做相对运动来完成整平作业，其中一根整平梁为振动梁，见图11-3-2。

（2）精光及纹理制作：精光是对混凝土路面进行最后的精平，使混凝土表面更加致密、平整、美观，此工序是提高混凝土路面外观质量的关键工序之一。在混凝土表面制作纹理，是提高路面抗滑性能的有效措施之一。制作纹理时，用纹理制作机在路面上拉毛、压槽或刻纹，纹理深度控制在1～2mm范围内，在不影响平整度的前提下提高混凝土路面的构造深度，可提高表面的抗滑性能。

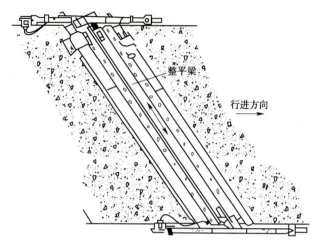

图 11-3-2　表面整修

6. 养护

混凝土表面修整完毕后，应进行养护，使混凝土板在开放交通前具备足够的强度和质量。养护期间，须防止混凝土的水分蒸发和风干，以免产生收缩裂缝；须采取措施减少温度变化，以免混凝土板产生过大的温度应力；须管制交通，以防止人畜和车辆等损坏混凝土板的表面。

混凝土板的养护，可根据施工工地情况及条件，选用湿治养护、喷洒成膜材料养护等方法。其养护时间按混凝土抗弯拉强度达到 3.5MPa 以上的要求试验确定。通常使用普通硅酸盐水泥时约为 14h。

7. 接缝施工

混凝土路面在温度变化时会产生较大的温度变形，如混凝土板产生胀缩和翘曲等。为消除温度变形受到约束时产生的温度应力，避免混凝土路面出现不规则开裂，必须在混凝土路面的纵横方向上设置胀缝和缩缝。同时，在混凝土路面施工过程中由于各种原因造成路面施工中断会形成施工缝。接缝施工质量的好坏将直接影响到混凝土路面的使用性能及养护维修工作量的大小，因此各类接缝的施工应做到位置准确，构造及质量符合设计及规范要求。

三、滑模式摊铺机施工

滑模式摊铺机施工是当今世界上施工速度最快、工程质量较高、施工规模最大的现代化、机械化和智能化的先进技术，是高速公路水泥混凝土路面施工技术的主要趋势和发展方向。滑模式摊铺机比轨模式摊铺机更高度集成化，整机性能好，操纵方便，生产效率高，但对原材料、混凝土拌合物的要求更严格，设备费用较高。

1. 施工准备

滑模式摊铺机施工水泥混凝土路面的准备工作包括以下内容：

（1）基层质量检查与验收：对基层的检验项目及质量验收标准与轨模式摊铺机施工相同。

（2）测量放样，悬挂基准绳：滑模式摊铺机的摊铺高度和厚度可实现自动控制。摊铺机一侧有导向传感器，另一侧有高程传感器。导向传感器接触导向绳，导向绳的位置沿路面的前进方向安装。高程传感器接触高程导向绳，导向绳的空间位置根据路线高程的相对位置来安装。测量时沿线应每200m增设一水准点,并在控制测量精度、平差后使用。摊铺机摊铺的方向和高程准确与否,取决于导向绳的准确程度,因此导向绳经准确定位后固定在打入基层的钢钎上。

(3)混凝土配合比与外加剂:滑模式摊铺机对混凝土拌合物的品质要求十分严格,集料的最大集料粒径应小于30~40cm,拌合物摊铺时的坍落度应控制在4~6cm。为了增加混凝土拌合物的施工和易性,以达到所需要的坍落度,常需要使用外加剂。所掺外加剂的品种、数量应先通过试验确定。

(4)根据路面设计宽度,调整滑动模板摊铺宽度,置放纵缝拉杆。

2. 工艺特点

滑模式摊铺机施工混凝土路面不需要轨模,摊铺机支承在四个液压缸上,两侧设置有随机移动的固定滑模,摊铺厚度通过摊铺机上下移动来调整。滑模式摊铺机一次通过即可完成摊铺、振捣、整平等多道工序。

(1)摊铺与捣实:首先由螺旋摊铺器把堆积在基层上的水泥混凝土向左右横向铺开,刮平器进行初步刮平,然后振捣器进行捣实,刮平器进行振捣后整平,形成密实而平整的表面,再利用搓动式振捣板,对混凝土层进行振实和整平,最后用光面带光面。

(2)整面与防滑处理:滑模式摊铺机的整面工作与轨道式基本相同,由三个行程完成。

第一行程:把振捣梁、振捣板和整平梁放到离混凝土面层顶面高程1.5~3cm的上方,启动振动器,整面机以一挡速度前进,而振捣梁和整平梁却以二或三挡的速度进行横向摆动,此时振动梁推动着较厚的混凝土料堆,而整平梁只刮着较薄的砂浆。当此行程至终点时,稍微提升这三个装置,再倒挡退回原处。

第二行程:整面机以二挡前进,在行进中均匀地将工作装置全部放下,而三者都作横向摆动,振捣梁同时振动,因此,只是在振捣梁的前面积聚着少量的混凝土。

第三行程:整面机仍以四个工作装置同时工作但行驶速度较慢。这一行程是在混凝土初凝后进行的,此时整平梁以36次/min的速度横向摆动,而其幅度为180~250cm,同时又以较小的振幅作上下振动。光面带是橡胶编织物,主要用于表面整平抹光。

3. 工艺过程

滑模式摊铺机的施工工艺过程(图11-3-3)与轨道式基本相同,但轨道式摊铺机与之配套施工的机械较复杂、程序多,特别是拆装固定式轨道,不仅费工,而且施工成本也大大增加,同时操作又比较复杂。而滑模式摊铺机则不同,由于整机性能好,操纵方便和采用电子导向,因此生产效率高。

下面以铺筑钢筋混凝土路面为例,介绍滑模式摊铺机的工艺过程。

第一作业行程:摊铺机牵引着装载钢筋网格的大平板车,从已整平的基层地段起点开始摊铺,此时可从正面或侧面供应混凝土,随后的钢筋网格大平板车,按规定位置将钢筋网格自动卸下,并铺压在已摊平的混凝土层上,如此连续不断地向前铺筑。

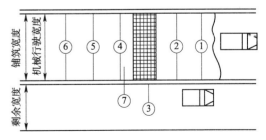

图11-3-3 滑模式摊铺机施工工艺过程

第二作业行程:它是紧跟在第一行程之后,压入钢筋网格,混凝土面层进行摊铺、振实、整平、光面等作业程序。钢筋网格是用压入机压入混凝土的。压入机是摊铺机的一个附属装置,不用时可以卸下,使用时安装在摊铺机的前面,它由几个液压千斤顶组成。施工开始时,摊铺机推着压入机前行,并将第一行程已铺入的钢筋网格压入混凝土内。摊铺机则进行摊铺、振捣、整平、光面等工作,最后进行切缝、喷洒养护剂和防滑处理。

4.施工中应注意的问题

滑模摊铺机施工中,最常见的问题是坍边和麻面。

(1)坍边问题:坍边的主要形式有边缘出现坍落,或边缘倒现,或松散元边等。如果拌和质量高,坍边现象则可减少到零。

(2)麻面问题:麻面主要是由于混凝土拌合物坍落度过低造成的,混合料拌和不均匀也是原因之一。因此,应严格控制混凝土拌合物的坍落度,使用计量准确且拌和效果好的拌和机,同时对混凝土的配合比作适当调整。

 任务练习

一、选择题

1.对于水泥混凝土路面的构造,下列说法错误的是( )。
 A.水泥混凝土面板的抗滑标准以构造深度为指标
 B.纵向接缝的间距按路面宽度在4~6m间确定
 C.横向接缝间应设置拉杆
 D.纵向接缝间应设置传力杆

2.水泥混凝土路面的优点有( )。
 A.强度高   B.稳定性好   C.开放交通早   D.耐久性好

3.水泥混凝土路面上垂直于行车方向的横向接缝有( )。
 A.缩缝   B.胀缝   C.施工缝   D.企口缝

二、简答题

1.水泥混凝土路面摊铺方法有哪些?

2.简述水泥混凝土滑模摊铺工艺特点及其流程。

参 考 文 献

[1] 中华人民共和国行业标准.公路工程技术标准:JTG B01—2014[S].北京:人民交通出版社,2014.
[2] 中华人民共和国行业标准.公路路基设计规范:JTG D30—2015[S].北京:人民交通出版社股份有限公司,2015.
[3] 中华人民共和国行业标准.公路沥青路面设计规范:JTG D50—2017[S].北京:人民交通出版社股份有限公司,2017.
[4] 中华人民共和国行业标准.公路水泥混凝土路面设计规范:JTG D40—2011[S].北京:人民交通出版社,2011.
[5] 中华人民共和国行业标准.公路路基施工技术规范:JTG F10—2006[S].北京:人民交通出版社,2006.
[6] 中华人民共和国行业标准.公路沥青路面施工技术规范:JTG F40—2004[S].北京:人民交通出版社,2004.
[7] 中华人民共和国行业标准.公路水泥混凝土路面施工技术细则:JTG/T F30—2014[S].北京:人民交通出版社,2014.
[8] 中华人民共和国行业标准.公路工程质量检验评定标准 第一册 土建工程:JTG F80/1—2017[S].北京:人民交通出版社股份有限公司,2017.
[9] 杨渡军,公路施工技术[M].北京:人民交通出版社股份有限公司,2015.
[10] 邝青梅,路基路面施工技术[M].北京:人民交通出版社,2014.
[11] 张宜洛,沥青路面施工工艺及质量控制[M]北京:人民交通出版社,2011.
[12] 王美宽,路基路面施工技术[M].北京:中国劳动社会保障出版社,2013.
[13] 北京市政建设集团有限公司企业标准[D].北京:中国建筑工业出版社,2009.